NATURZEIT MIT KINDERN

RUND UM INNSBRUCK

Verena Wagner

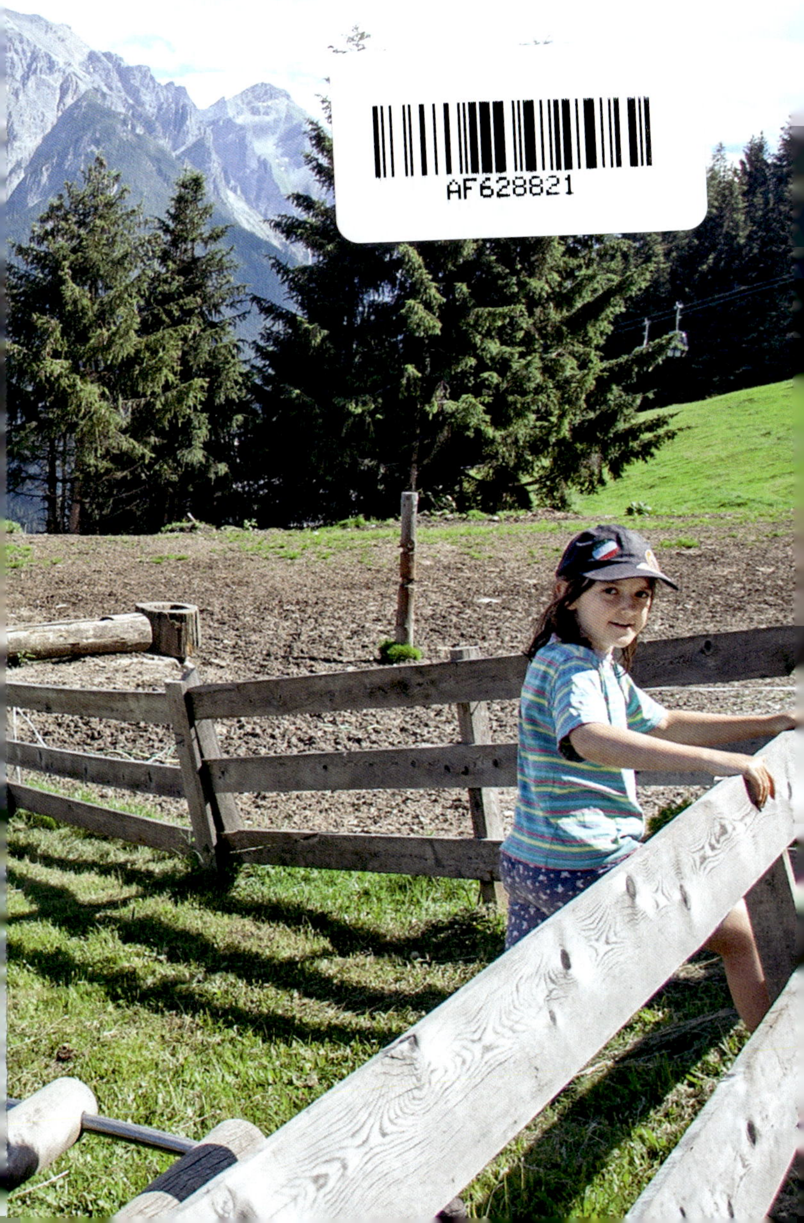

Innsbruck mit Kindern

42 Entdeckertouren

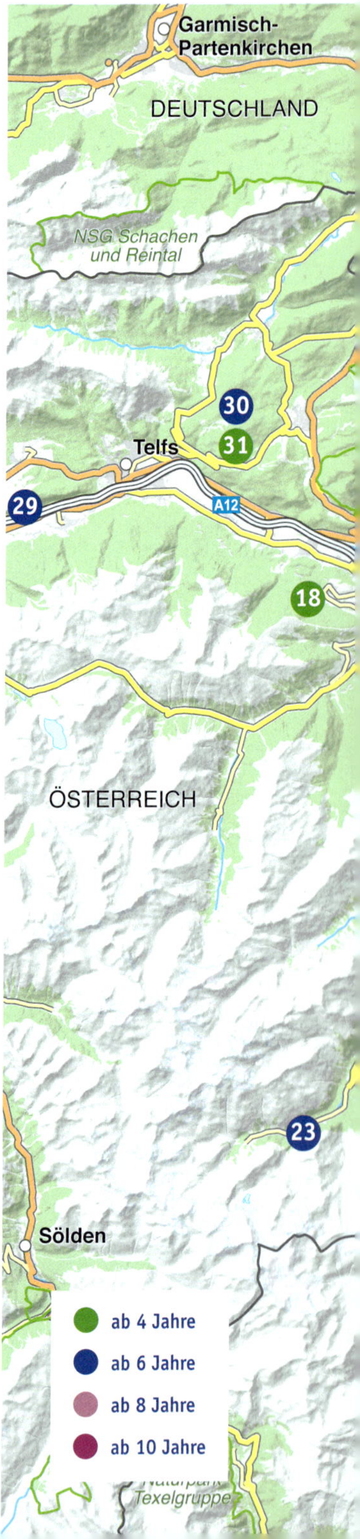

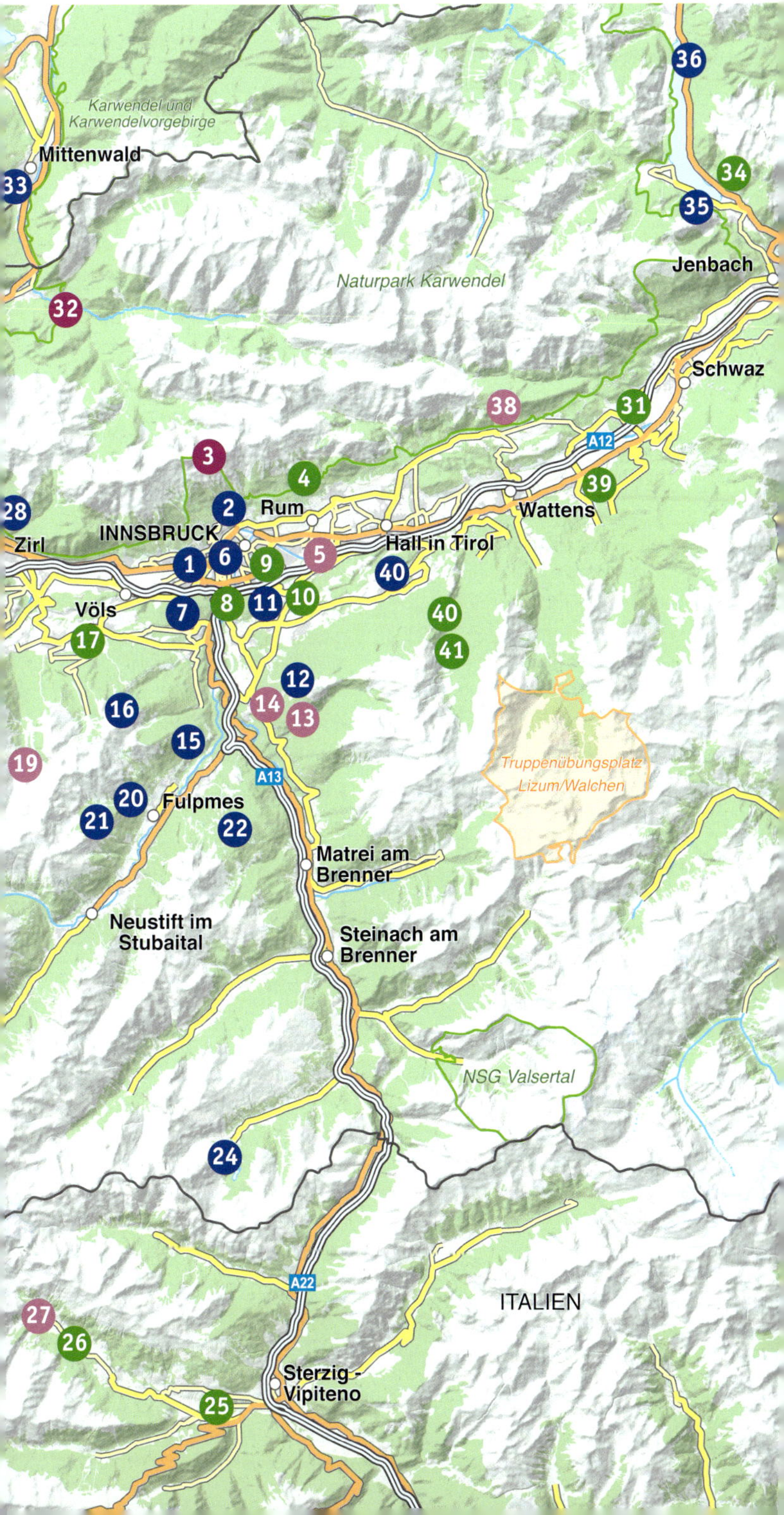
Karwendel und Karwendelvorgebirge
Mittenwald
Naturpark Karwendel
Jenbach
Schwaz
A12
Wattens
Rum
INNSBRUCK
Zirl
Hall in Tirol
Völs
Truppenübungsplatz Lizum/Walchen
A13
Fulpmes
Matrei am Brenner
Neustift im Stubaital
Steinach am Brenner
NSG Valsertal
A22
ITALIEN
Sterzig - Vipiteno
1
2
3
4
5
6
7
8
9
10
11
12
13
14
15
16
17
19
20
21
22
24
25
26
27
28
31
32
33
34
35
36
38
39
40
40
41

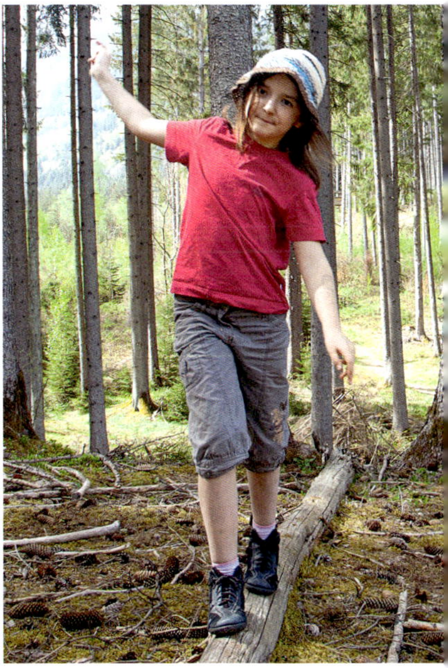

Reiseinfos

Innsbruck – Cityfeeling zwischen Zweitausendern

Innsbruck ist die Landeshauptstadt Tirols und bleibt mit etwa 133.000 Einwohnern doch überschaubar in der Größe. Hier gelingt es wie kaum anderswo, Stadturlaub und entspanntes Cityfeeling mit Abenteuern in der Natur und spannenden Wanderungen für die ganze Familie zu verbinden. Rund eine halbe Stunde dauert die Fahrt mit der Bergbahn vom Stadtzentrum hinauf zu den über 2.000 Meter hohen Gipfeln der Nordkette. Klettersteige und Wanderwege laden in unmittelbarer Stadtnähe zu Auszeiten im Grünen und Bergerlebnissen ein.

Und das Einzigartige an der Region im Herzen Tirols: Ein Wanderurlaub ohne Auto ist rund um Innsbruck problemlos möglich. Zum Teil sind die Berge sogar mit dem Stadtbus erreichbar, zum Beispiel mit der Linie J, die vom Hausberg Patscherkofel auf der einen Seite quer durch die Stadt, vorbei am Goldenen Dachl und am Marktplatz, hinauf durch Hötting bis zum Wanderparkplatz und den Nordkettenbahnen fährt.

Die Stadt liegt zentral zwischen mehreren attraktiven Bergregionen an der Grenze von Tiroler Ober- und Unterland. Der Großteil der Tourenvorschläge in diesem Wanderführer sind von Innsbruck aus einfach mit öffentlichen Verkehrsmitteln erreichbar. Auch der Brennerpass und einige Destinationen in Südtirol, wie Sterzing oder Brixen, sind weniger als eine Stunde per Auto oder Zug entfernt.

Rund um Innsbruck liegen malerische Dörfer auf einer sonnigen Mittelgebirgsterrasse mit fantastischem Blick auf die Stadt. Im Westen reihen sich im Inntal sehenswerte Orte bis zum Eingang des Ötztals aneinander. Kleine Dörfer und Abgeschiedenheit in der Natur

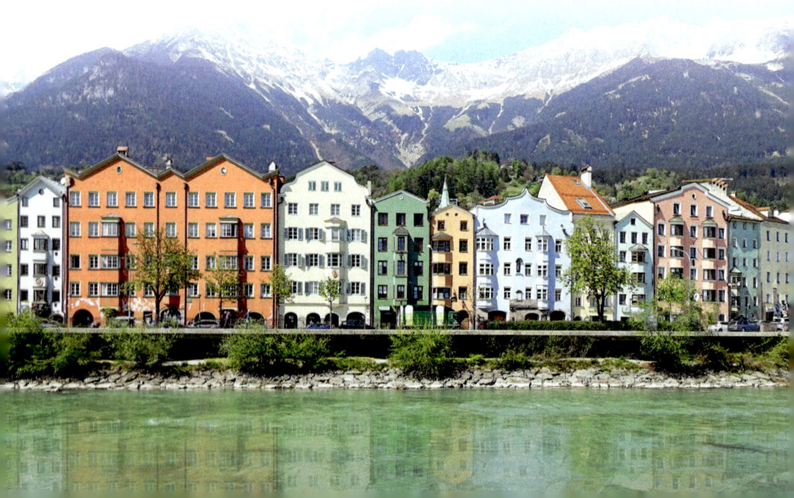

finden sich im Senderstal und im Sellrain, während in der Olympiaregion Seefeld, auf dem Hochplateau zwischen Garmisch-Partenkirchen und Innsbruck auch im Sommer immer jede Menge los ist. Das Stubaital ist ebenfalls eine der touristisch bekannteren Wander-Destinationen südlich von Innsbruck. Das angrenzende Wipptal und die Region um den Brennerpass kennen viele dagegen nur von der Durchreise nach Italien. Doch auch in unmittelbarer Stadtnähe von Innsbruck und Hall bieten Wälder und Schluchten entlang des Inntals lohnende Wanderziele.

Die sommerliche Wandersaison beginnt im Hochgebirge Mitte Mai bis Mitte Juni – je nach Schneesituation und Höhenlage – und endet im Oktober.

Viele Wanderwege in tieferen Lagen sind aber fast ganzjährig begehbar. In Innsbruck und Hall liegt im Vergleich zu vielen anderen Gebieten in Tirol wenig und selten Schnee. Die Winter sind mild.

Innsbruck im Winter

Während die schroffen Hänge des Karwendels oft zu steil sind, warten im Stubai- und im Wipptal zahlreiche Skigebiete auf Wintersportler. Im Süden und Westen der Stadt liegen die meisten Bergbahnen, die Skifahrer mit Gondeln auf 2.000 Meter Höhe befördern. Für Kinder besonders geeignete Skigebiete sind Serles Mieders, das Kinderland Rinn, der Skilift Weer-Kolsassberg, der Birkenlift in Seefeld und das Rangger Köpfl in Oberperfuss. Am Hausberg Patscherkofel gibt es, wie in vielen anderen Skigebieten, an der Talstation ein Kinderland und einen Schlepplift.

Auch auf der Nordkette existiert ein kleines Skigebiet, das aus sehr steilen Pisten sowie einem Kinderland für den Ski-Nachwuchs besteht.

Bevor dann der Winter dem Frühling auch am Berg weicht, ist das Figln (Firngleiten) in den harten Firnfeldern ein besonderes Highlight der Innsbrucker an der Nordkette. Für den Spaß im Firnschnee braucht es kein Vorwissen. Neben knöchelhohen Wanderschuhen benötigt man 50 bis 60 Zentimeter lange Leichtski mit Schnürbindung, die man direkt an der Seegrubenstation auch leihen kann. Damit geht es rasant durch

Innsbruck in Zahlen

- über 133.000 Einwohner
- 150 km Entfernung von München
- 180 km von Salzburg
- 250 km von Zürich und Verona
- 14 Bergbahnen im Umkreis von 50 Kilometern
- etwa 80 Spielplätze in Innsbruck und den umliegenden Gemeinden
- 9 Skigebiete gehören zur Olympia SkiWorld
- Studentenstadt: 28.000 Studierende sind an der Leopold-Franzens-Universität, der Medizin Uni Innsbruck sowie an diversen Fachhochschulen eingeschrieben.

die Figlrinnen, die sich durch konstantes Befahren bis zu zwei Meter tief in den Sulzschnee der verbliebenen Schneefelder graben. Beim Figeln ist Kleidung wichtig, die schmutzig und nass werden darf, denn kaum jemand bleibt lange aufrecht auf seinen Brettern stehen.

Sportmekka Innsbruck

Innsbruck ist außerdem ein Mekka des Wintersports. 1964 und 1976 fanden hier die Olympischen Winterspiele, 2012 die Olympischen Jugendwinterspiele statt. Auf der Bob- und Rodelbahn Innsbruck/Igls und in den Eishallen der Olympia-World begeistern jedes Jahr Events ein großes Publikum. 2019 fand hier die nordische Ski-WM statt und 2020 die »Winter World Masters Games«.

Im Sommer sind es Straßenrad-Großveranstaltungen, welche die Region Innsbruck in den Fokus der internationalen Sportwelt rücken. So haben hier schon das Finale der Tour of the Alps und die Straßenrad-WM stattgefunden. 2018 wurde außerdem die Weltmeisterschaft der Kletterer in Innsbruck ausgetragen.

Kultur & Events im Jahreskreis

Ostern: Sehenswert ist am Palmsonntag die kirchliche Weihe der festlich geschmückten Palmbuschen und Palmstangen. Beide gelten als Segensbringer für Haus und Hof.

Weniger bekannt als die Palmweihe ist der Brauch der **Palmeselritte**. Im Mittelpunkt der Palmsonntags-Prozession von Thaur nach Rum steht eine über 200 Jahre alte, geschnitzte Christusfigur auf einem Esel. Auf einem Wagen stehend führt sie den festlichen Umzug an. Auch in Hall gibt es seit einigen Jahren wieder eine Prozession mit einem lebensgroßen, festlich geschmückten Esel. Im Mittelalter waren die Palmeselritte ein weit verbreiteter Brauch – damals zum Teil auch mit echten Eseln.

Der Passion Christi gedenkt man in Igls, Natters oder Oberperfuss von Palmsonntag bis nach Ostern mit den volkstümlichen **Ostergräbern**. Dabei handelt es sich um gemalte Kulissen und Engelsbilder vor den Altären, die zusammen mit leuchtenden Buntglaskugeln das Grab Christi nachstellen. Sehr bekannt in der Region ist das »Heilige Grab« in Patsch.

Das auch für Kinder spannende Tiroler Volkskunstmuseum in Innsbruck zeigt neben Brauchtum, Alltagsgegenständen und altem Spielzeug auch saisonale Krippenausstellungen – nicht nur zu Weihnachten. Zu Ostern gibt es die Tradition der Fastenkrippen, die den Kreuzweg Jesu nachbilden. In Innsbruck und Hall gibt es Ostermärkte mit knallbunten Ostereier-Skulpturen und Ostereiersuchen für Kinder.

Kultursommer: In den Sommermonaten finden zahlreiche Musik-Festivals in Innsbruck, Hall und Umgebung statt. Fast jede Tiroler Gemeinde hat eine eigene Blasmusik-Kapelle und eine Schützenkompanie. Auch der Nachwuchs ist in eigenen Jugendmusikkapellen der Vereine organisiert. Die Events reichen von wöchentlichen Platzkonzerten in den Gemeinden bis hin zu großen Openair-Veranstaltungen wie zum Beispiel den bekannten Promenadenkonzerten.

Liebhaber klassischer Musik kommen bei den Innsbrucker Festwochen der Alten Musik auf ihre Kosten. Musikalische Events – ob Klassik, Jazz oder Rockmusik – finden stets in stilvollem Rahmen statt, zum Besipiel auf Schloss Ambras, in den Innenhöfen der Hofburg oder am weitläufigen Landhausplatz.

Auch die großen Sonnwendfeuer sind alpines Brauchtum und ein unvergessliches Spektakel. Das Event findet an dem Wochenende statt, das dem 21. Juni am nächsten liegt. Man kann direkt an einem großen Lagerfeuer dem Funkenflug zusehen – oder aus der Ferne die vielen Johannisfeuer zur Sommersonnenwende beobachten. Die Nordkettenbahnen bieten dazu ermäßigte Sondertickets und an jeder Station warten kulinarische und musikalische Highlights.

Bergherbst: Vom Altweibersommer im September bis in den November hinein ist das Wetter meist stabil: Grandiose Fernsicht und die bunten Blätter in den Bergwäldern machen den Herbst besonders attraktiv zum Wandern. Erntefeste und die traditionellen Almabtriebe läuten den Sommer aus.

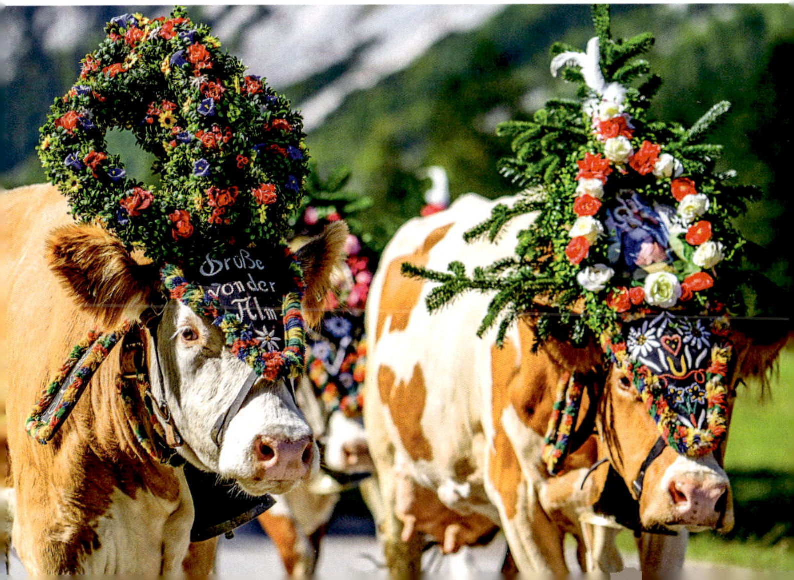

Die Senner kehren mit ihren prächtig aufgeputzten Kühen und Schafen von den Almen heim ins Tal. Das prachtvolle Spektakel findet in vielen Bergdörfern und Tälern statt, meistens in der zweiten Septemberhälfte.

Winterzeit: Der Dezember ist die Zeit der Krampus- und Perchtenläufe. In den Rauhnächten zwischen Weihnachten und Silvester treiben die Perchten mit viel Lärm den Winter aus. Ihr Kostüm besteht aus einem dicken Anzug aus Strohbündeln, Tierfellen und einer gruseligen Holzmaske mit langen Hörnern. Die finsteren Kerle erfreuen sich in ganz Tirol großer Beliebtheit. Bei den Perchtenläufen ziehen sie mit brennenden Fackeln brüllend durch die Gassen, spucken Feuer, schlagen martialische Rhythmen auf großen Trommeln und tanzen dazu wild und urtümlich.

Bei Kindern sehr beliebt sind der Einzug des Nikolaus am Vorabend des 6. Dezembers in der Innsbrucker Innenstadt und der Christkindleinzug mit echten Schafen, Bläsern und als Hirten verkleideten Kindern kurz vor Weihnachten. Die Innsbrucker und Haller Christkindlmärkte beginnen teilweise schon Mitte November.

Tiroler Kinder feiern zweimal Silvester! Einmal am 31. Dezember wie alle anderen Kinder auch. Am vorletzten Tag des Jahres gibt es in vielen Gemeinden außerdem das Zwergerlsilvester – eine Kinderparty mit Spielstationen und Kasperltheater.

An Silvester feiern die Innsbrucker im Zentrum und an den Bergbahnstationen mit Live-Musik und einer spektakulären Lichtshow über dem Inn. Damit soll auch ein Zeichen für den Umweltschutz gesetzt werden, denn im Innsbrucker Kessel steigt die Feinstaubbelastung nach der Feuerwerksknallerei jedes Jahr erheblich an.

Fasnacht: In der Region um Innsbruck finden die großen Faschingsumzüge, die sogar zum UNESCO-Weltkulturerbe erklärt wurden, nur alle paar Jahre statt. Viele Fans der kunstvoll bemalten hölzernen Masken kommen extra zu diesem Anlass nach Axams, Telfs, Imst, Mühlau, Arzl, Rum, Thaur oder Absam nahe Hall.

Jedes Dorf hat seine eigenen Sagen und seine ganz speziellen archaischen Riten, die den Winter austreiben sollen. In Axams sind es die dicken **Wampeler** mit strohgefüllten Bäuchen, die einer Hexe auf einem hohen Wagen folgen. Nicht selten kullert einer der wilden Gesellen fast bis in die Zuschauermenge. Das Spektakel kann man alle vier Jahre (nächster Termin 2023) miterleben. Alle fünf Jahre laufen die maskierten **Schleicher** mit ihren hohen Hüten in rituellen Tanzschritten durch das Dorf Telfs (nächster Termin 2025).

Innsbruck aktiv:
Sport, Spiel und Familienabenteuer

Neben Wanderungen in den Bergwäldern und im Hochgebirge gibt es rund um Innsbruck für Familien viele weitere spannende Möglichkeiten, die Natur zu erleben. Im Sommer lockern Badestopps das Programm auf und auch sonst mögen viele Kindern alles, was auf irgendeine Weise mit Wasser zu tun hat. Eine Fahrt mit dem Ausflugsboot oder die ersten Versuche mit Stand-Up-Paddling oder Surfboard sind zum Beispiel am Achensee möglich, dem einzigen großen See in der Region. Noch mehr Abenteuer im Freien versprechen Klettertouren aller Art. Klassisches Klettern an Felswänden ist um Innsbruck ebenso möglich wie das Bouldern, Training in Kletterhallen und Besuche im Hochseilgarten. Es gibt auch mehrere Klettersteige, die sich für Familien eignen.

Schwimmen und Baden

Größter und bekanntester See in der Nähe ist der Achensee. Das Wasser hat gute Badequalität. An den meisten Stellen, vor allem aber am Nordufer, geht es recht sanft hinein, sodass auch jüngere Kinder am Ufer plantschen und spielen können. An insgesamt fünf Stellen finden wir Strandbäder mit Liegewiesen.

Ansonsten sind Badeseen im Innsbrucker Land eher rar. Es gibt einige wenige Moorseen und künstlich angelegte Speicherseen. Dafür gibt es nahezu in jedem größeren Ort ein Freibad mit Attraktionen für Kinder, manchmal in Kombination mit einem Hallenbad. In Innsbruck ist zudem die Sillschlucht an heißen Sommertagen ein schöner Ort zum Plantschen und Spielen am Wasser. [› Tour 8]

Baden am Obernberger See *[› Tour 24]*

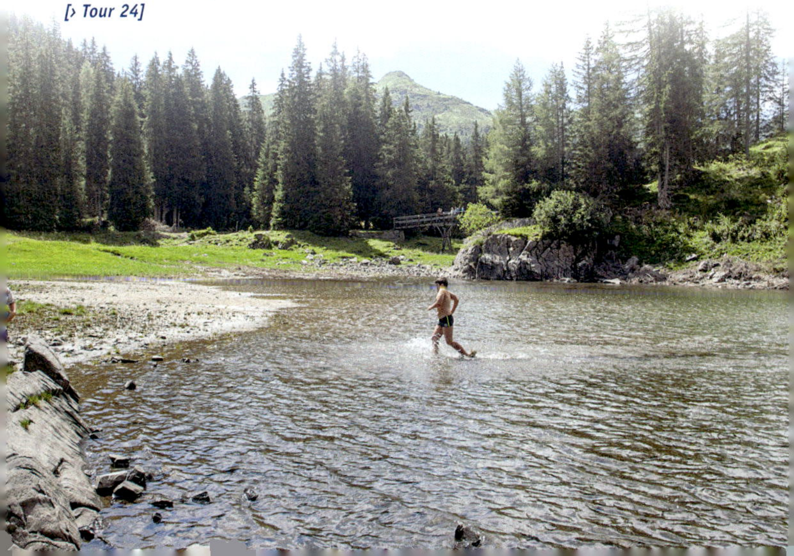

Neben den Naturbadeseen im Lanser Moor und Natterer See gibt es weitere natürliche Seen im Gebirge wie den Obernberger See [› Tour 24] und den Brenner See. In diesen ist das Baden erlaubt – im Gegensatz zu den künstlich angelegten Speicherseen, die sich in nahezu jedem Skigebiet befinden. In Serles wurde aber aus so einem Speichersee ein toller Wasserspielplatz [› Tour 22].

Alle Badeseen mit Infrastruktur sind kostenpflichtig. Dafür können Badegäste gepflegte Liegewiesen, Gastronomie und vielfältige Spiel- und Sporteinrichtungen erwarten. Strand- und Freibäder sind bei den Ausflugszielen aufgeführt, die auch in den Übersichtskarten der einzelnen Regionen eingetragen sind.

Surfen und Kitesurfen

Mit mehr als neun Kilometern Länge ist der Achensee der größte See Tirols. Aufgrund seiner einmaligen topografischen Lage, eingebettet zwischen Rofan- und Karwendelgebirge, bietet der See gute Bedingungen für Segler und Windsurfer. Immer häufiger sind in den letzten Jahren aber auch Kitesurfer zu sehen. An ihren Gleitschirmen vollführen sie waghalsige Sprünge, während sie im rasanten Tempo über die Wasseroberfläche gleiten. In den Surf- und Kiteschulen am See sind auch ältere Kinder willkommen, solange sie über eine gewisse Körpergröße und Kraft verfügen.

Stand-Up-Paddling

Was macht ein Surfer bei Flaute? Er ersetzt den Wind durch ein Paddel. Stand-Up-Paddling, kurz SUP genannt, ist immer noch ein Trendsport. Man steht dabei auf einem breiten Surfbrett und bewegt dieses mit einem langen Paddel langsam über das Wasser. Das Ganze erfordert ein gutes Gleichgewichtsgefühl und macht vor allem größeren Kindern viel Spaß. Die Paddeltechnik ist unkompliziert. Es gibt Kurse für Einsteiger, aber auch *lear-*

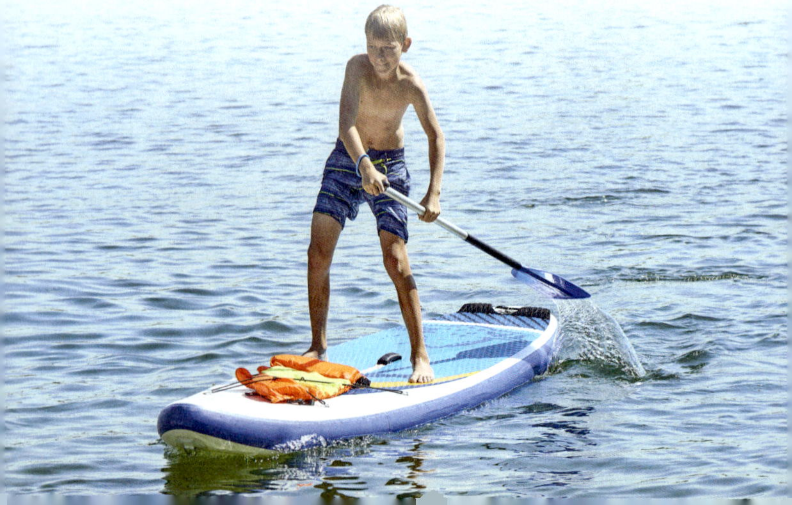

ning by doing funktioniert. Außer am Achensee wird Stand-Up-Paddling mit guter Anleitung auch in der Kajakschule am Natterer See angeboten. Hier bringen aber auch viele Badegäste ihr eigenes SUP mit.

Mit Ruder- und Tretboot

Die unkomplizierteste Art eines Kurzausfluges auf dem Wasser ist eine Fahrt mit dem Tret- oder Ruderboot. Wer es gemütlich mag, kann am Achensee sowie am kleinen Natterer See auch Elektroboote ausleihen. Bei Fahrten über den Achensee sollte auf stabiles Wetter geachtet werden. Hier kommt es immer wieder zu schnellen Wetterumschwüngen. Auch die Ausflugsschiffe sollte man stets im Blick behalten und ihren Routen nicht zu nahe kommen.

Die Miete für ein Tretboot liegt bei € 9 – 12 pro Stunde, für ein Elektroboot zahlt man € 18 – 20 pro Stunde und ein Ruderboot leihen wir für € 6 – 10. Für alle drei Bootstypen gibt es meist auch günstigere Tages- und Halbtagestarife.

Sommerrodelbahn und Co.

Rund um die Liftanlagen einiger Bergbahnen finden sich auch in den Bergen rund um Innsbruck liebevoll angelegte Spielplätze mit tollen Attraktionen für Kinder und Jugendliche. Meistens bestehen diese aus Holz und Naturmaterialien und haben nicht den Freizeitpark-Charakter, mit dem viele

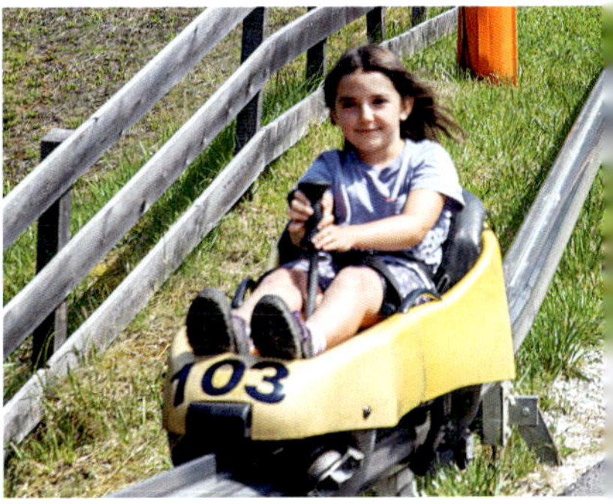

Bergbahnen Gäste im Sommer ansprechen wollen.

Wer den Nervenkitzel einer schnellen Abfahrt auch in der Sommersaison sucht, findet in Hochserles im Stubaital die steilste Schienenrodelbahn der Alpen. Die Höhendifferenz beträgt 640 Meter, die Streckenlänge 2,8 Kilometer.
[› Tour 22]

Spektakulär ist auch eine Abfahrt auf der Innsbrucker Olympiabobbahn, auf der die Bobs mit bis zu 100 Kilometern pro Stunde die 1270 Meter lange Bahn hinuntersausen. Der Schlitten wird dabei von einem Profi gesteuert und Kinder ab zwölf Jahren können als Passagier dabei sein.

Reiten

Im Innsbrucker Land gibt es neben Ferienbauernhöfen wie dem Kassnhof im Stubaital oder dem Schneiderhof in Oberperfuss zahlreiche Gestüte, Pony- und Reiterhöfe. Auf einigen gilt das Augenmerk neben klassischen Reitstunden der Beziehung zwischen Mensch und Tier. Ein besonderes Programm für Kinder bieten etwa der Ponyhof Hasental bei Ampass und der Ponyhof beim Lipp in Telfs. Überall dürfen die Kinder im Stall mithelfen und die Ponys und Pferde versorgen. Spielstunden mit dem Pferd im Mittelpunkt bietet Reitpädagogin Julia Tiefenthaler in Mils.

Hochseilgarten

Hoch in der Luft baumelnde Seile, Baumstämme oder Seilbahnen verbinden eine Plattform oben im Baum mit der nächsten. Professionell mit Klettergurt und Helm gesichert überwindet man den Abgrund: mal in einer Holzkistenbahn, mal heißt es auf einem Seil balancieren oder durch ein aus Seilen geknüpftes Spinnennetz steigen. Ein Hochseilgarten wirkt wie eine Mischung aus Affenkäfig und Abenteuerspielplatz. Die einfachsten der Parcours sind schon von Kindern ab sieben Jahren zu meistern, die Profiversion schwankt in zehn bis 17 Metern Höhe in den Baumwipfeln und verlangt neben viel Mut auch recht sportliche Aktionen.

Ein Besuch im Hochseilgarten mit Kindern ist ein Familienevent: Kinder unter zwölf oder in Fulpmes sogar unter 16 Jahren dürfen nämlich nur in Begleitung eines Erwachsenen zwischen die Bäume. Gemütlich zurücklehnen und bewundern, wie toll der Nachwuchs das macht, ist also nicht drin. Gerade weil es ein wenig Mut kostet, sich darauf einzulassen, bieten Hochseilgärten besondere und intensive Erlebnisse – sozusagen ein gemeinsam durchlebtes Abenteuer. Kinder bewegen sich zwischen den Bäumen oft viel furchtloser als Erwachsene, sodass die Eltern nicht unbedingt die tollen Helden und Lehrer sind, sondern mit ihren Kindern auf Augenhöhe stehen. Alles Wichtige erklären die Trainerinnen und Trainer. Dann zieht man an den meisten Anlagen auf eigene Faust los. Am besten funktioniert es, einfach anzufangen und sich vorsichtig an Schwierigeres heranzutasten – im eigenen Tempo und bis zu den persönlichen Grenzen.

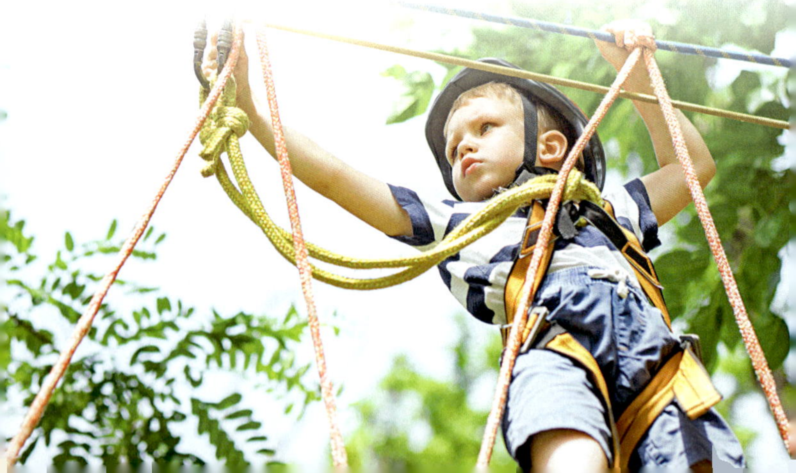

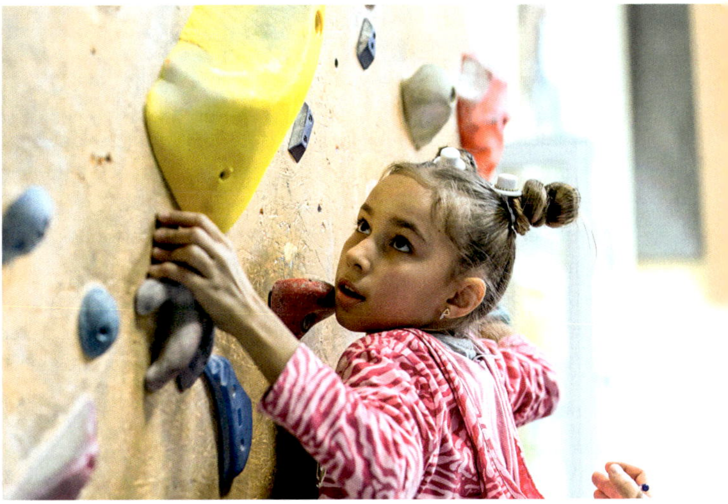

Beim ersten Besuch im Hochseilgarten sollte man darauf achten, dass es mehrere einfache Einsteigerparcours gibt. Nur so kann man die Höhe und Anforderungen langsam steigern. Für junge Kletterer und Anfänger gut geeignet ist der Abenteuerpark Achensee – hier dürfen auch schon Vier- bis Fünfjährige gemeinsam mit ihren Eltern in den Waldseilgarten. Eine gute Alternative ist der Adventure Park Fulpmes, der eine Route für jüngere Kinder ab sieben Jahren anbietet.

Anderenorts können Kinder (und Eltern) zunächst stressfrei im Niedrigseilgarten üben. Auf Parcours, die maximal ein bis zwei Meter über dem Boden installiert wurden, lässt sich gut testen, ob man Spaß an diesem Hobby findet und sich später mehr zutraut. Das gelingt auf den Parcours im Niedrigseilgarten im Klaus Äuele Kids Park nahe Neustift im Stubaital.

Klettern & Bouldern

Bouldern – abgeleitet vom englischen Wort für Felsblock – bedeutet Klettern ohne Seil in Absprunghöhe. Die Routen sind je nach Schwierigkeitsgrad farbig markiert. Früher war der »Querklettermodus« nur Trainingszweck für das richtige Klettern mit Seil. Heute ist das Bouldern eine eigene Wettkampf-Disziplin. Außerdem ist es bei Freizeitsportlern aufgrund des hohen Fun-Faktors beliebt. Gerade Kinder und Jugendliche kommen oft über die Boulderwände zum Klettersport. Das Hangeln von Haltegriff zu Haltegriff ist im Vergleich zum Klettern einfach. Es braucht keine Vorkenntnisse und funktioniert mit Kletterschuhen oder barfuß.

Richtiges Klettern mit Seilsicherung sollte von Anfängern dagegen immer nur mit einem erfahrenen Lehrer praktiziert werden.

Kletterkurse

Die ersten Erfahrungen im Klettern sammelt man am besten in einer Kletterhalle. Kurse gibt es sowohl für Gruppen als auch Einzelpersonen. Hier lernen Eltern und Kinder gemeinsam, wie man mit Klettergurten umgeht, die richtigen Knoten schlingt und einen Kletterer sichert.

In der Gegend von Innsbruck gibt es eine Vielzahl von Möglichkeiten, klettern zu lernen – ob in der Kletterhalle oder mit Lehrer im Felsen. Spezielle Routen für Kinder gibt es zum Beispiel in der neuen Kletterhalle in Rum.

Klettersteige

Klettersteige sind Kletterrouten im Fels, die oft stark ausgesetzt auf schmalen Felssimsen entlangführen und Höhenunterschiede mit senkrechten Eisenleitern überwinden. Haltegriffe helfen beim Klettern und Stahlseile am Fels sorgen für Sicherheit. Die Kletterer sind auf dem Steig mit einem Gurt gesichert.

Die Sicherung funktioniert so ähnlich wie im Hochseilgarten. Zur Ausrüstung gehört außerdem ein Helm, der gegen Steinschlag schützt. Das korrekte Sichern auf einem Klettersteig muss man sich von Profis zeigen

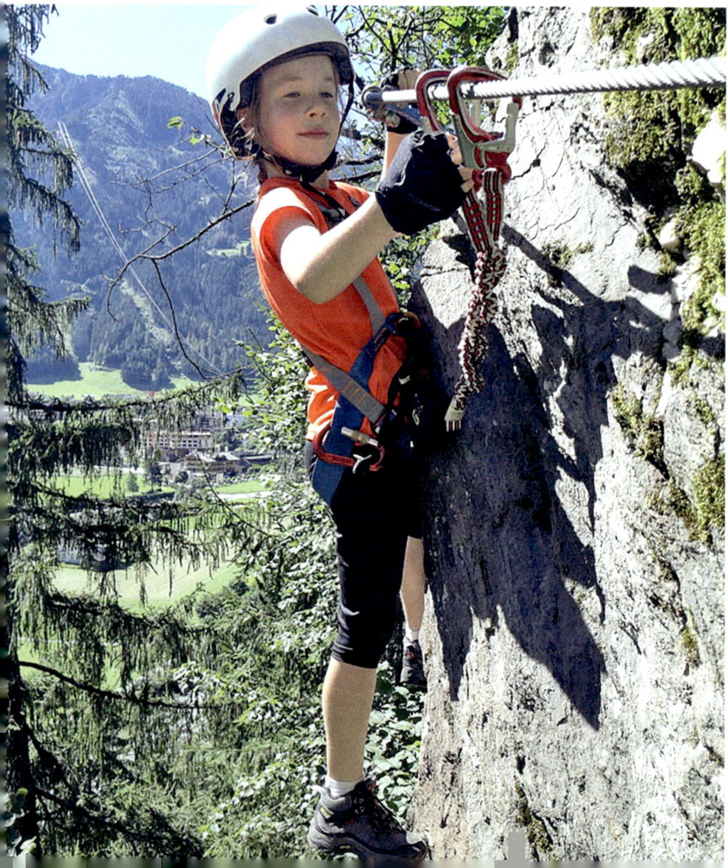

lassen. Das Prädikat »familienfreundlich« bedeutet bei Klettersteigen auf gar keinen Fall, dass sie ganz ohne Erfahrung und Vorkenntnisse begehbar sind. Der richtige Einstieg in diesen Sport ist also ein Kurs.

Die Region Innsbruck bietet neben den bekannten, aber sehr anspruchsvollen Klettersteigen in den schroffen Felsen der Nordkette und in der Martinswand eine Vielzahl an Klettermöglichkeiten, die sich auch für angehende Kletterer eignen. Schnupperkurse für Familien werden bei zahlreichen Tourismusbüros angeboten, zum Beispiel im Wipptal, im Stubaital und in der Region Seefeld. Konkrete Adressen sind bei den einzelnen Regionen zu finden.

Zum Basiswissen gehören Sicherungstechniken und die richtige Ausrüstung. Kleinere Kinder benötigen zum Beispiel einen speziellen Ganzkörpergurt. Jüngere Kinder sind nämlich schlichtweg zu leicht, sodass der Dämpfungsmechanismus eines normalen Klettergurtes gar nicht erst ausgelöst wird. Auch nach einem Schnupperkurs sollten Familien zuerst gemeinsam mit einem Fachmann klettern, bis sie ausreichend Erfahrung gesammelt haben.

Ist man zum ersten Mal alleine unterwegs, sollte man nur bei stabilem Wetter starten und immer winddichte und warme Kleidung dabeihaben. Klettern ist kräftezehrend, daher ist eine Extraportion Proviant und Getränke für die Kinder und auch für die Erwachsenen wichtig.

Klettern für Anfänger

Klettersteig Rofan

Der Übungsklettersteig liegt etwa 30 Minuten von der Bergstation der Rofanseilbahn bei Maurach am Achensee entfernt. Wir folgen, vorbei an der Mauritz-Alm, dem Weg zur Rofanspitze. An der Grubasteige geht es Richtung Norden, etwa 200 Meter bergauf, bis zum Klettersteig rechts. Mit nur 50 Höhenmetern ist dieser Steig genau richtig, um die Grundtechniken im Sichern auszuprobieren und für erste begleitete Erfahrungen am Felsen.

Seehöhe Erfurter Hütte: 1830 m
Dauer Zustieg: etwa 20 Minuten
Schwierigkeitsgrad: A/B

Klettergarten Weiher

Der Klettergarten in der Arzbergklamm liegt oberhalb von Telfs am Fuße der Hohen Munde, dem Hausberg von Telfs. Obwohl er sich nahe an der Stadt befindet, ist er nicht überlaufen und bietet zahlreiche leichte Touren, die sich für Anfänger eignen.

Seehöhe 650 m
Dauer Zustieg: 10–15 Minuten
Schwierigkeitsgrad: A/B/C

Klettergarten Locherboden

Der Klettergarten zwischen Stamser Hängebrücke und Maria Locherboden ist ein kleiner, weniger bekannter Klettergarten mit ausgezeichneter Absicherung. Er befindet sich an der Kante des Mieminger Plateaus in Autobahnnähe mit schöner Sicht auf das Inntal.

Seehöhe 790 m
Dauer Zustieg: 10 Minuten
Schwierigkeitsgrad: A

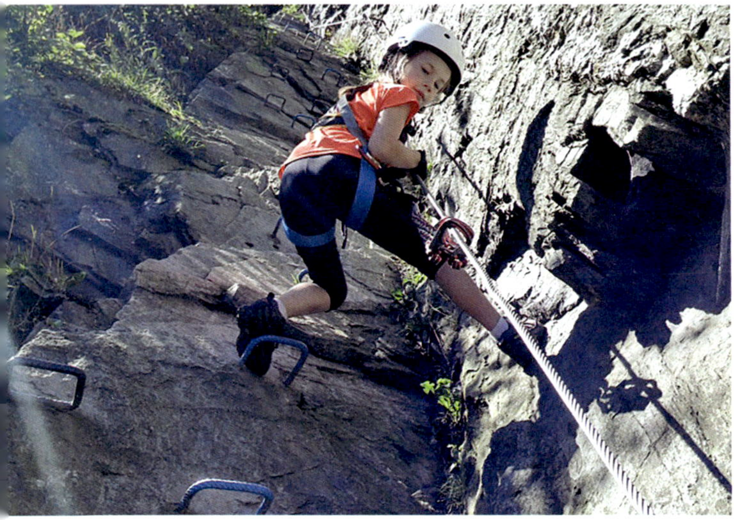

Klettersteig St. Magdalena
Der Klettersteig im Gschnitztal führt von Gschnitz auf direktem Weg hoch zur Wallfahrtskapelle St. Magdalena. Daneben verläuft auch ein Wanderweg. Der Klettersteig bietet fünf Einstiegsvarianten in den fünf Schwierigkeitsstufen (A–E). Am Rastplatz Habichtblick laufen diese wieder zusammen. Für den restlichen Steig beträgt der Schwierigkeitsgrad B/C.

Seehöhe 1.211 bis 1.661 m (Gipfel)
Kletterzeit: etwa 2 Stunden
Dauer Zustieg: etwa 30 Minuten
Schwierigkeitsgrad: B/C

Klettersteig Mayrhofen
Am Huterlaner Klettersteig im Zillertal befindet sich ein Familienklettersteig mit Elementen eines Hochseilgartens. Man klettert vom Felsen in die Bäume und wieder zurück, überquert dabei Seilbrücken und krabbelt durch Tunnelröhren. Tarzanlianen und Seilrutschen sind weitere Attraktionen. Am Einstieg kann man sich die nötige Ausrüstung ausleihen.

Dort befindet sich auch ein Übungsplatz, auf dem die Kinder Sicherheit gewinnen. Außerdem erklären Schautafeln kindgerecht die wichtigsten Kletterregeln. Der Steig ist für Kinder ab sechs Jahren und einer Körpergröße von 1,20 Meter geeignet – aber nur in Begleitung von Erwachsenen, die über Klettererfahrung und über die nötige Fitness verfügen.

Aus den vier zunehmend kniffligen Abschnitten kann man ungefähr auf halber Strecke aussteigen und auf dem normalen Wanderweg zurückkehren. Obwohl der Steig als Familien- oder sogar Kinderklettersteig beworben wird, ist er für ungeübte Kletterer unter Umständen eine Herausforderung, ebenso der vergleichbare Klettersteig St. Magdalena.

Seehöhe 633 m
Dauer Zustieg: 5 Minuten,
Abstieg: etwa 30 Minuten
Kletterzeit: etwa 2 Stunden
(für 200 Höhenmeter)
Schwierigkeitsgrad: B

Onlineportal Climbers Paradise
Das größte Kletterportal Tirols präsentiert auf seiner Website tausende Routen in 15 Regionen, gratis Topos in Druckqualität und aktuelle Infos, vor allem zum Zustand und zur Begehbarkeit der Klettersteige.

Neben Kletterrouten aller Schwierigkeitsgrade findet man hier auch Infos zu Boulderplätzen, Hochseilgärten und Kletterhallen und sogar geeignete Unterkünfte für den Kletterurlaub in Tirol. *www.climbers-paradise.com*

Fahrradfahren im Bergland

Der Innradweg ist der bekannteste und längste Radweg, der durch das Innsbrucker Land führt. Er verläuft entlang des Flusses über etwa 520 Kilometer durch Hochgebirge, Hügelland und Flussauen von Maloja in der Schweiz über das österreichische Innsbruck bis Passau in Deutschland. Von Innsbruck aus ist der Radweg in beide Richtungen befahrbar, wobei es in Richtung Unterland tendenziell abwärts geht.

Für einen Trip durch das Tiroler Oberland bietet sich also eine Anreise mit dem Zug an mit anschließender gemütlicher Fahrradtour nach Innsbruck. Die Etappe Nummer 6 des Radwegs führt von Telfs flach, gut markiert und gesichert über knapp 30 Kilometer in die Stadt. Auch im Stadtgebiet radelt man direkt am Ufer entlang.

Die nächste Etappe führt von Innsbruck bis Strass am Eingang des Zillertals (42,7 km). Es geht durch Hall und weiter nach Wattens mit den bekannten Swarovski Kristallwelten. Es folgt die Silberstadt Schwaz mit mittelalterlichem Flair und Häusern aus der Blütezeit des Silberbergbaus. Mehr Infos unter www.innradweg.com.

Wir haben für dieses Buch zwei kurze, familiengeeignete Teilstrecken in Stadtnähe ausgewählt, auf denen man es auch mit Kindern noch gut schafft, wieder zurückzuradeln.
[› Touren 5 und 6]

Radtouren sind außerdem auf Hochplateaus möglich, beispielsweise bei Seefeld und am Mieminger Plateau. Auch im Stubaital und am Achenseeufer lässt es sich gut radeln. Ansonsten eignet sich die Region um Innsbruck eher für Mountainbiker.

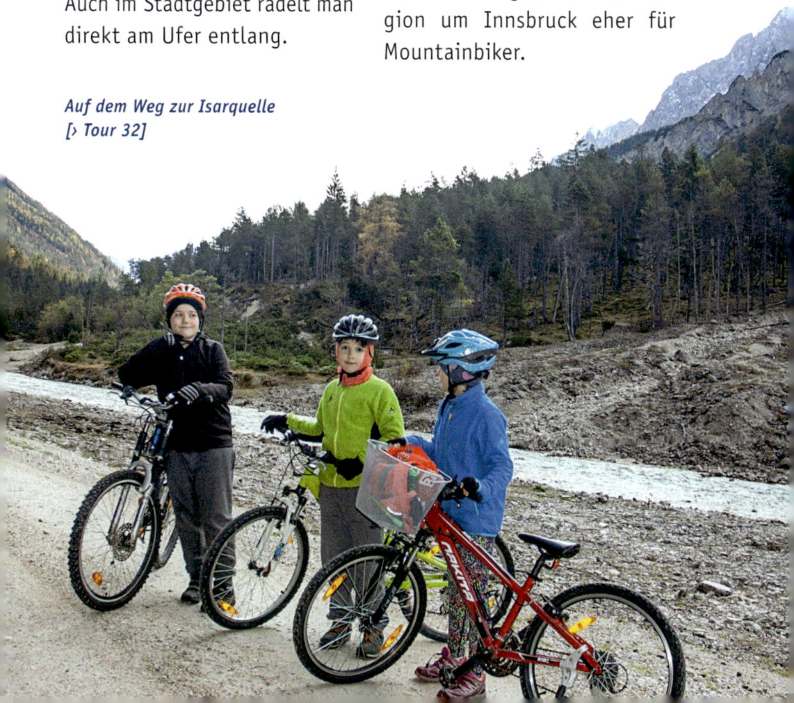

Auf dem Weg zur Isarquelle
[› Tour 32]

Mountainbiken & Downhillen

Mountainbiker kommen in der Region Innsbruck voll auf ihre Kosten. Das Karwendel ist Österreichs größter Naturpark. 115 Kilometer ausgewiesene Mountainbikerouten laden dort zum Bergradeln ein.

Im **Bikepark Innsbruck** finden Anfänger und Familien ebenso ihre Tracks wie draufgängerischere Downhiller. Auch Snow- und Fatbikes kommen hier zum Einsatz. In der Region gibt es zur Zeit vier ausgewiesene Trail-Gebiete: Innsbruck mit der Nordkette, Mutters und Götzens mit dem Bikepark Innsbruck, Steinach am Brenner mit dem Bikepark Tirol im Wipptal und Neustift im Stubaital mit den Trails an der Elferbahn.

Die Nordkette ist aufgrund ihrer Lage und ihres hochalpinen Charakters seit jeher bei Mountainbikern sehr beliebt, für Anfänger aber weniger geeignet. Es gibt dort drei offizielle Singletrails, schmale Fahrspuren, die sich in Schlangenlinien den Berg hinunterziehen. Besonders schwer zu fahren ist der Nordkette-Singletrail, etwas einfacher sind der Arzler-Alm-Trail und der kurze Hungerburg-Trail.

Aber Vorsicht: Das sogenannte Downhillen ist zwar sehr in Mode, will aber gelernt sein. Ein Guide, der über die Bike-Shops zum Leihen der Ausrüstung gebucht werden kann, vermittelt Basiswissen. Er trainiert mit Anfängern die richtige Technik, um die engen Kurven der Lines, wie die Fahrspuren der Single-Trails genannt werden, unfallfrei hinunterzufahren. Sie sind so eng, dass man nicht nebeneinander fahren kann.

Bei schwierigeren Trails geht es über Stock und Stein, hölzerne Brücken und Hindernisse. Diese

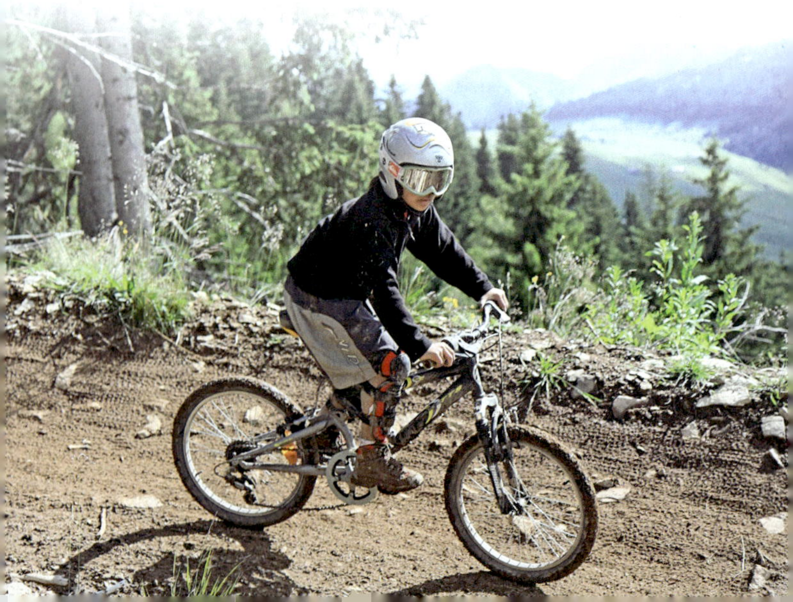

Parcours fährt man nur mit speziellen Downhill-Bikes, die auch über Scheibenbremsen verfügen. Diese haben im Gegensatz zur gängigen Nabenbremse die Kraft, das Fahrrad in Sekundenschnelle anzuhalten. Eine Scheibenbremse darf jedoch niemals voll angezogen werden, sonst überschlägt sich das Rad mitsamt seinem Fahrer. Auch wie man sicher durch die engen Kurven kommt, üben Anfänger erst einmal auf speziellen Parcours, die man Pumptracks nennt – am besten mit Trainer. »Shared Trails«, also Wege, die sich Biker und Wanderer teilen, sind übrigens meistens schwieriger als reine Bike-Lines.

Was man im Schnupperkurs lernt, ist auch für das Befahren von steilen Forst- und Bergstraßen sehr nützlich. Mit normalem Fahrradfahren hat der Sport allerdings wenig zu tun. Einzuordnen ist er eher in den Bereich Stunts und Skaten auf zwei Rädern.

Besondere Schnuppertage für Kinder gibt es jeden Sommer auf der Muttereralm [› Seite 96]. Sie sind aber immer schnell ausgebucht. Zudem gibt es hier direkt an der Bergstation einen Kidspark für ungeübte Fahrer. Ein weiterer Pumptrack für Kinder befindet sich in Lans [› Seite 44].

In rund 15 Minuten Auffahrt erreichen Fortgeschrittene die **Trails Arzler Alm** und **Hungerburg** mit dem Stadtbus Linie J. Die Fahrräder werden zur Mitnahme hinten am Bus befestigt. Dazu bitte dem Busfahrer Bescheid sagen, damit er wartet. Auch in der Hungerburgbahn sowie in den Innsbrucker Straßenbahnen sind einige Fahrräder erlaubt – sofern genug Platz vorhanden ist. Kinderwagen haben Vorrang. Das gilt ebenso für die Stubaitalbahn, eine Innsbrucker Straßenbahn-Linie, die vorbei an der Bergbahn in Mutters bis ins Stubaital fährt.

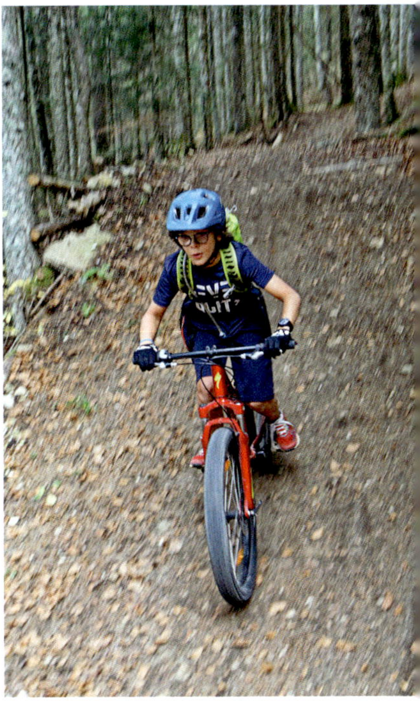

Alle Arten von Fahrrädern, auch E-Bikes, sind in den zahlreichen Bikeshops und Verleihstationen in Innsbruck und Seefeld erhältlich. An den Talstationen der meisten Bergbahnen kann man außerdem Mountainbikes leihen.

Skaten und BMX

Ein weiterer Trendsport in Innsbruck ist seit Jahren das Skaten. Mitten im dichten Stadtverkehr überholen Skateboardfahrer so manchen Radler. Viele sind aber nicht nur geübte Langstreckenfahrer mit den dafür besser geeigneten Longboards, sondern üben akrobatische Kunststücke in den zahlreichen Skateparks der Stadt.

Skateparks verfügen über verschiedene Hindernisse, die in der Skatersprache »Obstacles« genannt werden. Die bekanntesten sind Grindstangen zum Balancieren mit Board oder die klassische Halfpipe, eine aus Beton gegossene U-förmige Rampe. Mit Mini-Ramp wird ihr kleinerer und niedriger Bruder bezeichnet. Oft verfügen diese über Stahlkanten zum Grinden. Dabei stellt der Skater sein Board schräg und »schabt« über die Kante.

Der Wallride ist eine fast senkrechte Wand, während Bowls und Pools die wannenartigen Vertiefungen im Boden der Übungsgelände bezeichnen.

In den Innsbrucker Skaterparks üben neben den Profis auch kleinere Kinder – es ist Platz für jeden da. Gerade am Landhausplatz fahren viele Mini-Skater mit ihren Rollern oder dem Laufrad an den tollen Abfahrtsrampen.

Die wichtigste Skater-Location ist jedoch die Innsbrucker Skatehalle, in der auch BMX- und Stuntroller-Fahrer ihre Freude an den vielfältigen Hindernissen haben.

Geocaching

Bei dieser modernen Form der Schatzsuche fahndet man mit Hilfe einer Handy-App nach dem Versteck. Statt einer antiquierten Schatzkarte bekommt man dazu GPS-Koordinaten genannt. Hat man den Ort gefunden, geht die richtige Suche erst los.

In einer Dose oder Ähnlichem befindet sich ein Logbuch, in das man sich eintragen kann, und oft auch eine Sammlung kleiner Schätze. Man nimmt einen heraus und legt etwas Neues hinein. Viele solcher Verstecke, die Caches genannt werden, sind quer über ganz Tirol verteilt angelegt worden, manche von offizieller Seite, die meisten jedoch in Privatinitiative. Auch mitten in Innsbruck gibt es einige Caches.

Ein eigenes GPS-Gerät braucht man dafür schon lange nicht mehr, ein handelsübliches Smartphone mit GPS-Empfang und der entsprechenden App reicht vollkommen aus. Verschiedene Geocaching-Apps gibt es gegen eine kleine Gebühr im Google Play Store oder Apple Store. Für einen ersten Versuch reicht auch die kostenlose Probeversion.

Weitere Infos zum Geocaching rund um Innsbruck haben wir auf **[› Seite 232]** zusammengestellt.

Mit Kindern in die Berge – Eine Einführung für Einsteiger

Kinder und Wandern? Passt das wirklich zusammen? Der Ehrgeiz, einen Gipfel zu erreichen, ist den meisten Kindern fremd, und die wenigsten begeistern sich für das Laufen an sich. Aber für die Faszination, weit über der gewohnten Welt zu stehen, im Blick nur Natur und Berge, sind auch Kinder empfänglich. Und wenn sie dann noch die Natur als Spielplatz entdecken, haben auch Kinder Spaß an Ausflügen in die Berge.

Wenn schon Wandern, dann wollen Kinder dabei toben, klettern und alles bestaunen, was rechts und links am Wegrand wächst oder krabbelt. Dafür muss natürlich genügend Zeit eingeplant werden. Die ersten Touren sollten daher eher kurz sein. Als Ziel eignet sich ein Platz, an dem man gut spielen kann – das wird erst einmal selten der von Erwachsenen anvisierte Berggipfel sein. Eine Almhütte mit Tieren, ein Spielplatz am Berghang, ein See- oder Bachufer sind da viel besser. Ein Kletterfelsen oder ein Kletterbaum am Wegrand werden zu reizvollen Zwischenzielen. Mit dem Blick vom Gipfel lockt man erst die Größeren.

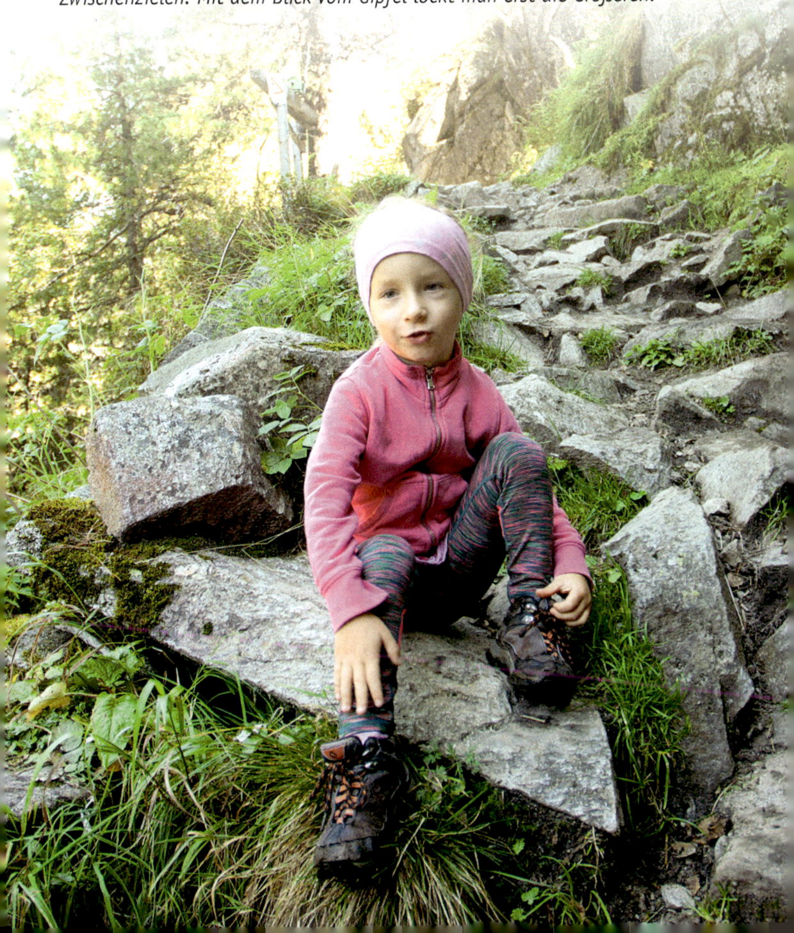

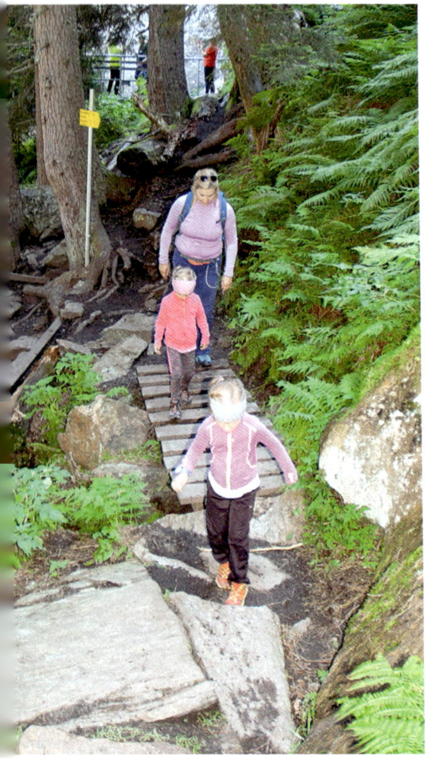

Kinder in der Kraxe

Wandern ohne selbst zu laufen

Kinder unter drei Jahren können im Tragesack oder einer Kraxe mitgenommen werden. Die Länge der Strecken richtet sich dann nach der Kondition des Kraxenträgers. Kinder, die in der Kraxe transportiert werden, müssen bereits sicher über längere Zeit frei sitzen. Für größere Touren sollten sie mindestens ein Jahr alt sein. Die Kraxe selbst muss dem Kind genug Halt geben, sonst hängt es, wenn es einschläft, wie ein Schluck Wasser in der Kurve. Eine gute Kraxe hat, wie ein Tourenrucksack, einen gepolsterten Hüftgurt für den Träger, damit das Gewicht nicht an den Schultern hängt. Es gibt auch Exemplare mit Sonnen- und Regendach, was durchaus sinnvoll ist. Da sich die Kinder in ihrem luftigen Sitz nicht bewegen können, kühlen sie schnell aus. Handschuhe und warm verpackte Füße im Frühjahr und Herbst sind wichtig. An heißen Tagen muss das Kind gut vor der Sonne geschützt werden. Regelmäßige Pausen sorgen für Abwechslung und Bewegung: Eine Almwiese oder ein flaches Bach- oder Seeufer, an dem auch die Kleinsten gefahrlos spielen können, sind hier geeignete Ziele. Ein paar große Steinblöcke zum Klettern machen auch schon Zwei- oder Dreijährigen viel Spaß.

Altersgruppe 1 (3–5 Jahre)

Geduld und kurze Beine

Etwa ab drei oder vier Jahren laufen Kinder längere Strecken am Stück. Sie sind in diesem Alter sehr leicht ablenkbar. An jeder Ecke gibt es etwas Interessantes zu sehen und vorwärts geht es nur sehr langsam. Für die Kraxe ist das Kind inzwischen zu schwer – tragen kann man es nur noch kurze Stücke. Das Einzige, was hilft, ist viel Geduld. Touren sollten nicht mehr als eine bis eineinhalb Stunden reine Gehzeit haben – mit den Kleinen dauert es mindestens doppelt so lange, sodass schnell eine vollwertige Halbtagestour daraus wird.

Altersgruppe 2 (6–9 Jahre)
Abenteuerspielplatz Natur

Bei Kindern im Grundschulalter sind die Unterschiede in Tempo und Ausdauer besonders groß. Laufzeiten für Erwachsene sollten immer noch um die Hälfte erhöht werden, um eine realistische Vorstellung vom Zeitaufwand zu haben. Mit der Zeit entwickeln Eltern ein Gefühl für das individuelle Tempo ihrer Familie. Kinder, die schon Bergerfahrung mitbringen und von Natur aus bewegungsfreudig sind, schaffen teilweise schon ganz erstaunliche Touren.

Für Eltern, die mit ihren Grundschulkindern die ersten Bergtouren planen, kann das aber kein Maßstab sein. Auch hier sind erst einmal kürzere Wanderungen angesagt. Maximal zwei bis drei Stunden Gehzeit, davon höchstens eine Stunde bergauf, sind eine guter Anfang. Viele Pausen und viel Zeit zum Spielen sowie ein spannendes Ziel sind bei der Planung besonders wichtig. Kinder in diesem Alter spielen meist besonders fantasievoll und lassen sich von der passenden Umgebung leicht anregen. Schon ein Bach weckt Ideen – vor allem, wenn mehrere Kinder beisammen sind. An einem Kletterfelsen kann man ohne Gefahr die ersten Kraxelversuche machen, und eine Übernachtung in einer Berghütte gehört zu den besonderen Höhepunkten. Gerade Kinder dieser Altersgruppe

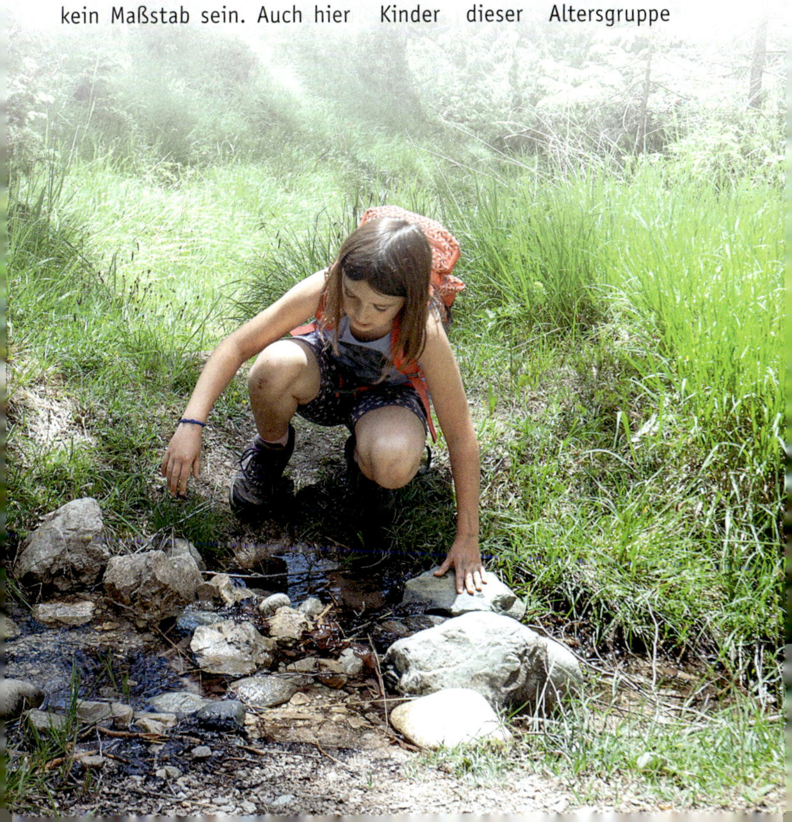

laufen viel lieber auf schmalen Pfaden, die nach Abenteuer riechen und die Fantasie anregen, als auf breiten Schotterwegen.

Mit der Schulreife entsteht auch ein Bewusstsein für Gefahren, sodass man beginnen kann, Bergpfade mit kurzen, anspruchsvolleren Passagen zu laufen.

Altersgruppe 3 (10 – 13 Jahre)
Mitplanen statt Mitlaufen

Nicht nur die Beine sind länger geworden, auch Kraft und Ausdauer der Großen reichen langsam an die eines Erwachsenen heran. Nach und nach entwachsen sie dem Spiel- und Tobealter. Haben sie schon Bergerfahrung gesammelt, sind sie jetzt sicher genug für Touren mit kleinen Klettereinlagen und für aufregende Wege mit Seilsicherung und Weitblick. Auch für einen tollen Gipfelblick kann man sie inzwischen begeistern.

Touren mit ein bis zwei Stunden Aufstieg sollten auch mit weniger erfahrenen Kids machbar sein. Die Motivation ist meist eher der springende Punkt: Kinder dieser Altersgruppe sollte man deshalb auf jeden Fall an der Planung beteiligen und mitreden lassen. Unterwegs finden viele es spannend, Karte zu lesen, den Weg zu suchen, Entfernungen einzuschätzen oder vielleicht selbst zu fotografieren – je nachdem, wo bei den Kindern die Interessen liegen. Die Gehzeiten unterscheiden sich kaum von denen Erwachsener – nur etwas mehr Zeit für Pausen sollte man weiterhin einplanen.

Von breiten Wegen und schmalen Pfaden

Schaut man auf die Tourismusseiten der Bergorte, verlaufen die empfohlenen Familienrouten oft möglichst eben auf breiten Schotterwegen, damit auch wirklich nichts passieren kann. Natürlich ist man auf solchen Wegen besonders sicher – spannend ist so eine Wanderung allerdings nicht. Besonders Kinder langweilen sich auf geraden Forststraßen und geschotterten Fahrwegen –

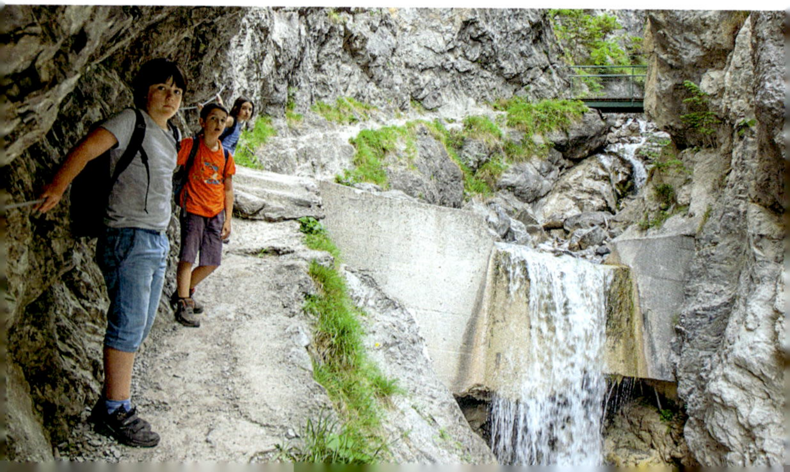

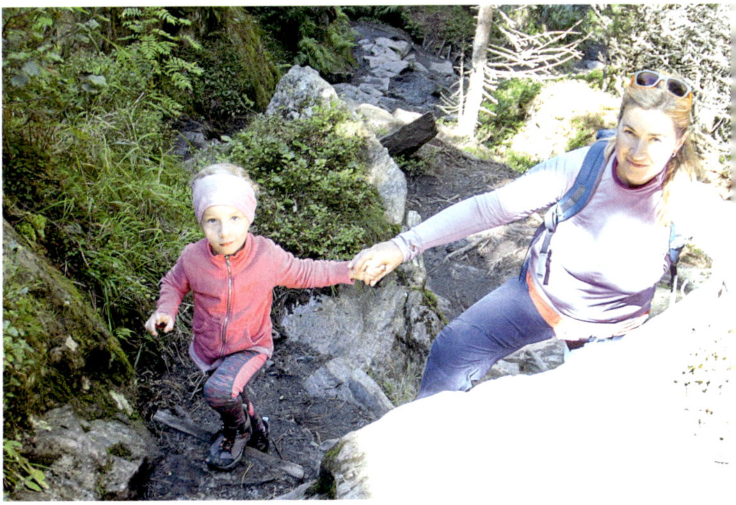

ein schmaler, gewundener Pfad dagegen weckt schnell neue Lebensgeister. Auch steinige Passagen, an denen man richtig klettern kann, kleine Treppchen und enge Durchgänge zwischen Felsen sprechen Spieltrieb und Fantasie an und machen einfach mehr Spaß. Manche dieser schmaleren Wege sind gefahrlos auch mit jüngeren Kindern zu begehen. Oft gibt es auf Bergpfaden aber auch riskantere Stellen, an denen das Laufen Konzentration erfordert. Vor allem am Anfang müssen die Eltern immer in der Nähe bleiben und dafür sorgen, dass zu wagemutige Abenteurer sich nicht in Gefahr bringen.

Kinder im Kindergartenalter sind noch nicht in der Lage, solche Gefahren einzuschätzen. An Wege, die am Hang entlang gehen und dabei auch erste leicht ausgesetzte Stellen haben (enge Bereiche, an denen es an einer Seite steil hinuntergeht), kann man Kinder ab dem Grundschulalter heranführen. Es braucht dabei in etwa dieselben Fähigkeiten, die ein Kind dazu qualifizieren, sich im Straßenverkehr zurechtzufinden.

Es ist sinnvoll, die Kinder unterwegs zu beobachten und ihnen zu erklären, wo man aufpassen muss und warum. Die ersten Versuche macht man dabei auf Touren mit kurzen schwierigeren Passagen. Strecken, auf denen man über längere Zeit wirklich konzentriert laufen muss, sollte man frühestens mit Kindern ab acht bis zehn Jahren gehen.

Trittsicher und schwindelfrei?

Trittsicher und schwindelfrei ist die Standardformulierung für die notwendigen Fähigkeiten, die von Wanderern erwartet werden, wenn sie sich auf Wege mit alpinem Anspruch wagen. Trittsicher, weil ein Fehltritt zu einem Unfall führen könnte. Bei Kindern geht

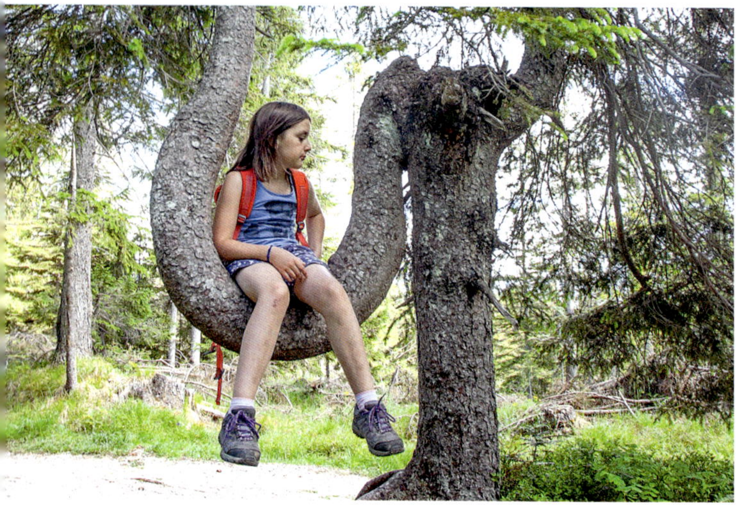

es hierbei einerseits um Geschicklichkeit, andererseits aber auch um die Fähigkeit, sich über einen längeren Zeitraum auf den Weg zu konzentrieren und sich der Situation entsprechend vernünftig zu verhalten. So läuft man zum Beispiel an Steilhängen vorsichtig und tritt keine Steine los, die auf einem abschüssigen Serpentinenpfad weiter unten laufende Wanderer in Gefahr bringen können.

Inwieweit man schwindelfrei ist, muss man meist erst testen. Bei manchen führt schon ein schmaler, an einer Seite abschüssiger Pfad zu Schwindelgefühlen, bei anderen erst ein steil abfallender Hang am Gipfel oder ein schmaler Gratweg, und der nächste bleibt völlig unberührt, egal was kommt. Schwindelgefühle und Angst sind immer ernstzunehmen – wer am Berg seine Ängste übergeht, bringt sich und andere in Gefahr. Im Zweifelsfall lässt man den Aufstieg auf einen Gipfel einfach bleiben – egal ob ein Kind überfordert ist oder ein Erwachsener!

Oft verändert sich das Empfinden von Schwindel auch mit wachsender Erfahrung. Eine sehr gute Möglichkeit, sich selbst an Höhe und Abgründe zu gewöhnen und Sicherheit zu gewinnen, ist ein Kletterkurs oder der Besuch eines Hochseilgartens. Hier kann man die Anforderungen langsam und völlig ohne Risiko steigern, und Spaß macht es auch noch.

Höhenmeter und Gehzeiten

Für Kilometerangaben hat man normalerweise im Laufe eines Lebens ein ungefähres Zeitverständnis entwickelt – aber wie sieht das mit den Höhenmetern aus? Um ein Gefühl für diese erst einmal recht abstrakte Zahl zu entwickeln, braucht es Erfahrung oder einen Anhaltspunkt. Etwa drei bis vier Kilometer schafft man in normalem Lauftempo in der Ebene. Geht es bergauf, kalkuliert man maximal 300 bis 400 Höhenmeter in einer Stunde – wobei es, wenn das so hinkommen soll, schon ganz ordentlich hinaufgeht. Aufstiege unter 200 Höhenmetern werden die meisten recht unauffällig wegstecken. 400 Höhenmeter bedeuten schon einen eher anstrengenden Aufstieg, der vor allem untrainierte und jüngere Kinder ordentlich fordert.

Müheloses Bergaufgehen benötigt die richtige Technik. Langsam und gleichmäßig zu laufen – nur so schnell, dass man nicht außer Atem kommt – entspricht nicht unbedingt dem normalen kindlichen Bewegungsmuster und braucht ein bisschen Training. Hält man das gleichmäßig langsame Gehen durch, läuft man sich mit der Zeit (und wachsender Kondition) ein und kommt dann relativ mühelos den Berg hinauf. Trainierte, erfahrene Wanderer laufen oft lieber bergauf als bergab, wo der Schub der Bewegung und das Körpergewicht abgefangen werden müssen und die Gelenke belasten.

Gelenkschmerzen sind für Kinder zum Glück unbekannt, sodass sie – wenn es nicht zu steil ist – mühelos dem Tal entgegen wandern. Berggewohnten Kindern zuzuschauen, wie sie, die Erwachsenen weit hinter sich lassend, den Berg hinunter springen, ist eine wahre Freude. Hat man selbst also keine größeren Probleme beim Bergabgehen und entwickelt nicht den Ehrgeiz, die Kinder als »richtige« Wanderer zeitig ans Bergaufgehen zu gewöhnen, kann man es sich auch ein wenig einfacher machen und den »Bergabschwung« der Kinder für unbeschwerte Ausflüge nutzen. Für den Aufstieg braucht man dann allerdings eine Bergbahn.

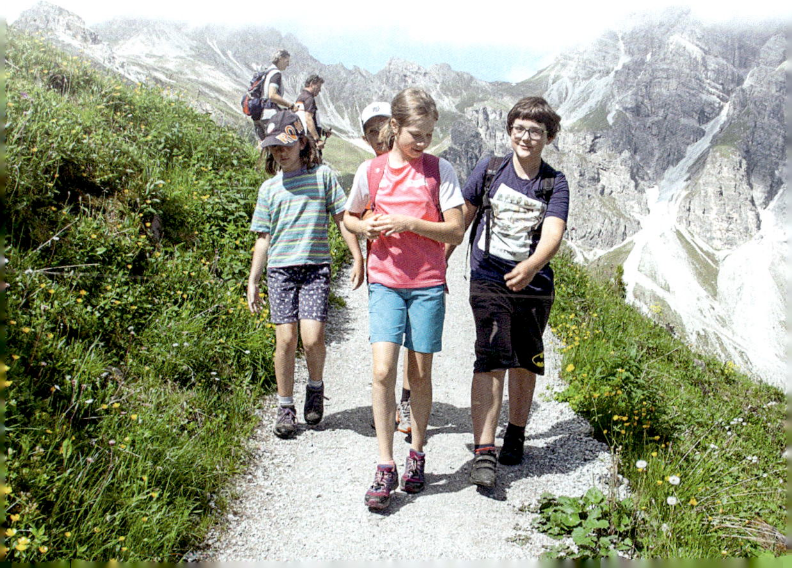

Mit der Seilbahn hinauf?

Eine Seilbahn verlegt unseren Startpunkt um einige Höhenmeter und bringt uns dahin, wo die Berge am schönsten sind. Natürlich kann man ganz hinauf fahren und dann einfach wieder ins Tal hinabsteigen. Schöner ist es aber, oben am Berg weiter zu wandern. Hat man sich einmal ein Stück von der Bergstation entfernt, findet man hier meist schmale Steige, und der weite Blick über die vielen Gipfel verzaubert auch kleinere Wanderer. Oft kann man auch noch höher steigen und erreicht so mit einem moderaten Aufstieg von vielleicht 300 bis 400 Metern auch Gipfel mit alpinem Charakter.

Wo eine Bergbahn fährt, ist es allerdings selten einsam. Vor allem rund um die Stationen sind meist sehr viele Spaziergänger unterwegs, deren Ziel der nächste Gasthof oder einer der vielen Bergspielplätze ist. Ein weiterer Nachteil am Wandern mit Bergbahn ist der Preis. Für eine Familie wird so ein Ausflug schnell zu einer kleinen Investition. Knapp 100 Euro muss man mit zwei größeren Kindern für die Berg- und Talfahrt mit der Nordkettenbahn oder die Gondelfahrt auf den Stubaigletscher anlegen. Kleinere Bahnen und Sessellifte sind zum Glück deutlich preisgünstiger.

In vielen Orten bekommen Urlauber in ihrer Unterkunft auch eine Gästekarte für die jeweilige Region ausgehändigt. Im Innsbrucker Land ist das die Gästekarte für Innsbruck oder Hall, die verschiedene Vergünstigungen bei Eintritten, aber auch für Bergbahnen bietet. So reduziert sich der Preis für die Auffahrt teils deutlich. Ab drei Nächten Aufenthalt etwa enthält die Innsbrucker »Welcome Card plus« kostenlos die Fahrt mit vier ausgewählten Bergbahnen.

Wandern mit Kinderwagen

Ein Wanderweg, über den man einen Kinderwagen schieben kann, darf nicht zu steil sein und braucht glatten Untergrund. Wurzeln, Stufen, Eng-

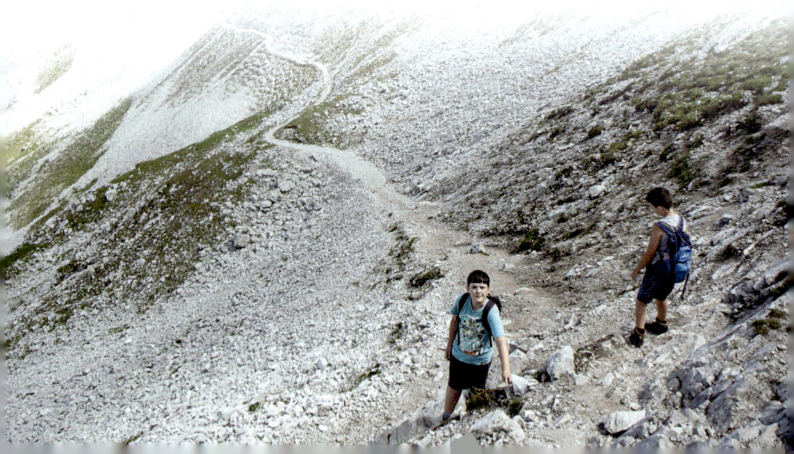

stellen und dicke Steinblöcke – alles, was einen Weg für laufende Kinder interessant werden lässt – macht Wege für Kinderwagen unpassierbar. Wer Kinder unter vier Jahren mit auf die Bergtouren in diesem Buch nehmen möchte, braucht daher in den meisten Fällen eine Kraxe. Wege oder Wegalternativen, die kinderwagentauglich sind, haben wir im Tourenteil entsprechend vermerkt.

Was muss mit?

Wanderausrüstung für Familien

Für alle Touren im Hochgebirge sind Wanderschuhe notwendig, auch für Kinder. Selbst bei den kürzeren Wanderungen mit wenig Steigung in den Wäldern in Stadtnähe und im Inntal sollten die Schuhe über die Knöchel gehen, um genügend Halt zu bieten.

Am Berg scheint die Sonne besonders intensiv. Im Sommer sind ein gut sitzender Sonnenhut mit UV-Schutz und Sonnencreme unverzichtbar. In höheren Lagen gehört außerdem immer eine Jacke ins Gepäck – am besten eine wasserdichte. Wer einmal beobachtet hat, wie rasant im Gebirge Wolken aufziehen können und wie schnell es dann abkühlt, wird sie auch an einem warmen Sommertag nicht vergessen. Kurze Hosen sind bei den Kleinsten nicht so optimal. Selbst eine dreiviertellange Hose bietet besseren Schutz, sollte ein Stolperer auf steini-

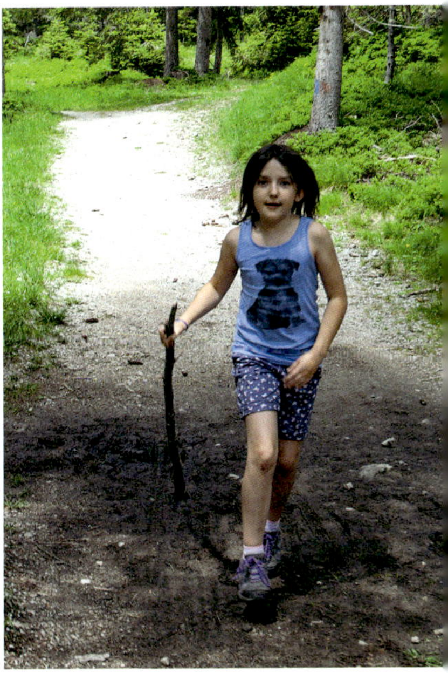

gem Boden doch mal zum Sturz führen. Deshalb gehören auch Pflaster oder sogar ein kleines Erste-Hilfe-Set zur Standardausrüstung, wenn man in Begleitung von Kindern wandert – vielleicht ergänzt durch ein paar Blasenpflaster. Im Frühjahr und Herbst sollte zusätzlich zur Regenjacke ein warmer Pulli (z.B. Fleece) in den Rucksack.

Hungrige oder durstige Kinder laufen nicht gern. Auch wenn eine Einkehr geplant ist, braucht es immer ein paar leckere Snacks im Gepäck. Wo keine Hütte zu finden ist, kann man stattdessen ein Picknick einplanen. Auch eine gefüllte Wasserflasche gehört zur Ausrüstung. Im Sommer sollte man nicht zu knapp kalkulieren: Ein Liter Wasser für Erwachsene und ein halber Liter pro Kind sind das Minimum.

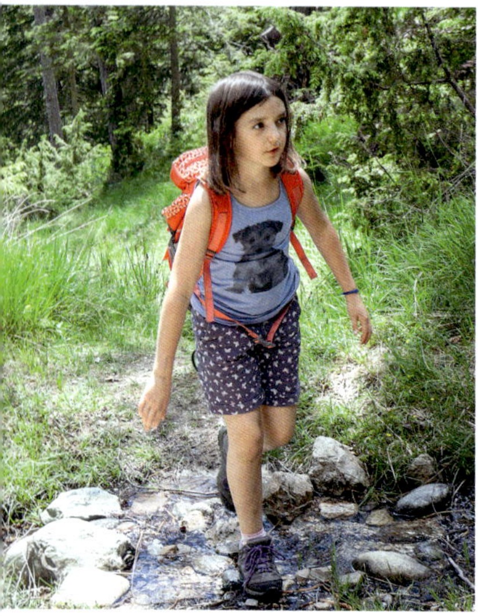

Der Rest ist Kür: Manche Kinder finden es toll, einen eigenen Rucksack zu tragen. Die Wasserflasche passt hinein, eine Jacke oder vielleicht ein Kuscheltier, das unbedingt mit zum Ausflug muss, und auch all die Steine, Zweige und Schneckenhäuser, die unterwegs gesammelt werden.

Wichtig ist dabei nur, dass das Gepäck nicht zu schwer wird. Kinder bis sechs Jahre sollten nicht mehr als ein Kilo auf dem Rücken tragen. Älteren Kindern sollte man zumindest den Transport von Wasserflaschen und Jacken übertragen, damit die Eltern nicht zu Lasteseln werden. Sie können dann auch ein Taschenmesser, den Fotoapparat oder ein Fernglas einpacken. Für Kinder bis neun Jahre sollte laut Information des Alpenvereines das Gewicht des Rucksacks drei Kilo nicht überschreiten, Zwölfjährige schaffen schon bis zu fünf Kilo.

Wanderstöcke sind für die Eltern angenehme Hilfsmittel. Vor allem beim Abstieg, wenn es mal etwas steiler wird, und auf rutschigen Schotterwegen leisten sie gute Dienste. Auch bei feuchtem Wetter, wenn Wald- und Wiesenpfade nass und schmierig werden, sind Stöcke eine echte Hilfe. Trägt man ein Kind in der Kraxe, sind sie auf unebenen Wegen beinahe unverzichtbar.

Kinder kommen meist ganz gut ohne zurecht, finden es aber toll, zwischendurch mit der Profiausstattung der Eltern unterwegs zu sein. Mit etwas Fantasie wird ein Teleskopstock auch zum Schlepplift am Berg oder zum Pferdchenspielen verwendet. Alternativ sucht man einen Wanderstock im Wald. Ist das richtige Exemplar gefunden, wird er, mit Schnitzmustern verziert, zu einem ganz besonderen persönlichen Stück.

Wer mit Kindern am Wasser unterwegs ist, sollte außerdem Kleidung zum Wechseln und ein kleines Handtuch einpacken. So lässt es sich unbeschwert toben und balancieren, ohne dass ein Ausrutscher mit nassen Füßen das vorzeitige Ende des Ausflugs heraufbeschwört.

Umweltschutz am Berg

Wandern liegt voll im Trend und wie immer, wenn viele Menschen dasselbe tun, verursacht das auch Probleme. Nicht nur Skipisten und Lifte hinterlassen bleibende Spuren im Hochgebirge, selbst Wanderer können zum Problem werden, wenn es zu viele sind. Beim Wandern rund um Innsbruck ist es vergleichsweise einfach, das Auto einmal zu Hause zu lassen und sich so schon bei der Anreise umweltschonend zu verhalten. Manche Touren in diesem Buch sind mit öffentlichen Verkehrsmitteln sogar viel unkomplizierter zu erreichen als mit dem eigenen Fahrzeug.

Ein weiteres Problem entsteht, weil auch organischer Abfall im Hochgebirge nur langsam verrottet. Dass man nach dem Picknick seinen Müll wieder mitnimmt, sollte selbstverständlich sein. Die Outdoor-Maxime »Hinterlasse nichts außer deinen Fußspuren« muss in den Bergen aber noch wörtlicher genommen werden. Inzwischen werden auch Klopapierfahnen und Kothaufen auf den Viehweiden und im Hochgebirge zu einem Problem.

Neben der medizinischen Rucksackapotheke gehören auch Klopapier und Beutel für den »Notdurft-Fall« in den Rucksack, empfiehlt der Österreichische Alpenverein (ÖAV). Es gibt übrigens auch ganz leichte Klappspaten, die problemlos im Rucksack transportiert werden können.

Je weiter wir in die Höhe steigen, desto sensibler ist der Lebensraum. Unsere Hinterlassenschaften wirken in der kargen Natur als Dünger und können Ökosysteme empfindlich verändern. Außerdem erhöhen sich die Verrottungszeiten mit zunehmender Höhe. Toilettenpapier verrottet dabei deutlich schneller als Papiertaschentücher. Am besten wäre es aber, gebrauchtes Papier wieder mit ins Tal zu nehmen.

Die Grundregeln der Outdoor-Toilette

- Vorhandene Toiletten-Infrastruktur nutzen.
- Abstand halten zu Bächen, Seen und Tümpeln
- Richtiges Klopapier verwenden, weil es deutlich schneller verrottet als Papiertaschentücher. Noch besser ist es, gebrauchtes Papier in einem Beutel wieder mitzunehmen und im Tal zu entsorgen.
- Kot einschaufeln oder mit Steinen und Zweigen abdecken.
- Stadel, Jägerstände und Geräteschuppen sind keine Toiletten.

Gemeinsam haben der ÖAV, die Initiative »Bergwelt Tirol – Miteinander erleben«, die Tiroler Schutzgebiete und die Landwirtschaftskammer Tirol ein Projekt zum Thema »Toilette am Berg« ins Leben gerufen. Humorvolle Botschaften auf Schildern und Plakaten sollen ein Bewusstsein für das Problem bei Wanderern schaffen. »Ziel ist es zum einen, den sensiblen Hochgebirgslebensraum zu schonen, zum anderen, Konflikte mit anderen Lebensraumpartnern zu vermeiden«, erklärt Alpenvereinspräsident Andreas Ermacora.

Die Touren in diesem Buch

Vom Umgang mit Altersgruppen und Gehzeiten

Anfahrt mit Bus und Bahn

Mit dem IVB-Routenplaner lässt sich jede Anfahrt rund um Innsbruck einfach planen. Das Online-Tool ist auch als App erhältlich. Es funktioniert reibungslos auch für Fahrten, die über das Innsbrucker Stadtgebiet hinausgehen. Das Umsteigen in Regionalbusse und zum Bahnverkehr sowie die Preise für solche kombinierten Tickets zeigt der Routenplaner ebenfalls an. Fahrkarten können direkt online gebucht werden, falls man keine Lust hat, sie am Automaten oder beim Schaffner zu kaufen. Bei ihm sind sie ohnehin etwas teurer. Ticketautomaten gibt es an fast allen Haltestellen in der Stadt. Sie nehmen EC-Karten oder Bargeld an.

IVB-Fahrkarten für die Anreise
Einzelfahrt € 2,60, 24-Stunden-Ticket € 5,90, 24-Stunden-Ticket ermäßigt für Studenten, Senioren und Kinder ab sechs Jahren € 4 (Einzelticket € 1,60),
24-Stunden-Ticket Plus für zwei Erwachsene und drei Kinder unter 15 Jahren € 8,60.

8-Fahrten-Ticket € 15,50,
8-Fahrten-Ticket ermäßigt € 12,40.

Kinder unter sechs Jahren fahren frei.
Fahrpläne und Tickets unter: www.ivb.at.

Altersgruppen

Für jede Tour gibt es im Infokasten auf der ersten Seite eine Altersempfehlung. Alle Altersgrenzen sind durchschnittliche Werte und auch abhängig von der bereits vorhandenen Erfahrung. Vor allem mit den Kleinsten ist ein vorsichtiger Start ratsam. Aber auch mit größeren Wanderneulingen fängt man besser mit kurzen, technisch nicht zu schwierigen Touren an. Steigern Sie den Anspruch langsam und warten Sie mit längeren Touren, bis Sie Motivation und Sicherheit Ihrer Kinder einschätzen können.

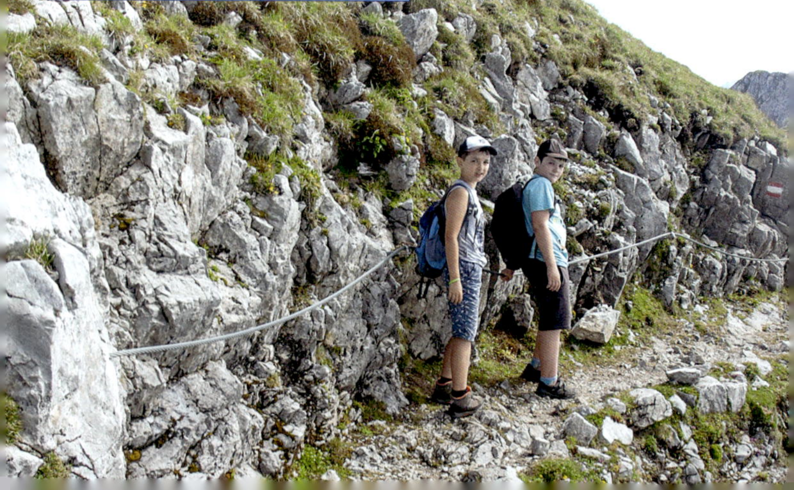

Gehzeiten

Die Geschwindigkeit von Kindern ist selbst innerhalb einer Altersgruppe recht unterschiedlich. Die angegebenen **Gehzeiten sind daher am moderaten Tempo von Erwachsenen** gemessen. Wir kalkulieren dabei auf unkomplizierten Wegen mit drei Kilometern oder 300 Höhenmetern in einer Stunde. **Für Kinder unter sechs Jahren müssen bis zu 50 Prozent mehr Zeit eingerechnet werden!** Auch Grundschulkinder benötigen noch etwas Zeitzugabe. Mit wachsender Erfahrung werden Sie ein Gefühl für das individuelle Tempo Ihrer Familie entwickeln. Zusätzlich ist genügend Zeit für Pausen wichtig. Beträgt die reine Gehzeit ein bis zwei Stunden, wird daraus mit Kindern im Vorschulalter durchaus ein vollwertiger Halbtagesausflug.

Schwierigkeitsgrad

Neben dem Anspruch an die Kondition der jungen Wanderer ist der Schwierigkeitsgrad der Wege ein wichtiger Aspekt bei der Auswahl einer passenden Tour. Unter der Rubrik »Charakter und Anspruch« im Tourensteckbrief finden sich wichtige Hinweise auf die Beschaffenheit der Wege und eventuelle wandertechnische Schwierigkeiten wie schmale Pfade an Böschungen, ausgesetzte Engstellen mit Seilsicherung oder Felsbereiche, in denen ein bisschen Klettern angesagt ist. Auch die Anzahl der Wanderstiefel im Kopf des Tourensteckbriefes kennzeichnet den technischen Schwierigkeitsgrad: Ein Stiefel markiert eine Einsteigertour, für Wanderungen mit drei Stiefeln sollte man schon Bergerfahrung gesammelt haben.

Planung und Motivation

Nicht nur Kinder motiviert ein erreichbares Ziel vor Augen. Es ist deshalb gut, die Strecke in mehrere überschaubare Etappen zu unterteilen und öfter eine Pause zu machen. Ein Stopp am Bach oder am Kletterfelsen, ein kleiner Snack an einem Platz mit toller Aussicht sorgen für schnell erreichbare Zwischenziele. Auch leckeres Essen ist ein wichtiger Aspekt beim genussvollen Wandern: Die Aussicht auf einen Kaiserschmarren oder Germknödel auf der Hütte, ein Picknick am Bachufer oder einen Eisbecher im Café hat schon so manches Kind wie magisch den Berg hinauf gezogen.

Jeder, der mit Kindern wandern geht, kennt nicht nur fröhlich laufende Kids. Motivationslöcher lassen sich mit Spielen und Singen überbrücken. Ältere Kinder kann man auch an der Planung beteiligen. Unterwegs die Richtung mit dem Kompass überprüfen, Markierungen suchen, Karte lesen oder auch mal die Führung der Gruppe alleine übernehmen ist spannend und macht aus lustlosen »Mitläufern« aktive begeisterungsfähige Wanderer. Und, last but

not least, in der Gruppe läuft es sich viel leichter als allein. Ist man mit mehreren Kindern unterwegs, wandern diese oft ganz von selbst. Weitere Tipps zum Thema Motivation und einige nette Wanderspiele haben wir auf dem Naturzeit-Blog zusammengestellt:
www.wandern-mit-kindern.info

Orientierung

Die Wanderungen in diesem Buch führen alle über markierte Wanderwege. Sie sind mit Farbpunkten an Bäumen und Steinen markiert. An Abzweigungen stehen oftmals zusätzlich Wegweiser mit meist gelben Hinweisschildern. Die Beschreibung und die Karte im Buch sollten zusammen mit der Markierung vor Ort ausreichen, um unsere Wanderungen sicher zu finden. Zusätzliche Karten sind nicht zwingend notwendig.

Da jedoch fast jeder mittlerweile ein Smartphone zur Hand hat, ist die Nutzung des GPS-Tracks eine sehr bequeme Möglichkeit, um in jedem Fall sicher und stressfrei auf dem richtigen Weg zu bleiben.

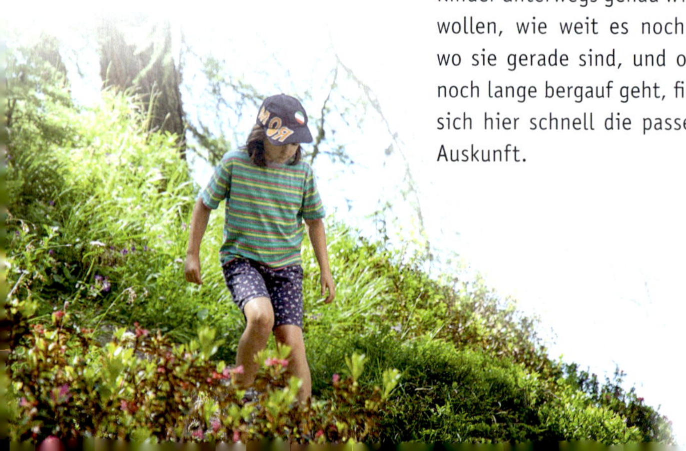

GPS-Daten

Die **Parkplätze** an einer Wanderroute sind oft nicht ganz so leicht zu finden. Werden die in der Anfahrtsbeschreibung genannten GPS-Daten in ein normales Navigationsgerät im PKW eingegeben, lotsen sie die Wanderer bequem zum Start.

Zu allen **Wanderungen** gibt es zusätzlich unter www.naturzeit-verlag.de die GPS-Daten zum Download. Die Daten wurden im Gelände erfasst und digital nachbearbeitet. Mit Hilfe einer Handy-App wie zum Beispiel Locus Maps, Orux Maps, Komoot oder Alltrails unterstützen sie die Orientierung unterwegs. Bitte richten Sie sich im Zweifelsfall aber immer nach den Gegebenheiten im Gelände und nach Markierungen vor Ort und verlassen Sie sich nie ausschließlich auf Ihr Handy und die GPS-Daten!

Höhenprofile

Höhenprofile eignen sich ganz besonders gut, um sich einen schnellen Überblick über eine Tour zu verschaffen. Wenn die Kinder unterwegs genau wissen wollen, wie weit es noch ist, wo sie gerade sind, und ob es noch lange bergauf geht, findet sich hier schnell die passende Auskunft.

42 Wander- und Entdeckertouren für Familien

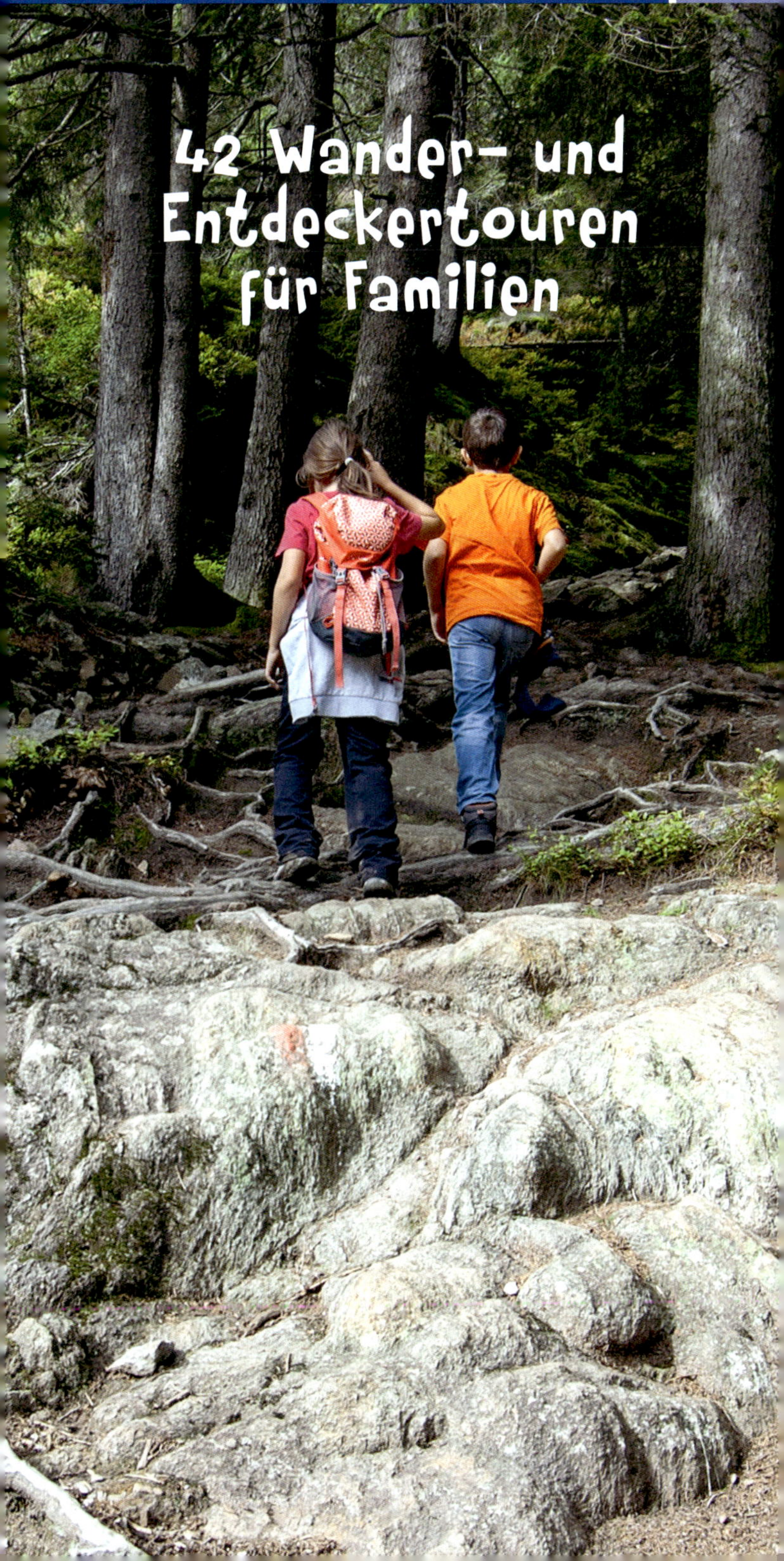

1 Innsbrucks Altstadt mit dem Goldenen Dachl

Vor gut 500 Jahren ließ Kaiser Maximilian I. das Goldene Dachl mit 2.657 feuervergoldeten Kupferschindeln decken. Damals diente es als Logenplatz für Ritterturniere. Heute flanieren Besucher zwischen barocker Architektur und gotischen Laubengängen oder kehren in eines der zahlreichen Straßencafés ein.

2 Stadtturm

Der 51 Meter hohe Stadtturm in der Altstadt ist über 148 Stufen schnell erklommen. Immer im Kreis herum klettert man hinauf zum Reich der Stadtwächter. Es geht vorbei an alten Gefängniszellen bis zur Plattform oben auf dem Turm, von der man weit über die Dächer der Stadt schauen kann. Früher rief der Turmwächter hier oben die Stunden aus und warnte vor Feuer und Gefahr.

Geöffnet Juni bis September täglich von 10–20 Uhr, Oktober bis Mai täglich 10–17 Uhr, €4,50, Kinder €3,50.

3 Hofburg und Hofkirche

Die Spuren der Habsburger sind in Innsbruck allgegenwärtig. Die Hofkirche wird im Volksmund auch Schwarz-Mander-Kirche genannt, denn 28 überlebensgroße Bronzefiguren umstehen das leere Grabmal Kaiser Maximilians I. Das Kaisergrab befindet sich in unmittelbarer Nähe zur Kaiserlichen Hofburg. Sie gehört mit der Wiener Hofburg und dem Schloss Schönbrunn zu den drei bedeutendsten Kulturbauten Österreichs. Kaiserin Maria Theresia baute die Hofburg zu einem Prunkschloss um. Zu besichtigen sind der Riesensaal und die Kaiserapartments. Die Hofburg bietet spannende Führungen für Kinder an.

Geöffnet täglich von 9–17 Uhr.
Sonntag ist Familientag: Kinder mit ihren Eltern oder Großeltern haben freien Eintritt.
Familienführung jeden So um 14 Uhr €3,50, Kinder €2,50.
Kombiticket für Kaiser-Appartments und Ausstellung Maximilian I. €15.

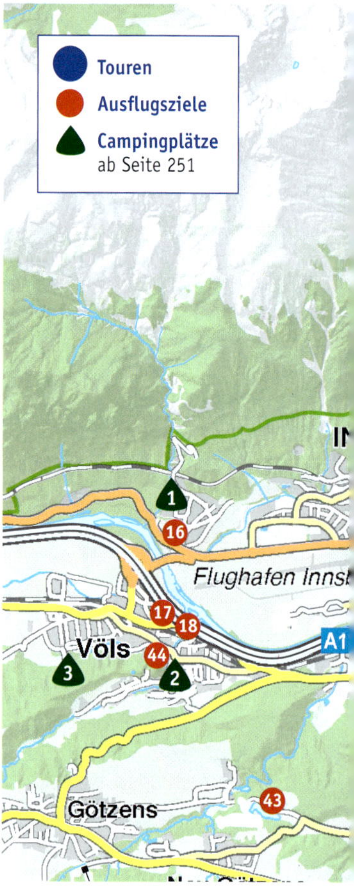

Hofkirche: Geöffnet Mo bis Sa 9–17 Uhr, So und Feiertag 12.30–17 Uhr. €8 oder Kombiticket Tiroler Landesmuseen für €12. Kinder unter 19 Jahren haben in Hofburg und Kirche freien Eintritt.

4 Maria-Theresien-Straße

Farbenprächtige barocke und klassizistische Palais bestimmen das Bild in der Innsbrucker Fußgängerzone. Die Annasäule ist ein beliebter Treffpunkt bei Jung und Alt. Im Süden begrenzt die imposante Pforte im Stil eines römischen Triumphbogens das Zentrum. Zu Fuß ist Innsbruck schnell durchstreift. Es gibt viel zu sehen auf kleinem Raum. In der Maria-Theresien-Straße finden ganzjährig Sportveranstaltungen, Konzerte und saisonale Märkte statt.

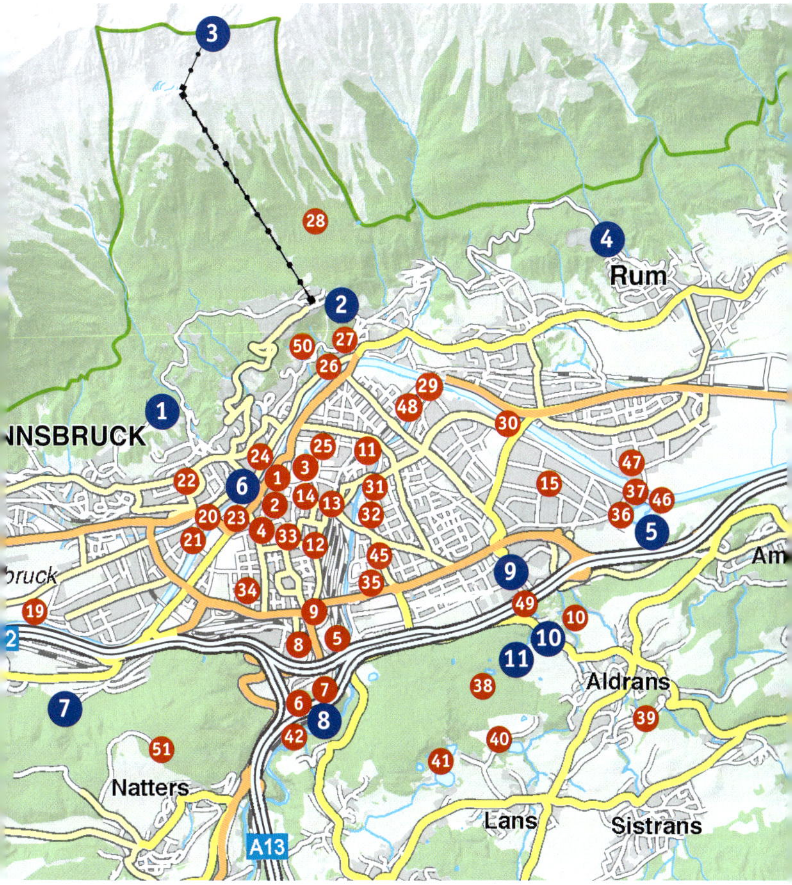

5 Stift Wilten

Vor dem Stift Wilten steht die Statue eines Riesen. Er heißt Haymon und soll das Kloster gebaut haben – so erzählt es zumindest eine Legende. In einem ungleichen Kampf tötete der neu im Inntal eingetroffene Riese den hier heimischen Riesen Thyrsus, der für seine guten Taten bekannt war. Gewinnen konnte Haymon nur, weil er die besseren Waffen hatte. Als wenig später ein Mönch den Riesen zum Christentum bekehrt, bereut dieser die Tat und baut zur Sühne statt eines neuen Schlosses ein Kloster. Dieses muss er dann auch gleich gegen einen Drachen verteidigen, den ihm der Teufel geschickt hat. Die Statue Haymons am Eingang des Wiltener Stifts erkennt man leicht: Sie hält die Zunge des Drachens in der Hand. Jenseits der Sage dominieren im Inneren des Wiltener Stifts barocke Pracht, prunkvolle Fresken und kunstvoll geschmiedete Gitter. Zart und harmonisch klingen bei Proben und Konzerten die Stimmen der weltweit bekannten Wiltener Sängerknaben durch die Klosterräume. Der Knabenchor soll schon im 13. Jahrhundert existiert haben und wäre damit etwa 250 Jahre älter als die berühmten Wiener Sängerknaben.

6 Bergisel Skisprungschanze

Die markante Sprungschanze der Architektin Zaha Hadid ist ein weiteres Wahrzeichen der Stadt. Jeden Januar trifft sich hier im Rahmen der Vierschanzentournee die internationale Sportszene zum Bergiselspringen. Der Bergisel ist einer der Besucher-

magnete Tirols. Im Skisprungturm befindet sich ein Panorama-Restaurant. Das tägliche Showspringen findet im Sommerhalbjahr täglich von 10 – 12 und 13 – 15 Uhr statt.
[› Tour 8]
Stadion und Restaurant geöffnet Mi bis So 9 – 16 Uhr. Tischreservierungen erwünscht: Tel. 0043 (0)512 589 259 30. Die Auffahrt ins Turmrestaurant Bergisel SKY ist im Eintritt inbegriffen.

Family Karte für ein bis zwei Erwachsene mit eigenen Kindern bis 15 Jahre € 19 oder Bergisel Kombiticket mit Bergisel-Stadion und Tirol-Panorama € 28. www.bergisel.info

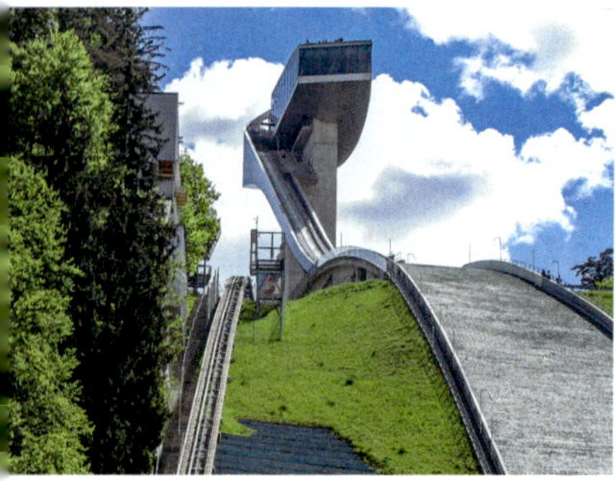

Bei Regenwetter

7 Tirol Panorama

Zum Museumskomplex am Bergisel gehört auch das Kaiserjägermuseum. Es ist unterirdisch mit dem Tirol-Panorama verbunden, einem beeindruckenden 1.000 Quadratmeter großen 360-Grad-Rundgemälde. Es zeigt die Schlachten des Tiroler Freiheitskampfes. [› Tour 8]
Geöffnet 9 – 17 Uhr, Dienstag Ruhetag. Einzelticket € 9, Kombiticket Landesmuseen € 12, Kinder bis 19 Jahre frei. www.tiroler-landesmuseen.at

8 Tiroler Museumsbahnen

Im Wartesaal und den Räumen des ehemaligen Bahnhofsgebäude der Stubaitalbahn ist das Localbahnmuseum ein interessantes Ziel für Fans historischer Fahrzeuge und Züge. In drei Schauräumen sind Lokalbahnen und Straßenbahnen aus alten Zeiten zu sehen. Das Beste am Besuch des kleinen Museums ist aber die Anreise mit der historischen Trambahn, die an Samstagen dreimal täglich vom Terminal am Innsbrucker Marktplatz bis zum Museum fährt.
Geöffnet Mai bis Oktober samstags 9–17 Uhr Erwachsene € 5, Kinder (6–14 Jahre) € 3, genaue Abfahrtszeiten der Bahn auf www.tmb.at.

9 Glockenmuseum der Glockengießerei Grassmayr

Das Glockenmuseum gehört zur 400 Jahre alten Glockengießerei Grassmayr. Hier werden auch heute noch Glocken gegossen. Besucher erhalten Einblick in die Kunst des Glockengießens und die Entwicklung von der schlichten Kirchenglocke zum komplexen Musikinstrument.
Geöffnet Mo bis Fr 10 – 16 Uhr, Mai bis September zusätzlich samstags, Führungen mit Voranmeldung. www.grassmayr.at

10 Schloss Ambras

Auf einer Anhöhe im Süden Innsbrucks thront das Schloss Ambras, das der Habsburger Erzherzog Ferdinand II. für seine bürgerliche Frau Philippine Welser ausbauen ließ. Nicht nur Kinder staunen in der Kunst- und Wunderkammer aus der Renaissance über skurrile Exponate wie ausgestopfte Kugelfische und einen durchbohrten Schädel und haben ihren Spaß an geschnitztem Spielzeug und alten Ritterrüstungen.
Sehenswert sind auch das Bad der Schlossherrin, der Schlossgarten und der spanische Saal, in dem sich ein falsches Fenster versteckt.
Am 15. August findet alljährlich das Amraser Schlossfest statt – mit Gauklern, Theater, Zirkus-Akrobatik, Konzerten und vielen Mitmach-Stationen zum Spielen, Basteln und Malen.
[› Tour 9]
Geöffnet täglich 10 – 17 Uhr, Eintritt bis 18 Jahre gratis, Erwachsene € 8. www.schlossambras-innsbruck.at

11 Museum im Zeughaus

Mit speziellen Führungen für Familien macht das Zeughaus die Geschichte Tirols auch für Kinder erfahrbar. Die Zeitreise beginnt bei prähistorischen Funden und führt uns bis in die Gegenwart.
Geöffnet Di bis So 9 – 17 Uhr, Kombiticket Landesmuseen € 12, Kinder und Jugendliche bis 19 Jahre frei. www.tiroler-landesmuseen.at

12 Audioversum, Science Center

Tolles interaktives Museum, das Kindern die Welt der Physik mit Experimentierstationen näherbringt. Die Hauptausstellung »Abenteuer Hören« veranschaulicht, wie unsere Ohren funktionieren. Ein echtes Highlight unter den 17 Stationen ist die Schreikammer, in der man selbst überprüfen kann, wieviel Dezibel wohl Kindergeschrei erreicht. Daneben gibt es wechselnde Sonderausstellungen.
Geöffnet Di bis So 10 – 18 Uhr, Erwachsene € 9, Kinder und Jugendliche 7 – 15 Jahre € 5,50, Kinder unter 7 Jahren frei. www.audioversum.at

13 Tiroler Landesmuseum Ferdinandeum

Eine Zeitreise durch 30.000 Jahre Tiroler Geschichte bietet das Ferdinandeum. Wer sich für Archäologie interessiert, wird hier ebenso fündig wie Liebhaber klassischer und zeitgenössischer Kunst.

Für Kinder und Familien veranstaltet das Museum an den Wochenenden und in den Ferien Familienführungen und Malwerkstätten, die Ausstellungsstücke mit einbeziehen.
Geöffnet Di bis So 10 – 18 Uhr. Kombiticket Landesmuseen € 12, Kinder bis 19 Jahre frei. www.tiroler-landesmuseen.at

14 Tiroler Volkskunstmuseum

Was hatten Menschen früher für Kleider an? Mit welchem Spielzeug spielten die Kinder? Wie sah das Leben der Bergbauern aus? Das Tiroler Volkskunstmuseum lädt ein zu einer spannenden Zeitreise in vergangene

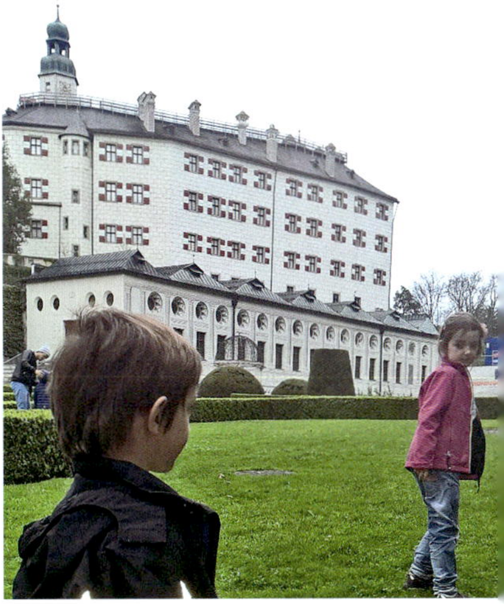

Jahrhunderte. Die Ausstellung zeigt neben Trachten und Krippen schöne alte Schachbretter, Fasnachtsmasken, Schlitten und weitere Alltagsgegenstände. Daneben gibt es eine Spielecke, in der Kinder einige Nachbauten der alten Spielsachen ausprobieren können.
Geöffnet Mo bis So 9 – 17 Uhr, Kombiticket Landesmuseen € 12, Kinder bis 19 Jahre frei. www.tiroler-landesmuseen.at

15 B1 & Visual Museum Innsbruck

Laserdom, Kartbahn, Disco-Bowling, 3D-Minigolfen und Escape Room Games – für größere Kinder und Erwachsene bietet die Event-Arena B1 in der Valiergasse im Industriegebiet Roßau etliches.

Im Komplex befindet sich auch das Visual Museum Innsbruck. In den mit Grafiken gestalteten Räumen verwirren optische Täuschungen die Besucher. Auf diese Weise kommt man den Grenzen des eigenen Sehsinns auf die Spur. Die an Pop-Art erinnernden Kunstwerke sind die perfekte Selfie-Kulisse.
Geöffnet Di bis Do 14 – 22 Uhr, Fr und Sa 14 – 23 Uhr, So und Feiertag 14 – 21 Uhr. € 12, Kinder bis 14 Jahre € 8. www.b1.at

Spiel & Spaß

16 Kranebitterhof

Der **Minigolfplatz** in Kranebitten verfügt über 18 originell gebaute Bahnen. Er befindet sich neben dem Parkplatz an der Kranebitter Allee und nahe dem Innradweg. [› Tour 6]

Ein Stück weiter, auf der anderen Seite der Kranebitter Allee und hinter dem Campingplatz, befindet sich ein Park mit großem **Spielplatz**, Fitnessgeräten und Brunnen.

17 Joy – das Kinderparadies

Im Indoorspielpark in Völs warten Softplayanlage, Spinnenturm, Rollenrutsche, Trampolinen, Hüpfburgen und Gokarts. Kinder bis 14 Jahre finden hier Raum für Spaß und Action. Den ganz Kleinen steht ein eigener Spielbereich zur Verfügung und der ganzen Familie ein Restaurant.

Geöffnet Mo bis Fr 11 – 18.30 Uhr, Wochenende, Feiertage und Ferien 9 – 18.30 Uhr.
Tageskarte 1 – 2 Jahre € 2,50, ab 2 Jahren € 10, Happy Hour ab 17 Uhr € 6.
Erwachsene haben freien Eintritt!
www.joy-daskinderparadies.at

18 Flip Lab Innsbruck

In dem Parkour- und Freestylepark mit ausgebildeten Instruktoren und riesiger Trampolinhalle gibt es unter anderem ein großes Luftkissen für Freestyle-Sprünge und einen Hindernisparcours mit Zeitmesser, in dem die Kids ihre Geschicklichkeit in der neuen Trendsportart »Parkour« austesten können.

30 Minuten springen online buchbar für € 12, € 14 an der Tageskasse, 1 Stunde für € 19 bzw. € 22.
www.fliplab.at

19 Skatepark USI Innsbruck

Der Skatepark in der Nähe des Universitäts-Sportinstituts (USI) an der Hans-Flöckinger-Promenade in Innsbruck liegt direkt am Innradweg. Er verfügt über einen Pool und mehrere Rails.

20 Spielplatz Prandtauerufer

Der schöne und großzügige Kinderspielplatz für jedes Alter liegt schattig unter großen Bäumen an der Innpromenade und am Radweg.
[› Tour 6]

21 Slacklinepark Innsbruck

Zum gekonnten Balancieren auf der Slackline, kann man sich am Prandtauerufer an der Inn-Promenade Tipps von Profis holen: Jeden Mittwoch ab 17.30 Uhr treffen sie sich im Slacklinepark zum Üben. Das Training ist kostenlos, Mitgliedschaft und spezielles Equipment sind nicht nötig.
[› Tour 6] *www.tiroliners.at*

22 Botanischer Garten Innsbruck

Seit über 100 Jahren befindet sich der Botanische Garten in Hötting. Er dient als Lehr- und Forschungsstätte und ist ein abwechslungsreicher Erholungsort. Hier wachsen über 7000 Pflanzenarten aus den unterschiedlichsten Regionen der Erde. Im Alpinum lernen Besucher heimische Gebirgspflanzen kennen und erweitern ihr Wissen um Heil-, Gift und Gewürzpflanzen. Im Duft- und Tastgarten lassen sich Pflanzen mit allen Sinnen erfahren.

Geöffnet März Mo bis Fr 7.30 – 18 Uhr, Wochenende, Feiertag 8 – 18 Uhr.
April bis Oktober Mo bis Fr 7.30 – 19 Uhr, Wochenende, Feiertag 8 – 19 Uhr.
November bis Februar nur bis 17 Uhr.
Schaugewächshäuser Di, Do 13 – 17 Uhr. Eintritt Schaugewächshäuser € 2, Kinder € 1, ansonsten frei.
bot-garden.uibk.ac.at

23 Spielplatz Adolf-Pichler-Platz

Der Spielplatz im Innsbrucker Zentrum befindet sich gleich hinter den Rathaus-Galerien am Adolf-Pichler-Denkmal mit netten angrenzenden Cafés und Restaurants zum Sitzen für die Großen.

24 Waltherpark

Im Stadtteil St. Nikolaus liegt dieser städtische Park mit schönem Spielplatz und Basketballfeld.

25 Hofgarten

Den Innsbrucker Hofgarten zwischen Hofburg, Kongresshaus und Tiroler Landestheater gibt es seit 600 Jahren. Seit etwa 150 Jahren ist er ein Englischer Garten. Das Naherholungsgebiet inmitten der Innenstadt bietet uralte exotische Bäume, einen Pavillon für Konzerte, einen Teich, einen Kinderspielplatz mit schönen Holzspielgeräten, ein Palmenhaus und ein Gartenrestaurant. Es ist ein besonderes Gefühl, hier Bäume und Pflanzen zu entdecken, die Kaiserin Maria Theresia selbst gepflanzt hat.

Eine besondere Rarität unter den 1800 Pflanzenarten im **Palmenhaus** ist die Riesenseerose Victoria aus dem Amazonasgebiet. Ihre Blätter haben einen Durchmesser von zwei Metern und einen hochgezogenen Rand wie ein Tablett. In heißen Sommern kann man den riesigen Seerosenblättern förmlich beim Wachsen zusehen: Bis zu 30 Zentimeter länger werden sie an einem einzigen Tag! Auch ihre duftenden Blüten sind eine kleine Sensation.
Palmenhaus: Geöffnet Mo bis Fr 8–12 und 12.30–16.30 Uhr, Führungen auch zu anderen Terminen möglich. €4, Schüler €3. Anmeldung unter Tel. 0043 (0)512 584803.

26 Spielplatz Judenbühel

Besonders für Kleinkinder eignet sich der schöne Kinderspielplatz mit großem Sandkasten und Wasserstelle sowie Brunnen. Er bietet eine traumhafte Aussicht über Innsbruck, aber wenig Schatten und liegt nur fünf Minuten vom Alpenzoo entfernt.

27 Waldspielplatz Erlerweg

Schön schattig liegt der Waldspielplatz mit Grillplatz. Er ist eher ungeeignet für Kleinkinder, weil man hier oft mit den Spuren von ausschweifenden Grillpartys konfrontiert ist. Ansonsten schön in der Natur gelegen.

28 Arzler Alm

Das beliebte Ausflugsziel oberhalb des Innsbrucker Stadtteils Hungerberg verfügt über eine schöne Sonnenter-

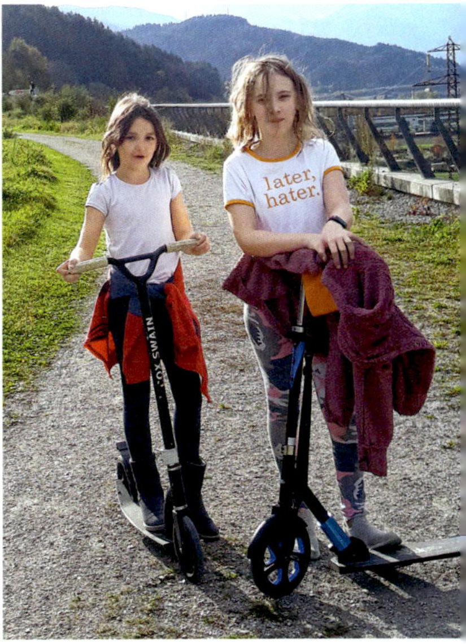

rasse. Ein städtischer Kinderspielplatz befindet sich direkt unterhalb der Alm. [› Tour 2]
arzleralm.at

29 Skate- und BMX-Halle

Die größte Indoor-Trendsporthalle Österreichs bietet auf 2.000 Quadratmetern für alle Skateboard- und BMX-Begeisterten eine ausgewogene Mischung aus Street Parcours und klassischen Hindernissen wie Bowl, Miniramps und Wallride. Die Skatehalle ist regelmäßig Schauplatz hochkarätiger Skate- und BMX-Events. Auch Stunt-Roller haben Zutritt. Um Chaos zu vermeiden, gibt es spezielle Trainingszeiten für Skater, BMX und Scooter.
Geöffnet Mo bis Fr 14–22 Uhr, Wochenende und feiertags 10–22 Uhr, Tageskarte ab 15 Jahren €2,90, unter 15 Jahren €2,20. www.skatehalle.at

30 Skatepark Reichenau

Der kleine Skatepark liegt hinter der Jugendherberge Reichenau, nahe dem Restaurant Sandwirt am Innufer. Mit zwei Quarterpipes und Grindstangen sind hier genügend Herausforderungen für Skate-Anfänger vorhanden. Mehr Hindernisse finden Skater im Skatepark Tivoli.

31 Rapoldipark
Im Stadtpark finden sich mehrere schöne Spielplätze, Slacklines, Tischtennisplatten, ein Basketballfeld, eine Liegewiese und ein Ententeich.

32 Bilding Kunst- und Architekturschule
Kunst-Atelier und Werkstätten für Kinder am Rapoldipark. Neben festen Kursen und Ferienwochen für Innsbrucker Kinder gibt es auch freie Termine – zum Beispiel einmal im Monat am Samstag die Freestyle-Werkstatt. Dort können Kinder zwischen 8 und 19 Jahren von 10–13 Uhr alleine, mit Eltern, Großeltern oder Freunden basteln und bauen. In der Werkstatt finden sie alles, was sie brauchen, um einer Idee Gestalt zu verleihen.
Eintritt frei, Anmeldung per Email erbeten. www.bilding.at

33 Landhausplatz
Der in hellem Spezialbeton gestaltete Landhausplatz in Innsbruck (Eduard-Wallnöfer-Platz) wirkt futuristisch und fast wie eine Mondlandschaft. Der glatte Beton mit seinen zahlreichen Hügeln und Rampen zieht jeden Tag zahlreiche Skater an. Er ist aber nicht nur perfekt zum Skaten und BMXen, sondern auch zum Roller- und Laufradfahren für kleinere Kinder. Im Sommer finden verschiedene Kultur- und Musik-Events auf dem großen Platz statt, den einige Restaurants und Cafés säumen.

34 Verkehrspark Wilten
Der Fahrradübungsplatz mit Verkehrszeichen und aufgemalten Straßen, Zebrastreifen und Kreisverkehr für Kinder in der Speckbacherstraße in Wilten eignet sich auch für Roller und Co.

35 Spielplatz und Skatepark am Tivoli
Neben dem großen und kreativen Spielplatz mit tollen Holzspielgeräten befinden sich das Café am Tivoli, ein großer Skatepark (Olympiastraße 33) und ein Jugendzentrum. Sport- und Basketballplätze sind ebenfalls vorhanden. Hinter der Unterführung stadtauswärts stehen außerdem Tischtennisplatten in der Parkanlage.

36 Motorikpark Baggersee Rossau
Der Motorikpark ist ein Trimm-Dich-Pfad und Spielplatz für Kleine und Große. Er bietet einen spannenden Parcours mit Balance-, Konditions- und Fitness-Stationen. Bei schlechtem Wetter und außerhalb der Badesaison ist für den See und die Spielplätze auf dem Areal kein Eintritt zu bezahlen.
[› Tour 5]

37 Ossi's Minigolf am Baggersee
Der Minigolfplatz liegt direkt am Baggersee in der Rossau. Auf dem Minigolf-Gelände gibt es neben den 18 Minigolf-Bahnen auch eine nette Bar und eine Trampolinanlage für Kinder. Im Sommer ist die Minigolf-Anlage am Baggersee immer gut besucht. **[› Tour 5]**
Geöffnet täglich ab 13 Uhr.

38 Waldspielplatz Tantegert
Toller Spielplatz mit mehreren Stationen, die sich im Wald verstecken, in unmittelbarer Nähe befindet sich die Straßenbahn-Haltestelle Tantegert.
[› Tour 10]

39 Waldspielplatz Aldrans
Der schöne, abgelegene Spielplatz ist von einem plätschernden Bächlein durchzogen und unter schattenspendenden Bäumen gelegen. Nur wenige Parkplätze vorhanden, am besten gleich in Aldrans parken.

40 Waldpark Lans
Der Spiel-, Sport- und Bikeplatz in Lans verfügt über Pumptrack und Trails für Anfänger und ist gut geeignet als Vorübung für Mountainbike-Downhill-Strecken. **[› Tour 11]**
Geöffnet von 8–21 Uhr bei Tageslicht und trockenen Verhältnissen.

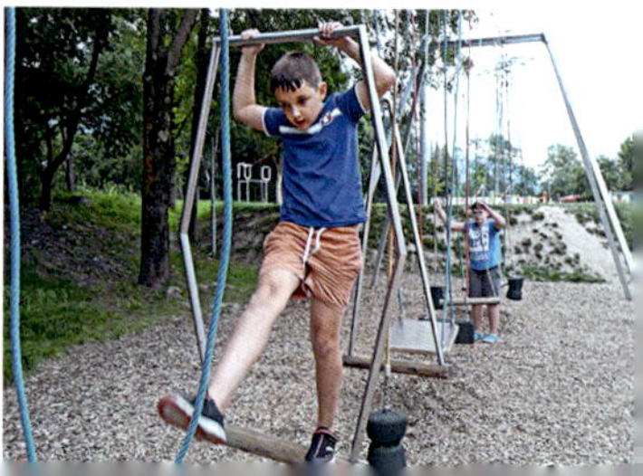

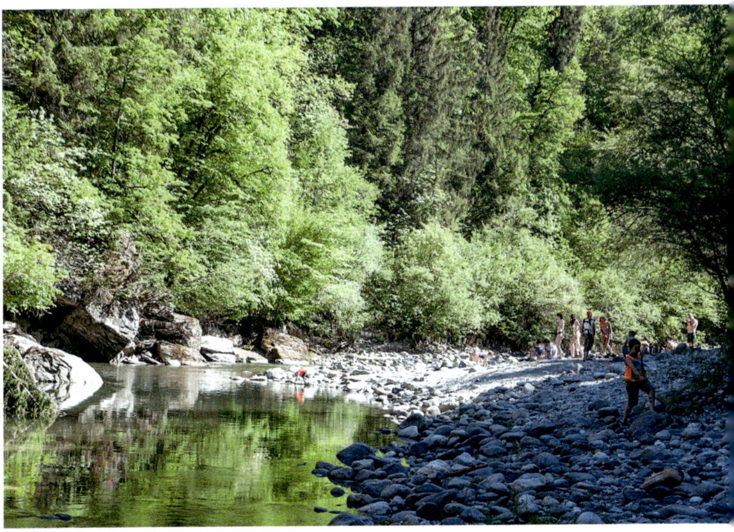

Baden in der Sillschlucht

Freibäder und Seen

41 Strandbad Lanser See

An dem naturbelassenen Moorsee gibt es einen Sprungturm mit Ein- und Dreimeterbrett und einen Nichtschwimmerbereich am Seeufer. Rund um den See stehen Spielgeräte für Kinder und Tischtennisplatten. Es gibt schöne Liegeplätze unter den Bäumen und man kann ein Tretboot ausleihen.

Naturbelassen heißt in diesem Fall auch, dass große Fische im Wasser leben, die aber schnell davonschwimmen, wenn man sich ihnen nähert. [› Tour 11]

Geöffnet etwa Mitte Mai bis Ende September von 9–19 Uhr,
€ 7, Kinder € 4.

42 Sillschlucht

Viele schöne Badeplätze finden sich in der Sillschlucht am Flussufer. An einigen Stellen ist die Sill so tief, dass man nicht nur plantschen, sondern richtig schwimmen kann.
[› Tour 8]

43 Strandbad Natterer See

Im Naturbad gibt es eine Kinderbucht, einen Nichtschwimmerbereich, eine schöne Liegewiese, einen Aquapark mit diversen Attraktionen, Wasserspielgeräte und Surfbretter für Kinder, eine große Röhrenrutsche im Felsen, Gastronomie, Tischtennis und Beachvolleyball. Das Strandbad gehört zum Campingplatz, ist aber offen für Badegäste. [› Tour 7]

Geöffnet Mai bis Mitte September von 9–19 Uhr,
Tageskarte ab 14 Jahre € 7,
Kinder 4–13 Jahre € 4, ab 15.30 und 17.30 Uhr günstigere Eintrittspreise.
www.natterersee.com

44 Völser Badl

Das Freibad befindet sich nur ein paar Autominuten von Innsbruck entfernt unterhalb des Blasiusberges an einem sonnigen Hang. Es gibt ein Wettkampf-Sportbecken, ein Lehrschwimmbecken sowie einen Kinderbereich mit Planschbecken und Spielplatz. Junge Besucher freuen sich über drei Erlebnisbecken. Hauptattraktion ist die 100 Meter lange Rutsche, aber auch Grotte, Wasserpilz und künstliche Felsen garantieren abwechslungsreichen Badespaß.

Geöffnet von Mai bis September von 9–18/19/20 Uhr – je nach Monat.
Tageskarte Erwachsene € 4,
Kinder 6–15 Jahre € 1,90,
Halbtageskarten und Abendschwimmen ab 17 Uhr.

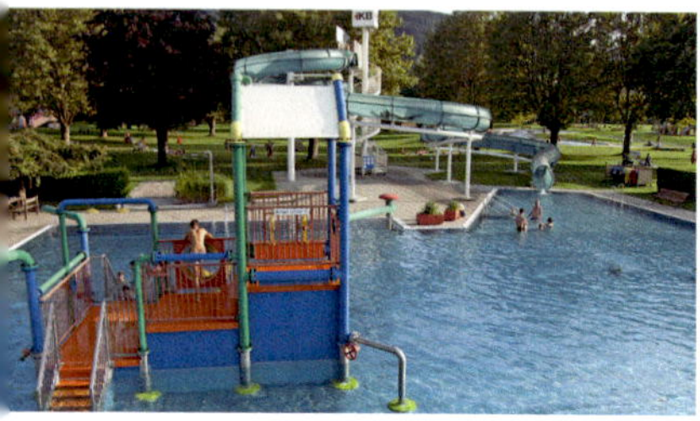

45 Innsbrucker Freibad Tivoli

Das Sommerbad Tivoli liegt in einer riesigen Parkanlage mit herrlichem Blick auf die Berge. Schwimmern stehen acht Bahnen im 50-Meter-Sportbecken zur Verfügung. Ebenfalls vorhanden sind Wasserkanonen, ein Nichtschwimmerbecken und ein Spaßbecken mit Röhrenrutsche.

Auf dem Gelände gibt es außerdem einen Basketball- und einen Fußballplatz, Tischtennisplatten, Beachvolleyball, ein Freiluftschachfeld, Fitnessgeräte, eine Bocciabahn und einen großen Spielplatz mit Matschstation, Sandkasten und Wasserspritzen sowie Gastronomie.

Geöffnet Anfang Mai bis Mitte September von 9 bis 19 Uhr.
Tageskarte €5,30,
Kinder 6–15 Jahre €2,20,
Jugend bis 19 Jahre €3,30,
ermäßigter Nachmittagstarif ab 14 Uhr, Abendkarte ab 16 Uhr €2,20.

46 Baggersee Rossau

Im Strandbad gibt es Liegen zum Mieten, einen großen Kinderspielplatz mit Schaukeln, Rutschen und Indianerlager, einen Wasserspielhügel mit Bach und eine Mini-Wasserrutsche. In der Anlage befinden sich außerdem Sportplätze für Badminton, Basketball, Beachvolleyball, und Fußball, dazu Tischtennisplatten, eine Bocciabahn und Freiluft-Schachbretter. Das Restaurant verfügt über eine Sonnenterrasse und ist auch ohne Badeeintritt zugänglich. Parkplätze sind mit Badeticket kostenlos.

Geöffnet von Anfang Mai bis Mitte September 9–18 Uhr. Außerhalb dieser Zeiten darf man schwimmen, ohne Eintritt zu bezahlen, es ist aber kein Bademeister anwesend.
Tageskarte €4,70, Kinder 6–15 Jahre €1,90, Jugend €2,90. Ermäßigter Nachmittagstarif ab 14 Uhr, Abendkarte ab 16 Uhr €2,20.

47 Schwimmbad Olympisches Dorf

Das einzige Spaßbad Innsbrucks – hier gibt es zwei Röhrenrutschen und einen Outdoor-Strömungskanal, einen Sauna-Bereich und ein Dampfbad. Im Sommer öffnet das Außengelände mit Liegewiese und Spielplatz.

Geöffnet täglich von 11–21 Uhr, Wochenende, Feiertage und Ferien 10–21 Uhr.
Erwachsene €10,30 (4h),
Kinder 6–15 Jahre €4,20,
Jugendliche €6,20.

Klettern & Bouldern:

48 Kletterzentrum Innsbruck

Die große Boulder- und Kletterhalle bietet über 500 Kletterrouten und 200 Bouldermöglichkeiten draußen und drinnen. Kinder können hier Kurse belegen oder ohne Anmeldung, aber in Begleitung Erwachsener, die Boulderwände ausprobieren. Es gibt ein nettes Bistro. Die BMX- und Skatehalle befindet sich ebenfalls auf dem Gelände am Sillufer.

Geöffnet Mo bis Fr 9–23 Uhr,
Sa, So, Feiertag: 9–22 Uhr,
Tageskarten €13,80, Kinder und Begleitkarten zur Beaufsichtigung €7,20, Jugendliche €10,30.
www.kletterzentrum-innsbruck.at

49 Boulderfelsen und Spielplatz Amras

Wem ein wenig Bouldern an der frischen Luft genügt, findet auf der Amraser Einhausung einen Kletterfelsen, auch mit Überhangwänden und farbigen Boulderrouten in verschiedenen Schwierigkeitsstufen. Die Einhausung ist ein begrünter Autobahntunnel, von dem man einen tollen Blick auf Innsbruck und die Nordkette hat. Von der Autobahn selbst hört man so gut wie nichts. Auf dem parkähnlichen Gelände befindet sich auch ein Kinderspielplatz. [› Tour 9]

Bewegt im Park

In den Tiroler Sommerferien von Anfang Juli bis Anfang September organisiert die Initiative »Bewegt im Park« in vielen Gemeinden in Tirol – so auch in Innsbruck – ein vielfältiges Programm. Zum kostenlosen Angebot gehören Sport- und Fitness-Aktionen von Skaten und Parkour über Yoga, Pilates und Rückenfit bis hin zu Kampfsportarten, die in der Regel einmal wöchentlich von ausgebildeten Kursleitern angeboten werden. Termine (ohne Anmeldung) unter www.bewegt-im-park.at.

Für Tierfreunde

50 Alpenzoo Innsbruck

Braunbär und Bienen, Sperlingskauz, Steinadler und Sumpfschildkröte, Luchse und Uhus, Steinbock und Fischotter sind die Stars im Alpenzoo. In keinem anderen Tierpark der Welt treffen die Besucher auf eine vergleichbar vollständige Sammlung von in den Alpen heimischen Wildtieren. Spannende Tierbeobachtung in naturnaher Umgebung lässt sich hier wunderbar mit einem Spaziergang am Berg und einem Picknick am fantasievollen Kinderspielplatz mit Panoramablick über Innsbruck vereinen. Die Wege sind größtenteils asphaltiert und kinderwagentauglich, aber es geht ganz schön steil hinauf. Einige Passagen sind deshalb nur zu Fuß gut zugänglich.

Im Alpenzoo gibt es zudem ein Restaurant mit Aussichtsterrasse, eine Wildtier-Klinik und einen Souvenir-Shop.

Geöffnet im Sommer 9 – 18 Uhr, im Winter 9 – 17 Uhr.
€ 12, Kinder 4 – 5 Jahre € 2,50, Kinder 6 – 15 Jahre und Schüler 16 – 17 Jahre € 6. www.alpenzoo.at

51 Wirtshaus Nattererboden

Ein wunderbares Ausflugsziel für Familien ist der Nattererboden. Neben gutem Essen, einem kleinen, aber feinen Spielplatz und kinderwagenfreundlichen Spazierwegen gibt es auch die Möglichkeit zum Esel- oder Ponyreiten. Neben den Bauernhoftieren wie Kühen, Schafen, Ziegen, Hennen und Katzen hält der Hof alte Nutztierrassen wie zum Beispiel zwei weiße Esel, zwei Haflinger und jede Menge Mangaliza-Schweine. Alle Tiere teilen sich drei große gemeinsame Gehege. Die Esel kann man auch als Begleiter für eine Wanderung ausleihen. *www.nattererboden.at*

Im Alpenzoo kann man Gämsen und Steinböcke ganz aus der Nähe sehen und beobachten.

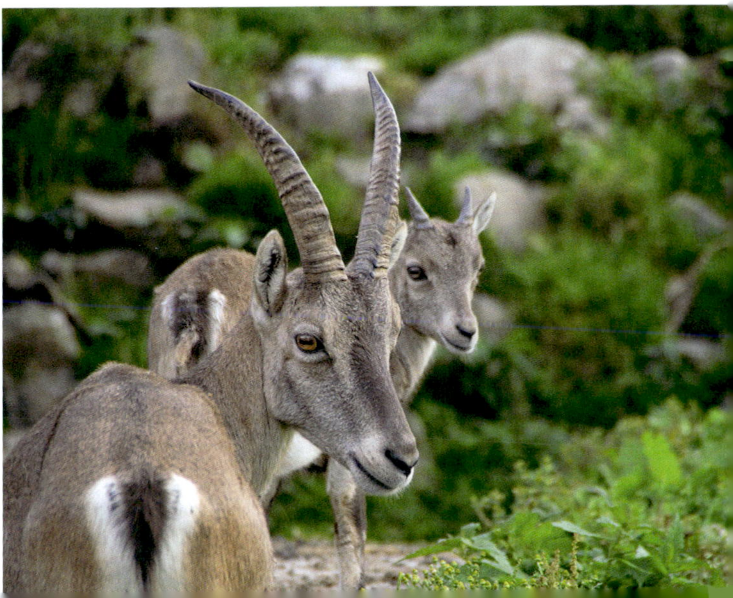

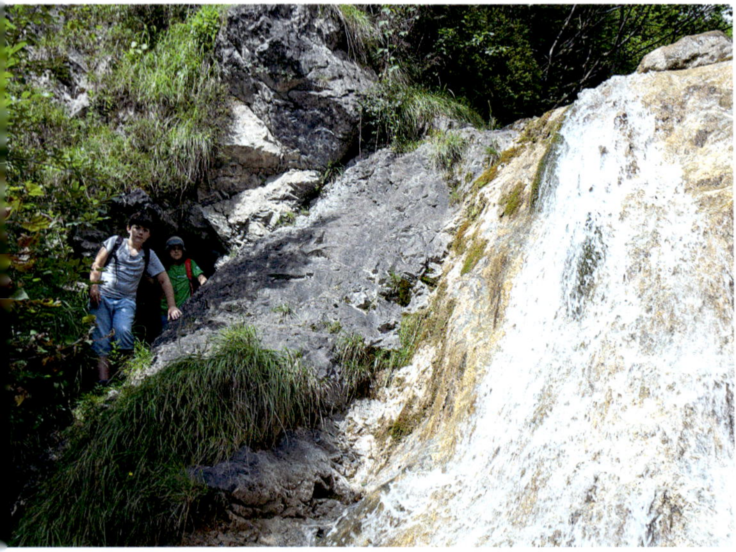

315 m

350 m

STRECKE 6,7 km

3 h

ab 6

Tour 1: Höttinger Runde

Von der Altstadt zum Kneippen am Wasserfall

Diese Wanderung führt uns durch den alten Stadtteil Hötting, am Planötzenhof vorbei und durch lichten Wald zur Kapelle Höttinger Bild. Weiter geht es auf Wanderwegen zu einem kleinen Wasserfall, an dem es sich prima kneippen und spielen lässt. Abwärts verläuft der Weg über Steige und zum Spielplatz Gramartboden.

Wanderung: Von der **Bushaltestelle Höttinger Kirche** überqueren wir die Straße entgegen der Fahrtrichtung des Stadtbusses und über den Kirchplatz. Dort geht es schräg nach oben in die Schulgasse und dann nach links, am **Höttinger Spielplatz** ① vorbei. Wir gehen geradeaus und rechts die Bildgasse hinauf.

Bei der nächsten Abzweigung gehen wir links, biegen gleich wieder rechts in die Dorfgasse ein und folgen dieser bis zur nächsten Kreuzung. Bei der Schießstandgasse und dem **Wegweiser zum Höttinger Bild** ② biegen wir links hinauf ab. Dieser Straße folgen wir geradeaus in den Wald und erreichen etwa zehn Minuten später den **Planötzenhof** ③.

Von der Straße mit den Parkplätzen biegt links der **Bildstöcklweg** ab. Wir folgen ihm nur wenige Schritte und biegen dann nach rechts ab auf einen **Trampelpfad**, der durch den Wald führt und den breiteren Forstweg immer wieder kreuzt. Je nach Lust und Laune kann man einen der Wege zur **Kapelle Höttinger Bild**

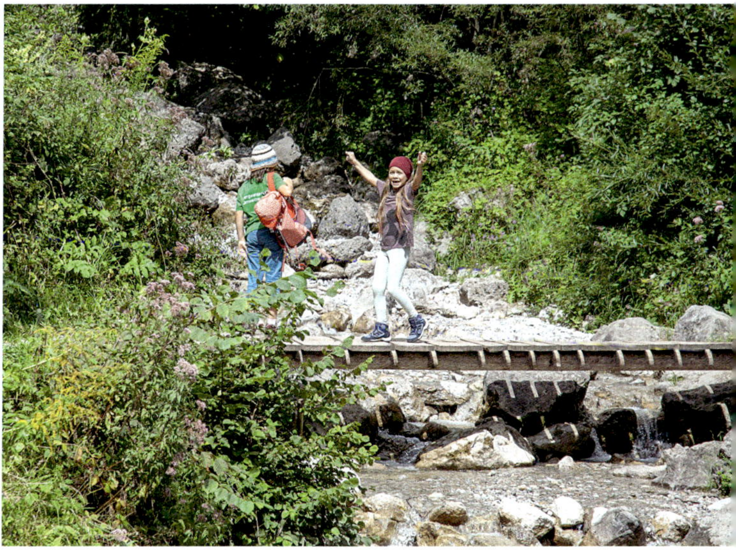

auswählen. Das Wanderziel ist bestens ausgeschildert. Bei der **folgenden Kreuzung** ④ nimmt man entweder rechts den Bildstöcklweg oder den mittleren, den Stangensteig, auf keinen Fall den linken, der führt weg vom Ziel. Während der Bildstöcklweg auf direktem Weg das Ziel erreicht, kommt unsere etwas abenteuerlichere Wegwahl einige Höhenmeter oberhalb des Wallfahrtsortes heraus. Sobald wir die **Kapelle** sehen können, biegen wir steil nach rechts hinunter ab und erreichen dort einige **Picknicktische** ⑤.

Nach einer Pause gehen wir an der Kapelle vorbei. An der nächsten Kreuzung wählen wir den mittleren Weg. Auf den Wegwei-

TOUREN-STECKBRIEF

Anfahrt: Mit dem Auto kann man oberhalb des Gasthofs Planötzenhof auf einem Wanderparkplatz bei **GPS N 47°16'31.7", E 11°22'29.8"** parken, muss dann allerdings wieder dorthin zurückgehen, zum Beispiel vom Wasserfall.
ÖPNV: Mit dem Stadtbus J bis zur Höttinger Kirche. Das ist nur eine Station vom Innsbrucker Marktplatz aus, die jedoch einige Höhenmeter spart.
Anspruch und Charakter: Einfache Runde teils durch das alte Stadtviertel und größtenteils über Waldsteige, die den Wander- und Kreuzweg zur Kapelle rechts und links begleiten und abkürzen. Die kurze Kletterpartie durch das Flussbett zum Wasserfall bereitet den Kindern eine erfrischende Abwechslung.
Markierung: Sporadisch Wanderschilder, aber keine durchgehende Markierung.
Highlights: Kletterpartie zum kleinen Wasserfall und kleiner, sehr dunkler Höhle, Planötzenhof mit Kinderspielplatz und Erlebnisbauernhof, Spiel- und Grillplatz Gramartboden, Kapelle Höttinger Bild.
Einkehr: Gasthaus Planötzenhof (geöffnet nur Do – So von 12 – 20 Uhr), Gasthof Gramartboden, Burenwirt in Hötting.
In der Nähe: Hungerburgbahn, Alpenzoo, Klettersteig Nordkette, Zentrum und Altstadt Innsbruck, Spielplätze Judenbühel und Waltherpark, Botanischer Garten.

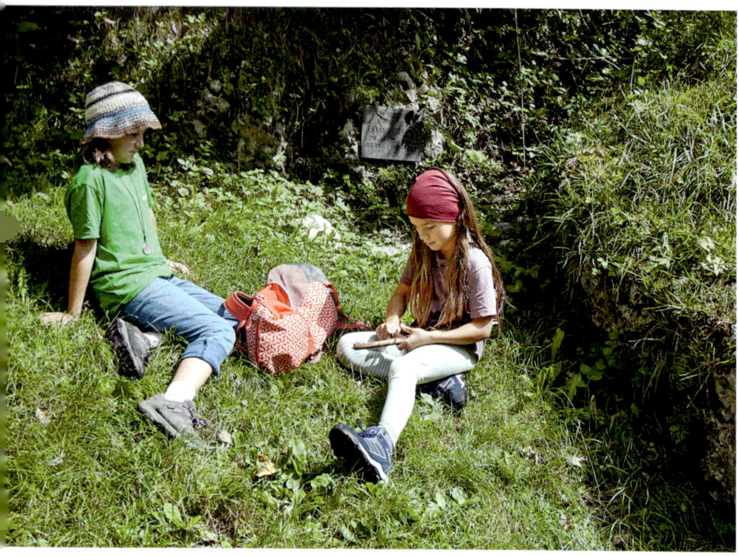

sern steht ab jetzt Gramart oder Gramartboden. Nachdem wir dem Weg etwa zehn Minuten gefolgt sind, erreichen wir eine **flache Holzbrücke** ⑥. Hier klettern wir nach links ins Flussbett. Über Steine und kleine Wasserläufe geht es nach oben zum Wasserfall, der wie eine Dusche die senkrechte Felswand herunterkommt. Während wir Großen in den eiskalten Wasserbecken kneippen, können wir die Kinder links davon ein Stück hinaufklettern lassen. Dort finden sie eine kleine, sehr dunkle Höhle, die sich nur mit Taschenlampe erkunden lässt.

Dann klettern wir über die Steine des Bachlaufs wieder hinunter, fast ganz ohne uns die Füße nass zu machen, und folgen dem **Weg zum Gramartboden**. Dort wo dieser wieder breiter wird, verlassen wir den Hauptweg und wählen den zweiten Trampelpfad nach rechts durch den Wald. So landen wir bei großen Wiesen und einem schönen **Spielplatz** ⑦. Hier befinden sich auch ein Trinkbrunnen und ein großer Parkplatz neben dem gleichnamigen Gasthof. Mit dem Auto erreicht man den Gasthof, wenn man von Hötting der Gramartstraße folgt.

Für den Abstieg bleiben wir nur kurz auf der engen Straße ohne Gehweg und biegen bei der **ersten Möglichkeit nach links** ⑧ ab. Hier verläuft ein Fußweg parallel zur Straße. Wir folgen ihm trotz des für Autofahrer gedachten Sackgasse-Schildes. Bald wird er zum Wanderweg und wir kommen wieder in den Wald. Am ersten **Abzweig** ⑨ geht es nach rechts. Ab hier führen alle Fußwege durchs Grüne nach Hötting hinab – man kann also ruhig seiner Nase folgen. So landet man entweder wieder auf der Dorf- oder der Bildgasse.

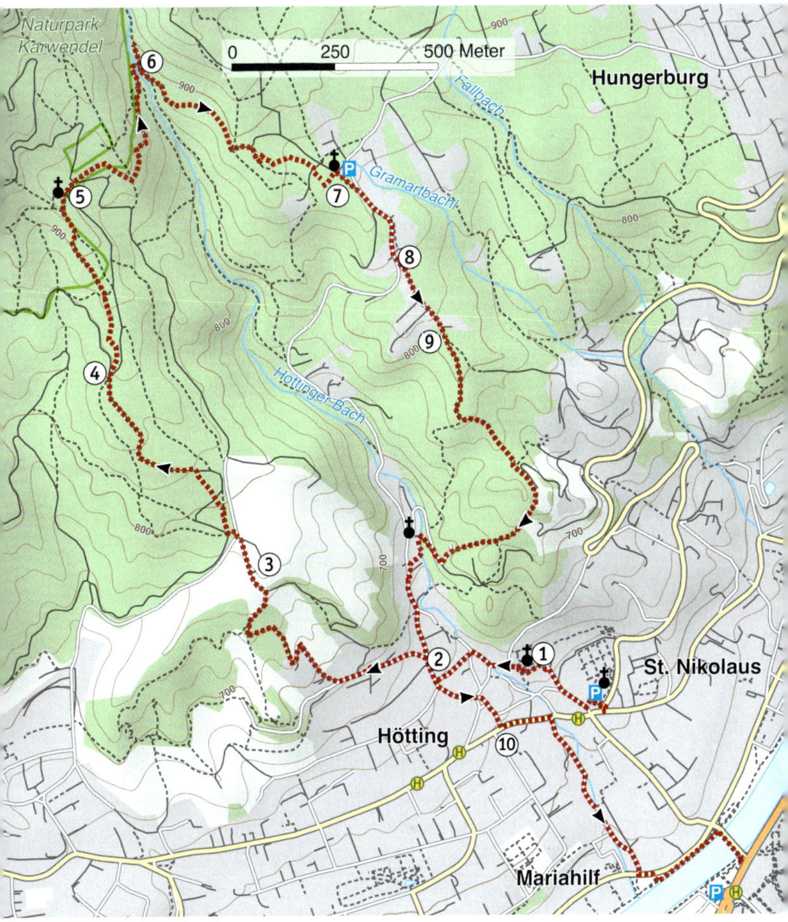

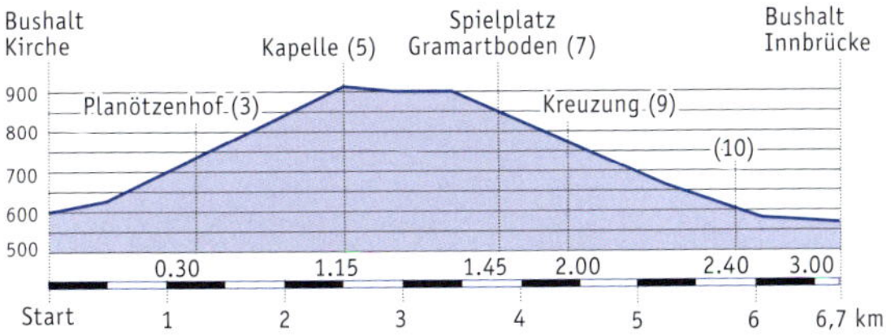

Wir folgen der Dorfgasse in den Ort, gehen am Burenwirt vorbei, biegen links in die **Schneeburggasse** ⑩ und gleich wieder rechts in die Kirschentalgasse ab. Die Straße ist verkehrsberuhigt und führt uns direkt zum Inn. Unten geht es nach links und schon ist die Innbrücke zu sehen, die uns zurück ins Zentrum bringt.

Natürlich ist es auch möglich, die Tour zu kürzen und am Höttinger Kirchplatz wieder in den Bus zu steigen. Die Linie J verkehrt im Zehn-Minuten-Takt von der Hungerburg nach Innsbruck. Wer am Gramartboden dem Weg hinter dem Gasthof folgt, erreicht in etwa 15 Minuten die Busstation Hungerburg – auch eine Option, wenn der Rückweg zu lang erscheint.

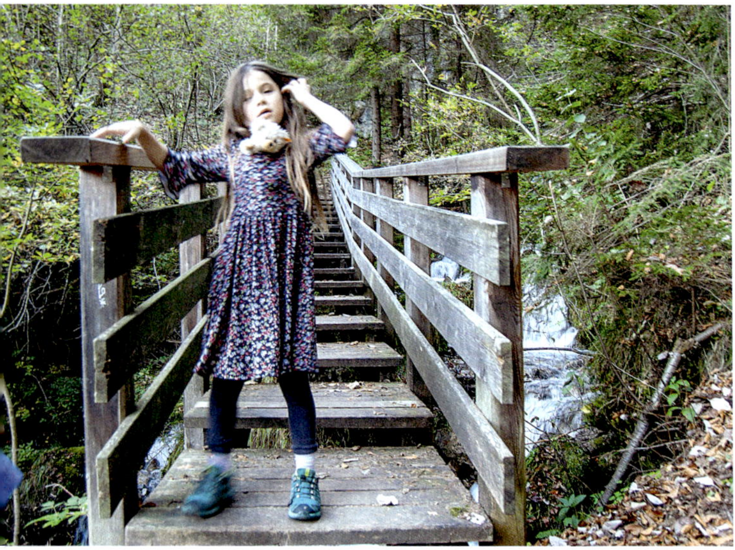

Tour 2:
Mühlauer Klamm

360 m

100 m

STRECKE 4,3 km

2 h 15

ab 6

Aufstieg auf dem Bachweg

Die abwechslungsreiche Wanderung geht am Mühlauer Bach entlang, durch den Wald und die Mühlauer Klamm hinauf zur Hungerburgbahn. In der Klamm kommen wir auch an einer mächtigen, 23 Meter hohen Sperrmauer vorbei. Sie wurde 2007 nach vier Jahren Bauzeit fertiggestellt und schützt die Stadt Innsbruck vor Lawinen.

Wanderung: Vom Hauptplatz im Innsbrucker Stadtteil Mühlau, ehemals ein eigenständiges Dorf, geht es die **Kirchgasse** hinauf.

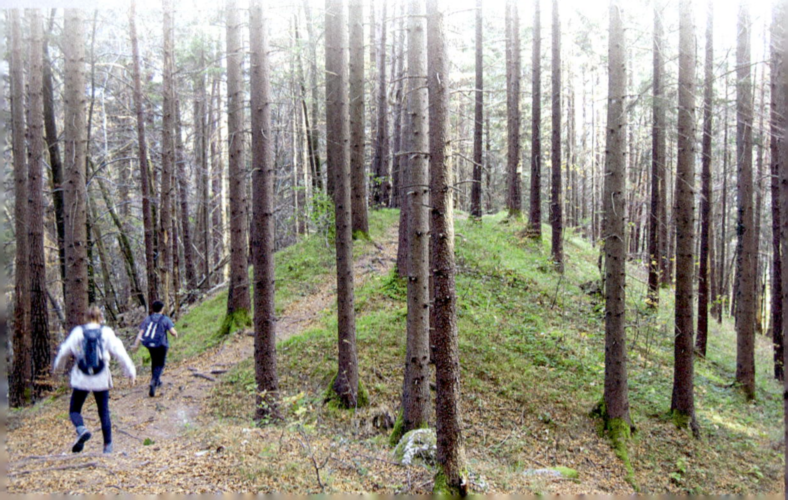

Wir gehen, Kirche und Kirchenfriedhof zur Linken, bergauf und folgen der Gasse dann zweimal nach rechts, überqueren den **Mühlauer Bach** ① und biegen nach links ab.

Wir folgen dem Weg zum **Fuchsloch,** einem Biotop mit Teichen, Tümpeln und Wasserläufen, und wandern am Bach Richtung Norden aufwärts. Über die **Schweinsbrücke** ② am Beginn der **Mühlauer Klamm** wechseln wir auf die linke Seite, biegen rechts ab und laufen weiter am Bach entlang. Bei der Teufelskanzel geht es über eine **Holzbrücke** zur »Hexenkuchl« und wieder auf die andere Bachseite.

Auf einem Karrenweg steigen wir entlang des Klammbaches etwas steiler weiter aufwärts. In der Gischt des reißenden Wassers ruhen große Felsen und Steine. Es geht an kleinen Wasserfällen, Lehrtafeln und Sitzgelegenheiten vorbei und wir überqueren noch einmal den Bach. Dann stehen wir vor einer mächtigen **Sperrmauer** ③, die die Mühlauer Klammlawine zähmt.

Diese umgehen wir nach rechts und steigen auf einem Pfad durch den Wald hinauf zum **Rosnerweg** ④. Ihm folgen wir nach links, durch eine Kurve und weiter am Hang entlang. Der Weg bietet in diesem Teil schöne Ausblicke auf die Stadt Innsbruck und das Inntal.

Bevor uns der Verkehr der vielen Mountainbiker und Aus-

Hugerburgbahn

Die Hungerburgbahn von Innsbruck zur Hungerburg verkehrt wie folgt:
Congress Innsbruck zur Hungerburg Mo – Fr 7.15 – 19.15 Uhr, Wochenende/Feiertage 8 – 19.15 Uhr.
Ticket Hungerburgbahn einfache Fahrt: Erwachsene € 6,20, Jugend 16 – 18 Jahre € 5, Kinder 6 – 15 Jahre € 3,70.

TOUREN-STECKBRIEF

Anfahrt: Für Autofahrer ist es am ehesten sinnvoll, am Parkplatz der Seegrubenbahn bei **GPS N 47°17'12.2", E 11°23'54.0"** zu parken und von der anderen Seite über die Klamm nach Mühlau zu wandern, da es in Mühlau kaum Parkplätze gibt. Zurück zum Parkplatz geht es mit der Buslinie 503 bis zum Hauptbahnhof. Dort steigen wir um in den Stadtbus J zur Seegrubenbahn.
ÖNPV: Bus 503 bis Mühlau (von Innsbruck Hauptbahnhof Museumstraße oder Marktplatz aus). Rückweg von der Hungerburg aus mit dem Stadtbus J oder mit der Hungerburgbahn ins Zentrum von Innsbruck.
Anspruch und Charakter: Teilweise steile Waldwege, die aber auch für kleinere Kinder gut zu schaffen sind. Die Forststraßen im zweiten Teil der Wanderung können durch Abkürzungen durch den Wald umgangen werden.
Markierung: Im Wald zunächst Beschilderung zur Mühlauer Klamm, dann zum Rosnerweg, dann keine mehr.
Highlights: Mühlauer Klamm, Lawinensperre, Wald, toller Panoramablick auf Innsbruck.
Einkehr: cafe.bar.mühlau, Ristorante Vinoteca Rosengarten, Coffeeshop Hitt und Söhne (nahe Seegrubenbahn Talstation).
In der Nähe: Talstation Nordkettenbahn, Arzler Alm mit Spielplatz und Ponys, Schafen, Hennen und Hasen, Alpenzoo, Waldspielplatz Erlerweg mit Grillplatz unterhalb der Hungerburgbahn-Trasse.

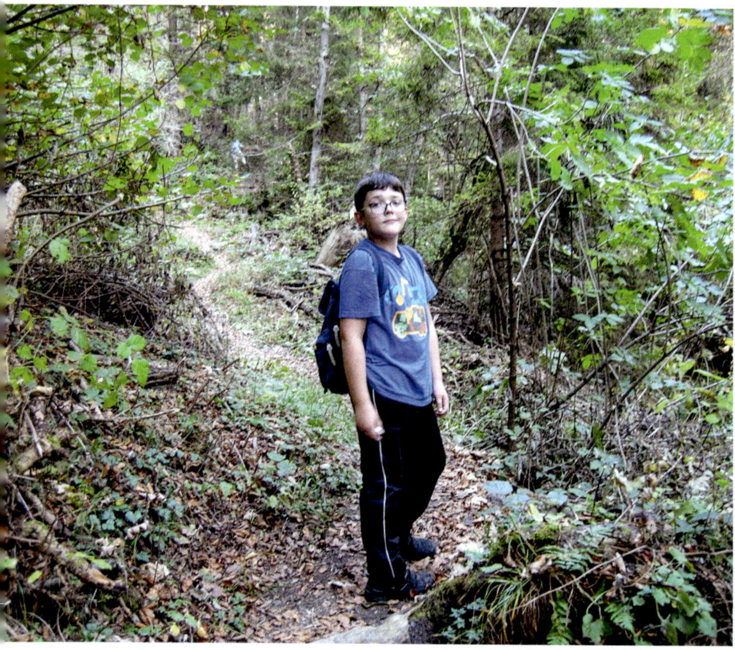

flugstouristen zu dicht wird, biegen wir nach etwa 1500 Metern an einer großen **Kreuzung** ⑤, die direkt nach einer S-Kurve folgt, links ab in den Wald.

Abstecher zur Arzler Alm
800 m, zusätzlich 30 min, ↓↑120 m.

Bei der ersten Abzweigung auf dem Rosnerweg ist die Arzler Alm ausgeschildert. Der beliebte Ausflugsort mit Gastronomie, Streichelzoo und Spielplatz ist ein schönes Ziel für alle, die die Runde ausdehnen wollen. Die Gegend ist eine der meistbesuchten und touristischsten Ausflugsziele direkt oberhalb der Innsbrucker Altstadt – daher sind die Forstwege hier bestens ausgeschildert und jeder findet von der Arzler Alm zurück zur Hungerburg.

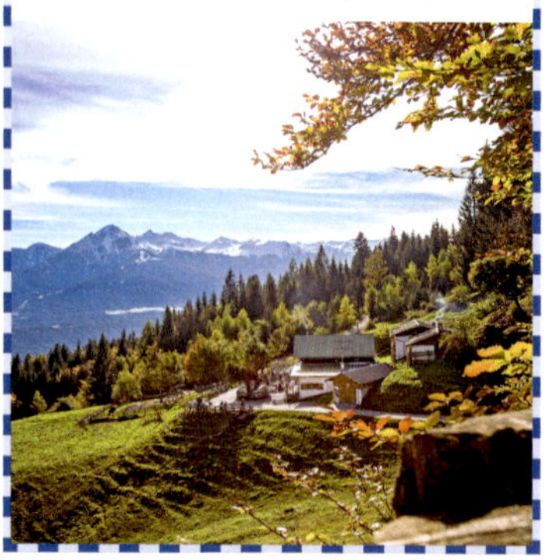

Jetzt geht es steil hinab, bis wir den unterhalb liegenden Forstweg, den **Hungerburgweg** ⑥, erreichen. Ihm folgen wir nach rechts, direkt zur Hungerburgbahn. Diese fährt abwärts zum Alpenzoo und weiter bis ins Zentrum von Innsbruck. Wer ein Faible für Seilbahnen hat, sollte sich die von Star-Architektin Zaha Hadid erbauten Stationen angucken. Die 2007 fertiggestellte neue Hungerburgbahn gilt als eines der Wahrzeichen der Stadt. Zwei Abschnitte verlaufen unterirdisch in Tunneln.

Knapp darüber liegt die Talstation der Seegrubenbahn. Wenn wir noch ein Stück weiter die Straße entlang gehen, treffen wir auf die **Haltestelle des Stadt-**

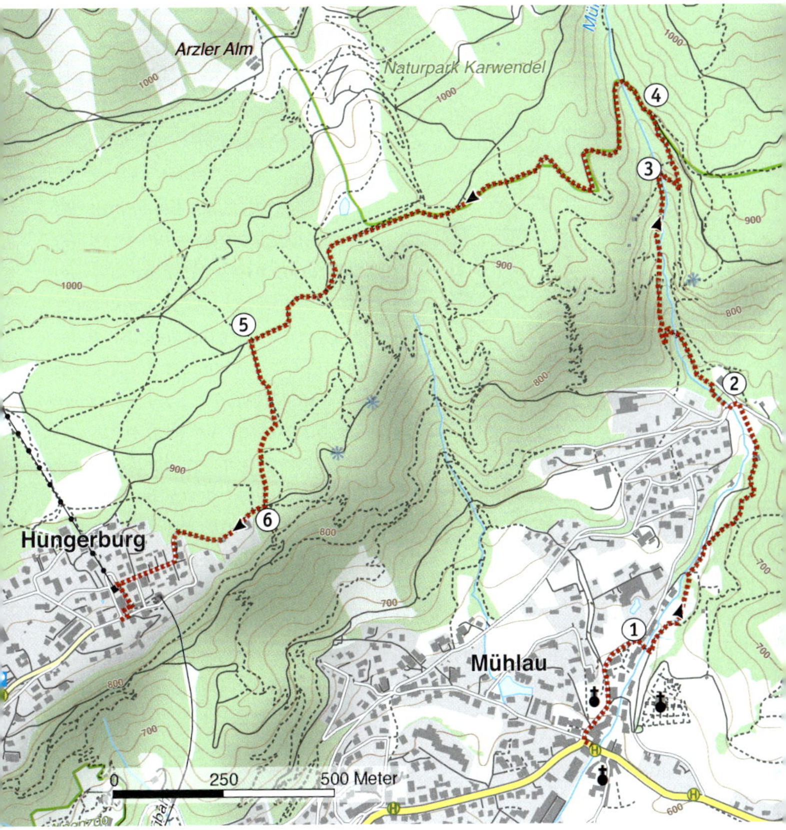

busses Linie J. Auch dieser bringt uns bequem zurück in die Stadt – und das zu wesentlich moderateren Preisen als die Standseilbahn.

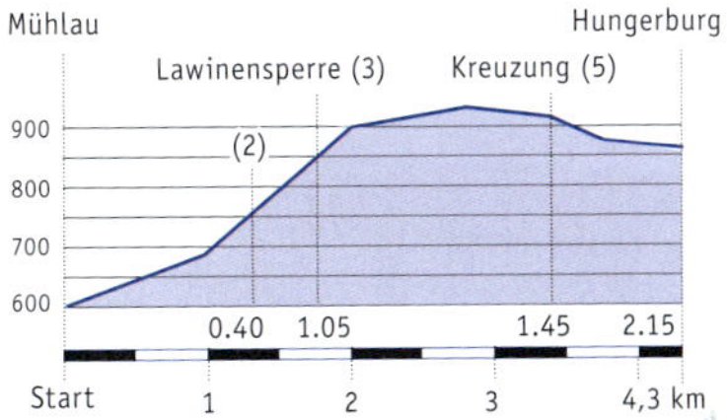

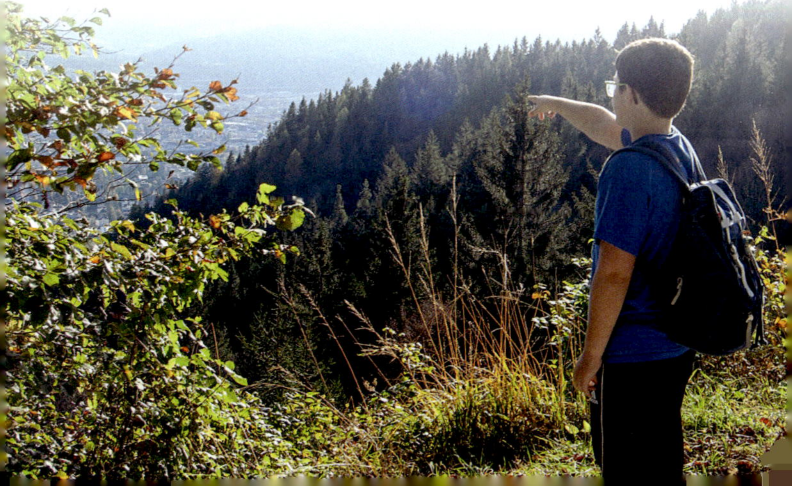

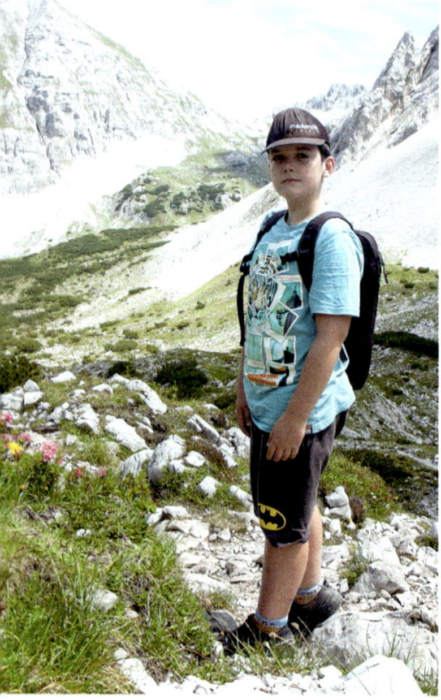

Tour 3: Auf der Nordkette

Der Goetheweg zur Pfeishütte

Die majestätischen Berggipfel des Karwendelgebirges sind eines der eindrücklichsten Wahrzeichen der Stadt Innsbruck. Diese schon recht anspruchsvolle Hochgebirgswanderung führt uns von der Bergstation der Nordkettenbahn über den Kamm der Nordkette. Auf dem schmalen Goetheweg geht es am Grat entlang und dann durch Geröllfelder und ein Hochtal mit Alpenrosen und Latschenkiefern bis zur Pfeishütte. Goethe selbst dürfte das atemberaubende Panorama aber mit ziemlicher Sicherheit nie von hier oben bewundert haben, denn er hielt sich nur für kurze Zeit auf der Durchreise nach Italien in Innsbruck auf.

470 m

STRECKE 10,8 km

5 h

ab 10

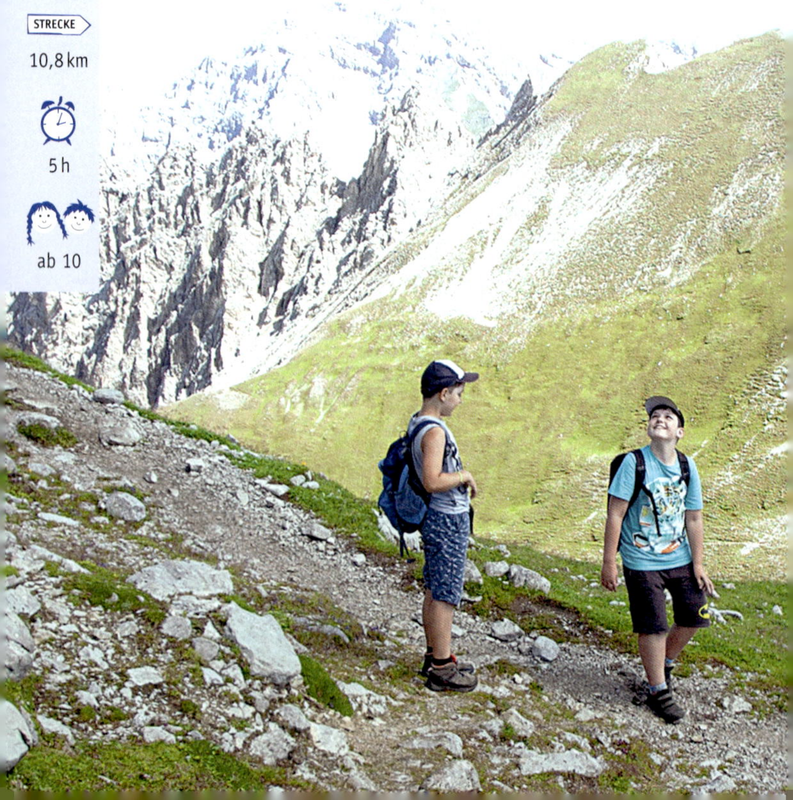

Wanderung: Vom »Top of Innsbruck« genannten Aussichtspunkt an der **Bergstation Hafelekar** starten wir auf dem beliebten Karwendel-Höhenweg, der auch Goetheweg genannt wird. Mit atemberaubender Aussicht auf die Stadt Innsbruck und das Inntal bis hin zur Europabrücke Richtung Brenner und die umliegende Bergwelt führt er zunächst als schmaler Steig von etwa ein Meter Breite unterhalb des Gipfelkreuzes des Hafelekar dahin. Bald schon lassen wir die vielen Touristen hinter uns, die nicht weiter als bis dorthin spazieren.

Wir wandern zwischen grasenden Schafen über grüne Hänge, meist eben und immer auf dem beschilderten Pfad. Vom **Gleirschsattel** (1) laufen wir rechts am Hang an der Gleirsch-

Die Nordkettenbahnen

Hungerburgbahn: Congress Innsbruck – Hungerburg Mo bis Fr 7.15 – 19.15 Uhr, Wochenende und Feiertage 8 – 19.15 Uhr.

Seegrubenbahn und Hafelekarbahn: Hungerburg – Seegrube – Hafelekar, täglich 8.30 – 17 Uhr, letzte Abfahrt von der Seegrube um 17.30 Uhr.

Die Bahnen verkehren im 15-Minuten-Takt.

Berg- und Talfahrt von Innsbruck bis Hafelekar (alle drei Bahnen): Erwachsene €40, Jugend 16 – 18 Jahre €32, Kinder 6 – 15 Jahre €24.

Berg- und Talfahrt von der Hungerburg bis zum Hafelekar (zwei Bahnen): Erwachsene €34, Jugend 16 – 18 Jahre €27,20, Kinder 6 – 15 Jahre €20,40.

TOUREN-STECKBRIEF

Anfahrt: Mit dem Auto geht es über die Innbrücke am Marktplatz und anschließend geradeaus weiter die schmale Höttinger Gasse steil bergauf bis zur Höttinger Kirche. Davor biegt rechts die Höhenstraße (Beschilderung Nordkettenbahnen) ab. Dieser in Serpentinen bis hinauf zur Endstation der Hungerburgbahn und dem Beginn der Seegrubenbahn folgen. Sollte der Parkplatz an der Talstation der Seegrubenbahnen bei **GPS N 47°17'12.2", E 11°23'54.0"** voll sein, befindet sich ein Stück zurück bei GPS N 47°17'04.7", E 11°23'43.4" ein kostenpflichtiger Parkplatz.

Alternativ besteht auch die Möglichkeit, im Zentrum von Innsbruck in der Tiefgarage Congress Innsbruck an der Talstation der Hungerburgbahn zu parken. Beim Kauf eines Kombi-Tickets bis hinauf zum Hafelekar ist das Parken dort kostenlos. Auch der Parkplatz der Nordkettenbahnen ist für Bahnbenutzer kostenfrei.

ÖNPV: Mit der Hungerburgbahn oder mit dem Stadtbus J von Innsbruck Zentrum aus (10-Minuten-Takt) zur Talstation der Nordkettenbahn.

Anspruch und Charakter: Anspruchsvolle Hochgebirgswanderung, gute Ausrüstung erforderlich, am besten mit Wanderstöcken, kleine Kletterpartie inklusive.

Markierung: Rot-weiß-rote Markierungen des Goethewegs, gelbe Schilder.

Highlights: Nordkette, Geröllfelder, Blick auf Mieminger Kette und Zugspitze, hochalpine Flora & Fauna, Schafherde.

Einkehr: Pfeishütte, Restaurant Seegrube, Coffeeshop Hitt und Söhne (nahe Seegrubebahn Talstation).

In der Nähe: Seegrube, Alpenzoo, Spielplatz Judenbühel, Hofgarten.

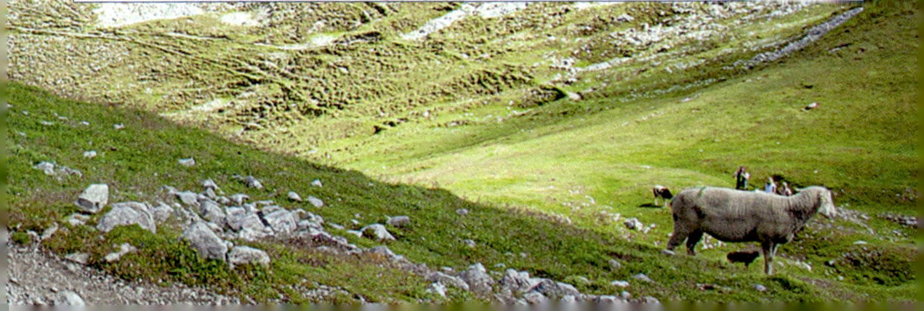

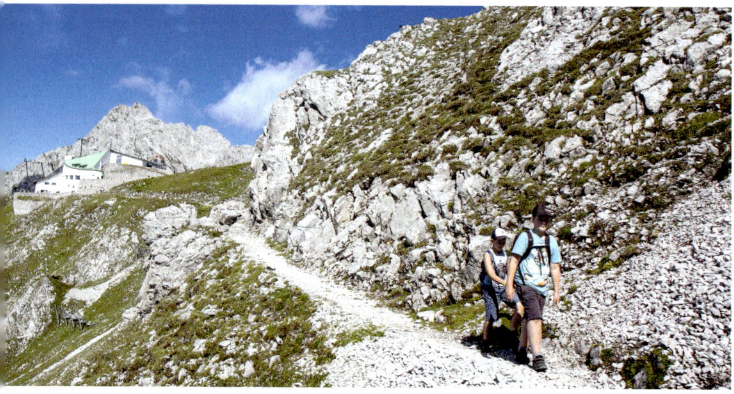

spitze vorbei zur **Mühlkarscharte** ②. Von hier führt ein Pfad nach links und hinter der vorderen Gipfelreihe oberhalb eines Geröllfeldes entlang. Für diese Etappe der Wanderung sind Wanderstöcke wirklich nützlich – am besten Teleskopstöcke, da sie sonst beim Kraxeln wieder stören würden.

Nach einer weiteren Dreiviertelstunde mit Zugspitzblick und faszinierender Sicht auf die Mieminger Kette sowie einsame Bergspitzen erreichen wir die **Mandlscharte** ③ und wechseln wieder auf die andere Seite des Bergkammes. Die kleine Kletterpartie ist für Kinder mit einer Körpergröße ab etwa 1,30 Meter gut alleine zu bewältigen. Es sind nur ein paar wenige Meter, die man zwischen den Felsen hinaufklettern muss. Dann erreichen wir einen schönen Aussichtsplatz auf weitere Schotterwiesen – perfekt für eine Rast am Grat.

Jetzt ist ungefähr der halbe Weg geschafft. Von hier aus geht es nun etwa 400 Höhenmeter abwärts durch hochalpines Gelände, bewachsen mit Latschenkiefern, Alpenrosen und Bergkräutern, im Schatten des Kreuzjöchls und anderer mächtiger Berge. Wanderer sollen hier unbedingt auf dem angelegten Pfad bleiben, da beim Querfeldeingehen die in Höhenlagen besonders empfindliche Vegetation zerstört wird.

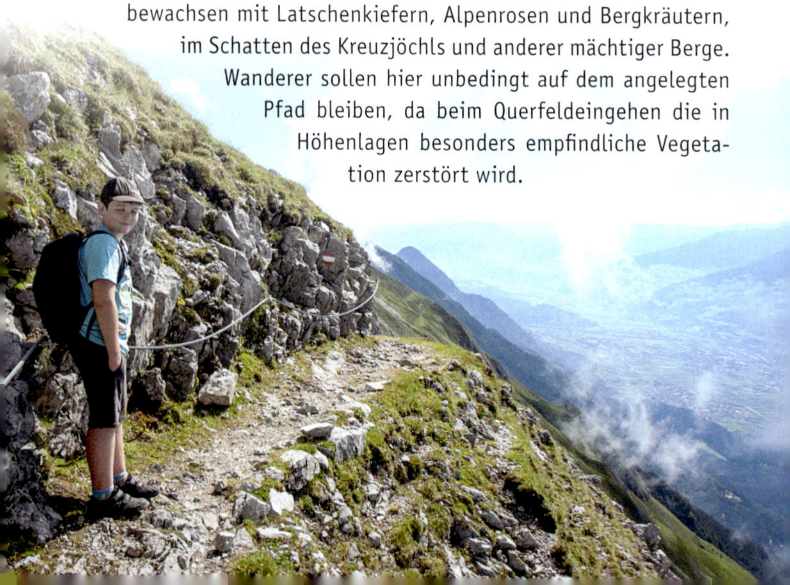

Der Weg schlängelt sich jetzt den Berg hinab bis zur **Pfeishütte** ④, die umgeben von schroffen, majestätischen Gipfeln mitten im südlichen Karwendel steht.

Zurück geht es auf dem gleichen Weg zur Bergstation. Vor allem der Rückweg, auf dem es länger bergauf geht, verlangt den Kindern ganz schön viel ab. Es besteht auch die Möglichkeit, auf der **Pfeishütte zu übernachten** **[› Seite 248]** und die Tour auf zwei Tagesetappen aufzuteilen.

Varianten mit kleineren Kindern

Anstatt die vielen Höhenmeter zur Pfeishütte hinab und wieder hinauf zu steigen, kann man auch nur das erste Stück des Goethewegs gehen: soweit man möchte, aber höchstens bis zu der Stelle, wo sich der Weg als schmaler Pfad durch die Geröllfelder windet. Selbst dazu sind aber gute Bergschuhe mit Profil notwendig – auch wenn immer wieder Touristen in Badeschlappen in der Gondel zu sehen sind!

Pro Kind braucht es dann einen Erwachsenen zum An-der-Hand-Gehen, da der maximal einen Meter breite Höhenweg direkt am steil abfallenden Hang entlang führt.

Alternativ oder zusätzlich ist es auch möglich, von der Bergstation aus mit Kindern in etwa 20 bis 30 Minuten zum Gipfelkreuz des Hafelekar zu wandern.

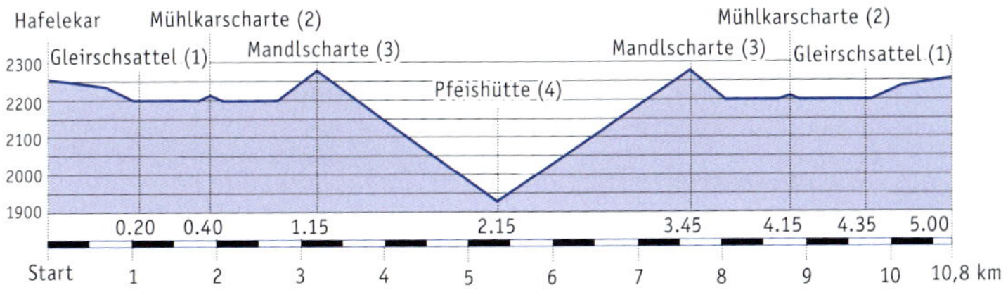

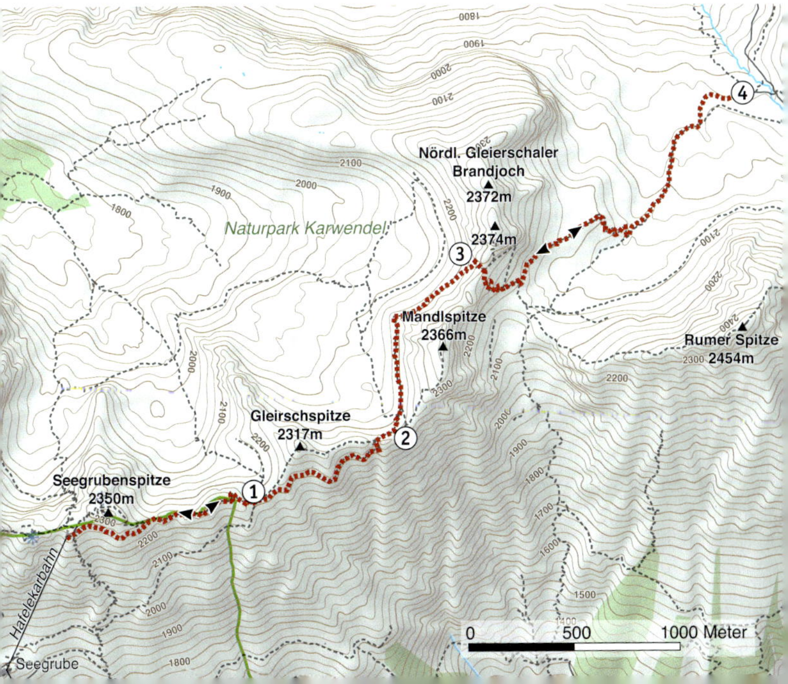

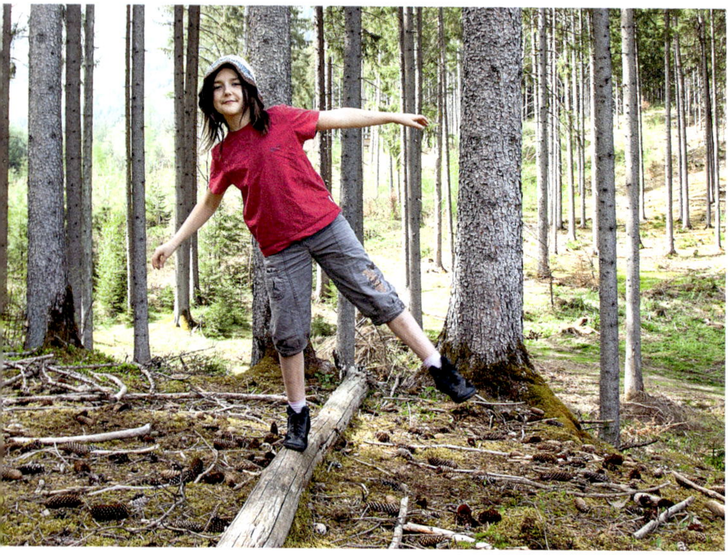

140 m

STRECKE 4 km

1 h 45

ab 4

Tour 4: Auf dem Wendelinsteig

Im Hochrumer Bergwald spielen und wandern

Der gut markierte Steig führt vom Wanderparkplatz am fantasievoll angelegten Waldspielplatz mit Grillstellen und Picknicktischen vorbei und durch den Bergwald zu den Wiesen des Garzanhofs. Unterwegs erfahren wir auf den Tafeln des Naturlehrpfades Wissenswertes über die Vegetation im Wald. Auf dem Rückweg sorgen zwischen den Bäumen versteckte Spielstationen für Abwechslung. Wer einen Almgasthof besuchen möchte, verlängert die Runde um einen knappen Kilometer und kehrt auf dem Rechenhof ein.

Wanderung: Vom Wanderparkplatz in Hochrum, direkt unterhalb des **Waldspielplatzes**, geht es rechts über die Straße und geradeaus in den Wald – dabei nicht zum großen freien Platz hinunterlaufen, sondern den Pfad leicht nach links wählen! Etwa 100 Meter weiter überqueren wir die **Rumer Mure** ①, einst einer der gefürchteten Wildbäche Tirols. Heute ist das Flussbett oft trocken oder es ist nur ein Rinnsal zu sehen.

Hinter einer Rechtskurve mündet der Weg in einen Pfad, dem wir nach links in den **Kellersteig** (Weg Nr. 8) folgen. Es geht nun über Baumwurzeln bergauf, bis der **Wendelinsteig** ② (Weg Nr. 7) nach links abzweigt.

Diesem Waldpfad folgen wir weiter steil aufwärts, bis wir auf einen Wanderweg treffen. Etwas versteckt im Unterholz befindet

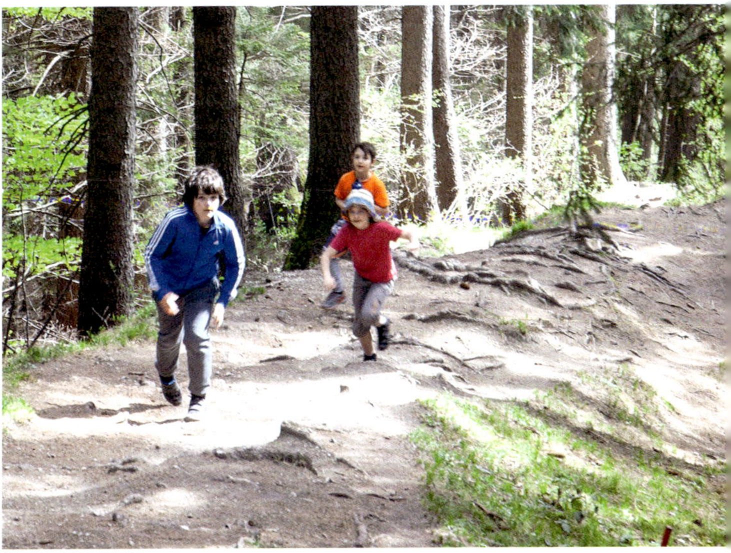

sich hier ein aus einem Baumstamm **geschnitzter Thron** ③, auf dem ein Kind gemütlich sitzen kann. Wir folgen dem Weg nach links und gelangen an ein lauschiges **Plätzchen mit Jägerstand und Aussicht** ④, das sich für eine Pause auf moosbewachsenen Baumstümpfen eignet. Im Winter gibt es hier eine Wildfütterung, im Sommer wachsen Heidelbeeren.

Wir folgen dem Pfad durch moosige Matten und es tut sich vor uns ein wunderschöner Blick auf die hohen Gipfel des Karwendels

TOUREN-STECKBRIEF

Anfahrt: Mit dem Auto fährt man auf der Bundesstraße B 171 von Innsbruck aus bis zum Abzweig nach Hochrum. Es geht durch eine Unterführung und dann die Bahnhofstraße und die Murstraße bergaufwärts durch Rum bis zur Dörferstraße. Hier links abbiegen und beim Kreisverkehr den ersten Abzweig nach rechts bergauf nehmen. Am Sanatorium und am Gasthof Canisiusbrünnl vorbeifahren, bis links der kostenlose Wanderparkplatz bei **GPS N 47°17'30.6", E 11°26'31.4"** zu sehen ist.

ÖPNV: Bus 502 ab Innsbruck Bahnhof bis Rum Dorfplatz. Dort die Straßenseite wechseln und umsteigen in den Regionalbus 8357 bis Hochrum. Die Endstation heißt Rum Schnatzenbichl und liegt oberhalb des Sanatoriums. Von dort aus der Straße etwa zehn Minuten bergauf bis zum Wanderparkplatz folgen. Der Stadtbus A fährt ab Tiroler Landesmuseum bis zum Sanatorium Rum. Die Wegstrecke bis zum Start der Wanderung ist dann um gut 200 Meter länger.

Anspruch und Charakter: Leichte Wanderung über Waldsteige mit Baumwurzeln, dann wieder durch sanfte moosige Matten mit Ausblick auf die schneebedeckten Gipfel des Karwendelgebirges. Teilweise etwas steil.

Markierung: Gelbe Hinweisschilder, hölzerne Wegweiser an den Steigen und rot-weiß-rote Wegmarkierungen.

Highlights: Abenteuer-Waldspielplatz, Naturlehrpfad, Pferde und Brunnen am Garzanhof.

Einkehr: Gasthaus Canisiusbrünnl, Alm und Gasthaus Rechenhof.

In der Nähe: Kinderkletterhalle Rum-Kraxlerei, Salzstadt Hall mit Burg Hasegg und Münzerturm.

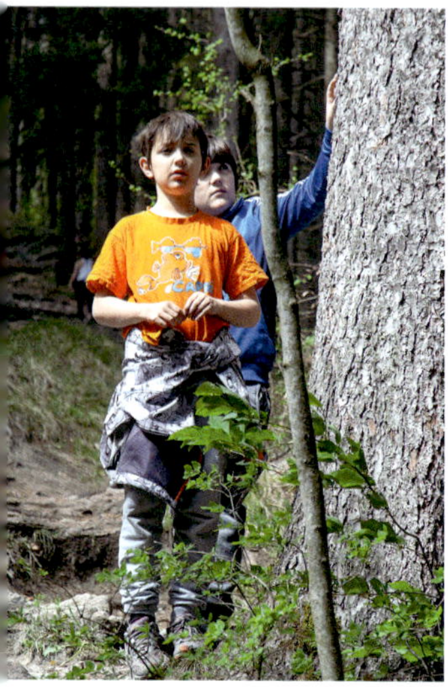

auf. Beim **Forstweg** ⑤ angekommen folgen wir ihm ein paar Meter nach rechts und nehmen dann den Pfad, der links durch den Wald abkürzt. So treffen wir auf den Teilbereich eines **Naturlehrpfads**, der uns die heimischen Bäume erklärt.

Wir wandern jetzt am Waldrand entlang und um die Wiesen des idyllischen **Garzanhofs** ⑥ herum. Dazu biegen wir am Ende der Wiese rechts ab und dann gleich noch einmal rechts. Hier steht ein **Brunnen**, an dem wir uns erfrischen können. Dann folgen wir dem Forstweg (Adolf-Pichler-Weg) in Richtung Rechenhof-Alm. Auf den Weiden am Weg stehen oft die Pferde des Garzanhofes. Wer die Wanderung abkürzen will, lässt den Schlenker um den Bauernhof weg und spart etwa eine halbe Stunde Zeit.

Jetzt geht es immer geradeaus und wieder über den **Rumer Bach**. Bald danach kommen wir an eine große **Wegkreuzung** ⑦. Geradeaus geht es auf dem Rechenhof-Weg zu der gleichnamigen

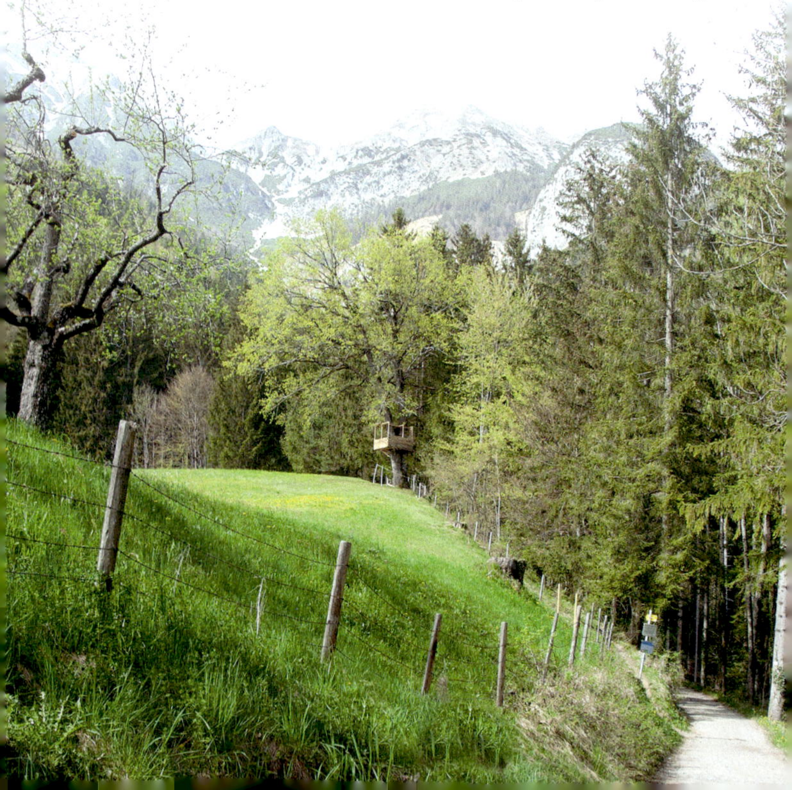

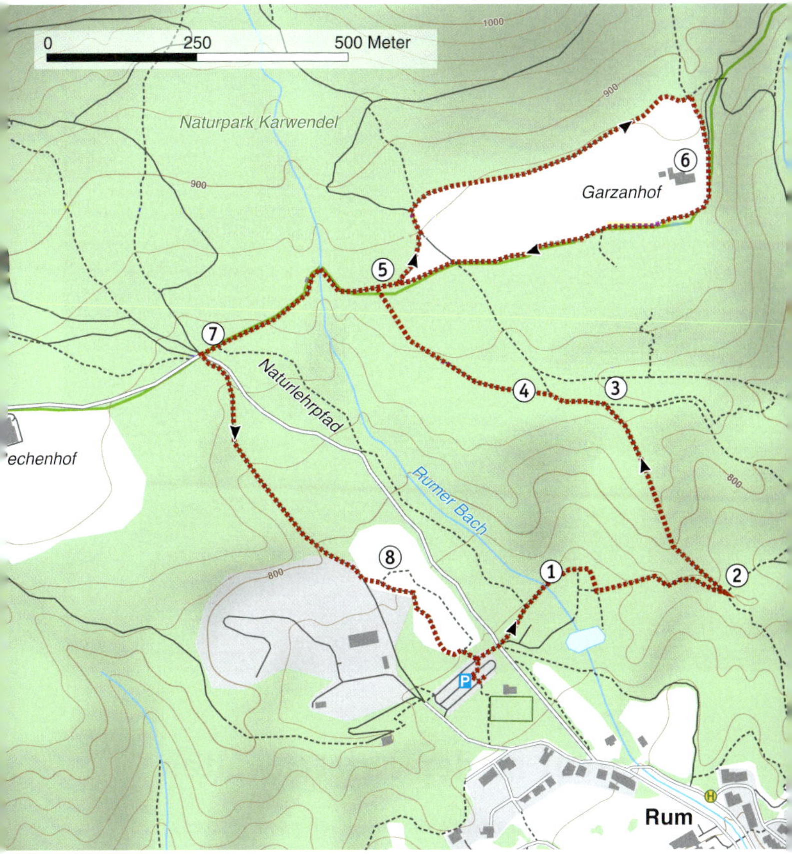

Alm, die man in etwa 15 Minuten erreicht, falls man hier einkehren möchte.

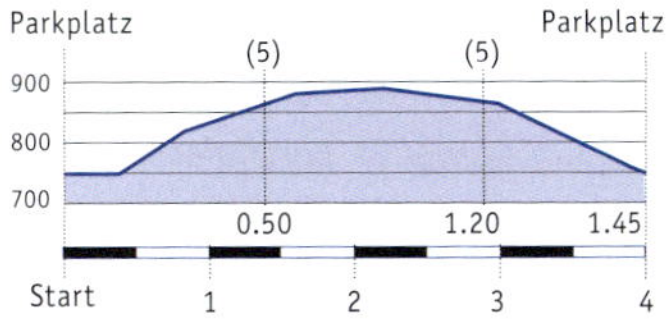

Ansonsten biegen wir die zweite Möglichkeit nach links ab, die uns direkt zum **Waldspielplatz** ⑧ führt. Die Spielstationen befinden sich verteilt im Wald und das Areal, auf dem man auch Grillen darf, endet am Parkplatz.

Alternativ können wir kurz vor der **Wegkreuzung** ⑦ auch dem Naturlehrpfad nach links folgen. Er führt näher am Bachbett wieder zum Parkplatz hinunter.

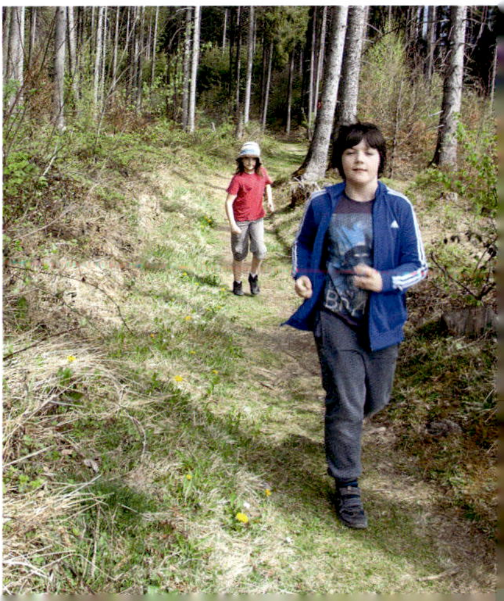

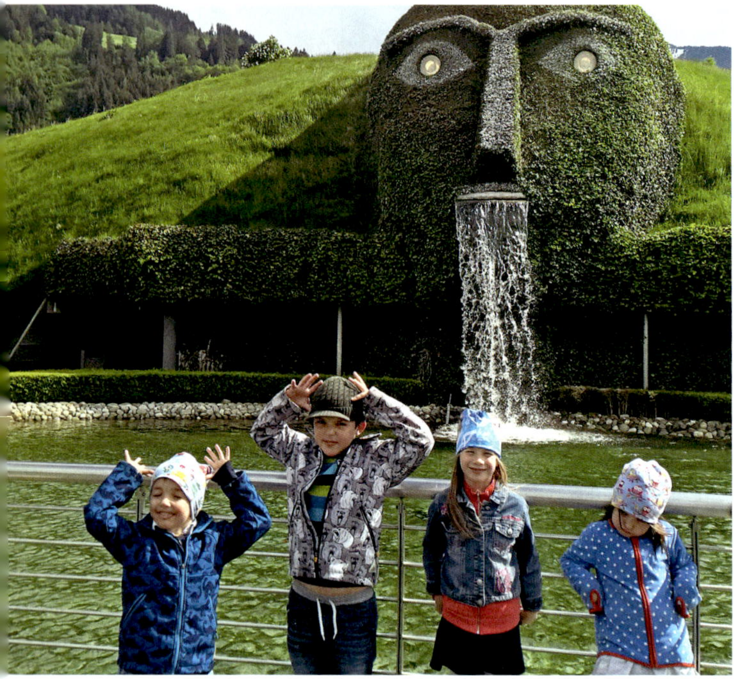

30 m

STRECKE 28 km

3 h

ab 8

Tour 5: Radtour zu den Kristallwelten

Auf dem Inntalradweg vom Baggersee nach Wattens

Über den Innradweg führt unsere Radtour vom Innsbrucker Baggersee nach Wattens zu den Swarovski Kristallwelten mit dem von André Heller konzipierten Kunstmuseum und einem Themenpark rund um die Welt der Kristalle. Dazu gibt es einen Indoor-Spielturm zum Toben, ein Labyrinth aus Hecken und bezaubernde Installationen wie die Kristallwolken. Auf der Rückfahrt lohnt sich ein Stopp beim Baggersee: Im Sommer ist er beliebt als Badesee und ganzjährig wartet hier ein spannender Spiel- und Motorikpark mit Stationen für Fitness, Gleichgewicht und Koordination, die Kindern Spaß machen und Training für sportliche Erwachsene bieten.

Fahrradtour: Wir starten am Eingang Ost des Baggersees und biegen hinter dem **Minigolf-Platz** rechts ab über die autofreie Inn-Brücke. Danach fahren wir nach rechts für gut fünf Kilometer auf dem Radweg am Inn entlang, bis wir bei Hall die schöne, aus Holz gebaute **Fußgänger- und Radfahrerbrücke** (1) erreichen. Dort überqueren wir erneut den Fluss und folgen dem Radweg in Ufernähe Richtung **Volders**, das wir nach weiteren fünf Kilometern erreichen.

Kurz hinter dem Voldertalbach quert der Radweg die **Inntal-Autobahn** ②. Die Route führt jetzt links auf den **Bahnhofsweg** und die **Johannesfeldstraße**. Dann geht es links und gleich wieder rechts in den **Streitweg** und quer durch Gemüsefelder bis zu den Wohngebieten von Wattens.

Im Ort fahren wir am Stadion vorbei, bis die **Dr.-Karl-Stainer-Straße** auf die **Hauptstraße** ③ stößt. Hier biegen wir rechts und gleich wieder links ab und radeln am Wattenbach entlang.

TOUREN-STECKBRIEF

Anfahrt: Für die Anreise mit dem Auto empfiehlt es sich, die Tour beim Baggersee in Innsbruck Rossau zu starten. Dort gibt es sowohl beim Eingang Ost als auch beim Eingang West Parkplätze. Der Baggersee befindet sich hinter dem Gewerbegebiet Rossau und ist über die Andechser Straße und den Grabenweg von Innsbruck aus zu erreichen. Von der Autobahn nimmt man die Ausfahrt Ost und biegt zum Gewerbegebiet Rossau ab. An beiden Kreisverkehren bei der ersten Möglichkeit abbiegen und dem Grabenweg bis zum Inn folgen. Dann parken oder rechts weiterfahren, am Baggersee vorbei und zu den Parkplätzen bei **GPS N 47°15'59.5", E 11°27'00.3"**.
Mit dem Fahrrad kann man vom Innsbrucker Zentrum bis zum Baggersee in etwa fünf Kilometern einfache Fahrt am Innradweg entlang radeln.

Anspruch und Charakter: Einfache und ebene, aber lange Radstrecke am Inn entlang. Ortsdurchquerung in Wattens auf befahrenen Straßen.

Markierung: Hinweisschilder des Inntalradwegs.

Highlights: Swarovski Kristallwelten Wattens, Baggersee mit Motorikpark.

Einkehr: Restaurant deck47 am Baggersee, Beach Bar, Imbiss- und Eisbuden auf dem See-Areal in der Badesaison. Restaurant Daniels Kristallwelten mit Sonntags-Brunch.

In der Nähe: Altstadt Hall mit zahlreichen Restaurants, Stadtmuseum und Münzturm, Alpenbad Wattens, Wattens mit kleinem, aber schönem Dorfkern und weiteren Gasthäusern und Einkehrmöglichkeiten, Minigolf-Platz neben dem Baggersee.

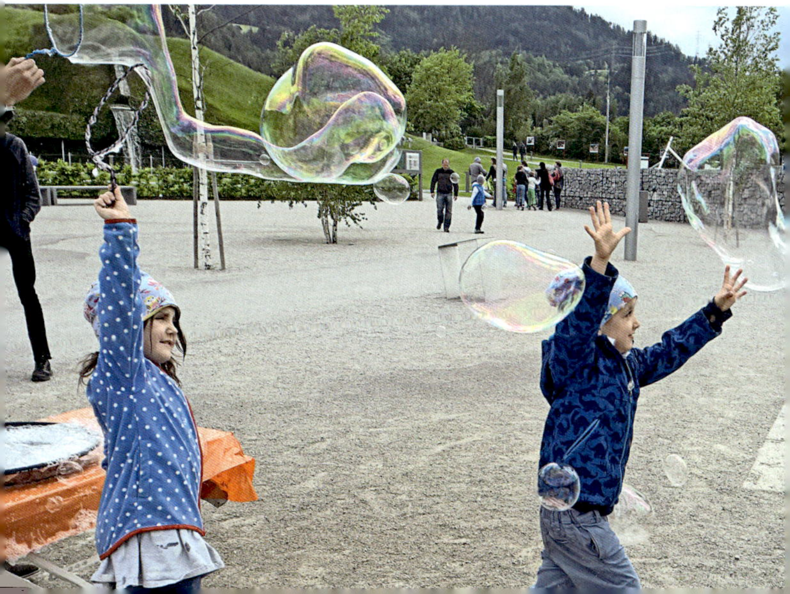

Swarovski Kristallwelten

Obwohl die Kristallwelten ein Touristenmagnet sind, können wir den Menschenmassen prima aus dem Weg gehen. Die vom Künstler André Heller geschaffenen Installationen sind nicht die einzigen Attraktionen: Die Swarovski Kristallwelten bieten ganzjährig ein spannendes Programm für alle Altersklassen, das viele Events und Attraktionen bereithält. Dabei arbeiten sie mit international renommierten Künstlern zusammen, beispielsweise mit dem Zirkus Roncalli.

Für Kinder gibt es jede Menge Spaß außerhalb der Wunderkammern, in denen sich alles um die prächtig in Szene gesetzte Welt der Kristalle dreht. Neben Kinderführungen, Zirkusprogramm und Workshops mit Glitzersteinen gibt es einen Indoor-Spielturm, weitläufige Parkanlagen, Spielplätze und ein Labyrinth.

Geöffnet täglich 10–19 Uhr,
letzter Einlass 18 Uhr.
Erwachsene €19, Kinder 6–14 Jahre in Begleitung eines Erwachsenen €7,50, unter sechs Jahren frei.

Die Kristallwelten sind aus Innsbruck auch gut mit Bus oder S-Bahn (S1) vom Hauptbahnhof aus (Fußmarsch oder weiter mit dem Rad für 1,8 km) erreichbar. Mit dem Auto ist der Weg von der Autobahnausfahrt Wattens gut ausgeschildert. Ebenfalls einfach ist die Anfahrt über die B 171.

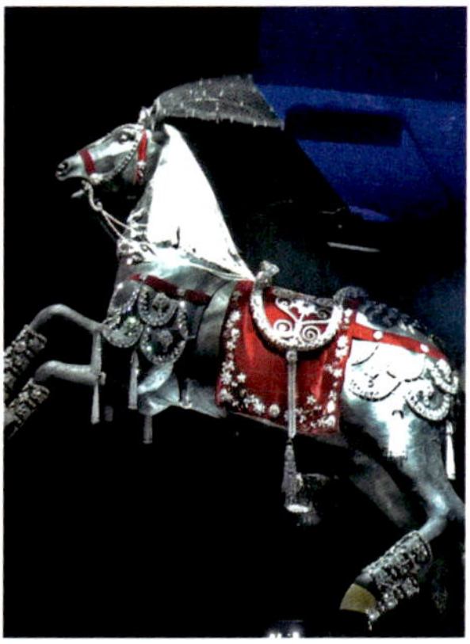

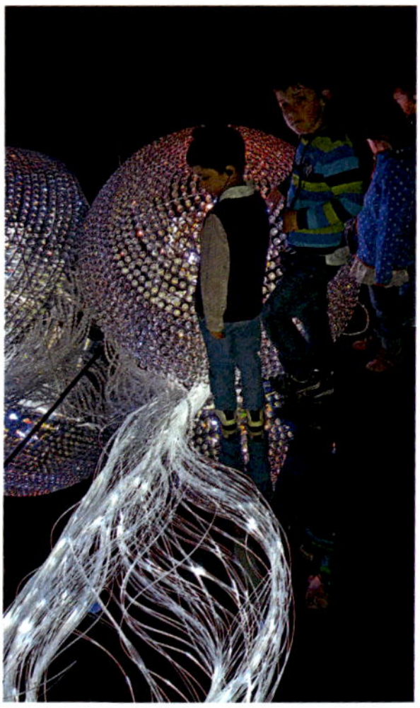

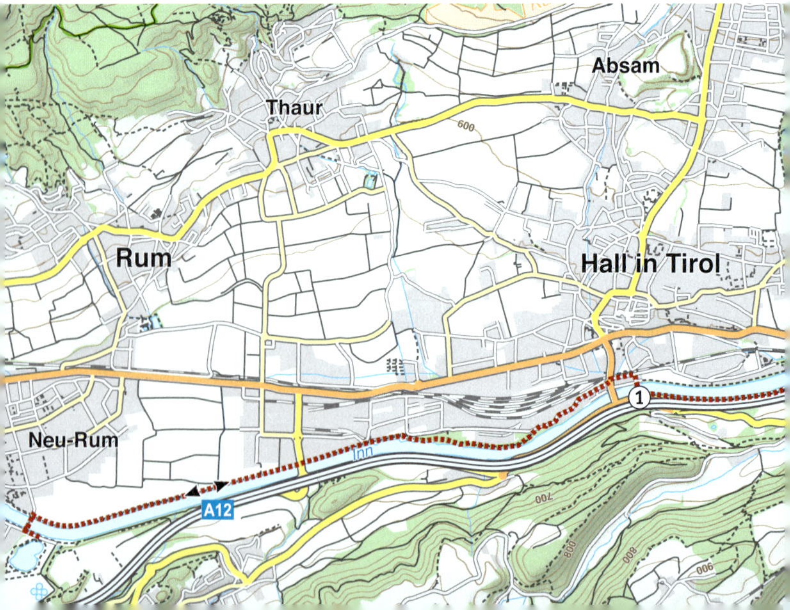

Dann biegen wir automatisch links ab und erreichen den **Kirchplatz** an der Laurentiuskirche.

Dort geht es rechts und noch einmal links in die **Salzburger Straße** ④. Dieser folgen wir stadtauswärts, bis wir die parkartigen Gärten der Kristallwelten sehen. Vor der Anlage müssen wir noch einmal links abbiegen, um zum Eingang zu gelangen.

Wer vor der **Rückfahrt** noch eine Stärkung braucht, kann im Restaurant Daniels Kristallwelten einkehren. Gute Alternativen gibt es auch in Wattens rund um den Kirchplatz. Dann radeln wir auf dem gleichen Weg zurück nach Innsbruck.

Stadt-Radtour mit jüngeren Kindern

10 km, 1,5–2 Stunden

Wem die Fahrt vom Baggersee bis zu den Kristallwelten zu lang ist, kann vom Innsbrucker Zentrum einfach nur einen Ausflug zum Baggersee unternehmen. Dazu starten wir bei der Markthalle und benutzen den Radweg auf der rechten Innseite. Hier fahren wir durch Grünanlagen und hinter einem 1907 erbauten, zwölfeckigen Bauwerk entlang, das bis 2010 das Riesenrundgemälde zur Bergisel-Schlacht beherbergte. Heute ist es im Museum am Bergisel zu sehen.

Nach einem Biergarten führt der Radweg über den Inn und biegt rechts in den Traklpark ab. Weiter geht es flussabwärts am linken Innufer. Nach etwa fünf Kilometern fahren wir am Hallen- und Freibad Olympisches Dorf vorbei. Kurz darauf kommt eine autofreie Brücke.

Wer die Tour beim Baggersee beenden möchte, biegt nach der Brücke links ab und findet nach einigen Metern den Baggersee und einen Minigolf-Platz. Zurück kann man als Abwechslung auf der südlichen Innseite radeln.

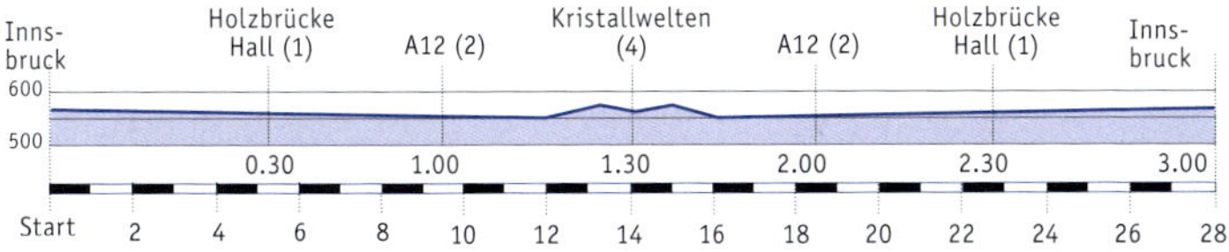

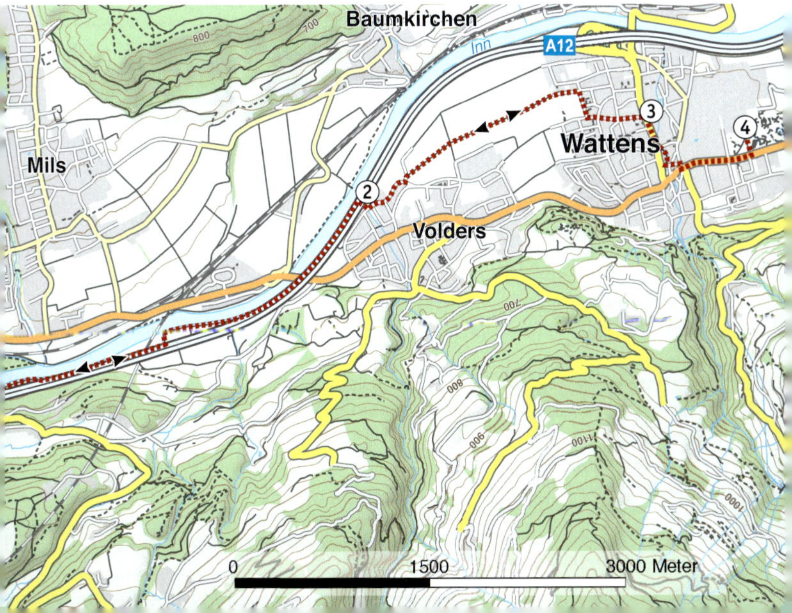

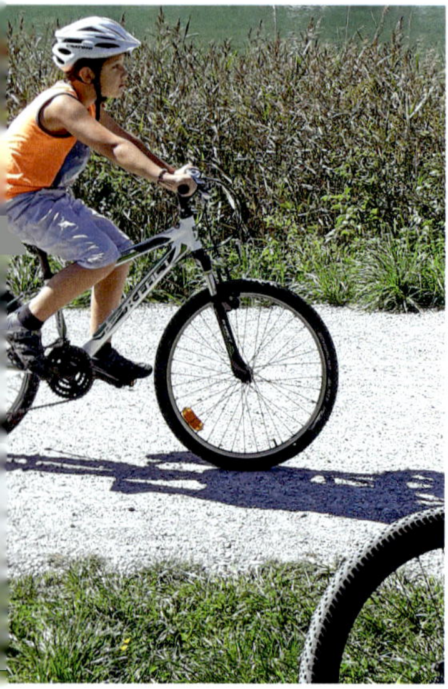

Tour 6: Innsbruck per Rad entdecken

Eine Stadt-Radtour zum Inn-Beach

Wer Lust auf eine kleine Radtour zur Erfrischung hat, fährt den Inn flussaufwärts in Richtung Kranebitten. Dort gibt es einen Strand am Inn mit Schilf und Baumschatten. Einziger Minuspunkt ist die nahe Autobahn am anderen Ufer. Doch dank des mächtigen Stroms und seinem lauten Rauschen gelingt es auch den Erwachsenen, den Verkehrslärm auszublenden.

Auf der Fahrt zum Strand lohnt sich ein Stopp, um Flugzeuge auf den nahen Start- und Landebahnen das Innsbrucker Flughafens zu beobachten.

40 m

STRECKE 15,7 km

2 h

ab 6

Radtour: Nach einem obligatorischen Blick vom **Marktplatz** (1) auf die bildhübsche bunte Häuserzeile auf der anderen Flussseite sind wir startklar. Wir radeln über die **Innbrücke**, die vom Marktplatz schon zu sehen ist. Hinter dieser geht es rechts hinunter und gleich noch einmal rechts auf den Radweg in Richtung Kranebitten. Wir sausen durch die Unterführung unter der Innbrücke und unterqueren kurz darauf auch die **Universitätsbrücke** (2).

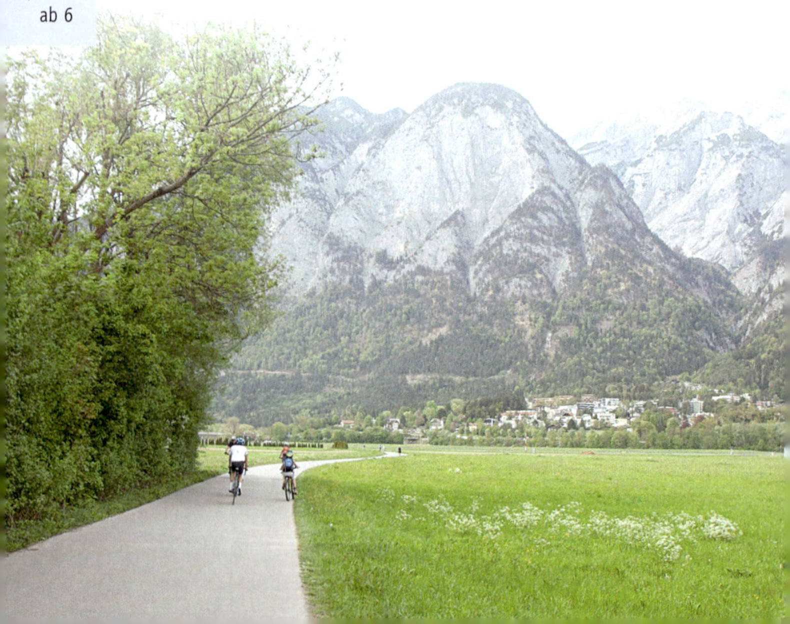

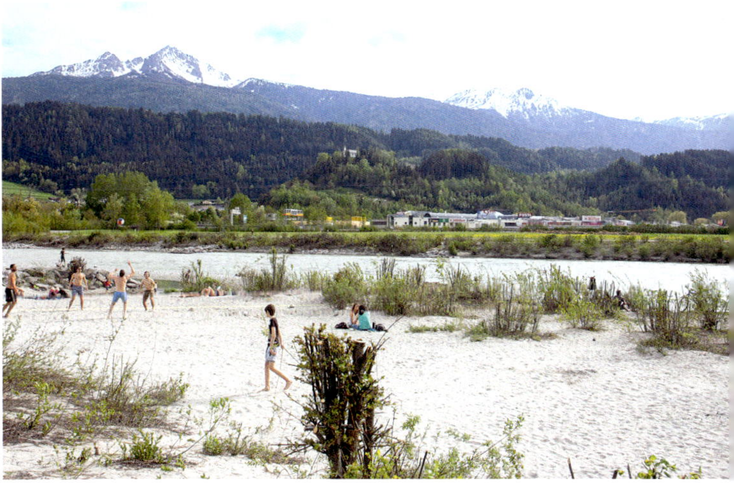

Dann leitet uns der Radweg durch die Flussauen, die mit vielen Bänken, Spielplätzen und anderen Freizeiteinrichtungen ausgestattet sind.

Hinter der **Freiburger Brücke** ③ radeln wir an Wohnhäusern vorbei und verlassen dann kurz die Uferstraße, da die **Hans-Flöckinger-Promenade** ④ nur für Fußgänger zugelassen ist. Wir biegen dazu rechts in die Uferstraße und gleich wieder links in die Dr.-Stumpf-Straße ab. Wer die Abzweigung verpasst hat,

TOUREN-STECKBRIEF

Anfahrt: Die Tour startet im Stadtzentrum, parken ist hier schwierig. An der Markthalle Innsbruck gibt es bei **GPS N 47°16'02.8", E 11°23'25.4"** eine kostenpflichtige Tiefgarage. Bei der Anfahrt mit dem Auto empfehlen wir, die Tour umzudrehen und am Kranebittener Hof zu parken. Die Radtour führt dann in die Stadt und wieder zurück. Dazu von der Autobahn nach Bregenz an der Ausfahrt Kranebitten abfahren und dann links abbiegen, Richtung stadtauswärts in die Kranebitter Allee (B 171). Nach wenigen Metern ist der Parkplatz bei **GPS N 47°15'43.4", E 11°19'46.3"** erreicht.

ÖPNV: Die Haltestelle Marktplatz ist ein Knotenpunkt der Öffis. Die meisten Busse und Straßenbahnen halten hier.

Fahrradverleih: Die Boerse in der Leopoldstraße 4 (im Hof), Fahrrad inklusive Helm ab € 18, Kinder bis 10 Jahre 30 %, bis 15 Jahre 20 % Ermäßigung. www.dieboerse.at

Anspruch und Charakter: Leichte Radtour ohne Steigungen auf dem Innradweg.

Markierung: Hinweisschilder des Inntalradwegs.

Highlights: Strand am Innufer, Radeln am Fluss, Spielplätze auf dem Weg, Flugzeugen beim Starten und Landen zusehen.

Einkehr: Strand-Café Kranebitten, Kranebitter Hof, Ristorante Garda.
Am Start der Tour in Innsbruck: Frühstück und Brunch in der Faktorei, Bäckerei und Café Ruetz.

In der Nähe: Park mit Spielplatz und Brunnen (hinter dem Kranebitter Hof), Minigolf Kranebitten, Spielplatz im Waltherpark gleich nach der Innbrücke, Café & Coffeeshop haeppinest gleich hinter dem Waltherpark, vielfältige Gastronomie in der Markthalle.

muss nicht umkehren: Wo die Uferstraße in einer Sackgasse endet, führt ein Fußweg über den Parkplatz eines Gartenmarkts zur Dr.-Stumpf-Straße.

Diese bringt uns zurück zum Inn. Jetzt geht es hinaus aus der Stadt durch grüne Wiesen und vorbei am **Flughafen**, der für Flugzeugfans auch eine Besucherterrasse bietet. An der Stelle, an der unser Radweg wieder beim **Bootshaus** ⑤ auf den Fluss trifft, können die startenden und landenden Flieger aber auch sehr gut beobachtet werden.

Jetzt erreichen wir die ersten **Kiesbänke und Sandstrände**, idyllisch eingerahmt von Schilf. Wer nicht mehr radeln mag, findet hier schon ein schönes Plätzchen und spart sich die letzten anderthalb Kilometer. Kurz vor der **Brücke**, dem Zubringer zur Autobahn, befindet sich die **Beach Bar** ⑥ des West Beach.

Wir kreuzen die Brücke und fahren vor dem Minigolf-Platz links auf dem Radweg weiter. Auf der anderen Seite der oberhalb liegenden Kranebitter Allee ist hinter dem Kranebitter Hof ein **Park mit Kinderspielplatz** ⑦, Brunnen und öffentlichen Toiletten zu finden. Links liegt an der Mündung des Sulzenbachs die Sandfläche des **Inn-Beach** ⑧.

Auf dem Rückweg wäre es theoretisch auch möglich, auf der anderen Seite des Inns zu radeln. Uns gefällt das Nordufer aber besser, da der Radweg hier nicht so nah an der Autobahn entlangführt. Wir bleiben dort bis zur **Freiburger Brücke** ③ und wechseln erst dann das Ufer, um zurück zum Marktplatz zu fahren.

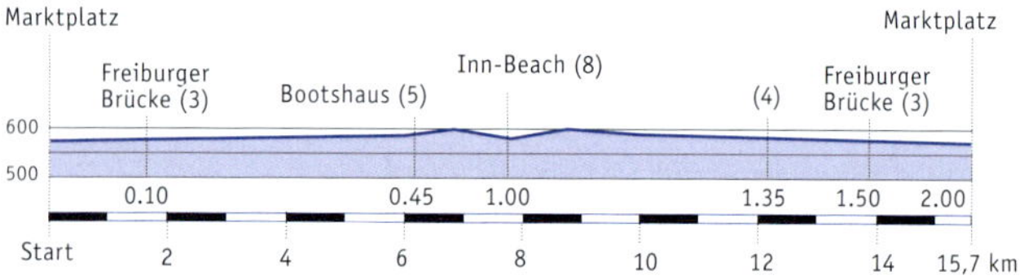

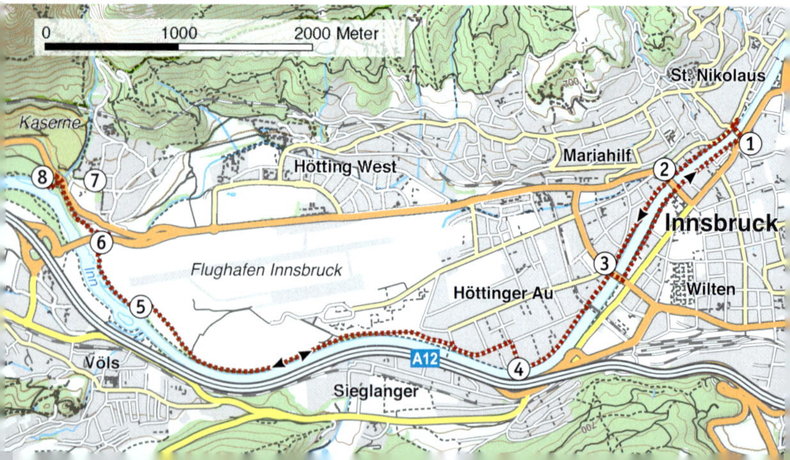

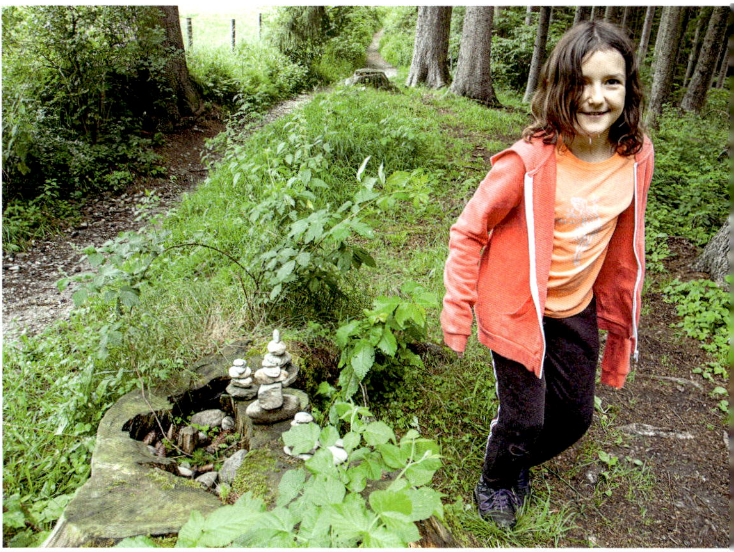

Tour 7:
Natterer Kräuterwanderung

210 m

STRECKE 5,5 km

2 h 15

ab 6

Beeren sammeln und wilde Kräuter kennenlernen

Vom Innsbrucker Stadtteil Mentlberg geht es hinauf zum Kräuterwandern durch Wald und Wiesen und zum Beerensammeln – in Begleitung einer kräuterkundigen Wanderführerin oder auf eigene Faust mit einem Bestimmungsbuch. Wer Lust hat, macht noch einen Abstecher zum Moorstrandbad am Natterer See. Der Rundweg verlängert sich dadurch um etwa 30 Minuten.

TOUREN-STECKBRIEF

Anfahrt: Von der Bundesstraße Richtung Völs sofort nach der Autobahnunterführung links abbiegen zur Mentlberg-Siedlung. Kurz auf der Straße Richtung Schloss, bei der Gabelung davor links auf den Natterer-See-Weg (Nr. 6) und zu den Anwesen von Waldhüttl fahren. Gegenüber gibt es bei **GPS N 47°14'50.3", E 11°21'47.9"** einige kostenlose Wanderparkplätze.

ÖPNV: Wer mit dem IVB-Bus von Innsbruck aus fahren will, steigt in den Stadtbus M bis zur Haltestelle Peterbrünnl in der Mentlberg-Siedlung. Dann geht es zu Fuß ein Stück die Mentlbergstraße hinauf und rechts kurz dem Wegweiser zum Schloss Mentlberg nach. Dann biegt gleich links der Natterer-See-Weg ab, der mit dem Auto bis zum Waldhüttl befahrbar ist.

Anspruch und Charakter: Entspannte Wanderung für Naschkatzen und Kräuter-Begeisterte. Mit Nachmittag am See oder am Bauernhof kombinierbar.

Markierung: Gelbe Wanderwegschilder.

Highlights: Beeren (im Juni und Juli) und Kräuter sammeln.

Einkehr: Gasthof Eichhof mit Spielplatz.

In der Nähe: Strandbad Natterer See, Bauernhoftiere am Nattererboden, Joy Indoor-Spielplatz und Flip Lab Trampolinhalle in Völs, Völser Badl.

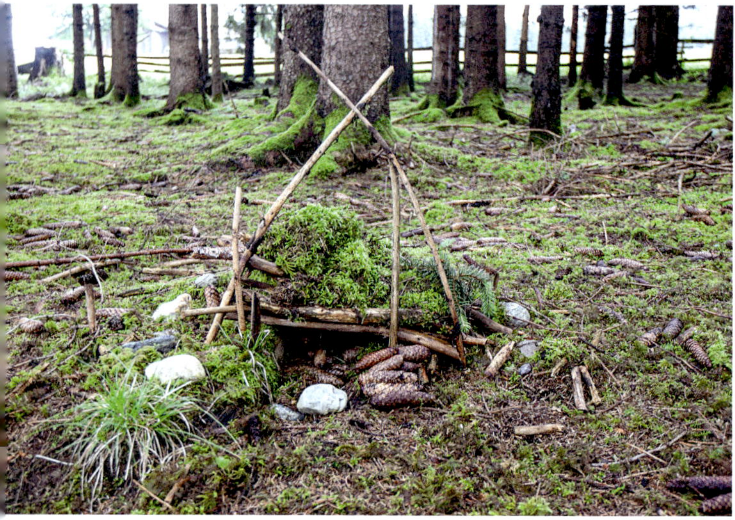

Wanderung: Schon am Parkplatz finden wir die ersten Himbeersträucher. Kurz hinter dem **Waldhüttl** ① entscheiden wir uns für den vom Forstweg im rechten Winkel nach links abbiegenden Wanderweg, der durch den Wald nach oben führt. Es geht sofort steil hinauf und der Pfad ist von Waldsauerklee und Lungenkraut gesäumt. Auch die Kohlkratzdistel zeigt uns unsere Kräuterführerin Carmen de Pedro. Ihre jungen Blätter schmecken lecker als Salat.

Sauerklee kauend marschieren wir immer geradeaus über zwei kreuzende Wege, bis wir auf einer **Forststraße** ② ankommen. Hier wenden wir uns nach rechts und folgen dem Wegweiser in Richtung Natterer See. Der Weg ist hier eben und führt an Wiesen entlang. Rechts bietet sich ein guter Ausblick auf Innsbruck. Hier am Waldrand finden wir eine Vielzahl verschiedener Kräuter. Die Kinder freuen sich über die ersten Walderdbeeren und bauen eine Zwergenhütte aus Moos und Zapfen. Wir Erwachsenen entdecken, angeleitet von unserer Kräuterkundigen, das beruhigende Johanniskraut. Sie zeigt uns, wie wir die Blätter der Pflanze ins Sonnenlicht halten können: Sie hat lauter kleine Löcher. Um zu überprüfen, ob es sich bei der Pflanze daneben wirklich um Beifuß (Wermut) handelt, lässt sie uns einige Blätter zerreiben. Was für ein herrlicher Duft! Kein Wunder, dass dieses Kraut sich zum Räuchern eignet.

Ein Abstecher zum Natterer Boden
zuzüglich 2,5 km, Gehzeit 1 h

Ein Fahrweg führt von Wegpunkt ② nach links zum Wirtshaus und Bauernhof am Natterer Boden mit Ponys, alten Nutztierrassen und ganz vielen Bauernhof-Tieren zum Streicheln. Dieses Ziel ist von der Wegkreuzung in einer guten halben Stunde zu erreichen.

Wir laufen ein Stück durch den lichten Wald und nähern uns,

immer noch auf der großen Lichtung, dem **Gasthof Eichhof** ③. An der Kreuzung hinter dem Gasthof biegen wir rechts ab und folgen dem Wanderweg gleich wieder links in Richtung Natterer See. Der Weg führt uns wieder tiefer in den Wald. Wir folgen dem Hauptweg geradeaus über zwei Kreuzungen und biegen dann nach etwa 500 Metern rechts ab. Jetzt erleben wir unser blaues Wunder. Die Heidelbeeren sind reif! Der lichte Wald ist übersät von den niedrigen Sträuchern, allesamt blau gesprenkelt. Der beste Platz für eine Pause!

An der nächsten **Wegkreuzung** ④ geht es geradeaus zum Natterer See. Wir biegen hier rechts ab und folgen immer den Wegweisern in Richtung **Geroldsschlucht**. Diese führen uns kurz darauf nach links. Wir durchwandern jetzt die Schlucht (Weg Nr. 6 A), zunächst auf einem schmalen, abwärts führenden Steig. Hier finden wir wieder jede Menge Erdbeeren und Braunellen – eine Heilpflanze mit entzündungshemmenden und antiviralen Eigenschaften, die getrocknet in vielen Erkältungstees zu finden ist.

Ein Abstecher zum Natterer See
zuzüglich 30 min, 1 km

Wer die Runde erweitern möchte, folgt bei Wegpunkt ④ den Schildern zum Natterer See und erreicht in etwa 15 Minuten das hübsche Moorstrandbad am Seeufer. Der kleine See ist außerdem mit einem Campingplatz erschlossen.

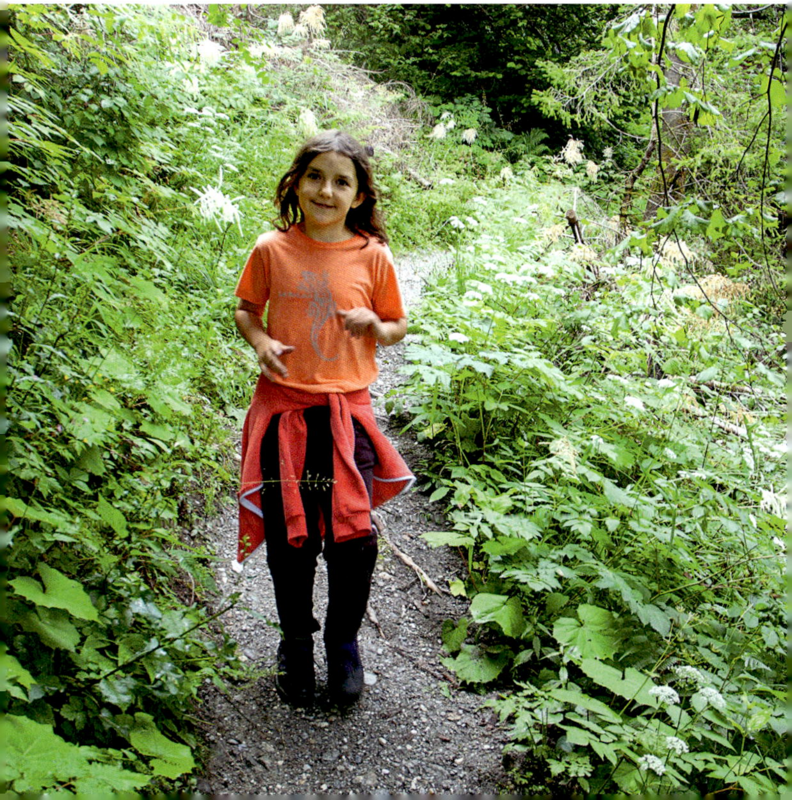

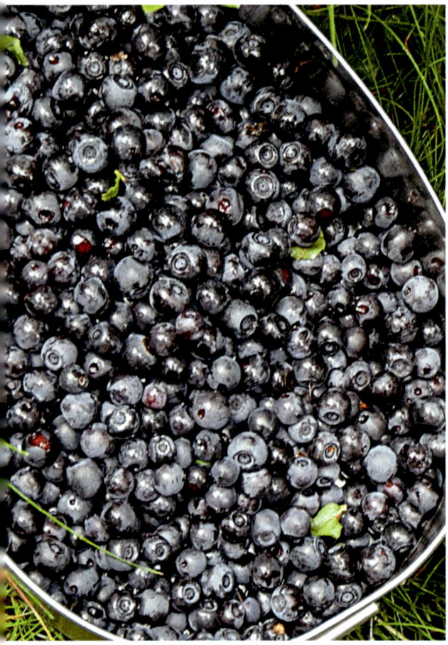

Dann geht der Schluchtweg in die Forststraße **Natterer-See-Weg** ⑤ über, der wir immer geradeaus bis zum Waldhüttl folgen. Auf diesem letzten Wegabschnitt finden wir noch Wiesenbärenklau am Wegesrand, aus dessen Jungpflanzen sich leckeres Wildgemüse zubereiten lässt. Unsere Kräuterführerin erläutert die Unterschiede zum giftigen Riesenbärenklau, zeigt den Kindern außerdem noch den hochgiftigen Eisenhut und betont, wie wichtig es ist, nur die Kräuter zu pflücken, die man absolut sicher erkennt.

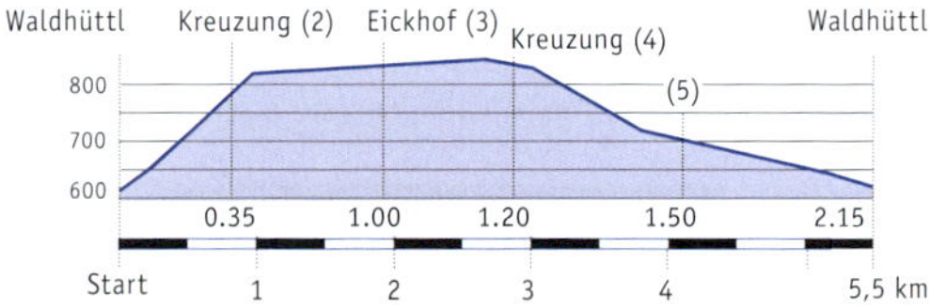

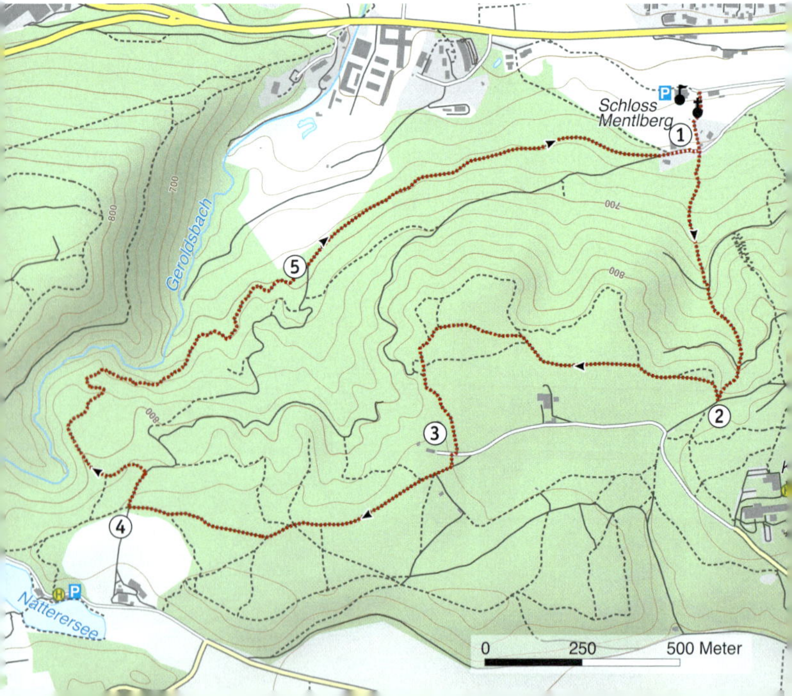

Kräuter vor unserer Haustür

Wildkräuter sind unsere Apotheke vor der Haustür und eine vitaminreiche kulinarische Bereicherung. Das Wissen um essbare und heilende Pflanzen ist aber nicht längst mehr so selbstverständlich, wie es einmal war. Wenn wir uns auf diese Weise mit der Natur vertraut machen, kehren wir ein Stück zurück in unseren natürlichen Lebensraum. Das fühlt sich einfach gut an und hilft zu erkennen, dass wir ein Teil der Natur sind und durch deren Schutz auch uns selbst schützen. Denn die Natur ist unsere Lebensgrundlage, sie ist nicht UMwelt, sondern MITwelt, die vieles zu bieten hat.

Sauerklee (Oxalis acetosella)

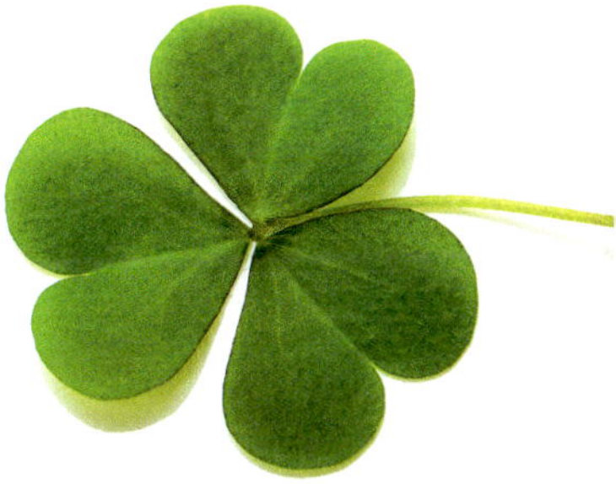

Der Sauerklee ist im Volksmund auch unter den Namen Glücksklee oder Kuckucksklee bekannt. Die zarten Pflänzchen, die etwa fünf bis zehn Zentimeter über dem Waldboden wachsen, besitzen jeweils drei herzförmige Kleeblätter – mal in sattem dunkelgrün, mal heller und ins Gelbliche spielend. Sie schmecken säuerlich, zitrusartig. Allerdings sollte man aufgrund der Inhaltsstoffe Oxalsäure und Kaliumhydrogenoxalat nur kleinere Mengen an frischen Blättern verzehren. Das gleiche gilt aber übrigens auch für Sauerampfer, Rhabarber und Spinat.

Frisch gepflückter Sauerklee verfeinert Bowlen, Limonade und Eistee, Suppen, Salate und Nachspeisen. Er ist reich an Vitamin C, wirkt fiebersenkend und harntreibend. Klee eignet sich nicht zum Trocknen.

Quendel (Thymus pulegioides)

Der wilde Thymian, auch als Quendel oder Arznei-Thymian bekannt, ist klein von Wuchs und zierlich, doch im Geruch dafür umso intensiver. Schon aus einigen Metern Entfernung kriecht der aromatische und würzige Geruch der rosa bis violetten Miniblüten dem aufmerksamen Wanderer in die Nase. Die Pflanze wächst auf trockenen Wiesen, oft an Wegrändern, in höheren Lagen. Seine rundlichen Blättchen sind nur wenige Milimeter groß.

Der Arznei-Thymian heißt nicht umsonst so: Er ist ein bekanntes natürliches Heilmittel und wirkt schleimlösend bei Husten. In der Küche kann der im Geschmack intensivere Arznei-Thymian verwendet werden wie der kultivierte Thymian, zum Beispiel im Kräutersalz.

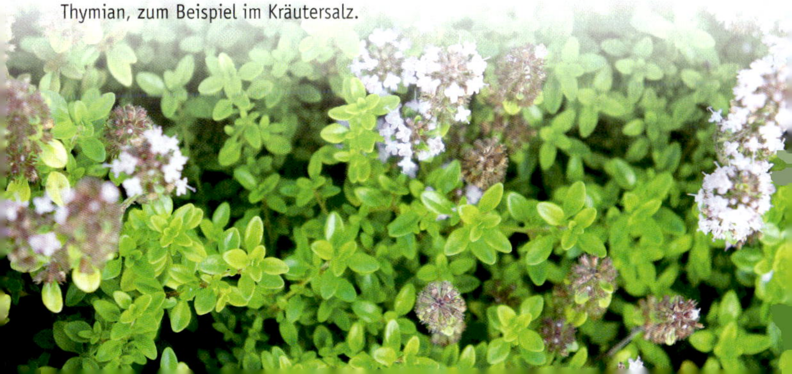

Botanischer Garten Innsbruck
Auch der Botanische Garten ist ein geeigneter Ort, um unser Wissen über Pflanzen zu erweitern. Über 7000 Pflanzenarten aus vielfältigen Lebensräumen der Erde werden auf dem Gartengelände kultiviert. Im Alpinum sind speziell die Heil-, Gift und Gewürzpflanzen zu sehen, die im Gebirge heimisch sind. Viel Spaß macht Kindern auch der Duft- und Tastgarten, in dem sie Pflanzen mit allen Sinnen erfahren können.
www.uibk.ac.at/botany/botanical-garden

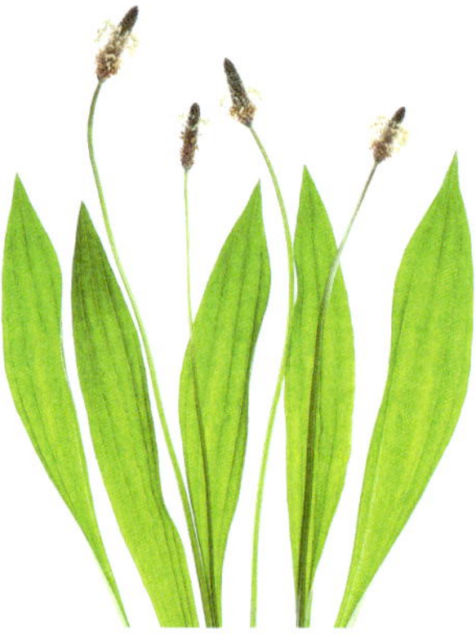

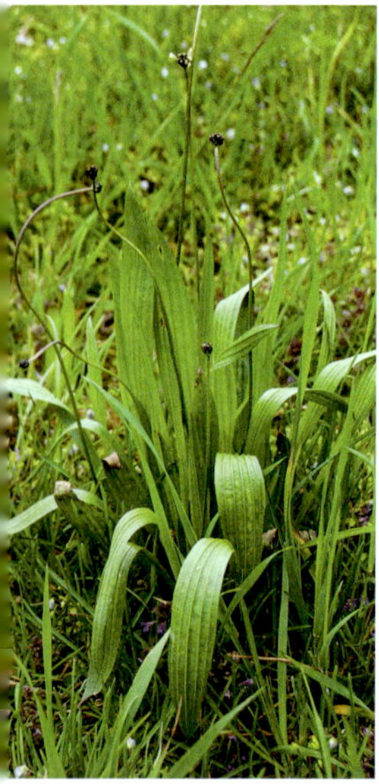

Spitzwegerich (Plantago lanceolata)

Der Spitzwegerich ist auch ohne Blüten leicht zu erkennen. Seine langen, schmalen Blätter wachsen in einer Rosette und haben deutliche Längsrillen. Die weißen Mini-Blüten umgeben die braunen Ähren auf ihren langen Stielen wie einen Kranz. Spitzwegerich ist anspruchlos und zäh. Er wächst fast überall – auf Wiesen, am Waldrand und an Wegrändern. Er wird bis zu 50 Zentimeter hoch und blüht zwischen Mai und September.

Wenn man die abgeblühten Ähren zerreibt, zerfallen sie zu Bröseln. Aus diesen Samenständen kann man ein schmackhaftes, nussiges Kräutersalz machen. Auch im Hustentee leisten sie wertvolle Dienste. Für Wanderer ist die Pflanze aber auch als Soforthilfe gegen Insektenstiche nützlich. Dazu wird einfach ein Blatt zu Brei zerkaut und auf den Stich aufgetragen. Das hilft übrigens auch bei Blasen und aufgescheuerten Stellen. Wem das zu eklig klingt, der kann das Blatt auch mit etwas Wasser zwischen zwei Fingern zerreiben.

Schafgarbe (Achillea millefolium)

Die Wiesenblume aus der Familie der Korbblütler findet sich auf den Almen, aber auch in den Tälern. Sie hat winzige Blüten, die sich dicht an dicht drängen. Es sieht fast aus, als schwebten duftige weiße oder zartrosa Wölkchen im Gras. Die Schafgarbe wird bis zu 30 Zentimeter hoch und blüht von Mai bis Juni, im Hochgebirge von August bis September. Unverwechselbar machen sie ihre krautartigen Blätter. Sie besitzt längliche und sehr fein gefiederte wechselständige Blattpaare. Wechselständig heißt, dass sich die Blätter versetzt am Stiel befinden.

Schafgarbe eignet sich gut für Kräutertee und hat antibakterielle und entzündungshemmende Eigenschaften.

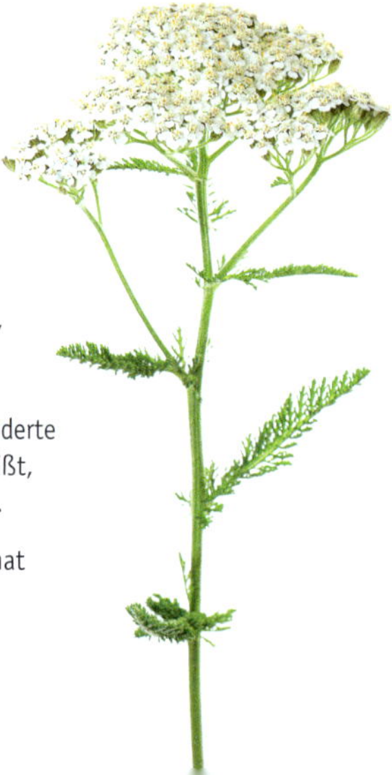

Kräuterwissen für Familien

Löwenzahn und Sauerklee vor der Tür, Walderdbeeren im Garten und die Beinwellwurzeln unter der Erde – wer kennt sie noch, die essbaren Pflanzen in unserer Umgebung? Das hier sind die Tipps der Kräuter-Expertin Carmen de Pedro für alle, die etwas über essbare Pflanzen und Heilkräuter lernen und auch ihre Kindern für die Natur begeistern wollen.

»Als erstes brauchen wir ein gutes Bestimmungsbuch, mit dem wir die Pflanzen identifizieren können. Zum Einstieg eignet sich da zum Beispiel der Klassiker: «Was blüht denn da?«, empfiehlt Carmen de Pedro. Auch Apps hält sie für eine gute Möglichkeit, um die Namen einer Pflanze zu lernen.

Um eine Pflanze richtig zu bestimmen, brauchen wir alle unsere Sinne. Die ersten Informationen bekommen wir über die Form von Blättern und Blüten, Farbnuancen sowie Größe und Wuchs einer Pflanze. Genauso hilfreich ist unser Tastsinn: Wie fühlt sich die Pflanze an? Sind ihre Blätter rau oder glatt, klebrig oder rutschig, behaart oder unbehaart? Auch der Geruch verrät uns einiges, genau wie die unmittelbare Umgebung einer Pflanze. Ist es eher feucht oder trocken, schattig oder sonnig? Und was sagt uns das über die Pflanzen, die dort wachsen?

Erst wenn wir ganz sicher sind und eine Pflanze zweifelsfrei erkennen, dürfen wir auch kosten. So können wie eine ganz neue Vielfalt an Geschmäckern erleben.

Neben der Vermittlung von Wissen legt Carmen de Pedro bei ihren Natur- und Kräuter-Wanderungen mit Familien besonderen Wert auf den spielerischen Aspekt. »Fantasie und Kreativität dürfen beim Kennenlernen unserer Natur nicht fehlen. Kenne ich den Namen einer Pflanze nicht, so erfinde ich einen. Was kann ich aus dem Kletten-Labkraut basteln? Wie viele verschiedene Blütenformen finden wir?« Mit solchen kleinen Aufgaben und kreativen Ideen gelingt es ihr, auch Kinder für Wissen über die Natur zu begeistern.

Wildnis- und Kräuterpädagogen

Zum Kräutersammeln ist es ratsam, sich Menschen anzuschließen, die sich bereits gut auskennen. In beinahe jedem größeren Ort gibt es mittlerweile Kräuterführungen, um die Welt der Wildkräuter zu erforschen.

Carmen de Pedro aus Mieming bietet auch Natur- und Kräuterwanderungen speziell für Kinder an. Neben der Vermittlung von Kräuterwissen ist erlebnisorientierte Naturpädagogik einer ihrer Schwerpunkte.
www.wildewiesen.at

Ulrike Eigentler ist als freie Vortragende im Bereich Kräuterpädagogik selbständig und bietet Vorträge, Kurse, Kräuterspaziergänge und Land-Art-Projekte für Erwachsene und Kinder im Stubaital und im Innsbrucker Umland an. Seit 2015 bloggt sie rund um die Themen Rezepte mit Wildkräutern, DIY mit Naturmaterialien, Kräuterporträts, Upcycling und Land Art.
www.lowredeyes.at

Die Kräuterpädagogin **Isabella Zauscher** vom Zauscherhof in Wildermieming bietet ihre Workshops und Kräuter-Exkursionen am Mieminger Plateau an.
www.zauscherhof.com

Natur- und Wildnisschule der Alpen

Ron Bachmann und sein Team haben Kurse zu Theman wie Wildnis und (Heil-)Pflanzen, Bogenbau, Korbflechten und auch Kinder-Camps im Sommer im Programm. Die Wildnisschule befindet sich in Steinberg am Rofan.
www.wildniszentrum.at

Innsbrucker Kräuterschule

Elisabeth Kainrath bietet Gartenführungen und Kräuterkurse für Erwachsene an.
www.elikai.at

Geschützte Pflanzen in den Alpen

Der alpine Raum weist eine hohe Vielfalt an seltenen Pflanzen auf. Viele von ihnen sind geschützt, zum Beispiel Arnika und der gelbe Enzian. Sie dürfen nicht gesammelt werden. Es ist also ratsam, sich vor dem Sammeln von Pflanzen zu informieren. So stellt zum Beispiel der Alpenverein mit »Vielfalt bewegt« eine App zur Standortbestimmung geschützter Pflanzen zur Verfügung. Mitmachen ist erwünscht!

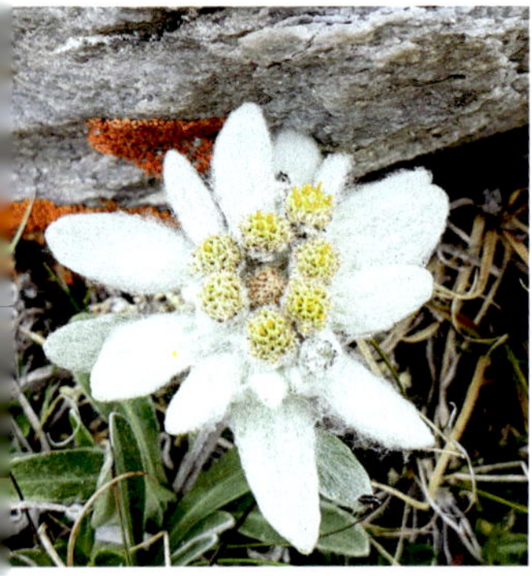

Edelweiß (Leontopodium alpinum)
Das heute sehr seltene Edelweiß ist in den meisten Regionen Österreichs geschützt.
Die weißen, filzartigen Blätter sind sternförmig um die grünlich oder bräunlich-gelben Blütenstände in der Mitte angeordnet. Darunter besitzt die Pflanze auch noch schmale grüne Blätter. Die Pflanze wird bis zu 20 Zentimeter hoch und blüht zwischen Juni und September. Beheimatet ist sie auf Kalkgestein zwischen 1.600 bis 3.000 Höhenmeter.

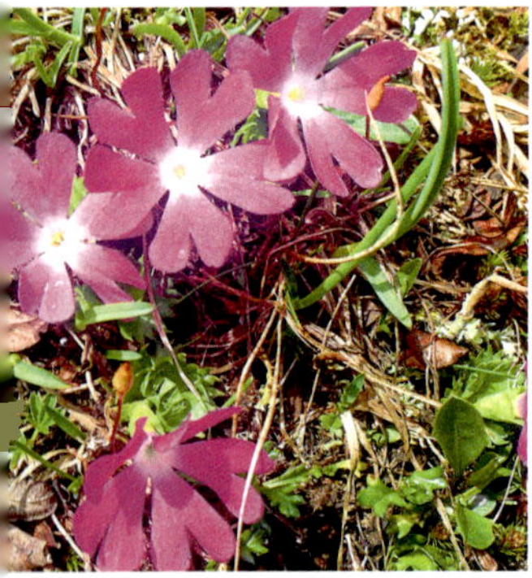

Zwergprimel (Primula minima)
Während Primeln im Flachland meistens gelbe Blüten haben, sind die im Gebirge rötlich oder bläulich. Diese Farben wirken als Sonnenschutz für die Pflanzen im Hochgebirge.
Zwergprimeln zählen zu den kleinsten Primeln. Sie wachsen zwischen 1.500 und 3.000 Metern Seehöhe auf leicht feuchten, mageren Wiesen in Polstern, fühlen sich aber auch auf steinigen, lehmigen Böden wohl. Die ein bis vier Zentimeter hohen zarten Blümchen erscheinen im Juni und Juli. Ihr rosa bis roter Blütenkranz aus herzförmigen Blütenblättern umschließt das weiße Innere.

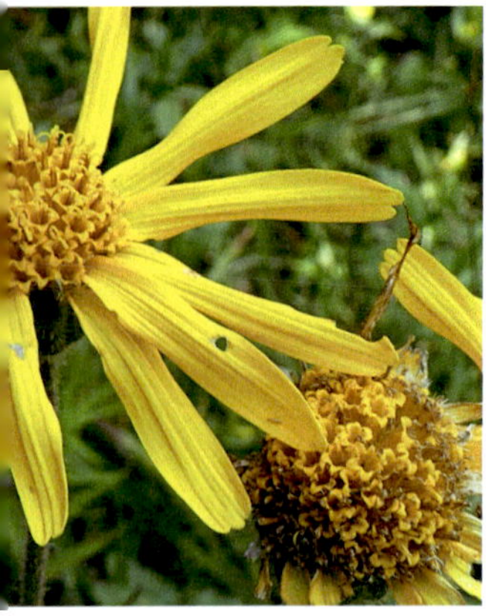

Arnika (Arnica montana)
Die bekannte Heilpflanze wächst in den Alpen, Pyrenäen, bis in den Balkan und ist in nördlichen Gebieten (Südskandinavien bis ins Baltikum) verbreitet. Von Mai bis August findet man mit Glück die kräftig gelb leuchtenden Blüten auf Bergwiesen, Weiden und Mooren.
In den aromatisch duftenden Blütenkörbchen krabbeln oft Bohrfliegen, die hier ihre Eier ablegen. Arnika wächst an nährstoffarmen Standorten bis auf 2.500 Meter Seehöhe.
Für die äußere Anwendung bei Verletzungen, Zerrungen und rheumatischen Muskelbeschwerden werden Pflanzen in Kulturen angebaut und verarbeitet.

Silberwurz (Dryas octopetala)

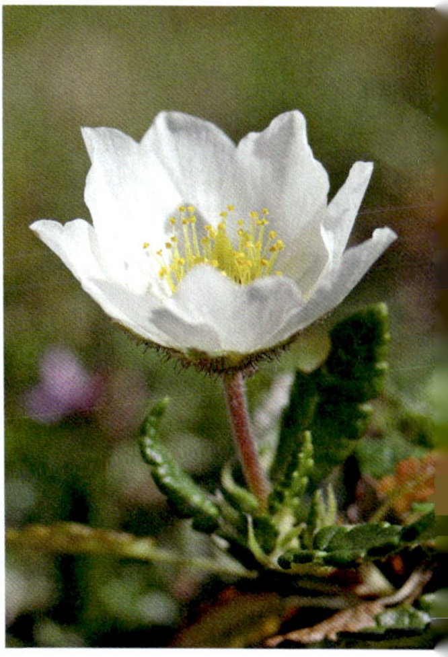

Die Silberwurz ist ein Eiszeitrelikt und Zeugin der vergangenen Gletscherausbreitung. Eine besondere Rolle spielt sie auch in den Geschichten rund um den Klammgeist in der Geisterklamm [› Tour 33]. Sie wächst arktisch alpin und wird wegen ihrer Gerbstoffe in der Volksmedizin bei Durchfall eingesetzt.
Sie liebt felsige und kalkhaltige Standorte im Hochgebirge. Ihre weißlich bis cremefarbenen Blüten mit gelber Mitte zeigt sie im Juli und August. An den Unterseiten der ledrigen Blätter sitzen wollige, fast silbrige Härchen, welche die Pflanze vor Verdunstung schützen. Sie gehört zu den Rosengewächsen und hat – anders als die meisten dieser Art – acht anstatt fünf Blütenblätter.

Gelber Enzian (Gentiana lutea) und Tüpfelenzian (Genitana punctata)

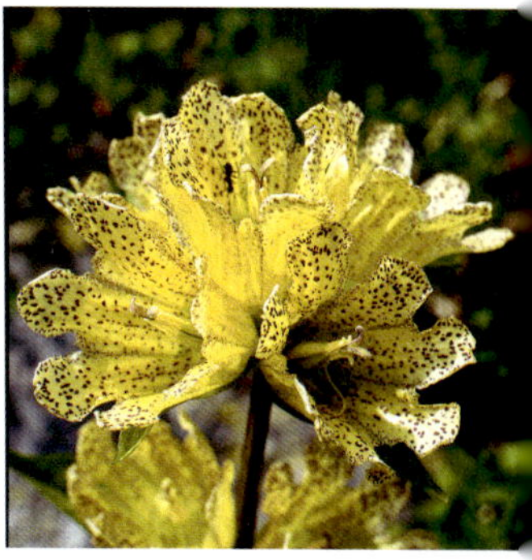

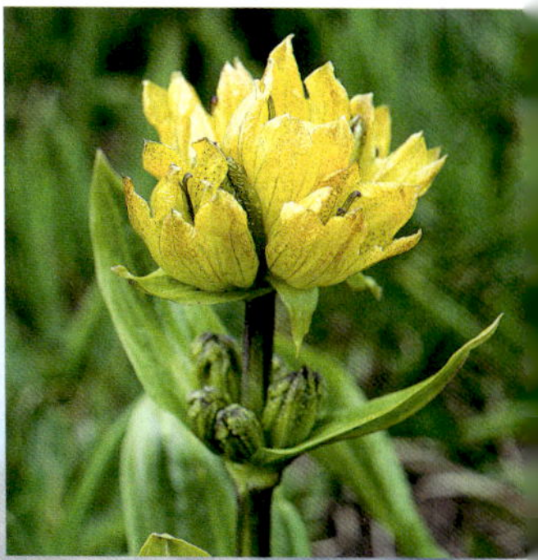

Beide Pflanzen sind im Gebirge heimisch und liefern mit ihren Wurzeln die Rohstoffe für den beliebten Enzianschnaps. Auf den meisten Schnapsflaschen ist der blaue Enzian abgebildet, was irreführend ist. Die Bitterstoffe beider Pflanzen – von der Natur eigentlich als Schutz vor Tierfraß gedacht – wirken gegen Müdigkeit, Untergewicht, Blutarmut und Appetitmangel.

Aufgrund der ungebrochenen Beliebtheit stehen beide Sorten mittlerweile unter Naturschutz. Während der gelbe Enzian bis zu 150 Zentimeter hoch wächst, ist sein getüpfelter Bruder mit 20 bis 60 Zentimetern niedriger. Die hellgelben, glockenförmigen Blüten sind beim Tüpfelenzian an den Innenseiten schwarz getupft. Beide können mit dem giftigen Germer verwechselt werden.

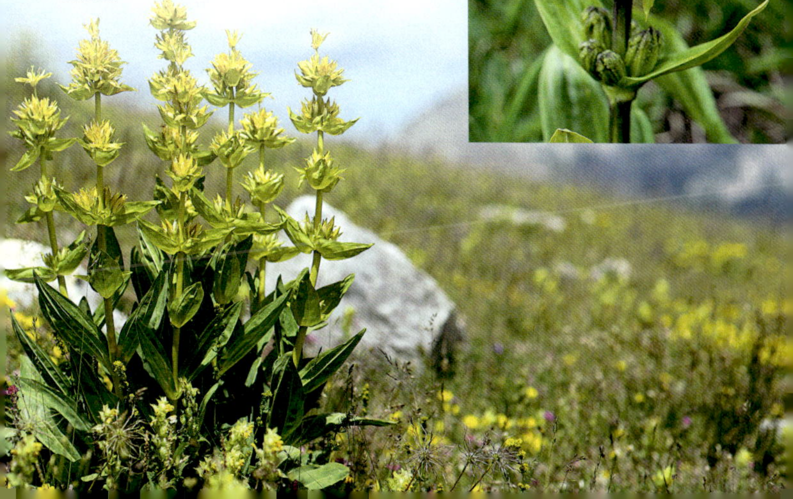

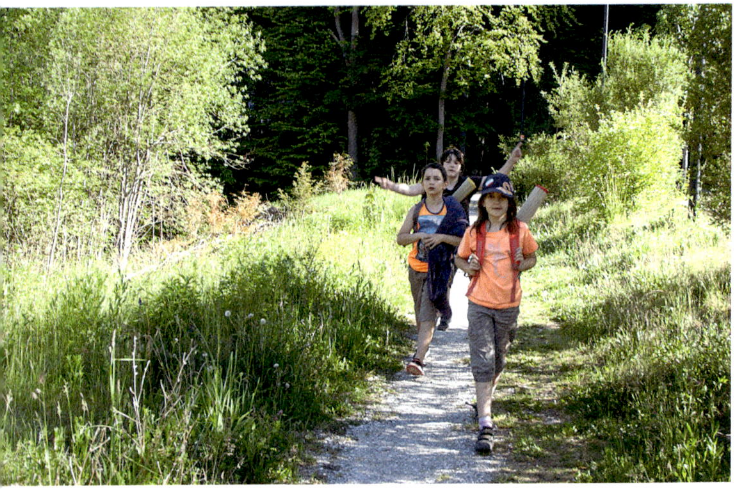

Tour 8: Rund um den Bergisel

150 m

STRECKE 3,7 km

1 h 30

ab 4

Panoramarunde und Badespaß in der Sillschlucht

Stadtnahe Wanderung von Wilten aus zur Panoramarunde rund um die Skisprungschanze Bergisel und hinunter zum Badespaß in die wildromantische Sillschlucht. Die Sill ist der zweite Fluss, der durch Innsbruck fließt. Zurück geht es am Ufer entlang und zuletzt an der Baustelle des zukünftigen Brennerbasistunnels vorbei, der hier bis 2028 entstehen soll. Für die Kinder spannend ist auch der Rückweg, der sich unter einer hohen Brücke der Inntalautobahn hindurchwindet.

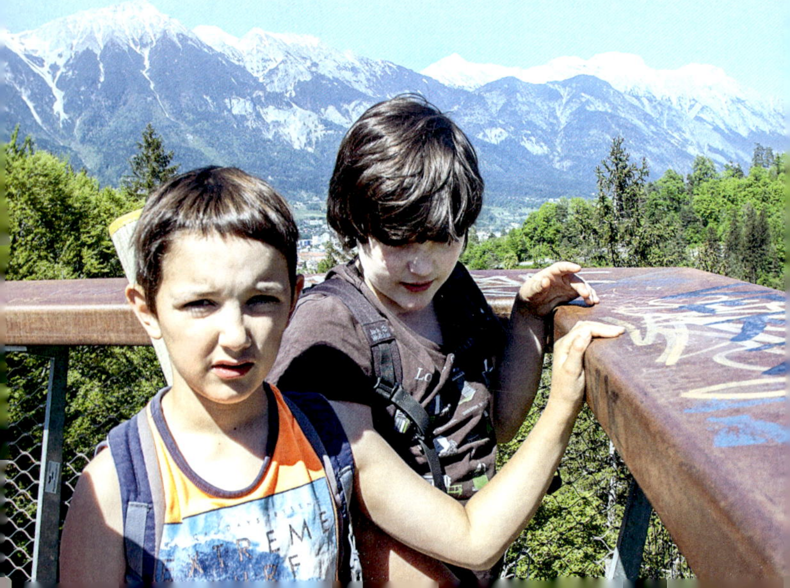

Wanderung: Die Bergisel-Panoramarunde startet beim lauschigen **Biergarten Bierstindl** ① an der Klostergasse. Der Weg beginnt oberhalb des Gasthauses und ist beschildert. Er führt auf schattigen Serpentinen-Wegen durch eine parkähnliche Landschaft hinauf zum **Museum Panorama Tirol** ② und zum Kaiserjäger-Denkmal. Dahinter befinden sich historische Schießstände und ein großer Parkplatz für Busse und Pkws.

Wir überqueren ihn und folgen dem Weg, der dahinter in den Wald und hier über die Autobahn führt. Der Weg macht einen Bogen nach rechts und schon erlischt der Lärm der vielbefahrenen Autobahn nach Italien. Der Weg windet sich durch einen Laubwald und lässt immer wieder Ausblicke auf die Sprungschanze zu, die auf dem Bergisel thront. Bald erreichen wir die freischwingende **Aussichtsplattform Drachen** ③, von der wir nicht nur nach oben, sondern auch auf die tief unter uns liegende Sillschlucht einen beeindruckenden Blick haben.

Danach kehren wir über **Treppen** auf den Waldweg zurück, der uns bald zum Rastplatz Sonnendeck führt. Bei der nächsten **Wegab-**

Bergisel Stadion
Stadion und Restaurants sind von Mittwoch bis Sonntag 9–16 Uhr geöffnet. Familienkarte für ein bis zwei Erwachsene mit eigenen Kindern bis 15 Jahre für € 19. Der Preis beinhaltet den Besuch des Stadions und die Auf- und Abfahrt mit Schrägaufzug und Turmlift ins Turmrestaurant Bergisel Sky. *www.bergisel.info*

TOUREN-STECKBRIEF

Anfahrt: Für die Anreise mit dem Auto empfiehlt es sich, den großen Parkplatz beim Kaiserjäger-Denkmal zu nutzen und die Tour von hier zu starten. Von der A12 Inntal-Autobahn bei Innsbruck-Mitte abfahren und am Kreisverkehr Richtung Innsbruck abbiegen. Am nächsten Kreisverkehr auf die B 174 an der dritten Ausfahrt abbiegen. Nach der Brücke links einordnen und auf die B 182 (Brenner Bundesstraße) abbiegen. Dieser folgen, bis es nach der ersten Kurve links in den Hohlweg geht. Die zweite links in den Bergiselweg abbiegen und links halten, bis die Straße nach einer Rechtskurve um das Andreas-Hofer-Denkmal am Parkplatz bei **GPS N 47°14'58.5", E 11°24'04.8"** endet. Parkgebühr für 90 Minuten € 2,60, jede weitere halbe Stunde 70 Cent, Tagesticket € 10,50.

ÖPNV: Straßenbahn Linie 1 von Innsbruck Marktplatz bis zur Haltestelle Bergisel. Der Fußweg bis zum Start der Runde beträgt etwa zehn Minuten. Alternativ kann man mit dem IVB-Bus M fahren. Auch der Regiobus 4140 Innsbruck – Schönberg/Stubaital, sowie einige Busse der Linie 4142 Innsbruck – Natters halten am Bergisel.

Anspruch und Charakter: Leichte Wanderung über Waldpfade und nach einem ausgedehnten Bade- oder Planschtag am Fluss zurück durch die wilde Schlucht. Wege auch im Winter begehbar.

Markierung: Teilweise gelbe Wegweiser.

Highlights: Freischwingende Aussichtsplattform über der Schlucht, Sillschlucht, Plantschen und Baden am Flussufer, Skisprungschanze Bergisel.

Einkehr: Kulturgasthaus Bierstindl an der Klostergasse mit Biergarten, Kiosk an der Bushaltestelle, Restaurant 1809 im Gebäudekomplex des Tirol Panorama.

In der Nähe: Besuch des Skisprung-Stadions Bergisel, Kaiserjägermuseum, Tirol Panorama.

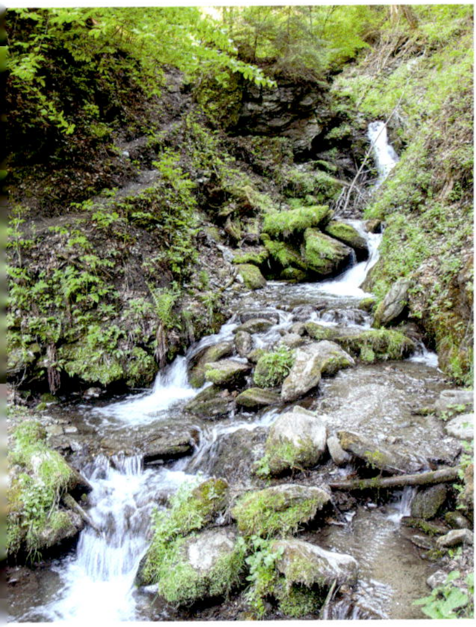

zweigung ④, an der in beiden Richtungen Panoramarunde ausgeschildert ist, biegen wir links ab und steigen weiter den Berg hinunter, ebenso am nächsten Abzweig.

Schnell erreichen wir nun das **Sillufer**, biegen nach rechts ab und wandern an der Fußgängerbrücke vorbei bis zu einem schönen **Strand** ⑤ mit Steinen, Flusskieseln und einigen sandigen Stellen. Das Wasser ist sehr kalt, aber tief genug zum Baden. Am Ufer sind mehrere Grillstellen zu entdecken.

Wir gehen zurück zur Brücke, überqueren sie und biegen links ab. Der steinige Pfad führt am Flussufer entlang und munter bergauf und bergab. Bei der nächsten **Fußgängerbrücke** ⑥ kehren wir auf die andere Uferseite zurück und wandern bis zu der Stelle, an der die Sill einen starken Bogen nach links macht. Sie ist nicht zu übersehen, weil hier bereits Bäume gerodet sind und deutlich zu erkennen ist, wo die Natur dem **Brennerbasistunnel** ⑦ weichen muss, der 2028 fertig werden soll.

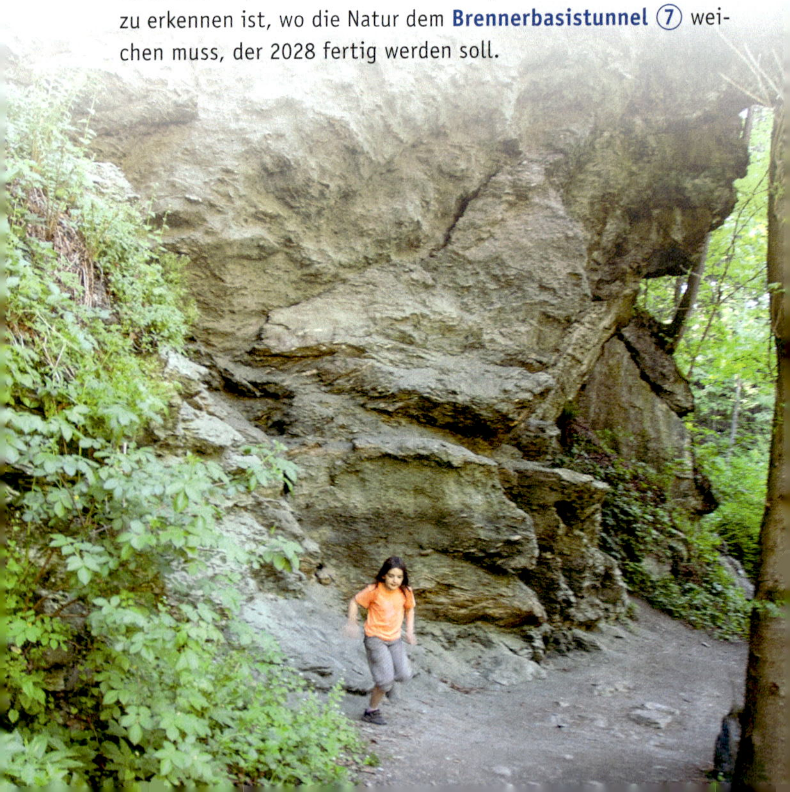

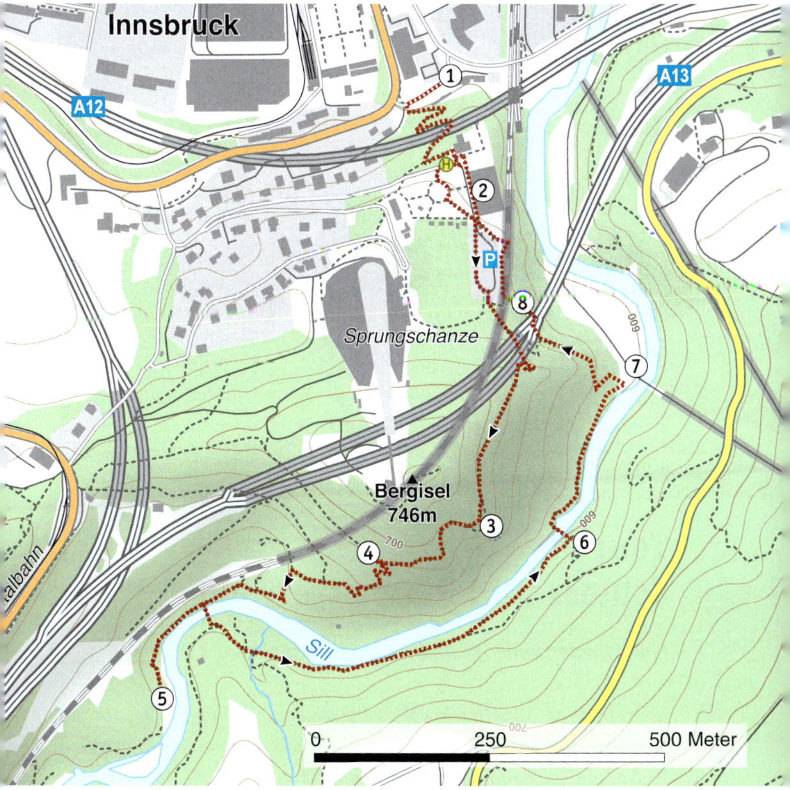

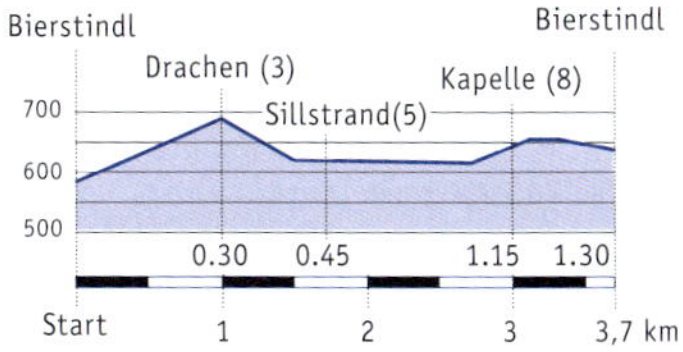

Zwischen Baumstümpfen führt ein Fußweg hinauf zur **Autobahn**. Diesmal gehen wir rechts unter der Fahrbahn hindurch. Dieser Weg ist weniger steil und die meisten Kinder finden es spannend, unter der gigantischen Autobahnbrücke hindurchzulaufen. Kurz hinter der riesigen Bogenkonstruktion, auf der die Autostraße hier zum Brenner verläuft, gelangen wir wieder zur eingangs erwähnten **Kapelle** ⑧, folgen dem schmalen Fußweg am Parkplatz entlang und erreichen das **Museum Panorama Tirol** ②. Hier gibt es eine Trambahnhaltestelle für die Rückfahrt in die Stadt oder es geht zur Einkehr wieder hinab in den lauschigen Biergarten unter großen alten Kastanien.

Wer die Wanderung mit der Besichtigung der Bergisel-Schanze kombinieren möchte, kann vom Parkplatz am Museum zur Schanze hinaufsteigen. Es besteht aber auch schon vorher die Möglichkeit, vom Sillufer aus dorthin zu gelangen. Dazu folgen wir am **Wegpunkt** ④ geradeaus der Panoramarunde und biegen dann rechts zur Sprungschanze ab.

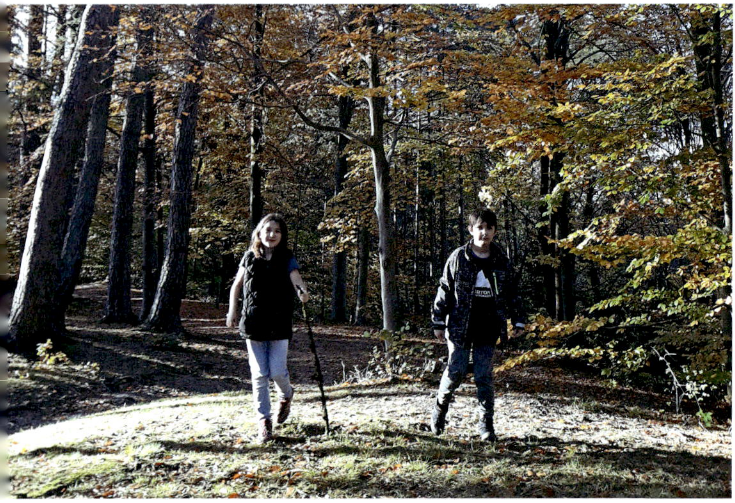

90 m

STRECKE 3,5 km

1 h 30

ab 4

Tour 9: Schloss und Raubritterwald

Eine Wanderrunde im Ambraser Schlosspark

Über Treppen und Holzbrücken überqueren wir eine Schlucht im finsteren Raubritterwald, machen auf einem kleinen Spielplatz eine Pause und spazieren zum Schloss hinauf. Nach der Schlossbesichtigung geht es zurück über die Amraser Einhausung, die das Dorf vor Lärm und Abgasen der Brenner-Autobahn schützt. Idyllisch im Grünen und mit Blick über Innsbruck erfreut hier ein weiterer Spielplatz mit Trinkbrunnen die Kleineren und der große Kletterfelsen mit Röhrenrutsche alle Boulder-Fans.

Wanderung: Von der Endstation der Straßenbahnlinie 3 folgen wir der **Philippine-Welser-Straße** durch das Dorf, vorbei an herrschaftlichen Bauernhöfen. Beim Hofer Bauer gibt es im Herbst unter anderem köstliche Birnen, Äpfel und Apfelsaft im Kühlschrank mit Kasse. Der Hofladen ist ab 17 Uhr geöffnet. Gleich danach folgt der Stecker Bauer mit frischer Milch und Kakao vom »Milkomat«, Eiern und meistens Hühnern und süßen Kälbchen zum Anschauen. Kurz danach kommt ein **Zebrastreifen** und es geht den Kirchsteig rechts hinauf, vorbei an der **Amraser Kirche** ① und der Grundschule.

Der schmaler werdende Fußgängerweg mündet hinter dem Schulhof in den **Winkelfeldsteig** ②. Hier biegen wir links ab und gleich wieder rechts in den Bichlweg. Wer schon Hunger hat, geht wenige Meter geradeaus weiter und steht vor der **Terrasse des Bierwirts** ③.

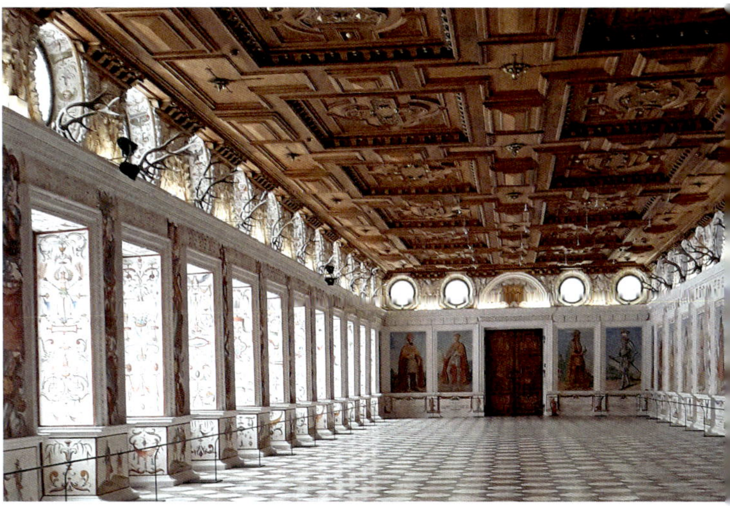

Ansonsten folgen wir dem Bichlweg steil nach oben. Wer entdeckt die Alpakas? Mit etwas Glück schnappen sie gerade frische Luft vor ihrem Stall. Hinter einer Unterführung steigen wir links die Treppe hinauf, die uns zum **Eingang in den Schlosspark** ④ führt. Im Volksmund heißt dieses Eingangstor »Schneidertörl«, da hier einmal das Haus eines Schneiders stand.

Schon beim Betreten des Schlossgeländes spürt man den Atem der Jahrhunderte – die Zeit scheint plötzlich stehen geblieben.

TOUREN-STECKBRIEF

Anfahrt: Mit dem Auto von Innsbruck aus am Tivoli-Stadion vorbei stadtauswärts fahren bis zur Ausfahrt Innsbruck Mitte oder hier von der Inntalautobahn A12 abfahren. Beim Kreisverkehr die Landstraße Richtung Aldrans nehmen. Kostenpflichtige Parkplätze in Amras bei **GPS N 47°15'31.6", E 11°25'35.2"**. Direkt oben am Schloss Ambras gibt es wenige Parkplätze an der Schlossstraße bei **GPS N 47°15'20.5", E 11°25'59.0"** in einer gebührenpflichtigen städtischen Parkzone (von 9–19 Uhr €1 à 30 Min oder €8 pro Tag. Nur Münzen, kein Wechselgeld). Parkscheinautomat in der Nähe des Schlossportals.

ÖPNV: Mit der Straßenbahnlinie 3 von Innsbruck Zentrum oder vom Hauptbahnhof bis zur Endhaltestelle Amras fahren.

Weitere Verbindungen: IVB Linie C, Haltestelle Luigenstraße oder mit der Straßenbahn Nr. 6 Richtung Igls, Haltestelle Tummelplatz.

Anspruch und Charakter: Kurze Runde mit steilen Abschnitten, befestigte Schotterwege und kleinere Spazierwege in den Parkanlagen. Auch im Winter gut begehbar.

Markierung: Keine.

Highlights: Raubritterwald mit Schluchten und Höhlen, Spielplatz.

Schlossbesichtigung: Ritterrüstungen in den Rüstkammern und die Kunst- und Wunderkammer von Schloss Ambras, Öffnungszeiten 10–17 Uhr, für Kinder bis 18 Jahre gratis, Erwachsene €8. www.schlossambras-innsbruck.at

Einkehr: Ferdinand Café & Bistro Schloss Ambras, Bierwirt Amras.

In der Nähe: Waldspielplatz Tantegert, Lanser See und Lanser Pump-Track-Park (mit der Trambahn Nr. 6, Haltestelle Tummelplatz).

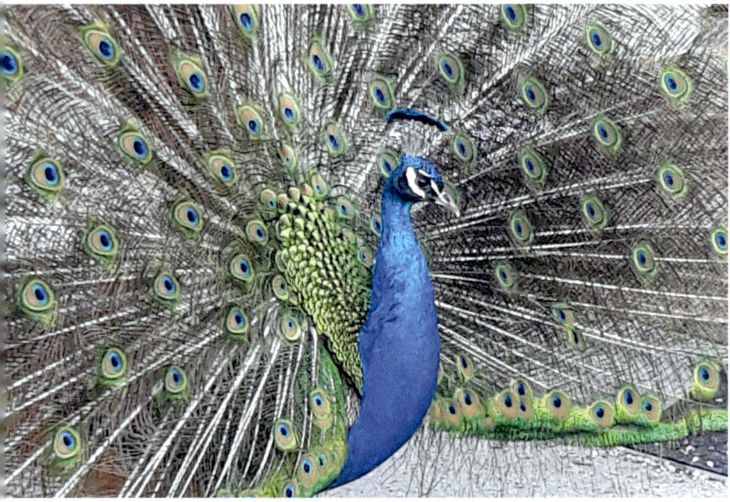

Die hier eckig vorspringenden Schlossparkmauern sind in Wahrheit die **Reste der St. Georgskirche**, die Sigmund der Münzreiche 1490 stiftete und deren Hauptschrein heute im Schloss steht. Wer sich für die facettenreiche Geschichte des Geländes und des Schloss Ambras selbst interessiert, findet hier und an anderen Stellen Infotafeln. Vorbei geht es am **Aussichtspavillon** und dann auf den Weg nach links. Der Weg führt an der **Marienkapelle** ⑤ nach rechts und dann den Berg hinauf. Wir folgen ihm nach links und überqueren den Lanser Bach über eine **Holzbrücke** ⑥.

Jetzt betreten wir den »Raubritterwald«, den wilderen und ursprünglicheren Teil des Parks, der sich stark von den gepflegten Anlagen im vorderen Teil beim Ententeich und rund um das Schloss unterscheidet. Alte hohe Nadelbäume prägen hier das Bild und es braucht nur wenig Fantasie, um sich eine Jagdgesellschaft oder Ritter hoch zu Ross vorzustellen.

Vom Bach, der tief unter uns in einer Schlucht dahinrauscht, biegen wir nach links ab. Wir durchwandern eine Wegschleife und wählen den rechten Abzweig. Hinter der Rechtskurve folgen wir einer Spitzkehre nach links oben und dem Pfad zu einem wunderschönen **Kraftplatz** ⑦. Hier auf der Kuppe wachsen vereinzelt Kiefern. Moosflecken und Bänkchen laden zur Rast ein.

Dann geht es zurück auf den Weg und in Serpentinen wieder abwärts. An der ersten Wegkreuzung geht es jetzt links, bis der Weg eine scharfe Rechtskurve macht. Anschließend biegen wir links ab, gehen hinauf, überqueren den **Aldranser Bach** über eine Brücke und folgen dem Weg rechts an der äußeren Schlossparkmauer entlang zu einem kleinen, versteckten **Spielplatz** ⑧.

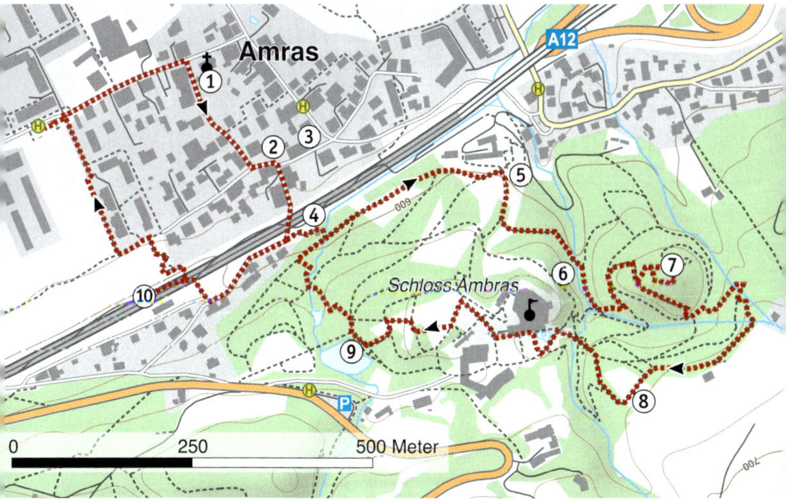

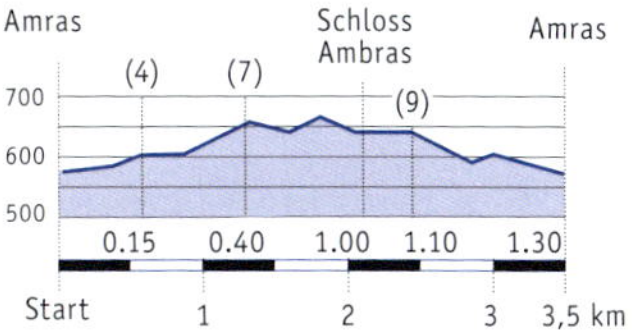

Wer die **Tour kürzen** möchte, kann hinter dem Ententeich links auf dem großen Hauptweg weitergehen und oben an der Straße mit der Trambahnlinie 6 zurück ins Zentrum fahren.

Von hier aus geht es eine Treppe hinunter und wir erreichen von hinten über eine weitere Brücke den inneren Teil der Schlossanlagen – bestimmt stand hier früher ein Wachposten, der nicht jeden durchließ! Zwischen dem Hungerturm, der Bacchus-Grotte, dem Kräutergarten, dem Schlosshof und den Schlossgebäuden stolzieren Pfauen umher und zeigen ihr Rad. Ein Museum informiert über das Schloss und seine einstigen Bewohner. **[› Seite 40]**

Wir verlassen den Schlosshof zwischen dem Museumseingang und dem oberen Schloss und betreten eine gepflegte Rasenfläche. Zwischen hohen Bäumen geht es abwärts zum großen **Weiher mit Futterautomaten** ⑨. Nur mit diesem Futter dürfen hier Wildvögel, Enten und Schwäne gefüttert werden.

Am Teich biegen wir rechts ab und folgen dem Spazierweg den Berg hinab zum **Schneidertörl** ④. Anstatt durch die Unterführung nach Amras zu gehen, folgen wir jetzt der Straße ein kurzes Stück nach links und erreichen die **Amraser Einhausung**. Zwischen idyllischen Wiesen liegen Kletterfelsen und ein **Spielplatz** ⑩ mit tollem Panorama-Blick über Innsbruck. Schwer vorstellbar, dass unter uns Autos durch den Tunnel der A12 brausen! Gegenüber dem Spielplatz führt eine Eisentreppe direkt hinunter nach Amras. Um zur Station der Straßenbahn zu kommen, gehen wir links an den Mietshäusern vorbei und biegen dann links ab.

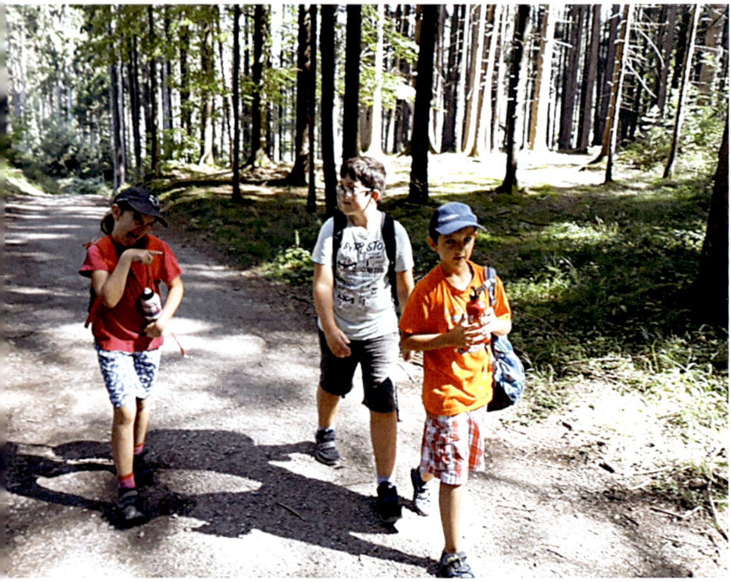

90 m

70 m

STRECKE 2,2 km

1 h

ab 4

Tour 10: Tantegert und die Vögel im Moor

Auf der Moorrunde zum Waldspielplatz Tantegert

Diese kurze Wanderung ist genau richtig für die Allerkleinsten. Vom Tummelplatz, der früher zum Training der Reitpferde des Schlosses genutzt wurde, geht es hinauf mit einem Stopp am Baumhoroskop. Dann wandern wir durchs Moor, rund um den Waldspielplatz Tantegert und zurück durch den Wald zur Trambahnhaltestelle Schönruh.

Wanderung: Die Wanderung beginnt bei der Trambahnhaltestelle direkt unterhalb der Landesgedächtnisstätte Tummelplatz, einem historischen Friedhof auf einer Waldlichtung.

Wenn die Trambahn wieder abgefahren ist, gehen wir entgegen der Fahrtrichtung bis zum Ende des Bahnsteigs, kreuzen hier die Gleise und spazieren links auf dem schmalen Fußweg zum **Tummelplatz**. Der Weg biegt fast sofort in den Wald ein und führt über ein paar Treppenstufen durch die **Gedenkstätte** ①.

An der **Kapelle** mit Trinkbrunnen folgen wir dem Forstweg nach rechts oben. Wir bleiben auf diesem Weg, bis nach zweimaligem Überqueren der Gleise der Waldstraßenbahn auf der rechten Seite das **Baumhoroskop** ② auftaucht. Auf den Stelen, die hier im Kreis aufgestellt sind, können größere Kinder nachlesen, welche Bäume ihrem Sternzeichen entsprechen, und etwas über sie erfahren.

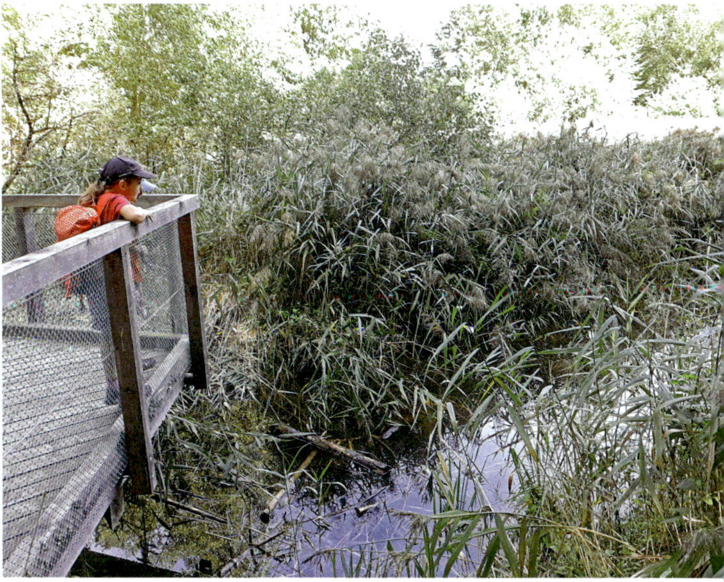

Dann geht es weiter nach links zur **Bahnhaltestelle Tantegert**. Mit ganz kleinen Kindern lässt sich die Tour noch einmal abkürzen, und zwar durch eine Bahnfahrt bis hierher. Die Tour reduziert sich dann auf die flache, über Brücken und Stege führende Moorrunde um den Waldspielplatz. Der Zugang zur Moorrunde zweigt rechts neben dem Bahngleis ab und ist beschildert.

Naturgeschützte Moorlandschaften

Das Lanser Moor ist eine geschützte Naturlandschaft und Lebensraum seltener Pflanzen, vieler Vögel, Enten und Eichhörnchen. Das auch Seerosenweiher genannte Schutzgebiet wurde bereits 1950 zum Naturdenkmal erklärt. Es ist einfach und autofrei von Innsbruck aus mit der Straßenbahnlinie Nr. 6 zu erreichen.

TOUREN-STECKBRIEF

Anfahrt: Mit dem Auto von Innsbruck aus am Tivoli-Stadion vorbei stadtauswärts fahren bis zur Ausfahrt Innsbruck Mitte oder hier von der Inntalautobahn A12 abfahren. Beim Kreisverkehr die Landstraße Richtung Aldrans nehmen. Wenige Parkplätze befinden sich entlang der Straße nach Aldrans auf der Höhe von Schloss Amras/Tummelplatz. Kurz hinter der Einfahrt zum Schloss gibt es einen kostenpflichtigen Parkplatz bei **GPS N 47°15'19.6", E 11°25'53.2"**.

ÖPNV: Von Innsbruck aus mit der »Igler« Waldstraßenbahn Linie 6 bis zur Haltestelle Tummelplatz und zurück ab Haltestelle Schönruh (Fahrplan: www.ivb.at). Wer nur die flache Moorrunde gehen möchte, nimmt die Haltestelle Tantegert.

Anspruch und Charakter: Leichte Wanderung auf gut ausgebauten Wegen, auch mit geländegängigem Kinderwagen passierbar. Individuell auf die Kondition der Kinder anpassbar mit Hilfe der Waldstraßenbahn, die sich hier den Berg hinauf schlängelt. Wege auch im Winter begehbar.

Markierung: Gelbe Wegweiser.

Highlights: Tummelplatz, Baumhoroskop, Waldspielplatz Tantegert, Stege im Moor zur Vogelbeobachtung.

Einkehr: Ferdinand Café & Bistro am Schloss Ambras.

In der Nähe: Lanser See (mit der Linie Nr. 6 weiter fahren), Schloss Ambras, Spielplatz und Boulder-Felsen auf der Einhausung.

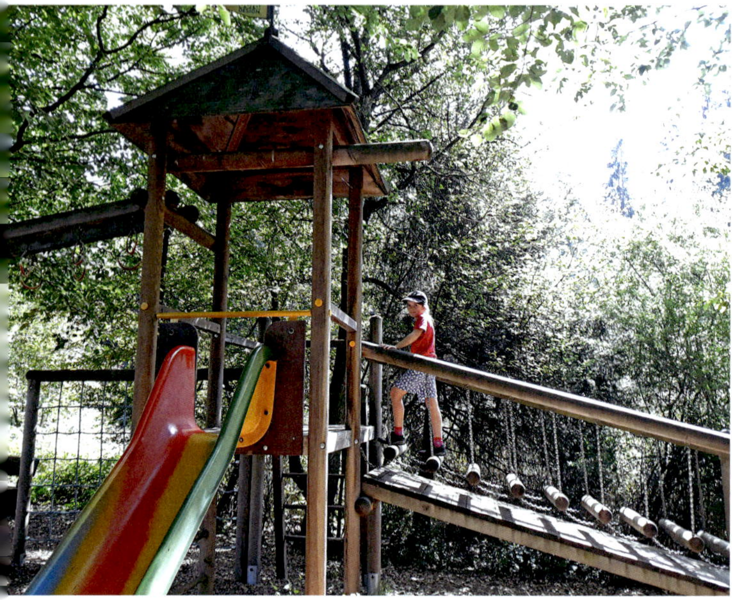

Ab hier geht es für etwa zehn Minuten durch den Wald am Rand des Moores entlang. Bei der nächsten großen **Wegkreuzung** ③ stoßen wir auf eine **Station des Trimm-dich-Pfads** ③ und biegen scharf links ab. Geradeaus sind einzelne Spielgeräte des Waldspielplatzes bereits zu sehen. Es lohnt sich jedoch, die Moorrunde zu Ende zu gehen, denn jetzt geht es über Stege und Brücken direkt durch Schilf und Moorlandschaft. Im Schilf lassen sich auch Vögel beobachten – ein Fernglas ist also nicht verkehrt.

Nach etwa zehn Minuten treffen wir am Ende des Moorpfades auf eine T-Kreuzung. Links geht es zur Bahnstation und rechts zum **Spielplatz** ④. Natürlich könnten sich die Kinder auch zuerst auf den schönen, weitläufigen Spielplatz mit Picknicktischen und hölzernen Liegen stürzen und der Spaziergang durchs Moor wird hinterher beendet.

Wer nicht mehr wandern mag, nimmt die Tram von hier aus zurück in die Stadt. Unsere Runde führt noch einen knappen Kilometer durch den Wald zur Haltestelle Schönruh. Weitere Stationen des Trimm-dich-Pfads sorgen für Abwechslung. Dazu folgen wir dem Weg vom Bahnhof weg und geradeaus über die **Kreuzung mit dem Trimm-dich-Gerät** ③. An der nächsten **Kreuzung** ⑤ nehmen wir den Waldweg nach links und biegen dann etwa 200 Meter weiter nach rechts ab.

Wir halten uns immer geradeaus am Bachlauf, folgen einer **Treppe** ⑥ nach unten und finden rechts die **Haltestelle Schönruh**.

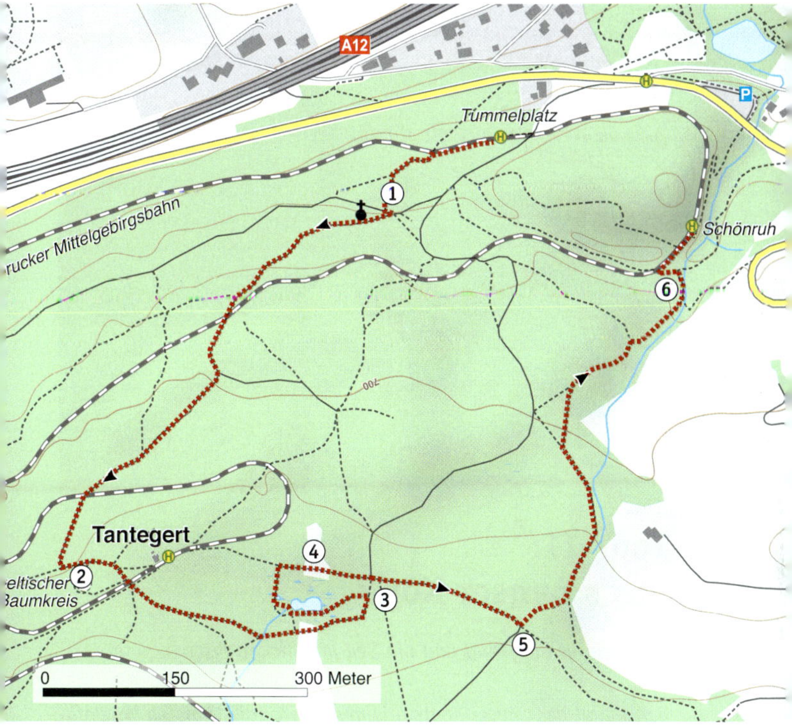

Der Weg rechts führt uns in etwa 15 Minuten zum Schloss Ambras, wo es im Schlosshof ein Café gibt. Nach links kommen wir in gut zehn Minuten zum Tummelplatz zurück.

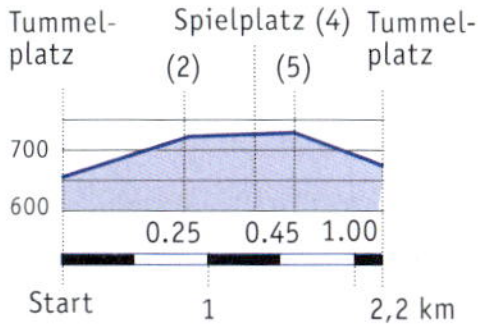

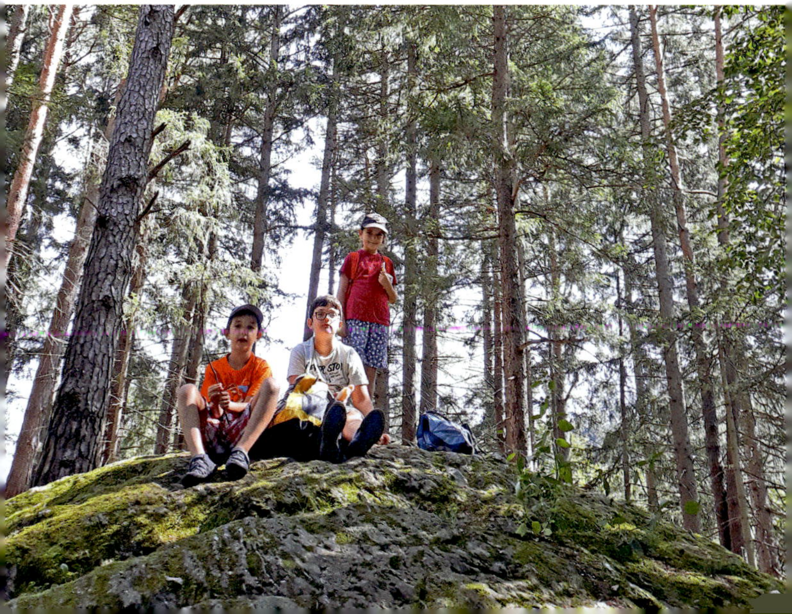

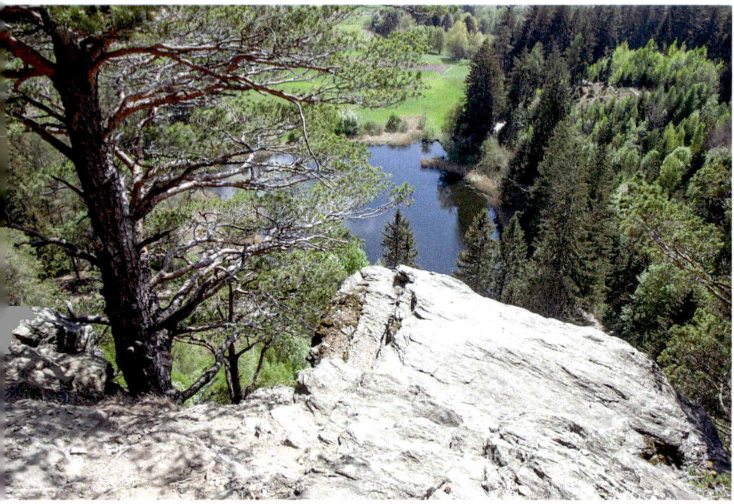

180 m

STRECKE 4 km

2 h

ab 6

Tour 11: Auf's Lanser Köpfl

Klettern im Bergwald und ein See mit dicken Fischen

Den Gipfel des Lanser Kopfs erklimmen wir auf schmalen Waldpfaden. Von dort haben wir einen perfekten Panoramablick – sowohl auf Innsbruck als auch auf die grüne Ebene hinter dem Lanser Moor am Fuße des Hausbergs Patscherkofel. Eine Kletterpartie durch eine wildromantische Wald- und Felslandschaft bringt uns wieder hinab zum Seerosenweiher im Naturschutzgebiet.

Wanderung: Wir steigen diesmal an der **Trambahnhaltestelle Tantegert** aus, laufen entgegen der Fahrtrichtung der Straßenbahn und überqueren die Gleise. Wir wandern auf ihrer linken Seite einen schmalen Weg mit der Beschilderung **Igls–Vill–Lans**

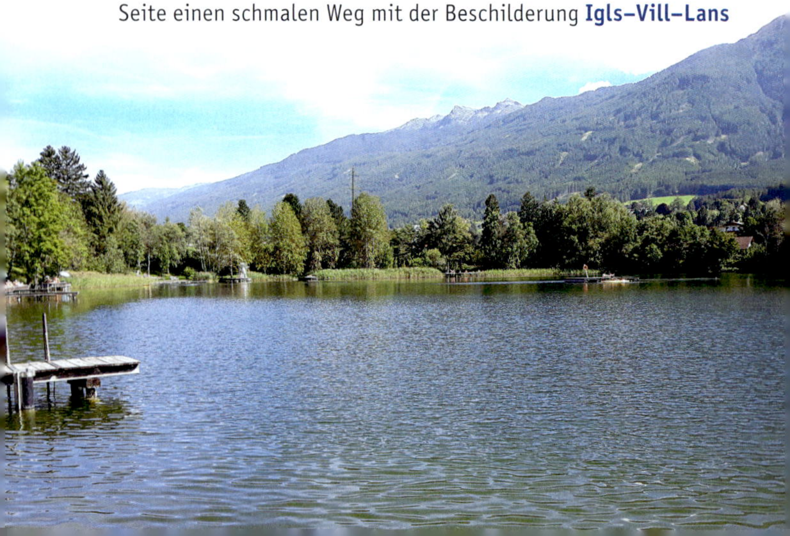

entlang, bis der Hohlweg in einen Forstweg mündet. Diesem folgen wir wenige Schritte nach links und biegen dann rechts in einen **unscheinbaren Pfad** ① ohne Wegweiser ein. Fast bis zum Gipfel bewegen wir uns jetzt auf solchen abenteuerlichen Schleichwegen durch den Bergwald, die den Forstweg abkürzen.

Wir folgen dem Pfad steil bergauf und dann leicht bergab durch hohen Wald. Nach etwa 100 Metern und kurz bevor wir an die nächste Forstwegkreuzung gelangen, zweigt rechts ein weiterer Schleichweg ab. Dieser gabelt sich kurz darauf und wir entscheiden uns für den rechten Weg. Bei dem Pfad links handelt es sich um einen vielbefahrenen Mountainbike-Downhill-Trail. Überhaupt ist der Lanser Kopf eine beliebte Gegend für MTB-Fahrer, aber im Allgemeinem kommen Biker und Wanderer hier gut miteinander aus.

Am Ende des Trampelpfads erreichen wir nun den Wanderweg. Wir biegen links ab und folgen ihm, bis eine kleine **Kapelle** in Sicht kommt. Jetzt nehmen wir wieder eine **Abkürzung** durch den Wald nach rechts oben. Diese bringt uns zu einem **etwas breiteren Weg** ②, dem wir nach rechts folgen. Er führt uns zum Gipfel, wenn wir uns an allen weiteren Abzweigen links halten.

Nach etwa zehn Minuten erreichen wir den **Aussichts- und Rastplatz** ③ am höchsten Punkt. Hier wird gerade aufgeforstet, sodass der Platz selbst nicht unbedingt idyllisch daherkommt. Schön ist jedoch der Blick links hinunter über Innsbruck und rechts über das Lanser Sonnenplateau – sowie das Gefühl, einen Gipfel erklommen zu haben.

TOUREN-STECKBRIEF

Anfahrt: Aufgrund der geschützten Landschaft Lanser Moor empfiehlt sich die Anreise mit der Straßenbahn von Innsbruck oder Igls aus. Wer nicht auf das Auto verzichten möchte, fährt von der Ausfahrt Innsbruck Mitte in Richtung Aldrans. Kurz nach der Einfahrt zum Schloss Ambras gibt es einen kostenpflichtigen Parkplatz auf der Höhe der Haltestelle Tummelplatz bei **GPS N 47°15'19.7", E 11°25'53.2".** Dann mit der Straßenbahn bis Tantegert fahren oder in gut 20 Minuten (etwa 1 km) hinaufwandern **[› Tour 10]**.

ÖPNV: Waldstraßenbahn Linie 6 von Innsbruck aus bis Tantegert.

Anspruch und Charakter: Auf abwechslungsreichen Waldwegen und versteckten Pfaden erklimmen wir einen für die Region eher niedrigen Gipfel. Das kurze, aber sehr steile Stück der Kletterpartie hinab zum See kann rutschig sein und es gibt wenig Möglichkeiten zum Festhalten. Daher nur für Klettermaxe und bergerfahrene Familien geeignet.

Markierung: Gelbe Wegweiser.

Highlights: Den Weg über Steine und Wurzeln suchen, das Lanser Moor mit Seerosen, Vögeln, Enten und Eichkätzchen, Strandbad Lanser See.

Einkehr: Jausenstation Vogelhütte oder Strandbad Lanser See mit Kiosk und Biergarten.

In der Nähe: Abenteuerspielplatz Tantegert, Schloss Ambras, Waldpark Lans mit Spielplatz und Bikeplatz mit Pumptrack, Lanser See.

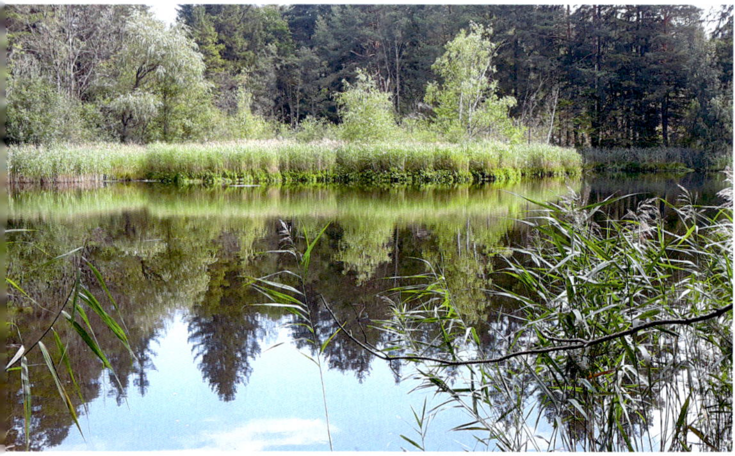

Der schönste Platz für eine Gipfelpause sind die ersten beiden Parkbänke auf der rechten Seite. Sollten diese besetzt sein, finden sich unterhalb lauschige Picknickplätze in den Felsen – ebenfalls mit schönem Blick durch die Bergkiefern hindurch auf den Seerosenweiher und das Lanser Moor.

Variante mit jüngeren Kindern
Wer den Kletterweg vermeiden möchte, geht den Hinweg ein kleines Stück zurück, biegt bei der ersten Gelegenheit nach links ab und steigt in einem großen Bogen zum See hinunter. Diese entspannte Variante ist ratsam, wenn die Teilnehmer nicht ausreichend trittsicher sind.

Auf der Südseite des Berges beginnt auch der Abstieg vom Gipfel – eine etwas abenteuerliche Kletterpartie. Wir steuern dabei direkt auf das tiefblaue Wasser zu. Der Pfad ist nur schwer erkennbar. Zuerst geht es links herum und dann immer der Nase nach durchs offene, abschüssige Gelände, je nachdem wo man den besten Tritt findet. Die Kinder sollten hier nicht alleine vorwegrennen, denn das Terrain ist rutschig und steil und es gibt wenig zum Festhalten. Mit jüngeren Kids empfiehlt sich hier ein erwachsener Begleiter pro Kind. Die Kletterpartie ist aber nicht lang. Nach etwa 10 bis 15 Minuten stehen wir wieder auf einem zivilisierten Wanderweg und am Seerosenweiher im **Lanser Moor**. Wir laufen ein kurzes Stück rechts am Ufer entlang bis zum **Picknickplatz am See** ④.

Vom Lanser Moor kommen wir zu einer größeren Kreuzung, an der wir uns links halten. Wir bleiben auf dem Weg und wählen an den folgenden beiden Verzweigungen den rechten Weg. Bei der nächsten Weggabelung gehen wir links und erreichen den **Igler Golfplatz** ⑥. Zwischen Waldrand und Golfplatz wandern wir immer geradeaus bis zu einigen Häusern, biegen dort rechts ab und schon ist die **Jausenstation Vogelhütte** ⑦ mit Tiroler Speisekarte und selbstgebackenem Kuchen in Sicht. Von der Ter-

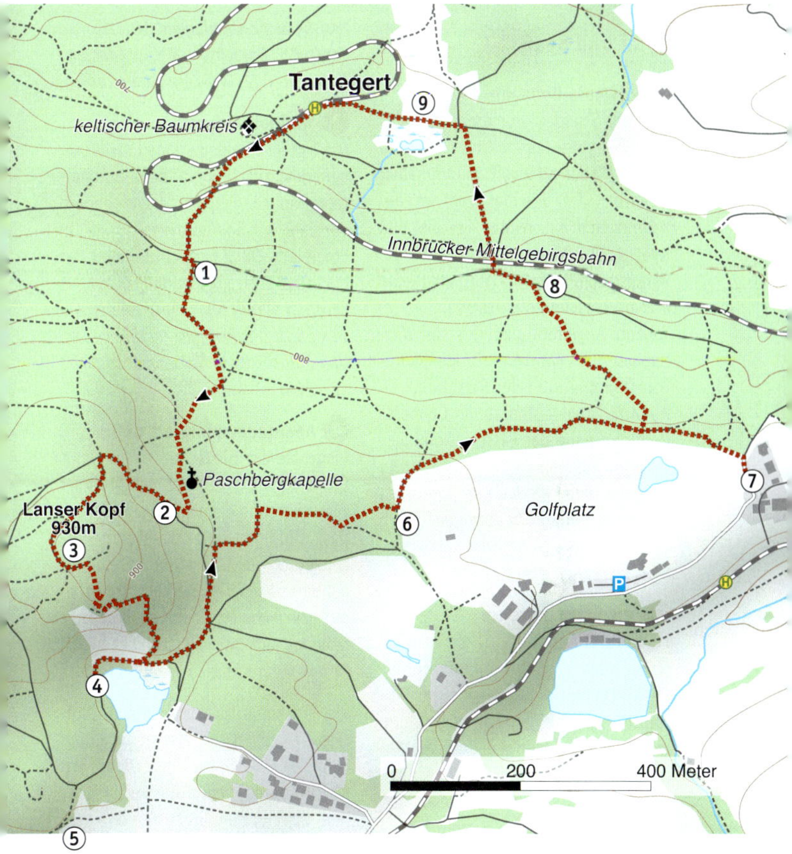

Ein Abstecher zum Lanser See

zuzüglich 1 km, Gehzeit 20 min

Wer Lust zum Baden hat, kann vom Seerosenweiher noch 500 Meter weiter zur **Badestelle am Lanser See** ⑤ laufen.

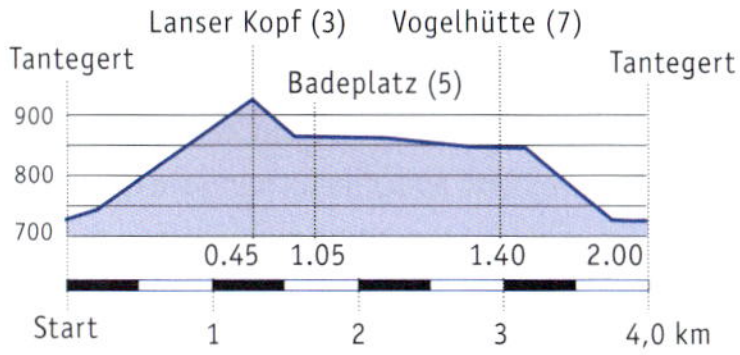

rasse blicken die Gäste auf den Innsbrucker Hausberg Patscherkofel und die Kinder erobern den Garten mit Spielplatz.

Um wieder zur Bahnstation zu kommen, gehen wir ein Stück denselben Weg zurück, biegen links ab und folgen 200 Meter weiter dem **Wegweiser zum Schloss Ambras** nach rechts.

Über Waldpfade steigen wir hinunter bis zur **Kreuzung mit einem Forstweg ⑧**, dem wir nach links folgen. Wenige Schritte später geht es wieder rechts in den Wald. Wir queren die Bahnschienen und laufen auf einem deutlich sichtbaren Trampelpfad. Beim nächsten Forstweg biegen wir links ab, passieren den **Waldspielplatz Tantegert ⑨** und folgen dem Weg weiter bis zur Bahnstation.

Spiel und Spaß

1 Olympia Bobbahn, Igls

Mit 100 Stundenkilometern in Richtung Ziel – der Adrenalin-Kick im Bob ist für Kinder ab zwölf Jahren selbst erfahrbar. Im Sommer geht es auf Rädern und im Winter im Eiskanal über 1.270 Meter den Berg hinab. Vorausgesetzt ist eine gute physische und psychische Konstitution.

Weitere Angebote gibt es in der Wintersaison für Fahrten mit dem Skeleton-Olympiabob oder Rennbob.

Auch Zuschauer sind an der Olympia-Bobbahn nahe der Patscherkofel-Talstation willkommen.

Einzelpersonen im Juli und August Do und Fr um 16 Uhr sowie auf Anfrage, €38 pro Person. www.knauseder-event.at

2 Mountain Carts am Muttereralmpark

Neben den Mountainbike-Downhill-Pisten (Pumptracks), die nur mit Einführung durch einen Trainer befahren werden dürfen, können größere Kinder auch in Mountain-Carts auf einer Go-Kart-Piste von der Mutterer Alm zur Talstation sausen. Fahren dürfen Kids ab zehn Jahren und einer Körpergröße von 1,50 Meter. Fahrer unter 14 Jahren müssen von einem Erwachsenen begleitet werden. Es besteht außerdem Helmpflicht. Helme können vor Ort ausgeliehen werden. [› Tour 16]

Preise vor 12 Uhr Jugend 10–18 Jahre €5, Erwachsene €8, ansonsten €10 bzw. €12. www.mutteralm.at

3 Minigolf Fulpmes

Die Turnier-Minigolfanlage Krösbacher befindet sich direkt beim Stubaitalbahnhof in Fulpmes. Dazu gehören ein Café mit Sonnenterrasse und ein Spielplatz. Dank Flutlichtanlage kann man hier auch abends golfen.

Geöffnet Mai Fr bis So und feiertags 13–18 Uhr, Juni täglich von 13–19 Uhr, Juli bis Mitte September täglich 10–21 Uhr.

4 Abenteuerspielplatz und Eisgrotte am Gletscher

Die Bergstation Eisgrat der Stubaier Gletscherbahn liegt auf 2.900 Meter. Das Highlight auf dem Abenteuerspielplatz am Gletscher ist ein begehbares Mammut aus Holz. Im Inneren des sechs Meter hohen Spieltiers befinden sich zwei Kletter-Ebenen. Im Rüssel versteckt sich eine Rutsche.

Wer sich mehr für den Gletscher interessiert, findet 30 Meter unter der Skipiste eine Höhle im ewigen Eis. An den Wänden sind die verschiedenen Eisschichten gut zu erkennen. Bei einer Führung durch den zwei Meter breiten Tunnel im Eis wird Wissenswertes über Gletscher vermittelt. Für den Besuch sind auch im Sommer feste Schuhe und eine warme Jacke notwendig. Kurzentschlossene können sich die Ausrüstung an den Gondelstationen leihen. Von der Bergstation Eisgrat führt dann ein gesicherter Steig zum Eingang der Höhle.

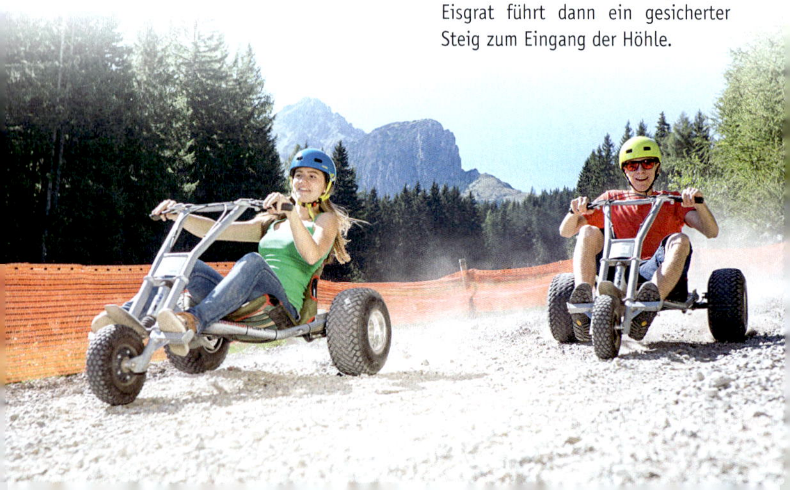

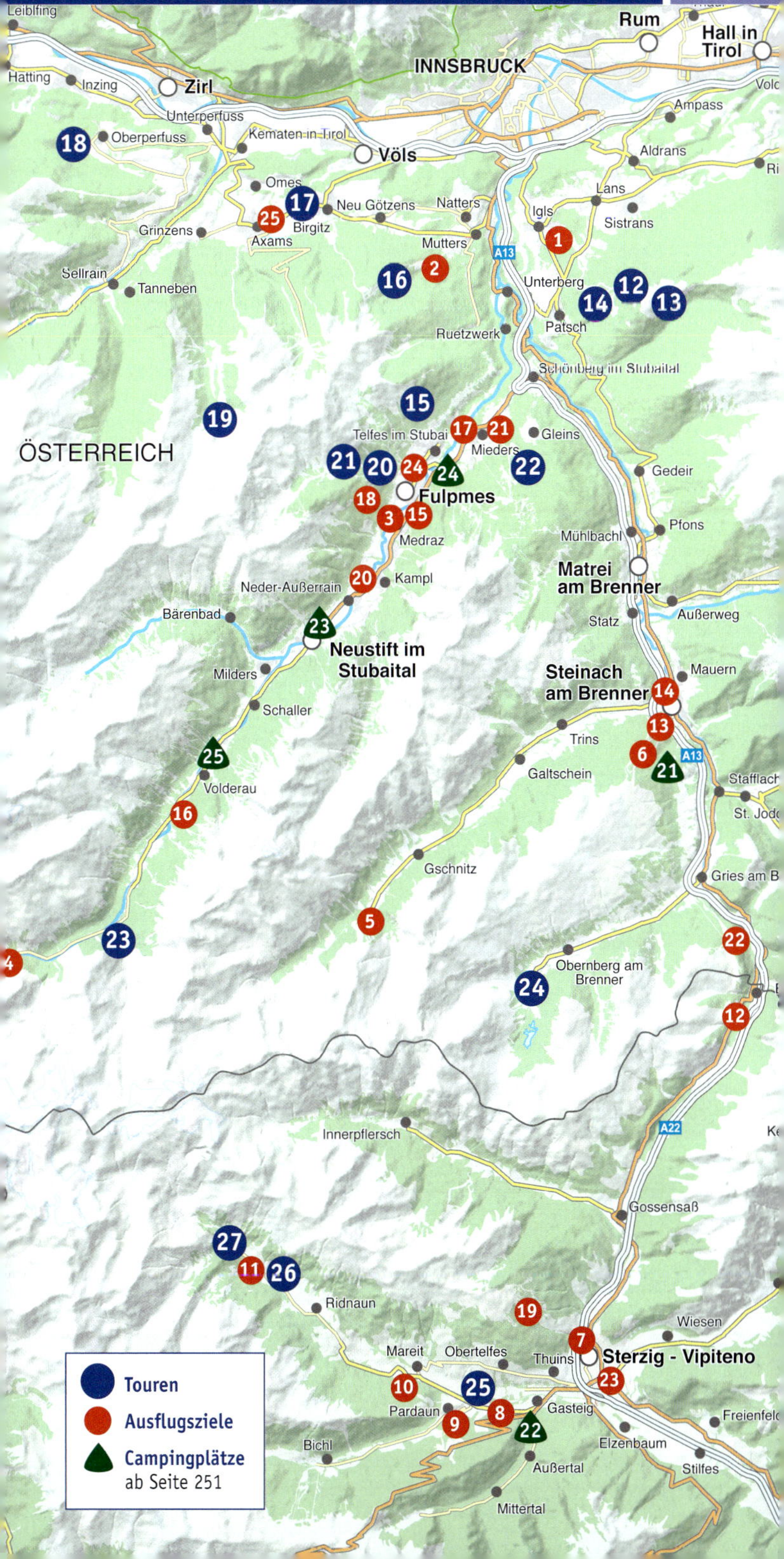
INNSBRUCK
Rum
Hall in Tirol
Leiblfing
Hatting
Inzing
Zirl
Unterperfuss
Oberperfuss
Kematen in Tirol
Völs
Ampass
Aldrans
Lans
Sistrans
Igls
Omes
Neu Götzens
Natters
Birgitz
Axams
Grinzens
Mutters
Sellrain
Tanneben
Unterberg
Patsch
Ruetzwerk
Schönberg im Stubaital
ÖSTERREICH
Telfes im Stubai
Gleins
Mieders
Fulpmes
Gedeir
Medraz
Pfons
Mühlbachl
Matrei am Brenner
Neder-Außerrain
Kampl
Bärenbad
Statz
Außerweg
Neustift im Stubaital
Milders
Steinach am Brenner
Mauern
Schaller
Trins
Galtschein
Stafflach
Volderau
Gschnitz
Gries am B
Obernberg am Brenner
Innerpflersch
Gossensaß
Ridnaun
Wiesen
Mareit
Obertelfes
Thuins
Sterzig - Vipiteno
Pardaun
Gasteig
Freienfeld
Bichl
Elzenbaum
Außertal
Stilfes
Mittertal
A13
A22
Touren
Ausflugsziele
Campingplätze ab Seite 251

Kinder erhalten ein Heft über den Gletscher an der Talstation, bei der Info Eisgrat oder an der Kasse der Eisgrotte.
Sommeröffnungszeiten Juli bis Mitte September täglich 9–15.30 Uhr, Eisgrotte € 6,50, Jugend 10–18 Jahre € 3. Berg- und Talfahrt bis zum Eisgrat: € 23,10, Kinder 10–15 Jahre € 11,60, Jugend 16–19 Jahre € 15. Bahn und Höhle gratis für Kinder unter 10 Jahren in Begleitung eines zahlenden Elternteils.
Berg- und Talfahrt Panorama-Ticket Top of Tyrol bis auf 3.165 Meter € 28,60, Kinder 10–15 Jahre € 14,30, Jugend 16–19 Jahre € 18,60.
www.stubaier-gletscher.com

5 Mühlendorf im Gschnitztal

Das Museumsdorf ist ein Geheimtipp und ein lohnender Familienausflug. Kinder bekommen hier einen lebendigen Eindruck, wie die Arbeit der Menschen in früheren Zeiten in den Alpen einmal ausgesehen hat. Das Wasser lädt ein zum Spielen, Kneippen, Relaxen, tief Durchatmen und zur Klimatherapie am Wasserfall. Es gibt vor Ort eine Jausenstation mit Sonnenterrasse.
Geöffnet von Mitte Mai bis Oktober täglich von 10–17 Uhr.
www.muehlendorf-gschnitz.at

6 Wasserspielplatz Bärenbachl

Das »Bärenbachl« an der Bergstation der Ski- und Freizeit-Arena Bergeralm in Steinach am Brenner bietet erfrischende Wasserspiele und fantasievolle Spielgeräte für Kinder jeden Alters. Für Mountainbiker gibt es einen Bikepark, dessen Lines sich von der Bergeralm ins Tal schlängeln.
Geöffnet von Juni bis Mitte Oktober am Wochenende von 9–17 Uhr.
Berg- und Talfahrt: € 12,20, Kinder 9–16 Jahre € 7,20, Jugend 16–19 Jahre € 9,60. www.bergeralm.net

7 Kutschenfahrt Sterzing Altstadt

Bekannt ist Sterzing (ital. Vipiteno) im Südtiroler Teil des Wipptales und nahe der österreichischen Grenze für mittelalterliches Flair und herrliche Prachtbauten. Das Wahrzeichen der malerischen Altstadt ist der Zwölferturm. An Wochenenden finden häufig Bauern- und Brauchtumsmärkte statt, oft mit Highlights für Kinder wie Filzen und Basteln.
Rundfahrten mit Pferd und Kutsche in der Sterzinger Altstadt kann man bei Franz Mair unter Tel. 0039 333 7986551 reservieren, Kutsch- bzw. Schlittenfahrten im Ridnauntal unter Tel. 0039 (0)340 7756902 beim Oberauerhof.

8 Sportzone Stange

Die Freizeitanlage direkt am Wanderparkplatz bei der Gilfenklamm bietet die Möglichkeit, Minigolf zu spielen. Außerdem gibt es hier eine Kletterhalle und einen Spielplatz.
[› Tour 25]

Spielen im Mühlendorf im Gschnitztal

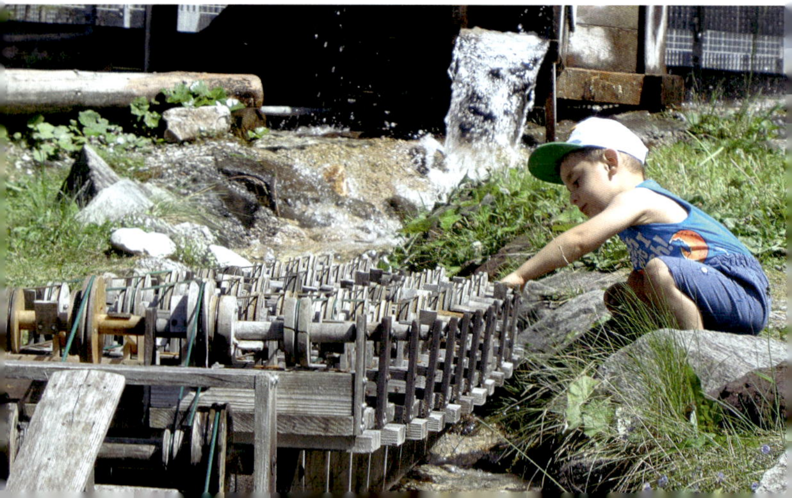

9 Burgruine Reifenegg

In einem Wald oberhalb der Gilfenklamm und der Jaufenstraße in Ratschings ist die Ruine der ehemals stolzen Burg Reifenegg erhalten geblieben. Dabei handelt es sich um ein Schloss aus dem 12. Jahrhundert. Übrig ist der trutzige Burgturm, auch Bergfried genannt, der aus großen Steinquadern besteht und von außen besichtigt werden kann. [› Tour 25]

Für Regenwetter

10 Jagdschloss Wolfsthurn

Die für Tirol einmalige barocke Schlossanlage liegt auf einem Hügel oberhalb von Mareit am Eingang ins Ridnauntal. Das Schloss beherbergt das Südtiroler Landesmuseum für Jagd und Fischerei und auch einige der original eingerichteten Prunkräume können besichtigt werden. Zum Schloss führt ein Themenweg mit Mitmach-Stationen und Schautafeln zum Thema »Lebensräume in Wald und Wasser«.

Geöffnet April bis Mitte November Di bis Sa 10–17 Uhr, So und Feiertag 13–17 Uhr, Familienkarte €14. www.wolfsthurn.it

11 Bergbauwelt Ridnaun

Am Ende des Ridnauntals befindet sich die alte Bergwerksanlage am Schneeberg mit zum Teil intakten Gebäuden, einem Lehrpfad und dem Bergbaumuseum im ehemaligen Arbeiterwohnhaus. Die Mine des Schaubergwerks gehört zu den am höchsten gelegenen in ganz Europa. In harter Handarbeit förderten die Bergleute in ihren Schächten fast tausend Jahre lang Silber, aber auch Eisenerz, Blei und Zink zu Tage. Das Bergwerk stellte 1985 seinen Betrieb ein.

Geöffnet April bis November Di bis So 9.30 – 16.30 Uhr, an Feiertagen und im August auch montags geöffnet. €10, Kinder bis 14 Jahre €4. Nur Museum ohne Führung €3, Familienkarte €20. Warme Kleidung und warme Socken mitbringen! www.bergbaumuseum.it

12 Plessi Museum

Dort, wo am Brenner einstmals die Zollstelle zwischen Italien und Österreich stand, befindet sich heute das erste italienische Museum an einem Autobahnrastplatz. Die Ausstellung zeigt Filme, Zeichnungen und Installationen des zeitgenössischen Künstlers Fabrizio Plessi. Die Skulptur »Die Seele der Natur« hat er zur Expo 2000 in Hannover für die Euregio gefertigt, einem Projekt zur Zusammenarbeit zwischen Tirol, Südtirol und dem Trentino.

Geöffnet täglich 6–22 Uhr, Eintritt frei. www.autobrennero.it

13 Brennerbasistunnel

Der Schautunnel bietet spannende Einblicke in die Baustelle des Brennerbasistunnels. Sieben Erlebniswelten zu Themen wie Geologie, Geschichte, Tunnelbau, Umwelt sowie ein eigener Kinder-Erlebnisbereich laden kleine Entdecker zum spielerischem Lernen ein. Wer sich für die Technik interessiert, darf hier auch selbst zum Sprengmeister werden. Das Spielplatz-Areal im Freien lädt zum Steine-Baggern und zur »Steinmusik« ein.

Di bis Fr 10–17 Uhr, Eintritt frei. www.tunnelwelten.com

Klettern & Bouldern

14 Naturfreunde-Kletterhalle

Die Naturfreunde-Kletterhalle liegt neben dem Jugend- und Familiengästehaus in Steinach und bietet auf 140 Quadratmetern Kletterwände und einen Boulderbereich drinnen und draußen.

Geöffnet täglich von 8–22 Uhr, Preise auf Anfrage. tirol.naturfreunde.at

15 Adventure-Park Fulpmes

Im Hochseilgarten verteilen sich auf 13 Parcours 130 Hindernisse und Balance-Übungen auf einer Höhe von bis zu 18 Metern über dem Boden. Für Kinder im Grundschulalter gibt es eine der Körpergröße angepasste Route. Mehrere Parcours zur Auswahl haben Kids ab einer Körpergröße von etwa 130 Zentimetern. Kinder bis 16

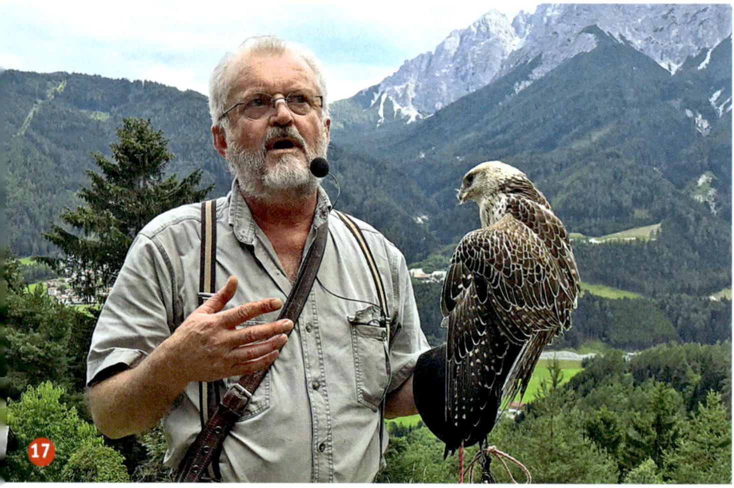

Jahre dürfen nur in Begleitung eines Erwachsenen klettern.

Zum Park gehört auch die Bike-Akademie Stubai für Anfänger und Fortgeschrittene. Vor Ort gibt es außerdem einen großen Spielplatz sowie Pflanzen-, Vogel- und Tierlehrpfade. *Geöffnet Juli bis Mitte September täglich 10–19 Uhr, Mitte April bis Juni und ab Mitte September bis Oktober Mo bis Fr 12–19 Uhr, Sa, So und Feiertags 10–19 Uhr. Erwachsene €27, Kinder je nach Körpergröße €15–25. www.outdoorprofi.at*

16 Kids Park »Klaus Äuele«

Der Erlebnisspielplatz beim Café Marendstüberl nahe Neustift im Stubaital ist ein Kletterparadies mit Balancierparcours, Kletterwänden, Seildschungel, Wackelstamm und einem Niedrigseilgarten aus Naturmaterialien. Trainieren kann der Nachwuchs auch mit Wackelband, Schwingtau und an der Doppel-Schaukel. Mit der Flying-Fox-Drahtseilbahn geht es rasant über das Wasser. Kleinere Kinder haben Spaß an Teichexpeditionen per Floß oder plantschen am Wasserspielplatz mit Wasserrad. Inlineskate-Fans können das Rollschuhlaufen auf geteerten Bahnen üben. Der Kids-Park ist übrigens einem vom Aussterben bedrohten heimischem Vogel gewidmet: dem Uferläufer.

Für Tierfeunde

17 Greifvogelpark Telfes

Stein- und Steppenadler, Turm- und Wanderfalke sind die Stars im Greifvogelpark in Telfes. Den Uhu Archimedes dürfen Besucher sogar ganz vorsichtig berühren. *Geöffnet täglich 11–17 Uhr, Erwachsene €8, Kinder ab 6 Jahre €5, Kinder unter 6 Jahre in Begleitung der Eltern frei. Hunde verboten. Flugvorführung mit Greifvögeln Mitte Mai bis Mitte Oktober täglich um 15 Uhr. greifvogelpark-telfes.at*

18 Reit- und Ponybauernhof Kassnhof

Der Kassnhof in Telfes ist ein Ferienbauernhof mit Reit- und Ponyhof, der nicht nur den eigenen Gästen offensteht. Vor dem Ausritt auf dem geführten Pony dürfen die Kinder selbst putzen und die Hufe auskratzen. *Anmeldung unter 0043 (0)681 8148 9274, €19 pro Kind (ab 3 Jahren). kassnhof.at*

19 Streichelzoo Rossypark

An der Bergstation der Sterzinger Rosskopf-Bahn finden sich ein Spielplatz und ein Streichelzoo auf 1.860 Metern Höhe. An der frischen Bergluft tummeln sich neben Eseln, Zwergziegen, Schafen und Böcken sogar Alpakas und Lamas auf der Weide.

Kinder dürfen die Hasen mit frisch gesammeltem Löwenzahn füttern und die Ponys streicheln.
Geöffnet Mitte Juni bis Anfang Oktober täglich 8.30–17 Uhr, an Wochenenden bis 18 Uhr. Berg- und Talfahrt mit der Umlaufbahn Rosskopf Familienticket ab €41,50. www.rosskopf.com

Freibäder und Seen

20 Kampler See

Der Kampler See liegt inmitten der Postkartenidylle des Stubaitals in Kampl bei Neustift vor der Kulisse majestätischer, oft auch im Sommer noch schneebedeckter Gipfel. Um den kleinen Badesee wachsen wilde Blumenwiesen. Dort finden Badegäste Raum zum Entspannen. Am Ufer gibt es das Seestüberl für einen kleinen Imbiss. Spielplatz, Beachvolleyball und Boulderwand sorgen beim Nachwuchs für Unterhaltung.

21 Miederer Badl

Das Schwimmbad Mieders ist eines der ältesten erhaltenen Bäder Tirols aus den 1920er Jahren. Die Einheimischen nennen es »Miederer Badl«. Auf Badegäste warten breite Holz-Sonnenliegen am Pool und eine Liegewiese. Schwimm- und Kinderbecken sind solarbeheizt.
Öffnungszeiten von Juni bis August täglich 10–19 Uhr, mit Bergbahnticket gratis Eintritt am selben Tag.

22 Brennersee

Der jadegrüne Brennersee liegt kurz vor der Grenze zu Italien auf der Nordtiroler Seite. Im größten See des Wipptals ist Baden erlaubt, aber wer macht das schon freiwillig? Aufgrund seiner schattigen und hohen Lage auf über 1.300 Metern hat er selbst an heißen Sommertagen nie mehr als 12 Grad Celsius. Das gefällt den zahlreichen Karpfen- und Forellenarten besser als den Menschen. Wer ein Stück in Richtung des einen Kilometer entfernten Brennerpasses läuft, landet an der ehemaligen Bahnstation Brennersee.

Freizeitbäder

23 Hallen- & Freibad Balneum

Das Sterzinger Hallen- und Freibad bietet Spaß für die ganze Familie mit Kinderbecken, Rutsche und Spielplatz. Die Saunawelt ist nicht in der Tageskarte enthalten.
Geöffnet täglich 10–21 Uhr (Winter ab 12 Uhr), Tageskarte €7,50, Kinder 4–15 Jahre €4, Jugend €6. balneum.bz.it

24 StuBay Freizeitcenter

Das StuBay in Telfes verfügt über ein In- und Outdoor-Spaßbad mit Wellnessbereich, Sauna, Rutschen, Liegewiese, Spielplatz und Kinderbecken. Außerdem gibt es eine Kegelbahn, Squash, Fitnessgeräte und einen Boulderraum.
Schwimmbad ohne Sauna für 2 bis 4 Stunden €10,20 – 13,60, Kinder €7–9, Familie €27,40–36,20.

Im **Airparc** im selben Gebäude stehen Trampoline, Parcours und eine große Rampe für Skateboardfahrer. Für Kleinkinder gibt es einen Indoor-Spielplatz und eine Hüpfburg. **[› Tour 15]**
Mo bis Fr 14–20 Uhr, Sa, So und Feiertag 12–20 Uhr, Erstbesuch (3 h mit Einführung) für €25 pro Person. www.stubay.at

25 Frei- und Hallenbad in Axams

Zum Freizeitzentrum in Axams gehören ein schönes Freibad, ein Hallenbad mit geheiztem Außenbecken sowie ein Kletterzentrum mit Möglichkeiten zum Bouldern. Im Hallenbad befinden sich ein Wildwasserkanal mit Strudel, eine Felseninsel, ein Dampfbad sowie Kinder- und Babybecken.
Im Außenbereich besonders beliebt sind bei den Kindern der Ein- und Drei-Meter-Sprungturm sowie das Kletternetz im Wasser und die breite Wellenrutsche. An Land gibt es eine Liegewiese, einen Beachvolleyball-Platz und einen Eltern-Kind-Bereich mit Spielplatz.
Geöffnet täglich 9–22 Uhr, Tageskarte €15, Jugend €13 und Kinder €7,50, gesonderte Freibadpreise im Sommer.

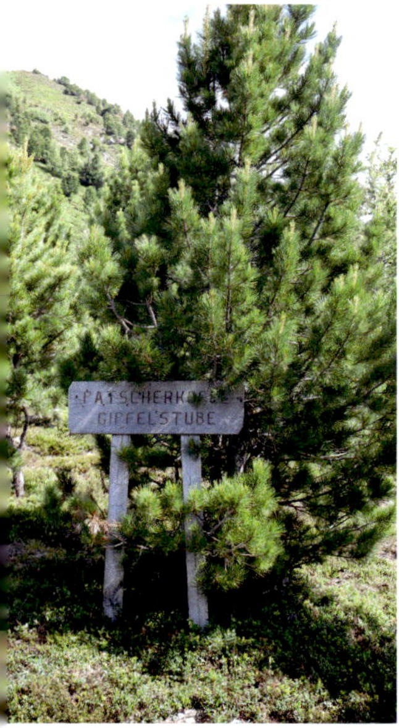

Tour 12: Auf den Patscherkofel

Gipfelrunde am Innsbrucker Hausberg

Der Aufstieg auf den Patscherkofel folgt zunächst einem Naturlehrpfad, der auch der erste Teilabschnitt des Zirbenwegs ist. Im Juni und Juli bezaubert hier die Almrosenblüte, welche die Berghänge mit einem rosa-rostroten Leuchten überzieht. Von der Boschebenhütte steigen wir dann im Zickzackkurs auf schmalen Steigen zwischen Zirben und Latschenkiefern zum Gipfelkreuz am Patscherkofel hinauf.

Den grandiosen Blick über das Inntal genießen auch die Bergkühe, die hier oben rund um die urige Gipfelhütte grasen. Die futuristisch anmutende Radiostation setzt Kontraste und gibt der Szenerie einen skurrilen Touch. Auf der Terrasse der Hütte lassen wir uns einen selbstgemachten Zirbenkuchen mit Schlagsahne und Zirbenzucker schmecken. Wer mag, kann auch einen Zirbenschnaps probieren.

290 m

STRECKE 5,7 km

2 h 45

ab 6

Wanderung: Mit der Patscherkofelbahn oberhalb von Igls geht es hinauf auf 1.964 Meter. Wir verlassen die Gondelstation nach links. Oberhalb des **Schutzhauses Patscherkofel** ① beginnt beim **hölzernen Eingangstor** der »Naturlehrpfad Patscherkofel«, der mit über 400 hochalpinen Gebirgspflanzen auch als der höchstgelegene botanische Garten Europas bezeichnet wird.

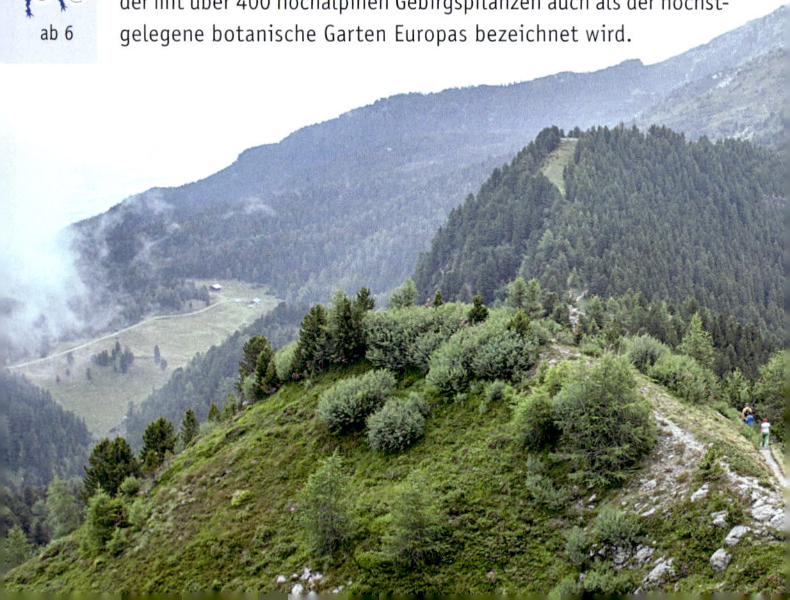

TOUREN-STECKBRIEF

Anfahrt: Mit dem Auto von Innsbruck aus am Tivoli-Stadion vorbei stadtauswärts fahren Richtung Autobahnen. Beim Kreisverkehr die Landstraße Richtung Igls wählen. Hinter der Ortschaft weiterfahren, bis die Straße in die Landstraße nach Patsch (Römerstraße) mündet. Hier links abbiegen und bis zur Talstation Patscherkofel fahren. Kostenpflichtiger Parkplatz (€6) bei **GPS N 47°13'17.8", E 11°25'28.6"**. Das Parkticket an der Kasse vorzeigen: Es wird auf die Liftkarte angerechnet.
ÖPNV: Der Stadtbus J fährt alle 10–15 Minuten von Innsbruck Zentrum (Marktplatz, Museumstraße) bis zur Talstation Patscherkofel.
Patscherkofelbahn: Ende Mai bis Ende Oktober, täglich 9–17 Uhr, Berg- und Talfahrt Erwachsene €24,80, Jugend 16–18 Jahre €21,60, Kinder 6–15 Jahre €13,70.
Anspruch und Charakter: Spannende Gipfelbesteigung auf kleinen Steigen in hochalpinem Gelände in Kombination mit dem informativen »Naturlehrpfad Patscherkofel«, der ersten Teilstrecke des Zirbenwegs.
Markierung: Wegweiser, rot-weiß-rote Markierungen an Bäumen und Steinen.
Highlights: Naturlehrpfad Zirbenweg, Almrosenblüte (Juni bis Juli), Gipfelkreuz, Bergkühe, je ein kleiner Spielplatz bei der Tal- und der Bergstation.
Einkehr: Bergstation Patscherkofel »Das Kofel«, Schutzhaus Patscherkofel, Boschebenhütte, Gipfelstube, Talstation Patscherkofel »Das Hausberg«.
In der Nähe: Waldspielplatz Patsch, Bergdörfer Patsch, Lans und Igls.

Wir folgen dem gut markierten Weg bis zur **Boschebenhütte** ② mit kleinem Spielplatz. Kurz vor dem Eingang zur Terrasse biegt rechts ein beschilderter Pfad zum Gipfel ab. Hier geht es im Zickzack hinauf, bis wir nach etwa 800 Metern eine **Verzweigung** ③ erreichen. Dort folgen wir nicht dem Jochleitensteig, der zuerst am Hang entlang und dann von der anderen Seite zum

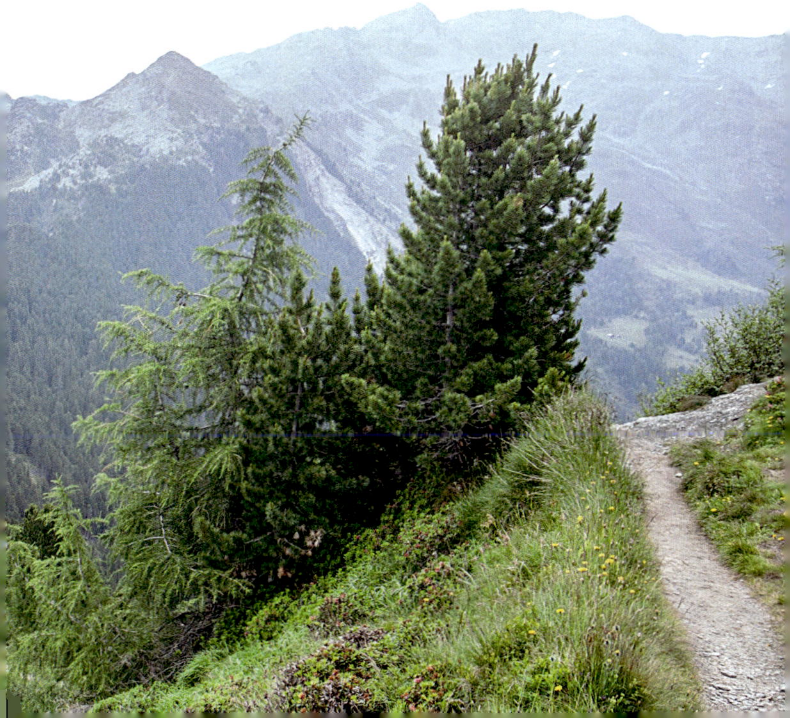

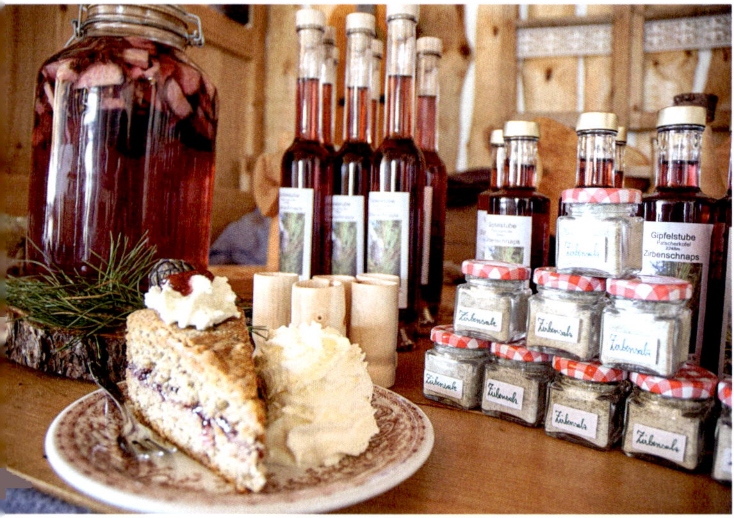

Gipfel führt, sondern folgen dem rechts abzweigenden Pfad direkt den Bergrücken hinauf. Dann geht es durch einige enge Spitzkehren und wir nähern uns der **Radiostation**, die von hier unten ausschaut wie die Antenne einer außerirdischen Raumstation – finden die Kinder.

Oben angekommen machen wir nach dem obligatorischen Abstecher zum riesigen **Gipfelkreuz** mit atemberaubendem Blick über das Inntal einen Stopp in der **Gipfelstube** ④. Wir sitzen auf der Terrasse und genießen einen Zirbenkuchen mit Schlagsahne und Zirbenzucker, gebacken nach einem geheimen Rezept der Hüttenwirtin Lydia Troger.

Während sie für die kulinarische Verarbeitung der Zirbe verantwortlich ist und zum Mitnehmen auch Zirbenschnaps und Zirbensalz herstellt, schnitzt ihr Mann Hans allerlei aus dem Holz des alpinen Nadelbaumes. [› Seite 110]

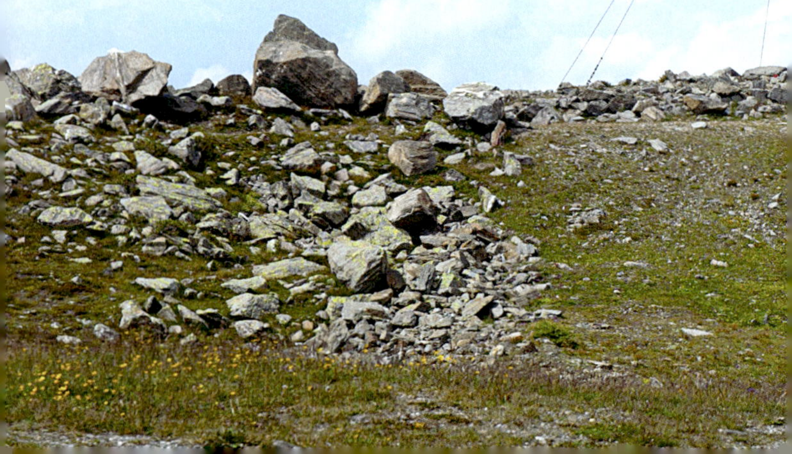

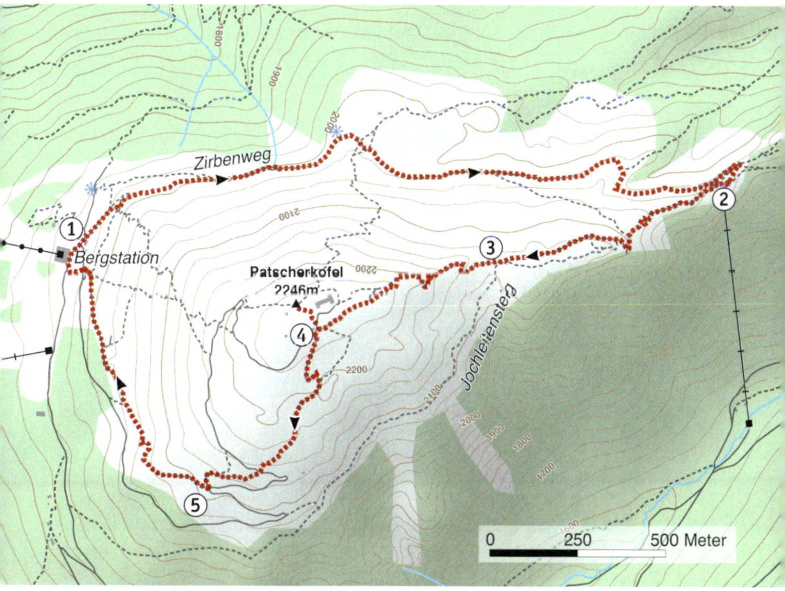

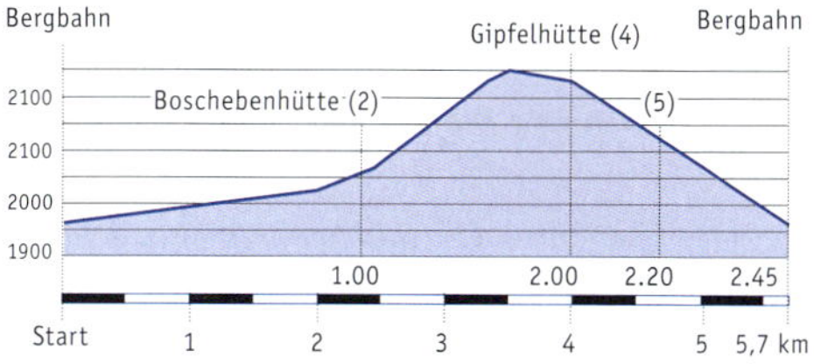

Statt jetzt den Fahrweg zur Alm hinunterzulaufen, wählen wir einen etwas längeren, aber reizvolleren Rückweg. Direkt neben der Terrasse der Gipfelstube führt ein Pfad abwärts. Er verläuft ein Stück links der Almstraße und bietet einen tollen Blick auf die Europabrücke und ins Wipptal. Wir kreuzen den **Fahrweg** einmal und treffen in einer **Kurve** ⑤ erneut auf ihn. Hier biegen wir rechts ab und wandern immer geradeaus bis zur Bergbahn.

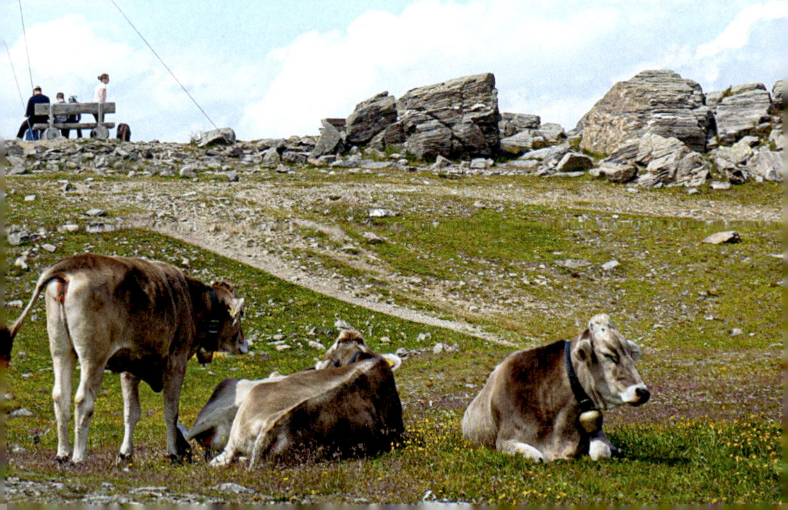

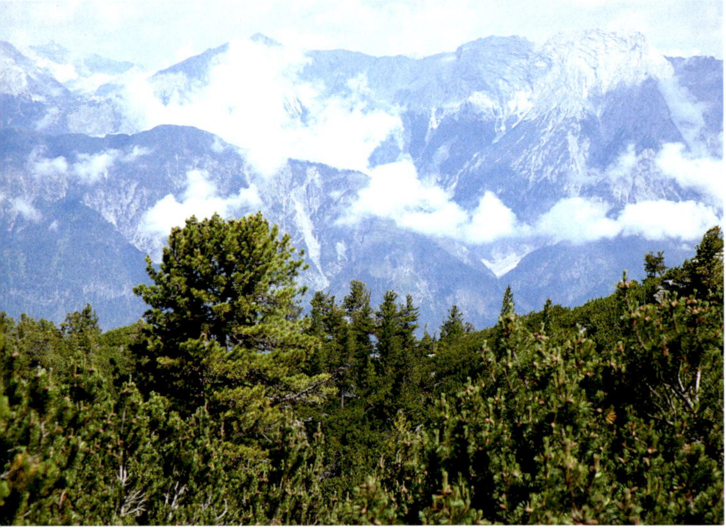

200 m

110 m

STRECKE

7,6 km

3 h

ab 8

Tour 13: Auf dem Zirbenweg

Duftende Kiefern und bunte Steine

Bekannt, viel begangen und trotzdem ein absolutes Erlebnis ist der Zirbenweg! Die Höhenwanderung führt durch duftende Zirben, Latschen und Kiefernwälder vom Patscherkofel bis zur Tulfeinalm. Zurück nach Innsbruck geht es mit Gondel und Wanderbus. Dank der neuen Glungezer Bergbahn, die Wanderer auch im Sommer direkt von der Tulfeinalm wieder ins Tal bringt, ist eine Wanderung auf dem Zirbenweg jetzt auch mit Kindern gut zu machen.

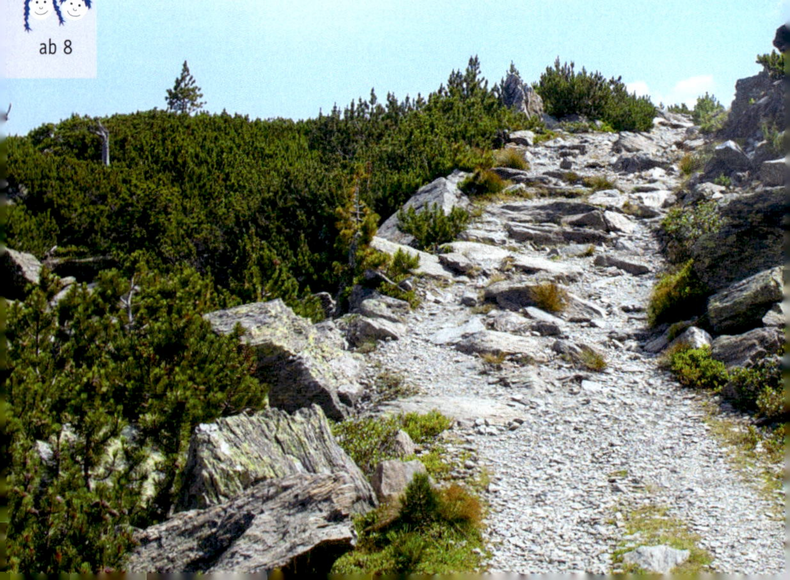

TOUREN-STECKBRIEF

Anfahrt: Mit dem Auto von Innsbruck aus am Tivoli-Stadion vorbei stadtauswärts fahren Richtung Autobahnen. Beim Kreisverkehr die Landstraße Richtung Igls nehmen. Nach der Ortschaft Igls weiterfahren, bis die Straße in die Landstraße nach Patsch (Römerstraße) mündet. Hier links abbiegen und bis zur Talstation Patscherkofel auf den kostenpflichtigen Parkplatz (€ 6) bei **GPS N 47°13'17.8", E 11°25'28.6"** fahren. Das Parkticket an der Kasse vorzeigen: Es wird auf die Liftkarte angerechnet.

ÖPNV: Der Stadtbus J fährt alle 10 bis 15 Minuten von Innsbruck Zentrum (Marktplatz, Museumstraße) bis zur Talstation Patscherkofel.

Patscherkofelbahn: Ende Mai bis Ende Oktober, Mo bis So 9 – 17 Uhr.

Zirbenweg Rundticket mit Bus von Tulfes zurück zum Startpunkt: € 21,50, Jugend ab 16 Jahren € 18,50, Kinder 6 – 15 Jahre € 13,50, unter 6 Jahren frei, Wanderbusfahrplan auf www.glungezerbahn.at.

Anspruch und Charakter: Landschaftlich beeindruckender Höhenweg ohne große Steigungen. Unebene, steinige Naturwege. Es geht immer wieder über Felsbrocken jeder Größe und große Steinquader und Platten. Das macht den Zirbenweg zusammen mit der fast mediterran anmutenden Vegetation besonders reizvoll. Die Almrosen blühen zwischen Ende Juni und Ende Juli (je nach Witterung). Wanderschuhe und Trittsicherheit sind notwendig.

Markierung: Wegweiser, rot-weiß-rote Markierungen an Bäumen und Steinen.

Highlights: Naturlehrpfad Zirbenweg, 750 Jahre alte Zirbe im unzugänglichen Ampasser Kessel, Almrosenblüte.

Einkehr: Bergstation Patscherkofel, Schutzhaus Patscherkofel, Boschebenhütte, Tulfeinalm, Alpengasthof Halsmarter, Gasthof Larchnhittl unterhalb der Glungezer-Talstation.

In der Nähe: Waldspielplatz Kugelwald am Glungezer, Gipfel des Patscherkofel, Wasserradl Spielplatz nahe der Glungezer-Talstation, Altstadt Hall.

Die Rückfahrt mit dem Wanderbus zur Talstation der Patscherkofelbahn verlängert die Tour, da das Umsteigen von der Gondel in den Bus meist mit Warten verbunden ist. Man sollte daher für diese Tour einen ganzen Tag einplanen.

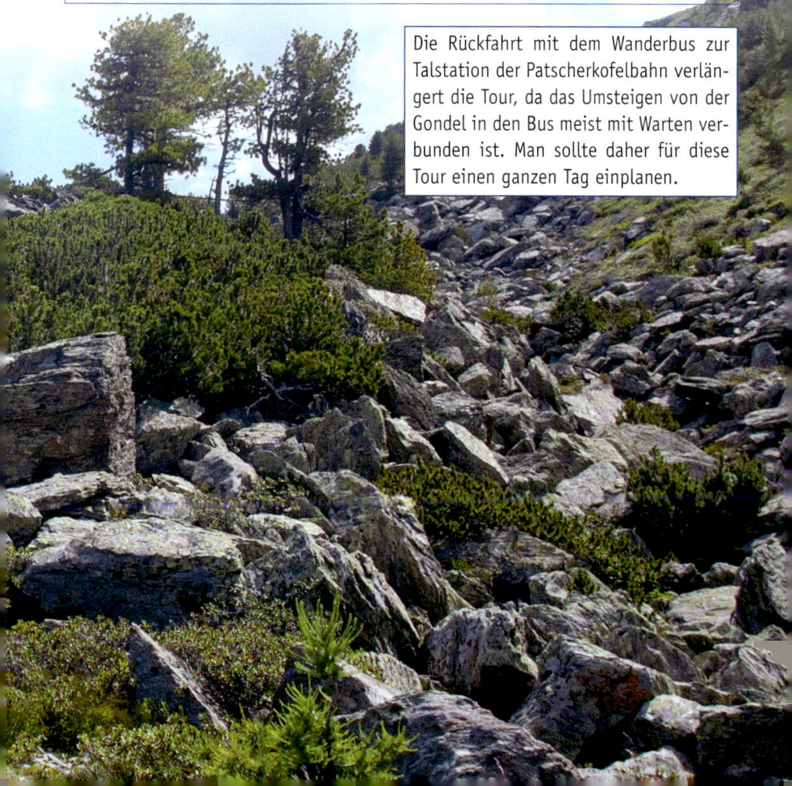

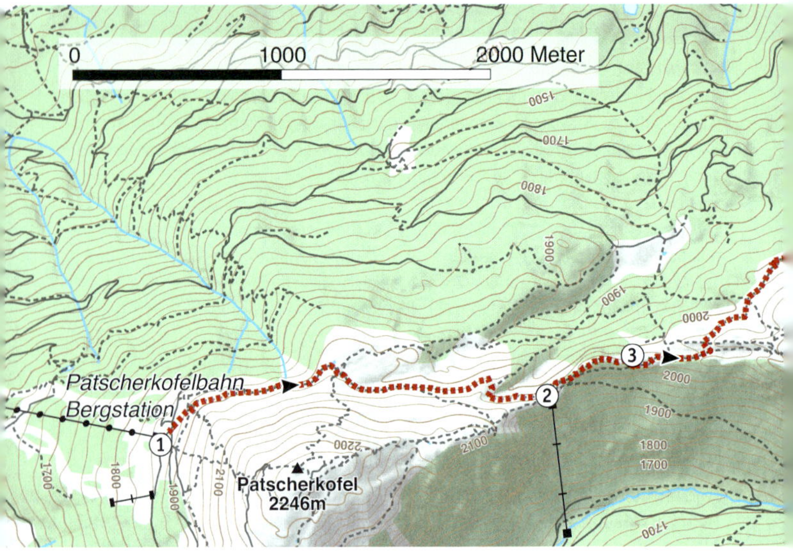

Wanderung: Mit der Patscherkofelbahn oberhalb von Igls fahren wir hinauf auf 1.964 Meter. Dort verlassen wir die Gondelstation nach links. Oberhalb des **Schutzhauses Patscherkofel** ① beginnt beim hölzernen Eingangstor der »Naturlehrpfad Patscherkofel«. Der Streckenverlauf ist gut beschildert und führt im steten Auf und Ab ohne wesentliche Höhenänderung auf über 2.000 Metern Höhe immer an der Waldgrenze entlang.

Der Weg bringt uns zunächst zur **Boschebenhütte** ②. Die Hütte ist auch die letzte Möglichkeit zum Nachfüllen der Wasserflasche, denn es gibt auf dem Zirbenweg fast keine Brunnen.

Wenig später durchqueren wir die Spuren eines **Bergsturzes** ③. Der Weg windet sich zwischen großen Quadern und Felsbrocken hindurch und besteht streckenweise nur noch aus von bunten Flechten bewachsenen Steinplatten. Ein kleines Highlight ist ein wenige Meter langer **höhlenartiger Felsendurchgang** neben dem eigentlichen Weg.

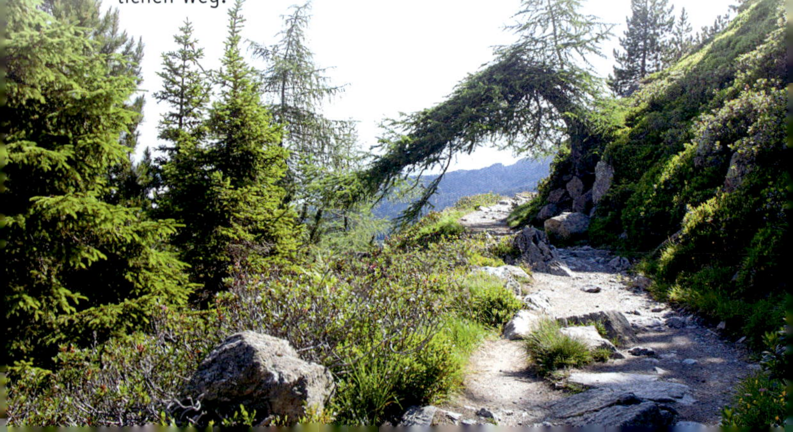

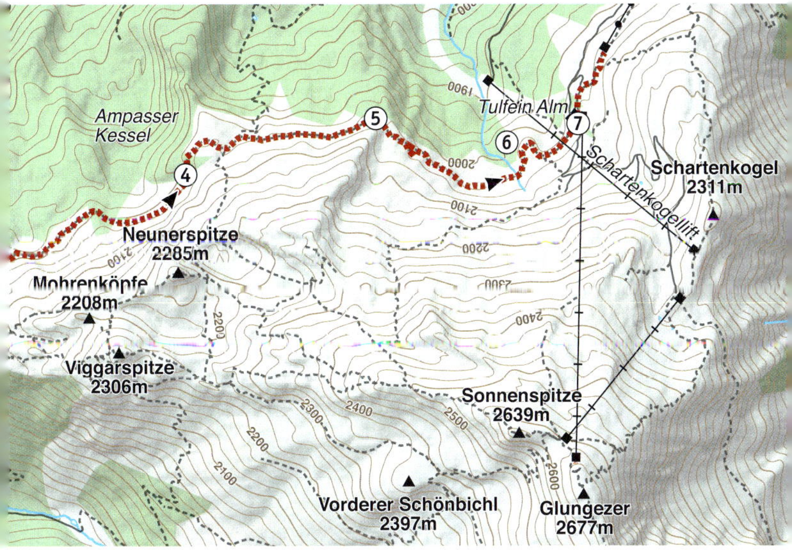

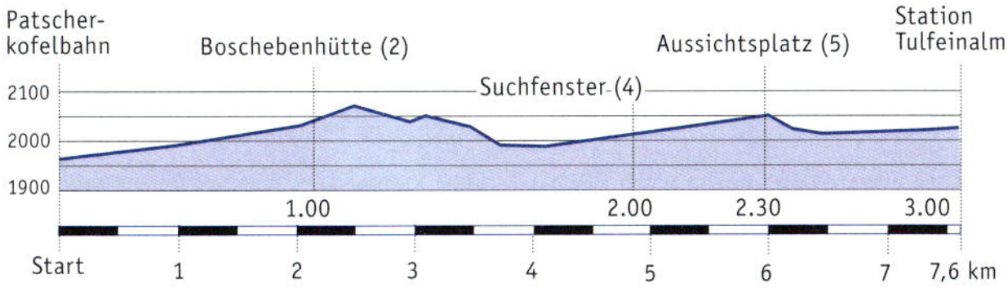

Hinter den bunten Steinen wird der Zirben- und Kiefernwald wieder dichter. Zahlreiche Holzbänke laden zur Pause mit Blick auf die beeindruckende Kulisse der gegenüberliegenden Karwendelkette ein. Am **Ampasser Kessel**, einem unterhalb liegenden Gebiet, das aufgrund seiner Unzugänglichkeit noch nie gerodet wurde, steht ein **Suchfenster** ④. Es ist ausgerichtet auf eine **750 Jahre alte Zirbe** unten im Bergkessel. Sie gilt als der älteste Baum Tirols.

Nach rechts zweigt ein Steig zur Neunerspitze ab, nach links geht es hinab zur Rinner Alm. Wir gehen an beiden Abzweigen weiter geradeaus und kommen nach einem knappen Kilometer zu einem **Aussichtspunkt mit Fernrohr** ⑤. Die markantesten Gipfel des Karwendels sind im Sucher namentlich und mit Höhenmetern gekennzeichnet.

Dann geht es in einem weiten Bogen abwärts. Der Weg führt über den Lavierenbach und zur **Kapelle zum Guten Hirten** ⑥. Hinter der Kapelle geht es links zur **Tulfeinalm** ⑦. Von hier sind es noch gut 400 Meter zur Gondelbahn. Ein Stopp lohnt an der Mittelstation Halsmarter, wo die Kinder viel Spaß auf dem **Kugelwald-Abenteuerspielplatz** **[› Tour 41]** haben.

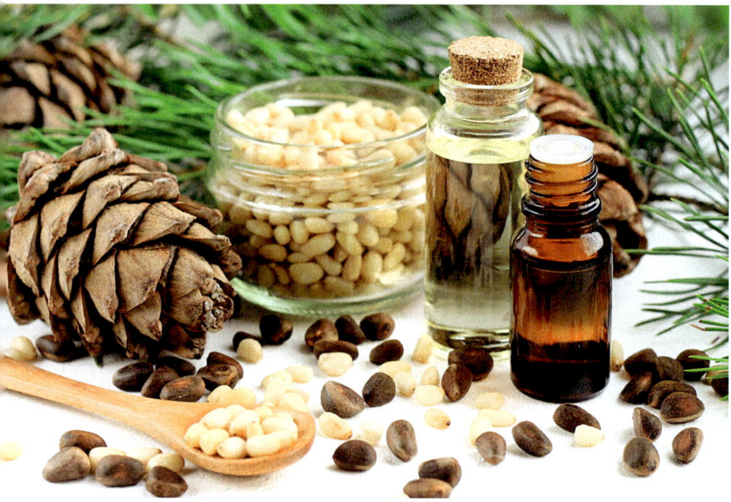

Die heilsamen Kräfte der Zirbe

Lydia und Hans Troger, die Betreiber der Gipfelstube am Patscherkofel, bieten mit ihrem Familienunternehmen Zirberei erlesene Produkte aus Zirbe an und geben ihr Wissen in Workshops auf der Alm weiter. Während Landwirt Hans Troger das Holz aus seinen Zirbenwäldern für Schnitzarbeiten nutzt, hat Lydia Troger sich in ihrer Ausbildung als Seminarbäuerin mit der Zirbe und ihren vielfältigen Verarbeitungsmöglichkeiten in der Küche auseinandergesetzt.

Vom Zirbensalz zum Zirbenblut

Vom Zirbenessig bis hin zu Zirbensalz, Zirbengelee und Zirbenschnaps reicht das Angebot der Zirbenprodukte in der Gipfelstube. Für die auch Zirbenblut genannte Spirituose legt man im Sommer drei bis vier frische Zapfen pro Liter mit etwas braunem Zucker über mehrere Wochen ein, bis der Extrakt sich tiefrot färbt. Zirbenschnaps ist als Heil- und Genussmittel beliebt. Er ist verdauungsfördernd und hilft bei Erkältungsbeschwerden. Aus Zirbelnüssen kann man außerdem auch Öl herstellen.

Die Zirbelkiefer

Die Zirbe gehört zur Familie der Kiefern. Je nach Region heißt sie Arve, Zirbe oder Zirbel. Beheimatet ist der Baum in den Alpen und den Karpaten, in Höhenlagen zwischen 1.500 und 2.500 Metern. Die Bäume erreichen eine Höhe von bis zu 25 Metern und mehr und werden bis zu 1.000 Jahre alt. Am Zirbenweg gibt es einige jahrhundertealte Exemplare. Sie wachsen im Ampasser Kessel, einem Gebiet unterhalb des Höhenwegs, das aufgrund seiner Unzugänglichkeit nie gerodet wurde.

Die kurzen Triebe der immergrünen Zirben tragen zahlreiche Büschel mit je fünf Nadeln von fünf bis elf Zentimetern Länge. Die Samen oder Zirbelnüsse befinden sich in den kugeligen Zapfen. Sie sehen den aus dem Mittelmeerraum stammenden Pinienkernen sehr ähnlich.

Zirbennüsse dürfen nicht in größeren Mengen geerntet werden, denn Zirbenwälder befinden sich entweder in Privatbesitz oder sie stehen unter Naturschutz. Ehrenamtliche Helfer des Alpenvereins kümmern sich im Rahmen von Bergwaldprojekten um die Schutzgebiete – zum Beispiel um die Befreiung der Zirben vom Schneeschimmel. Dieser entsteht, weil die Äste der Bäume weit bis zum Boden reichen. Dadurch bieten sie auch ein schützendes Versteck für allerlei im Alpenraum lebende Tiere.

Die Zirbelkiefer ist erst mit rund 40 Jahren fruchtbar, in dichten Beständen sogar später. Eine wichtige Rolle bei der Vermehrung spielt der Tannenhäher, dessen Hauptnahrungsquelle die Samen sind. Der Vogel hilft aktiv dabei mit, den Bestand der Zirbe zu erhalten. Ab August legt er seinen Wintervorrat an. Dabei vergräbt er die Zirbennüsse am liebsten in weichem oder lockerem Untergrund, findet aber nicht alle Verstecke wieder. Die von den Vögeln vergessenen Samen beginnen zu keimen und neue Sprösslinge können wachsen. Daher ist auch der Schutz der Tannenhäher wichtig.

Zirbenduft und Zirbenholz

Zirbenwälder verströmen einen besonders frischen Duft. Dessen positive Wirkungen auf den menschlichen Organismus sind seit Jahrhunderten bekannt. Dank besonderer Inhaltsstoffe wie Limoson, Flavonoiden und ätherischen Ölen trägt Zirbenholz zur Entspannung und zum Wohlbefinden bei und kann zu tiefem und daher erholsamerem Schlaf verhelfen. Schon seit jeher verwenden die Menschen das Holz für Betten, Wandverkleidungen, Möbel – ja für ganze Zirbenzimmer. Der Duft des Holzes ist warm, balsamisch und hält jahrelang an.

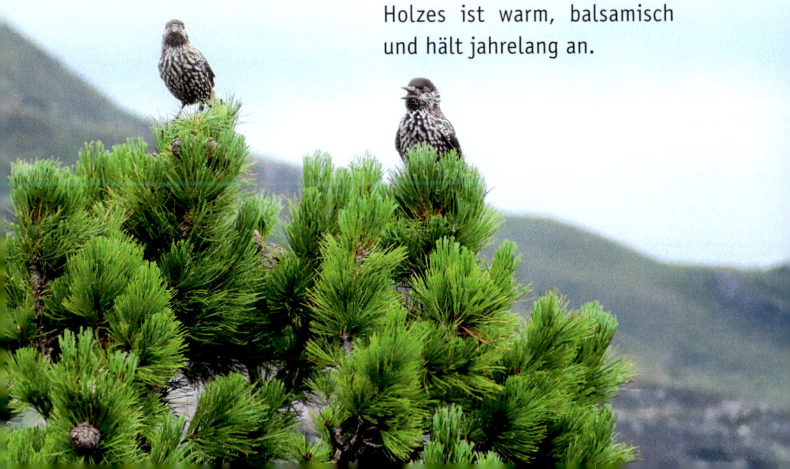

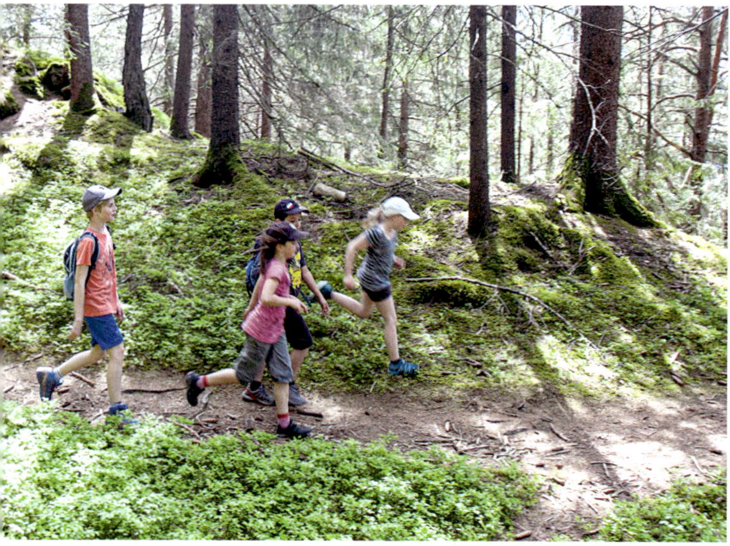

680 m

STRECKE
7,2 km

4 h 30

ab 8

Tour 14: Patscher Almsommer

Kühe, Waldspielplatz und die Patscher Alm

Klassisch bergauf zu wandern bis zur Einkehr bei einer bewirtschafteten Alm, ist nicht bei allen Kindern beliebt. Die Wanderung durch den alten Bergwald bei Patsch ist zwar steil, hat aber das Potential, auch Wandermuffel zu begeistern. Die Magie des Waldes bezaubert hier jeden. Bemooste Findlinge, ein riesiger Felsen zum Klettern und Spielen und die zünftige Jause im Biergarten mit Fernblick an der Heiligwasser-Kapelle sind die Highlights dieser Bergtour. Über weite Wiesen, auf denen im Sommer das Almvieh weidet, und über Waldsteige setzen wir unseren Aufstieg fort bis zur urigen Patscher Alm, an der man ebenfalls einkehren kann.

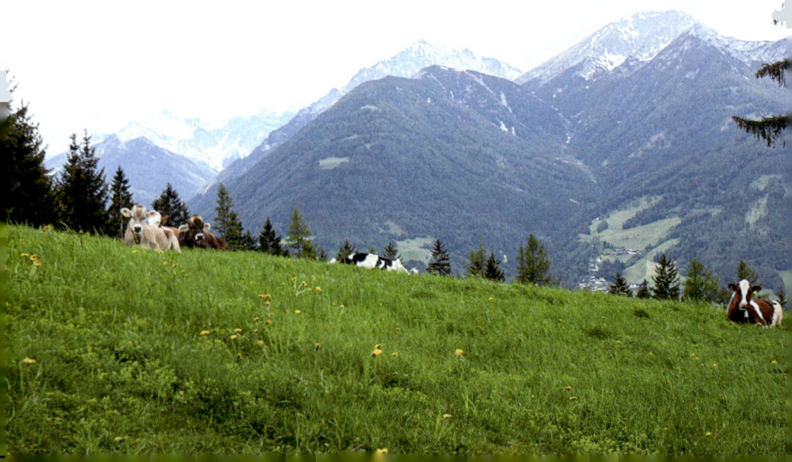

Wanderung: Vom Parkplatz an der Römerstraße gehen wir in den Wald und treffen auf einen Forstweg. Er führt nach links zur Patscherkofel-Bergbahn und nach rechts zum Waldspielplatz und nach Patsch. Wir verlassen ihn sogleich wieder und steigen auf dem **mittleren Weg** den Berg hinauf. Es geht vorbei an großen Findlingen und bemoosten Felsformationen. Wir laufen immer geradeaus auf dem Pfad, bis dieser nach einem knappen Kilometer in den **Johannesweg** ① mündet. Diesem folgen wir nach links und über eine Kuhweide – bitte immer die Gattertore schließen!

Kurz danach macht der breite Forstweg einen Bogen nach links. Hinter diesem verlassen wir den Johannesweg und gehen rechts in Richtung Heiligwasser hinauf. Schon bald stehen wir vor der **Wallfahrtskapelle** ② mit Madonna und Trinkbrunnen im Hof. Dahinter befindet sich das gleichnamige **Gasthaus mit Biergarten** und schönem Ausblick ins Tal.

Nach einer Pause geht es zurück auf unseren Aufstiegsweg und weiter bergan. Nach der ersten Steigung endet der Weg an einer großen **Kuhweide** ③ – im Winter ist sie eine Skipiste. Wir müssen auf die andere Seite der Weide und können dazu entweder links durch die Wiese nach oben gehen – kurz vor dem Zaun beginnt ein Trampelpfad – oder über das Gatter klettern und den Waldweg nach oben links einschlagen. Diese Entscheidung können wir je nach Standort der Kühe treffen, denn es ist vielleicht nicht jedermanns Sache, durch eine große Kuhherde zu laufen. Daher ist es gut zu wissen: Beide Wege führen zum Ziel.

TOUREN-STECKBRIEF

Anfahrt: Mit dem Auto von Innsbruck aus am Tivoli-Stadion vorbei Richtung Autobahnen stadtauswärts fahren, beim Kreisverkehr die Landstraße Richtung Igls nehmen. Nach der Ortschaft Igls weiterfahren, bis die Straße in die Landstraße nach Patsch (Römerstraße) mündet. Hier rechts abbiegen. Bei nächster Gelegenheit und kurz vor dem Gasthof Grünwalder Hof auf der linken Straßenseite bei **GPS N 47°12'46.1", E 11°25'3.5"** am Waldrand parken. Sind die 10 bis 15 Parkplätze belegt, kann man beim Grünwalder Hof fragen.
Alternative: An der Talstation der Bergbahn Patscherkofel auf den kostenpflichtigen Parkplatz fahren. Von dort läuft man entweder auf dem Speckbacher Weg zurück zum Start der Tour oder geht von der Bahnstation den Fahrweg hinauf, bis man auf die gut ausgeschilderte Heiligwasserrunde trifft.

ÖPNV: Hierher fährt aus Innsbruck auch der IVB-Bus Linie J im 10- bis 15-Minuten-Takt.

Anspruch und Charakter: Anspruchsvoll durch den langen und teilweise steilen Aufstieg durch einen zauberhaften Wald und über Kuhweiden.

Markierung: Gelbe Wegweiser bis Heiligwasser, dann fast nur noch rot-weiß-rote Markierungen im Wald.

Highlights: Waldspielplatz, Heiligwasser-Kapelle, Kühe hautnah, Patscher Alm mit Brunnen und Spielsachen.

Einkehr: Gasthof Heiligwasser mit Biergarten, Patscher Alm, Gasthof Grünwalder Hof mit Biergarten.

In der Nähe: Olympia-Bobbahn, Lanser See, Lanser Pump-Track-Park.

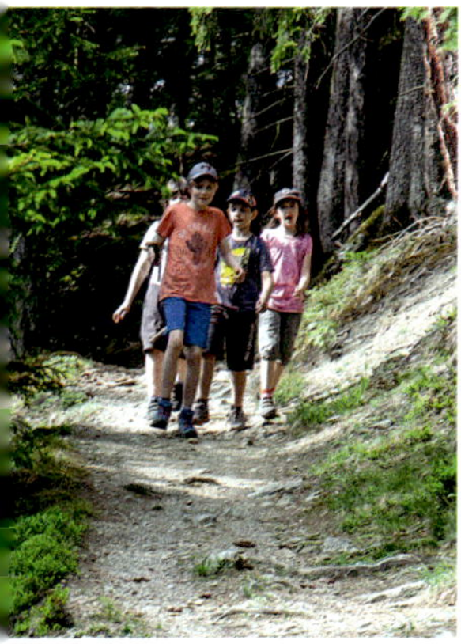

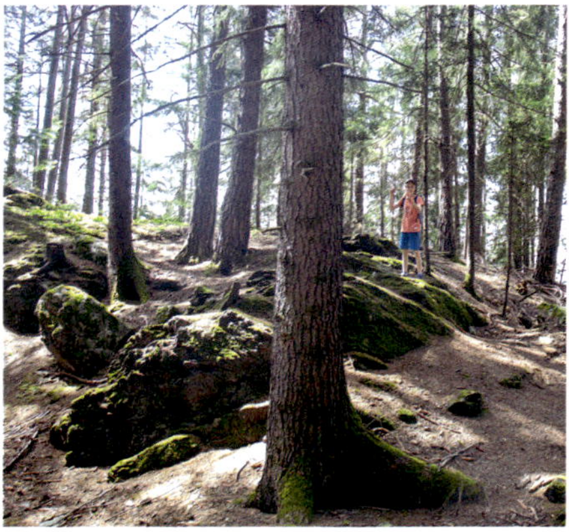

Nachdem wir durch das Gatter die Kuhweide verlassen haben, biegen wir nach links ab. Hier führt ein Pfad durch lichten Wald, der uns auf einen breiten Forstweg bringt. Dort wenden wir uns nach links. Nach einer langgezogenen **Rechtskurve** ④ treffen wir dann auf einen weiteren Ausgang aus der Kuhweide. Gleich danach führt links wieder ein Waldpfad ins Gebüsch. Wer möchte, kann aber auch der Forststraße folgen und erreicht auf dieser nach einigen Kehren ebenfalls die Patscher Alm.

Ansonsten verläuft der Trampelpfad mehr oder weniger geradeaus bis zu einem **Holzzaun**. Hier biegen wir nicht ab, sondern gehen geradeaus weiter. Der Weg kommt bei einer großen Ansammlung abgestellter **Schneekanonen** ⑤ heraus. Wir halten uns rechts und gehen parallel zum Fahrweg auf einem Wald- und Wiesenpfad weiter. Dann ist die **Patscher Alm** ⑥ schon zu sehen und es fehlen nur noch wenige Höhenmeter bis zum Ziel.

Zurück geht es auf demselben Weg abwärts. Wir biegen aber nicht wieder rechts über die Kuhweide in Richtung Heiligwasser ab, sondern laufen weiter hinab durch den Wald. Der **Wegweiser nach Patsch** ⑦ zeigt den richtigen Weg an. Eine Stufe hilft uns über den Zaun.

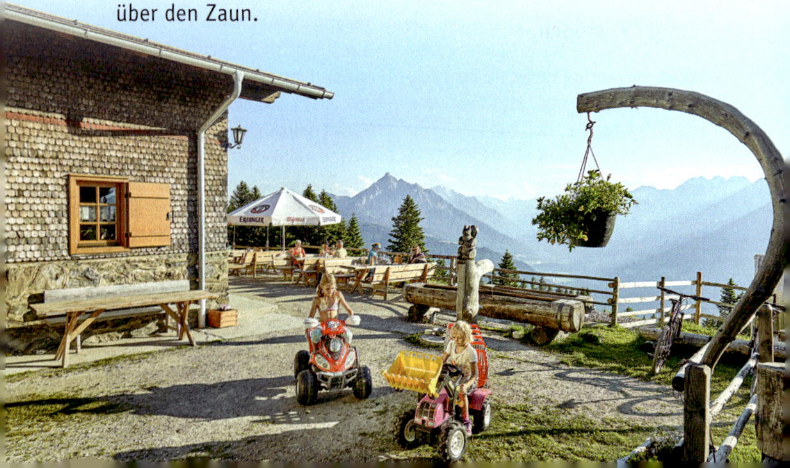

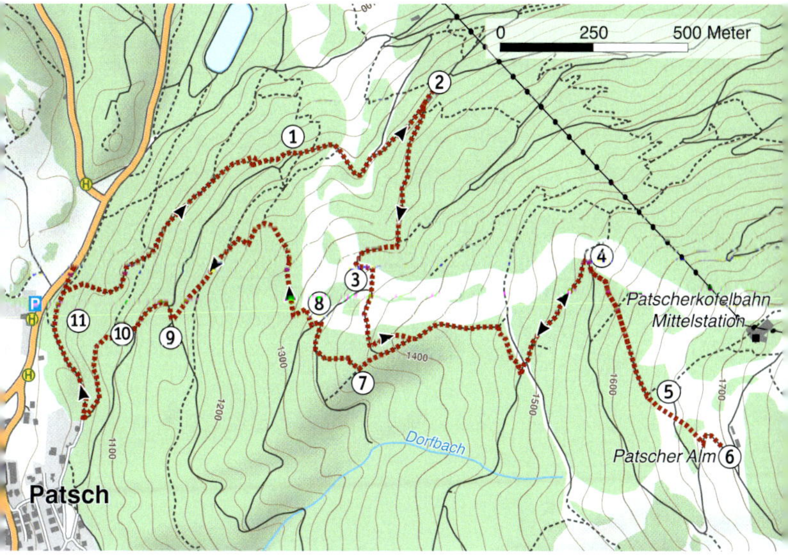

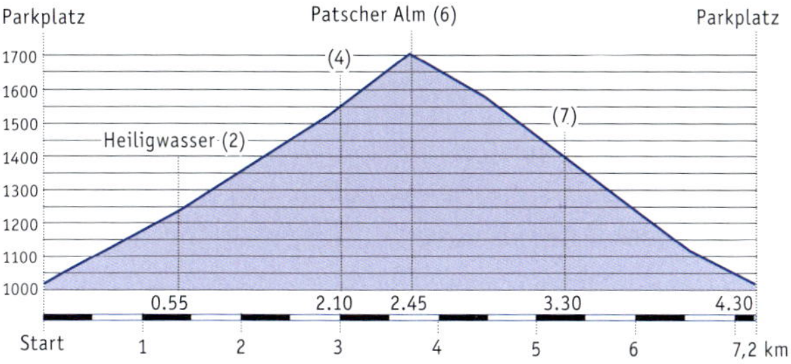

Kurz darauf treffen wir noch einmal auf den **Fahrweg ins Tal ⑧** und folgen ihm ein kurzes Stück. Hier muss man ein bisschen Ausschau halten, um den Waldpfad wiederzufinden, der kurz darauf nach rechts abzweigt. Das ist in diesem Fall wichtig, da man mit ihm ziemlich viel Strecke abkürzt. Jetzt ist der Steig immer gut zu erkennen bis zur nächsten Abzweigung, an der es links weitergeht und dann immer geradeaus, bis wir wieder auf den **Fahrweg ⑨** stoßen.

Diesem folgen wir nach rechts und durch eine Linkskurve und biegen dann bei nächster Gelegenheit wieder nach rechts in den Wald ab. Hier versteckt sich die **Waldburg ⑩**, ein riesiger Kletterfelsen, auf dem sogar einige Bäume wachsen und an dem viele Tipi-Baustellen auf die Kinder warten.

Jetzt ist es auch nicht mehr weit bis zum **Waldspielplatz ⑪**. Bevor der Weg das Dorf Patsch erreicht, biegen wir scharf rechts ab und sind nach wenigen Minuten da. Vom Spielplatz laufen wir dann auf dem Speckbacherweg in etwa zehn Minuten zurück zum Parkplatz.

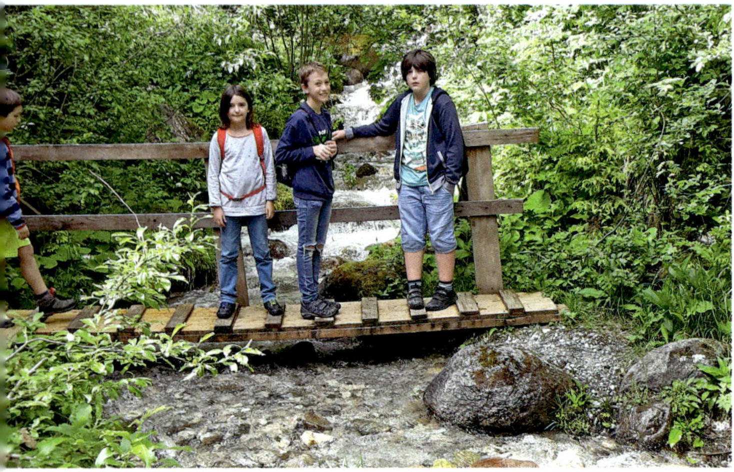

225 m

250 m

STRECKE 6,3 km

2 h 30

ab 6

Tour 15: Telfer Wiesen und der Airparc

Per Straßenbahn zum Wandern ins Stubaital

Mit der Stubaitalbahn geht es von Innsbruck aus bis Kreith, auf Schusters Rappen zum autofreien Stockerhof und durch lichten Lärchenwald bis nach Telfes im Stubaital. Dort belohnt das Stubay Bad oder eine coole Trampolin-Session im Airparc die Kids für alle Strapazen. Zurück fährt man direkt mit der Straßenbahn.

Wanderung: Vom Bahnhof Kreith geht es auf der Ortsdurchfahrtsstraße nach links. Kurz hinter dem Bahnhof steht ein Schild in Richtung Stockerhof und Kreither Alm. Nach ein paar Schritten durch das Dorf biegen wir beim **Wegweiser** ① »Sto-

TOUREN-STECKBRIEF

Anfahrt: Über die Brenner-Autobahn geht es bei der Ausfahrt Schönberg ins Stubaital (Europabrücken-Teilstrecke € 3 einfach). Von der Landstraße nach Fulpmes abbiegen. Parkplätze beim Stubay in Fulpmes bei **GPS N 47°09'39.9", E 11°21'19.7"**. Von dort mit der Stubaitalbahn bis Kreith/Mutters fahren und zum Auto zurückwandern. Fahrpläne beachten, denn die Bahn verkehrt im Stubaital nur einmal in der Stunde.

ÖPNV: Stubaitalbahn (STB) von Innsbruck aus bis Kreith/Mutters und zurück ab Station Telfes Ort oder Station Stubay. Das IVB-Ticket bekommt man beim Straßenbahnfahrer, online oder am Automaten an der Haltestelle.

Anspruch und Charakter: Nur der erste Teil zum Stockerhof geht recht steil bergauf. Dann wandern wir auf guten Wegen fast nur abwärts oder ebenerdig dahin. Eine ideale Familienwanderung.

Markierung: Gelbe und hölzerne Wegweiser.

Highlights: Fahrt mit der Stubaitalbahn, Ziegen und Schafe am Weg, Indoor-Trampolinhalle Airparc oder Stubay-Spaßbad.

Einkehr: Almgasthof Stockerhof, mei-Zeit-Café beim Schwimmbad.

In der Nähe: Stubaier Greifvogelpark Telfes, Hochseilgarten bei Fulpmes.

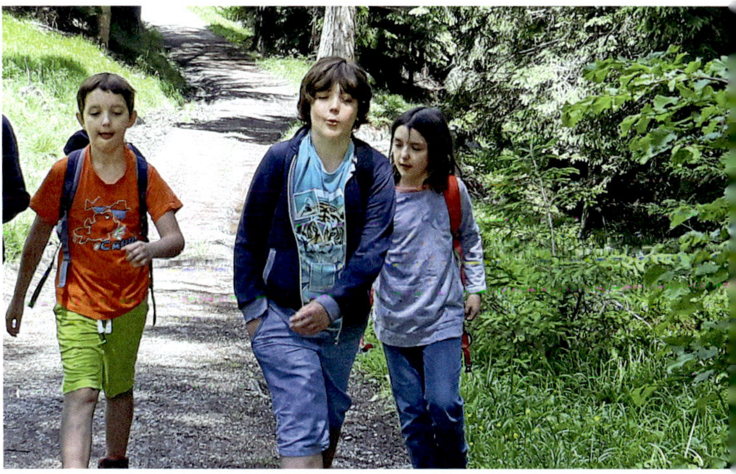

ckerhof (steiler Fußweg)« nach links ab. Der Weg folgt dem **Siglbach** kurz abwärts, dann geht es rechts auf einen ansteigenden Erdweg. Der Weg wird schnell richtig steil, spart aber eine gute halbe Stunde im Vergleich zum Fahrweg und führt an Weiden vorbei, auf denen Schafe und Ziegen grasen.

Nur einmal gibt es eine Abzweigung, bei der wir uns links halten und nach einer weiteren Kehre marschieren wir über eine wunderbare Blumenwiese auf den **Gasthof Stockerhof** ② zu. Hier ist es wunderbar still, denn der auf 1.196 Metern gelegene Hof ist nur zu Fuß erreichbar. Serviert werden Tiroler Spezialitäten wie zum Beispiel Spinat-, Semmel- und Kaspressknödel oder Schweinebraten.

Das Freizeitcenter Stubay in Telfes

Das Stubay verfügt über ein In- und Outdoor-Spaßbad mit Wellnessbereich, Sauna, Rutschen, Liegewiese, Spielplatz und Kinderbecken. Außerdem gibt es eine Kegelbahn, Squash, Fitnessgeräte und einen Boulderraum.

Schwimmbad ohne Sauna für zwei Stunden €10,20, Kinder €7, Familienkarte €27,40 oder für vier Stunden €36,20.

Im Untergeschoss des Freizeitcenters Stubay befindet sich auch der **Airparc**, eine große Trampolinanlage. Ansonsten sind dort ganzjährig und wetterunabhängig Sportarten wie Freeski, Snowboarden und Parkour möglich. Angeboten werden auch Freestyle-Akrobatik, Gymnastik, Skaten und Roller-Stunts. Jeden Sonntag von 10–12 Uhr ist die Halle Familien mit Kindern bis acht Jahren vorbehalten. Die Hallen-Lounge ist frei zugänglich – dort kann man zusehen und das Internetcafé nutzen. Für die Kleinsten gibt es einen Indoor-Spielplatz und eine Hüpfburg.

Erstbesuch (drei Stunden mit Einführung) für €25 pro Person. Weitere Preise für Tageskarten und Kleinfamilien auf www.stubay.at.

Nach einem Vanille-Eis mit heißen Himbeeren und einem Abstecher zum kleinen Spielplatz, an dem sich auch drei Picknicktische befinden, geht es weiter. Wir folgen dem Wegweiser nach Telfes. Die Wiesen löst lichter Lärchenwald ab. Wir wandern jetzt fast ebenerdig bis zu einer **Wegkreuzung** ③ und von dort ab-

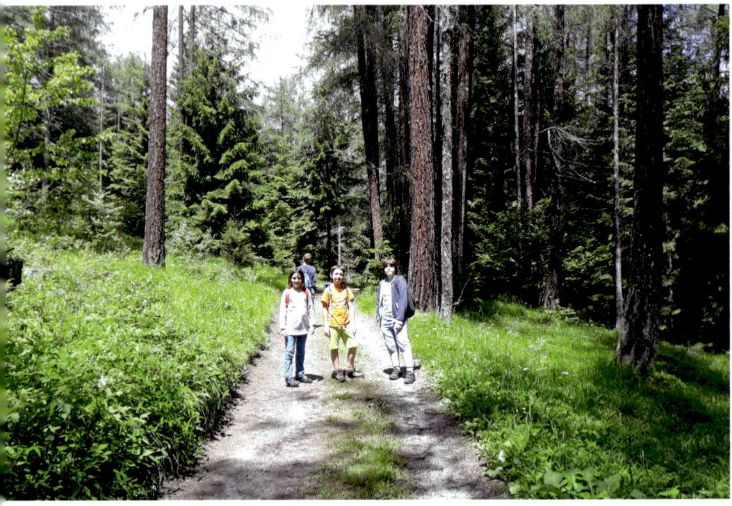

wärts bis nach Telfes. Linkerhand sehen wir über die Telfer Wiesen und vor uns öffnet sich immer mehr der Blick ins Stubaital und auf den schneebedeckten Gletscher.

An den ersten **Häusern von Telfes** ④ geht es links auf einem Hohlweg durch das Dorf bis hinunter zur Bahntrasse der Stubaitalbahn. Wir überqueren die Gleise und gehen an der **Kirche** vorbei abwärts bis zu einem Brunnen mit Trinkwasser. Hier geht es nach rechts und dann immer geradeaus durch den alten Ortskern, bis wir bei der **Haltestelle Telfes Ort**, die sich knapp oberhalb von uns befindet, auf die Landesstraße stoßen. Die letzten 100 Meter folgen wir einfach dem Straßenverlauf auf dem Gehweg. Die Rutschen des Schwimmbads in Sichtweite geben neuen Schwung für die letzten Schritte zum Ziel.

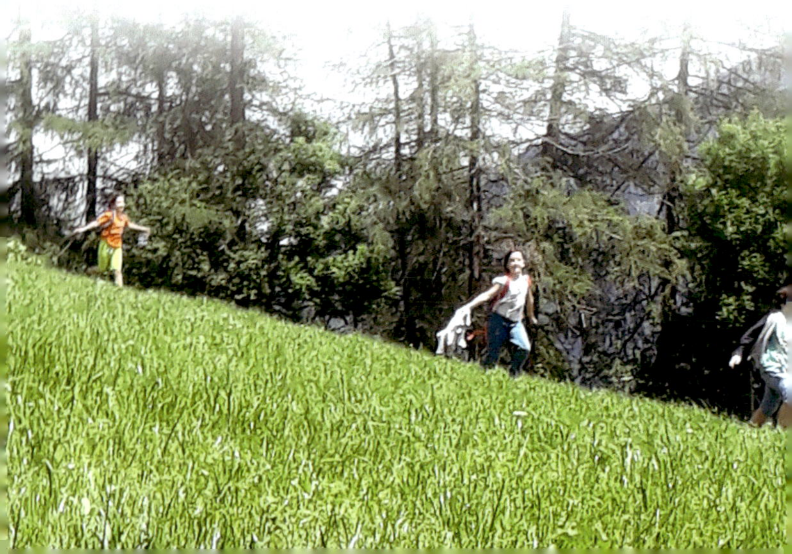

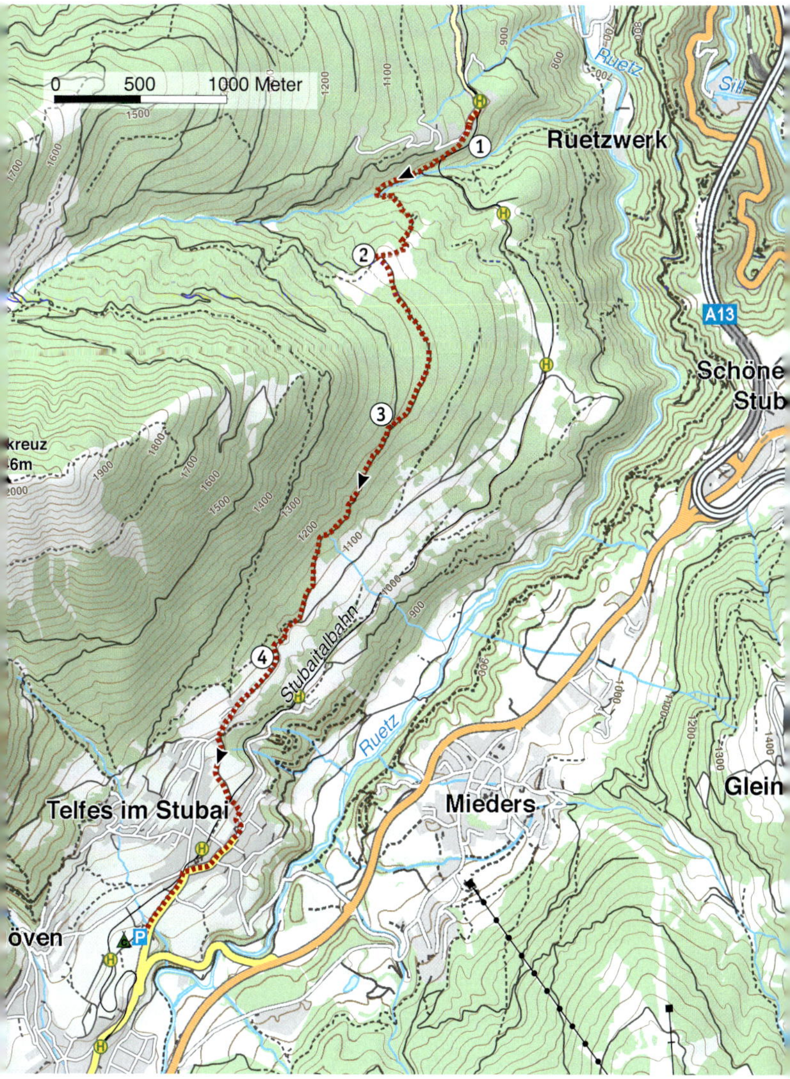

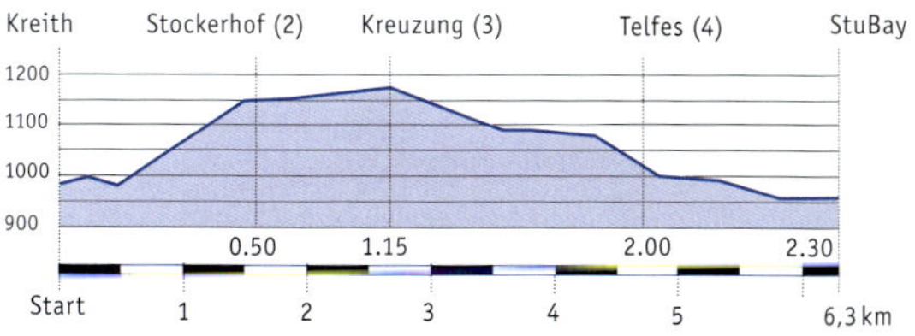

Nach Badespaß im Schwimmbad, oder – für Kinder ab sechs Jahren – verwegenen Sprüngen auf den Trampolinen im Airparc geht es zu einer der Haltestellen der Stubaitalbahn. Eine liegt ein wenig links hinter der Stubay-Freizeitanlage und die andere ein kleines Stück weiter rechts zurück nach Telfes im Ort.

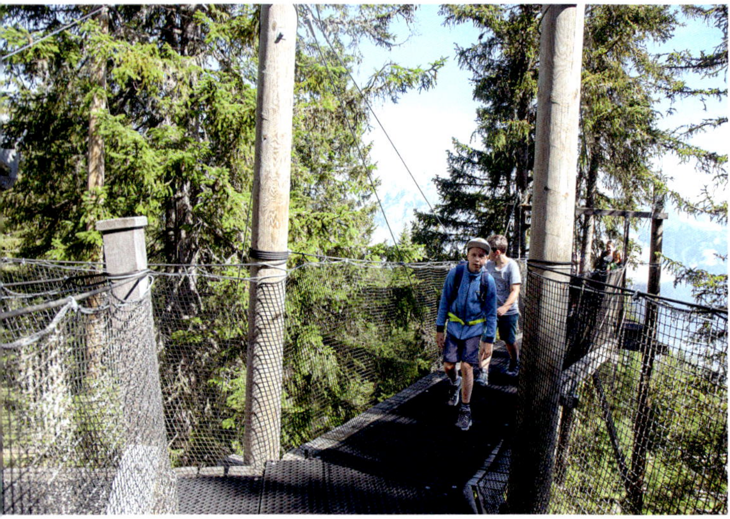

280 m

STRECKE

6,7 km

3 h

ab 6

Tour 16: Mutterer Alm und Birgitzer Alm

Farnwald, Baumelhäuser und Wasserspiele am Mühlrad

Von der Bergstation Mutterer Alm geht es erst einmal zu den Baumelhäusern. Die mit Seilen und Wackelbrücken verbundenen Holzhäuschen sind ein aufregender Spielplatz. Mit einer kurzen Rast am Speichersee steigen wir hinauf zur Birgitzer Alm. Am Ende der Tour warten an der Mutterer Alm weitere Attraktionen – zum Beispiel der Wasserpark-Spielplatz. Während die Eltern im Schatten der Bäume chillen, stauen die Kinder Wasser am Mühlrad und in langen Holzrinnen.

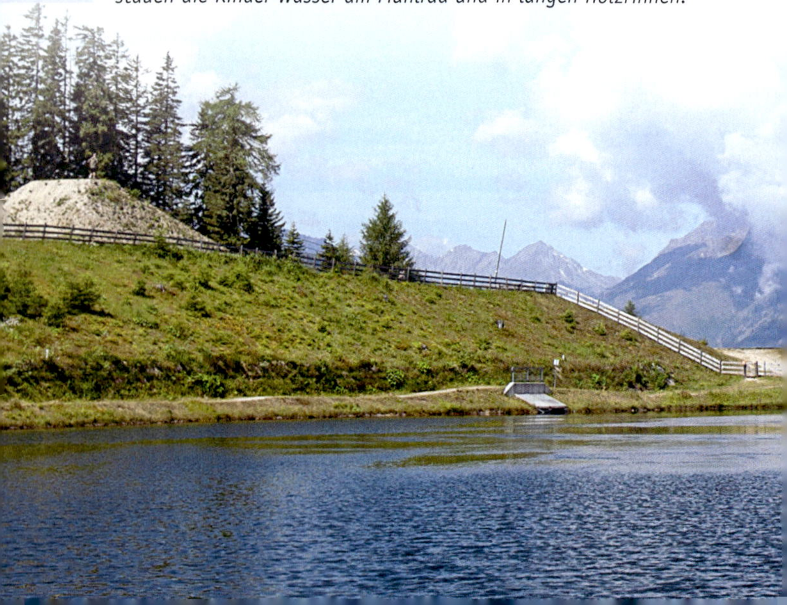

Wanderung: Von der Bergbahn geht es über einen Forstweg aufwärts zum **Spielplatz mit den Baumelhäusern** ①. Schilder weisen den Weg dorthin und weiter zum Speichersee. Wir nehmen aber einen Schleichweg, der oberhalb der Bäumelhäuser vom Areal des Spielplatzes nach rechts oben führt und uns direkt zum **künstlichen See** und seinen Picknicktischen bringt.

Wir gehen rechts am Wasser entlang und leicht bergab. An der **übernächsten Abzweigung** ② stoßen wir auf einen Wegweiser zur Birgitzer Alm und biegen links auf einen schattigen Wanderweg ab. Dabei unterqueren wir die Seile der Nockspitzbahn und folgen dem Weg erst geradeaus und dann um eine **scharfe Rechtskurve** abwärts.

Etwa 100 Meter hinter der Kurve geht es an der ersten **Kreuzung** ③ links hinauf in einen Wald, dessen Boden links und rechts des Steigs vollkommen von hohem Farn bedeckt ist. Diesem folgen wir immer geradeaus und steigen hinauf zur Birgitzer Alm. Heidelbeeren lösen die Farne ab. Wir kommen an einem Brunnen

TOUREN-STECKBRIEF

Anfahrt: Mit dem Auto geht es über die Brenner-Bundesstraße oder die Autobahn bis Innsbruck Süd, dann weiter Richtung Mutters. Ab Mutters sind die Mutterer Almbahnen ausgeschildert. Parkplatz bei **GPS N 47°13'20.0", E 11°22'01.6"**.

ÖPNV: Öffentlich gelangt man mit der Stubaitalbahn bis nach Mutters zur Haltestelle Nockhofweg/Mutterer Almbahnen. Von dort läuft man eine knappe halbe Stunde bergauf bis zur Bergbahn.

Muttereralmbahnen: Ende Mai bis Ende Oktober 9–17 Uhr, Erwachsene €17,50, Kinder 6–15 Jahre €10, Jugend 16–18 Jahre €12,50.

Anspruch und Charakter: Einfache Wanderung über gut ausgebaute Wanderwege und durch Farnwald bis zur Birgitzer Alm.

Markierung: Gelbe Wegweiser, rot-weiß-rote Markierungen an den Bäumen.

Highlights: Muttereralmpark mit Baumelhäusern, Speichersee und Wasserpark-Spielplatz.

Einkehr: Mutterer Alm, Birgitzer Alm, Götzer Alm.

In der Nähe: Muttereralmpark mit Downhillpiste und Mountain-Carts, Natterer See.

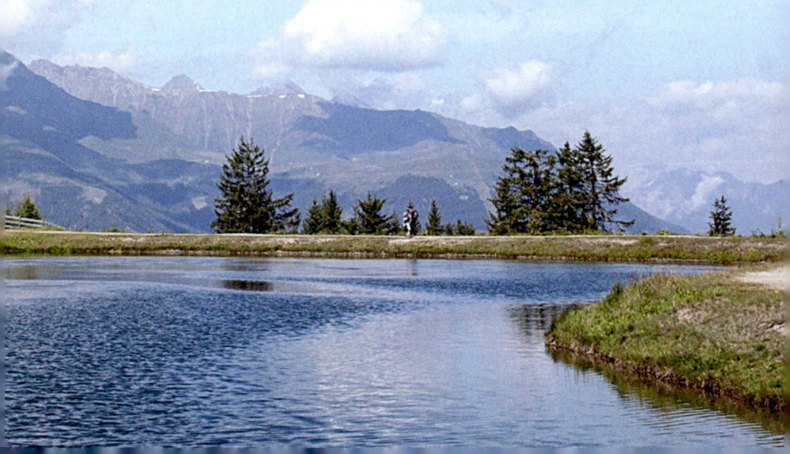

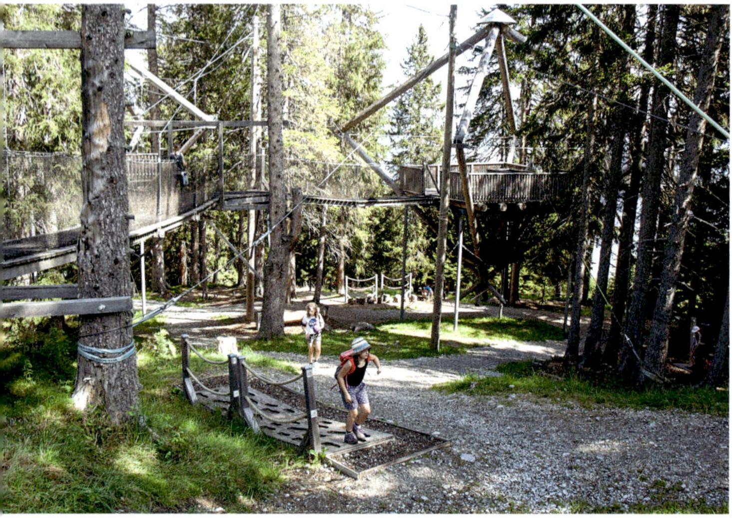

Variante für die Kleinsten
Wer nicht so weit gehen möchte, findet links vom Eingang zum Wasserspielplatz einen Wegweiser zur Hirschlacke, einem schönen naturbelassenen Biotop. Dieses erreicht man auf kurzen Beinen in einer guten halben Stunde. Dann nähert man sich dem Spielplatz wieder von unten.

vorbei. Dann hören wir das Bimmeln der Kühe und sehen die Hütte der **Birgitzer Alm** ④. Hier befinden sich ein weiterer Brunnen sowie ein kleiner Spielplatz.

Zurück geht es dann bis zur ersten **Kreuzung** ③ auf demselben Weg. Hier wandern wir dann links hinunter anstatt rechts hinauf.

Am nächsten **Wegkreuz** ⑤ biegen wir rechts auf die Forststraße ab, die von der drei Minuten entfernten Götzer Alm mit mäßiger Steigung hinauf zur Mutterer Alm führt. Nach einer Steigung

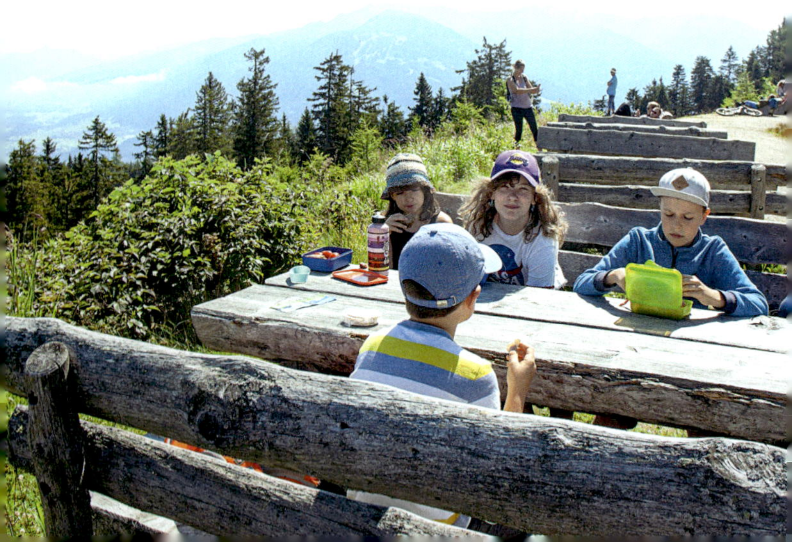

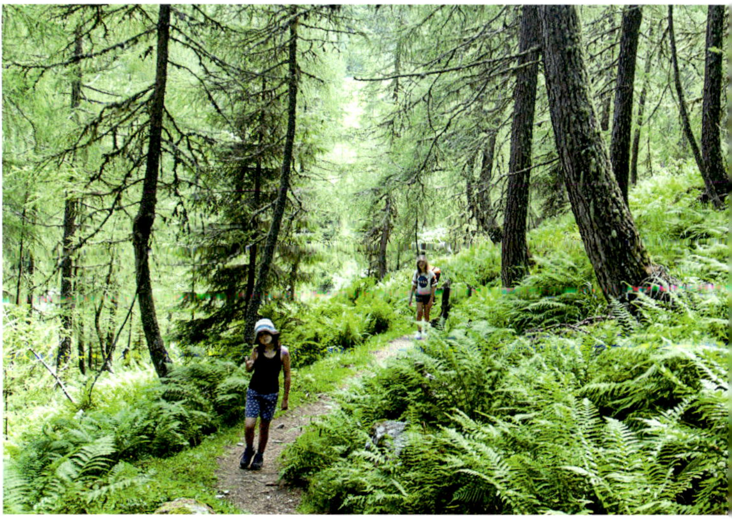

wird der Wirtschaftsweg abgelöst von einem schönen Waldweg. Dieser ist als Winterwanderweg beschildert und endet kurz vor der **Mutterer Alm** beim großen Wasserrad. Nachdem wir hier ausgiebig die Schweine in ihrem Gehege bewundert haben, biegen wir links ab zum **Wasserspielplatz** ⑥.

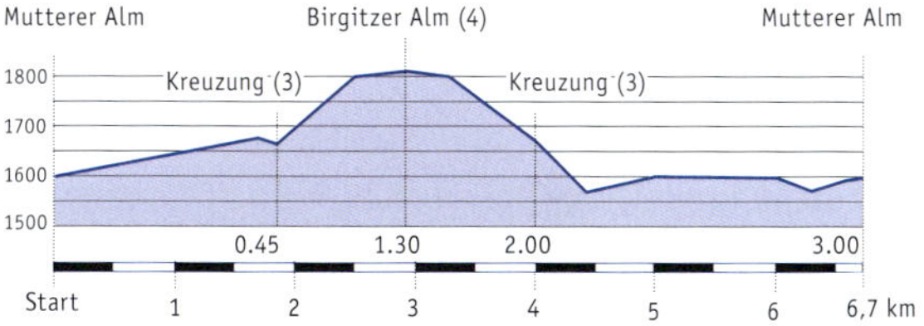

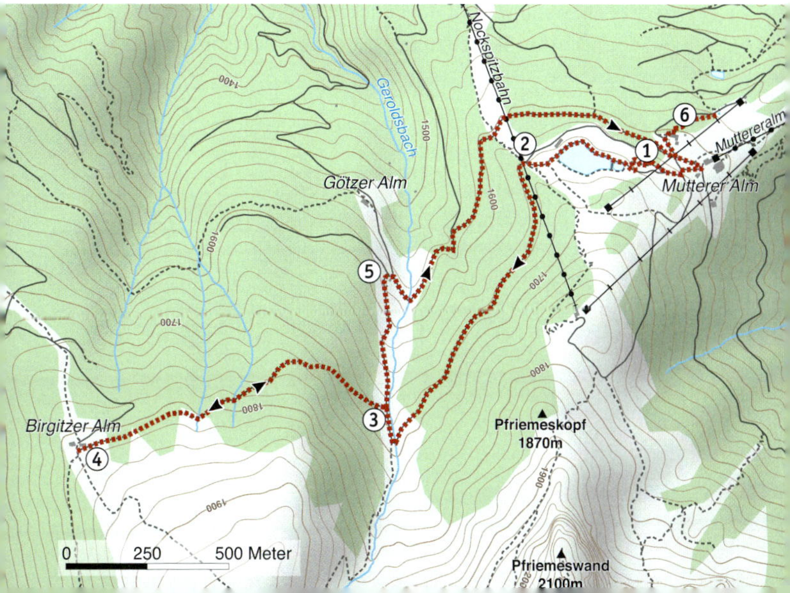

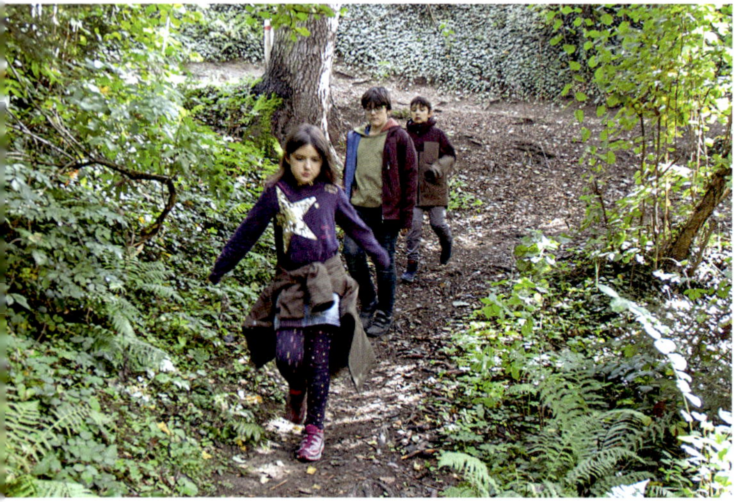

80 m

STRECKE 2,6 km

1 h

ab 4

Tour 17: Hohe Birga

Ein archäologischer Spaziergang auf den Spuren der Räter

Vorbei an malerischen Bauernhöfen geht es an den Rand des Dorfes Birgitz in den Wald und auf die Hohe Birga. Auf dem Hügel lebten vor über 2.000 Jahren die Räter in stattlichen Steinhäusern oberhalb eines kleinen Sees. Zurück spazieren wir wieder durch Wald und Dorf bis zum Rätermuseum, wo wir Interessantes über die prärömischen Siedler erfahren.

Wanderung: Vom **Dorfplatz in Birgitz** ① biegen wir nach rechts ab, wenn wir mit dem Rücken zum Springbrunnen stehen. An der nächsten **T-Kreuzung** ② geht es rechts in die malerische

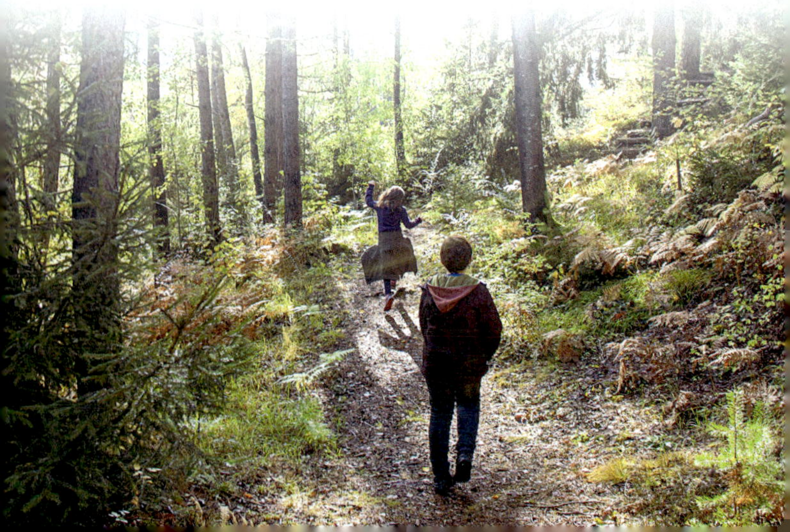

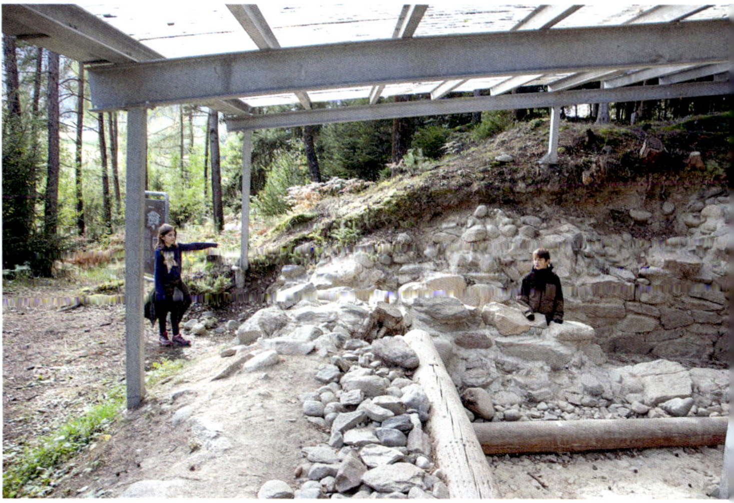

Obergasse und wir spazieren an hübschen Bauernhäusern vorbei. An der folgenden **Wegkreuzung** wählen wir die links abzweigende Fuchsgasse und spazieren in einem Bogen durch Felder und Wiesen bis an den **Waldrand** ③. Hier steht ein Wegweiser zum Akademikersteig und zu den archäologischen Ausgrabungen.

Wir folgen dem Pfad in den Wald und halten uns bei den nächsten beiden Abzweigungen links. Dann verlassen wir den Wald und erreichen eine Siedlung. Bei der nächsten Möglichkeit, rechts wieder in den Wald abzubiegen, beginnt der **archäologische Lehrpfad** ④. Hier befinden sich die erste Schautafel und die erste Ausgrabung. Der Pfad führt den Berg hinauf und

TOUREN-STECKBRIEF

Anfahrt: Von Innsbruck aus geht es auf der B 174 Richtung Wilten/Westbahnhof. Bei der Beschilderung Richtung Autobahnen/Götzens/Axams abbiegen, der Egger-Lienz-Straße stadtauswärts folgen. Dort aber nicht auf die Autobahn fahren, sondern auf der Landstraße in Richtung Völs, Axams und Götzens. Die nächste Abzweigung geht es dann links nach Birgitz auf die Götzner Landstraße (L 12). Der Landstraße für etwa vier Kilometer folgen bis Götzens und im Ort rechts nach Birgitz abbiegen. Nach einem Kilometer und kurz hinter dem Minigolfplatz geht es rechts zum Dorfplatz von Birgitz. Hier gibt es bei **GPS N 47°14'10.0", E 11°17'59.8"** ein paar Parkplätze.

ÖPNV: Regionalbus Linie 4162 von Innsbruck Hauptbahnhof nach Birgitz, Haltestelle Dorfplatz.

Museum: Geöffnet von Mai bis Oktober, Sa 15–18 Uhr, So 16–18 Uhr. Eintritt frei, Spenden erwünscht.

Anspruch und Charakter: Dorf- und Waldspaziergang zu den Ausgrabungen auf der Hohen Birga, einer Anhöhe im Wald. Strecke weitgehend kinderwagentauglich bis auf das archäologische Areal selbst.

Markierung: Gelbe Wegweiser.

Highlights: Rätermuseum, archäologischer Lehrpfad mit anschaulichen Ausgrabungen.

Einkehr: Café am Dorfplatz mit hausgemachten Kuchen, Golfwirt.

In der Nähe: Minigolfplatz beim Golfwirt in Birgitz, Völser Badl.

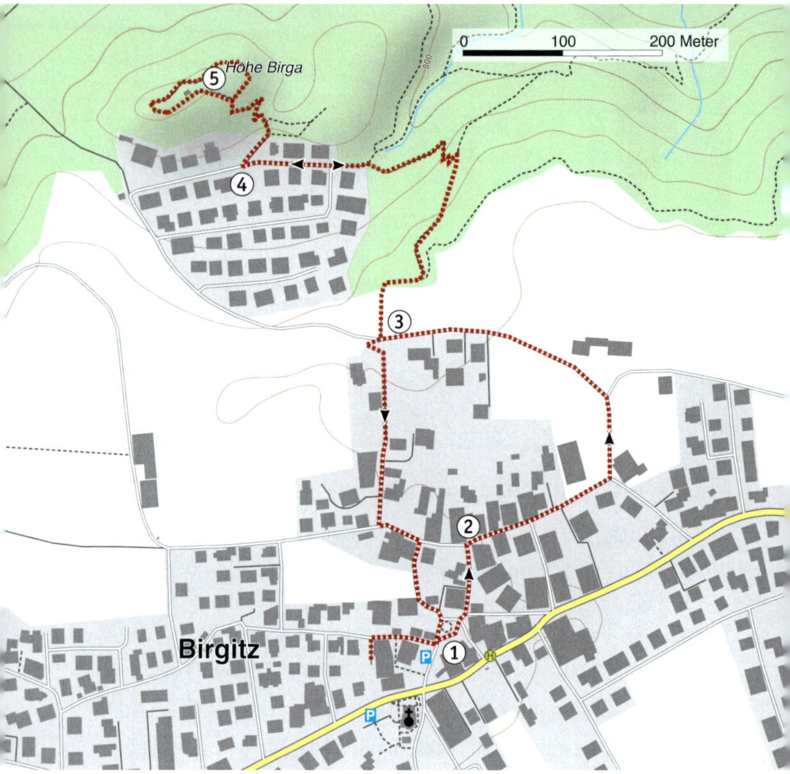

Ein Audioguide für das Smartphone kann für die Wanderung gratis über die Hearonymus-App heruntergeladen werden. Er bietet viel Hintergrundwissen auf dem archäologischen Lehrpfad »Hohe Birga«. www.hohe-birga.at

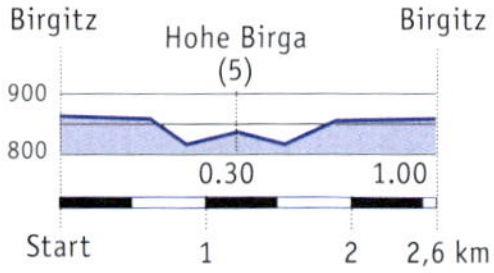

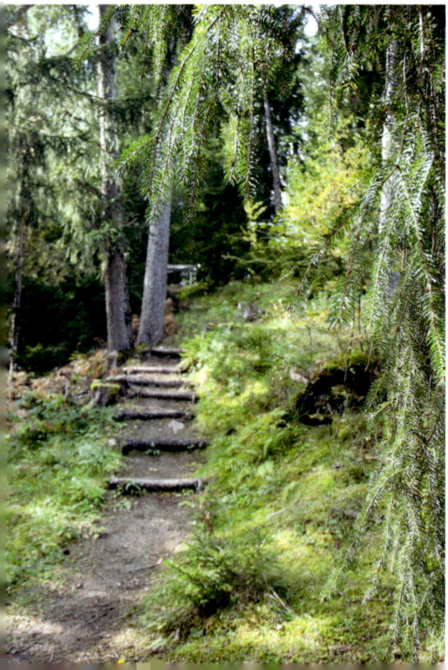

umrundet den **Hügel mit den Ausgrabungen** ⑤. Einen Teil der Häuser hat man rekonstruiert, Picknicktische sind ebenfalls vorhanden.

Dann gehen wir durch das Wäldchen zurück zur **Kreuzung** ③. Hier überqueren wir die Straße und folgen einem Fußweg, der uns immer geradeaus zurück ins Dorfzentrum bringt. Vom Dorfplatz sind es nur ein paar Schritte bis zum Rätermuseum, in dem die Fundstücke aus der Siedlung zu sehen sind.

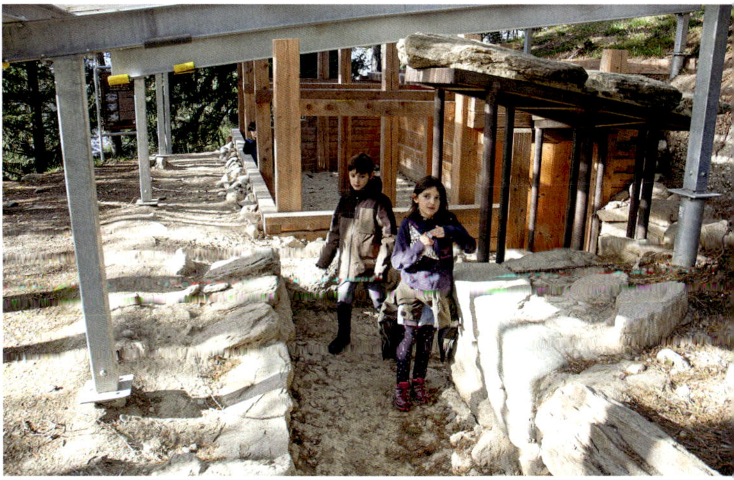

Die Räter in Tirol

Rätermuseum Birgitz
Geöffnet von Mai bis Oktober, Sa 15 – 18 Uhr, So 16 – 18 Uhr. Eintritt frei, Spenden erwünscht.

Vor über 2.000 Jahren war Tirol von den Rätern besiedelt. Diese sind Nachfahren der Etrusker, einer prärömischen Volksgruppe, die in Mittelitalien lebte und hierher auswanderte. Die Sprachen der beiden Völker weisen Übereinstimmungen auf, doch leider sind beide ausgestorben. Zur Entschlüsselung der Schriften bräuchte man alte Übersetzungen ins Lateinische oder Altgriechische, aber bisher hat man keine gefunden. Die Schriftzeichen der geheimnisvollen alten Sprache können wir im Rätermuseum angucken. Auch die dort ausgestellten Kulturgüter wie Schmuckstücke und Werkzeuge verraten viel über die weit entwickelte Kultur der frühen Siedler.

In der archäologischen Ausgrabung der ehemaligen Rätersiedlung sind von zwei Wohnhäusern bis zu zwei Meter hohe Mauern erhalten. Die Siedlung wurde schon vor dem Zweiten Weltkrieg entdeckt, geriet aber in den 1950er Jahren in Vergessenheit. Archäologen der Universität Innsbruck haben die Gebäudereste 2010 freigelegt und teilweise rekonstruiert. Zwei weitere Häuser sind noch in Bearbeitung.

Die mehrstöckigen Bauwerke aus Steinquadern, Lehm und Holzkonstruktionen geben einen guten Einblick in die Handwerkskunst und das hohe technische Verständnis der prärömischen Siedler. Schautafeln informieren über ihre Lebensweise. Das Rätermuseum im Dorfzentrum zeigt weitere Funde der Ausgrabungen wie Waffen, Werkzeuge und kunstvoll gearbeitete Fibeln (Anstecknadeln). Ein kurzer Film erklärt Kindern auf spielerische Weise die Lebensweise und Kultur der Räter.

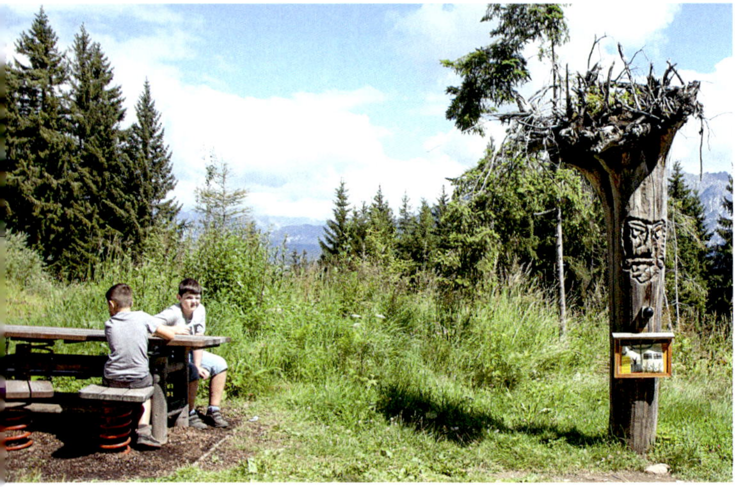

230 m

STRECKE 4,2 km

2 h

ab 4

Tour 18: Auf dem Baumbartl-Weg

Baumgeister und Diskusgolfen am Rangger Köpfl

Auf dem Geisterweg folgen wir der Spur der sprechenden Baumbartels – das sind lustige, zerzauste Baumwurzelmänner. Kleinere Kinder lauschen fasziniert den Tonband-Stimmen, die Sagen aus der Bergwelt erzählen oder eine Rätselfrage stellen. Kinder, die die Rätsel lösen, erhalten am Ende der Wanderung einen Schatz.

Für größere Kinder und Erwachsene ist eher das Diskusgolfen ein Highlight, das uns einen kurzweiligen Rückweg über die Skipisten beschert. Auch die Einkehr an der Sulzstichhütte mit ihrer Snowtube-Bahn, die ganz ohne Schnee funktioniert, und die gigantischen Ameisenhaufen am Weg begeistern die Kids.

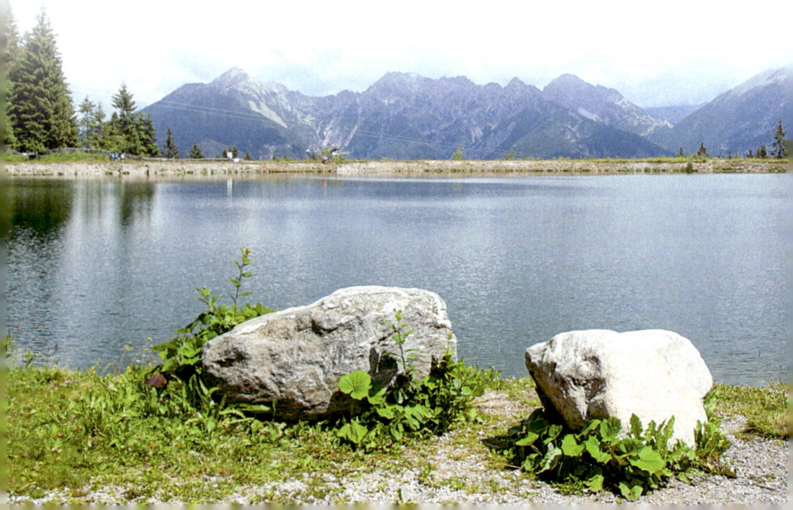

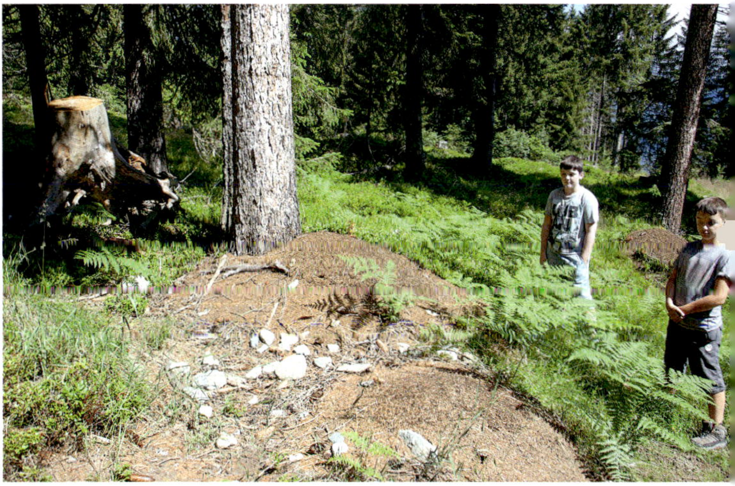

Wanderung: Von der **Gondelstation Stiglreith ①**, die wir mit der ersten Bergbahn erreichen, geht es hinauf von Baumbartl zu Baumbartl bis zur Bergstation der zweiten Bahn. Die umgestülpten Bäume ziert ein Gesicht und was ehemals Wurzeln waren, sind jetzt wilde Haare. Drückt man auf den Knopf am Baum, beginnen die Baumbartls zu sprechen und stellen ihre Rätselfragen. Die Lösung wird dann in das Buch zur Rätsel-Rallye eingetragen.

Am Ende des Geisterwegs wählen wir den Trampelpfad in der Mitte, der auf direktem Weg zum **Ufer des künstlichen Sees ②**

TOUREN-STECKBRIEF

Anfahrt: Über die Autobahn Richtung Bregenz bis zur Ausfahrt Zirl Ost/Kematen/Oberperfuss. Auf der Bundesstraße weiter in Richtung Sellraintal bis zur Abzweigung (Kreisverkehr) nach Oberperfuss, Unterperfuss und Ranggen. Dann der Beschilderung zu den Bergbahnen Oberperfuss/Rangger Köpfl folgen. Ab dem Kreisverkehr sind es noch zwei Kilometer bis Oberperfuss. Parklatz bei **GPS N 47°14'45.4", E 11°14'18.3"**.

ÖPNV: Der Regionalbus 4165 von Innsbruck Hauptbahnhof fährt stündlich zur Station Oberperfuss Rangger Köpfl Lift (Fahrtzeit 50 Minuten). Nicht alle Busse halten vor dem Skilift. Am besten den Fahrer fragen, wo man am günstigsten aussteigt.

Bergbahnen Rangger Köpfl: Geöffnet Mai, Juni, Oktober nur an Wochenenden und Feiertagen bei gutem Wetter. Juli bis Mitte September Mi bis Fr 9 – 17 Uhr, Wochenende 8.30 – 17 Uhr.
Berg- und Talfahrt bis zur Mittelstation Stiglreith €14, Kinder 7 – 14 Jahre €6, Jugend 15 – 18 Jahre €10.

Anspruch und Charakter: Einfache Wanderung auf Spielpfaden für Kinder. Zusätzliche Zeit für die Stationen einrechnen.

Markierung: Der Baumbartl-Geisterweg und das Diskus-Spiel sind mit hölzernen Wegweisern versehen.

Highlights: Diskusgolfen, sprechende Bäume, Rätsel-Rallye, Beeren im Sommer, Pilze im Herbst, Snowtube-Bahn bei der Sulzstichhütte.

Einkehr: Sulzstichhütte, Panoramarestaurant Stiglreith.

In der Nähe: Trampolinpark Flip Lab, Freibad Völser Badl, Indoorspielpark Joy, Ponyreiten am Schneiderhof.

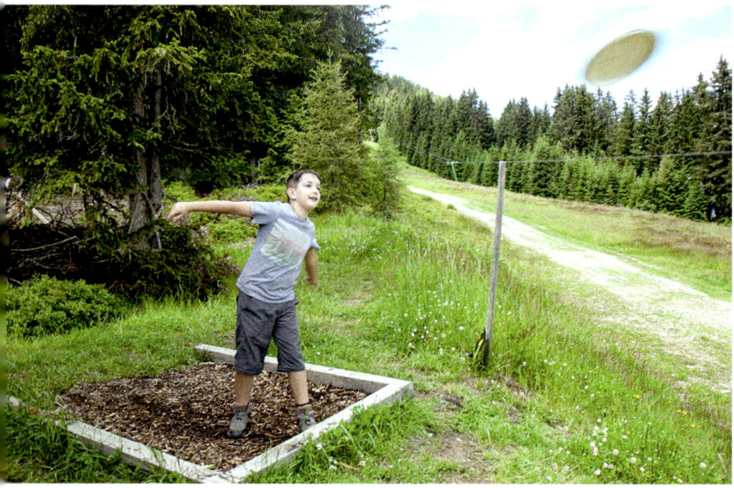

führt. Wir umrunden die Wasserfläche und treffen oberhalb des Sees auf einige tolle **Schaukeln im Wald** und etwas darunter auf einen letzten Baumbartl.

Bevor es wieder abwärts geht, lohnt die Einkehr bei der **Sulzstichhütte** ④. Am Gasthof gibt es einen kleinen Spielplatz und die Reifenrutsche begeistert auch die größeren Kids. Eltern mit ganz kleinen Wanderern könnten nun einfach mit der Gondel wieder ins Tal fahren, für die Größeren wird es jetzt erst richtig spannend.

An der **Bergstation der oberen Bahn** ③ bekommen wir gegen Kaution (€ 10 pro Diskus) unsere fliegenden Scheiben. Sie müssen in Körben mit Eisengittern eingelocht werden. Die Ergebnisse der

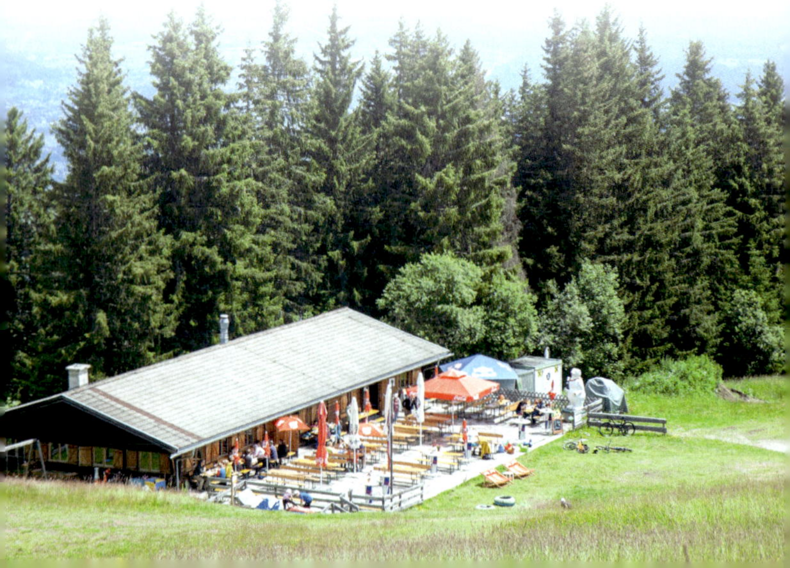

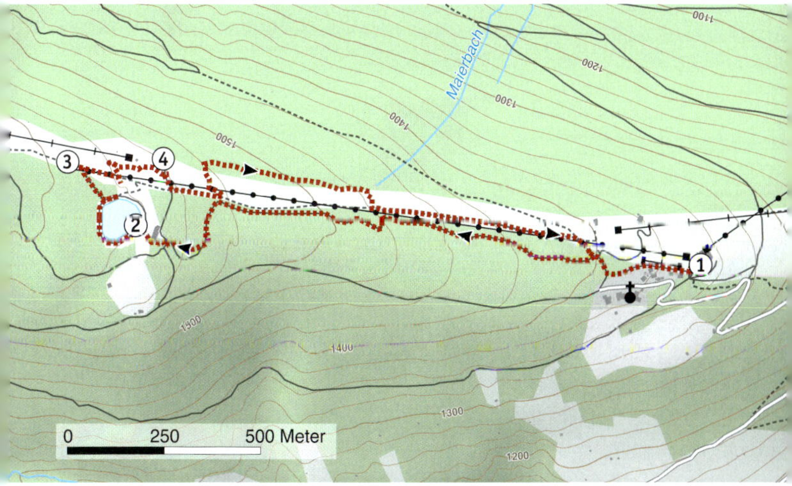

Würfe werden wie beim Minigolf auf einem Zettel vermerkt. Das Spiel verkürzt uns den Rückweg, der teils über die Wiesen und teils durch den Wald führt. Die nummerierten Diskus-Wurfziele führen uns den Berg hinunter. Von der Wiese biegen wir nach links in den Wald ab. Die nächsten Stationen befinden sich auf einem schattigen Forstweg.

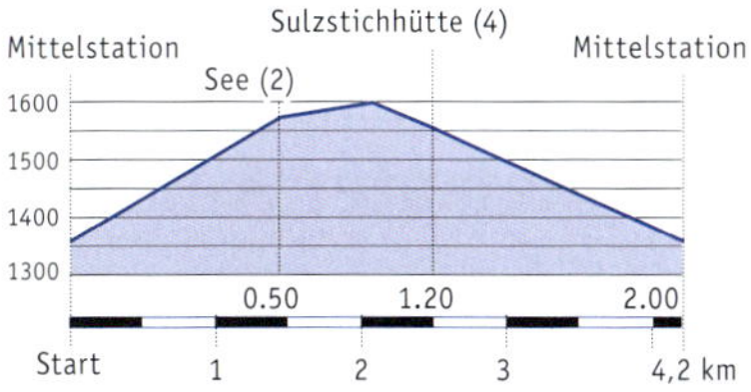

Dann kehren wir auf die große abschüssige Wiese zurück, die im Winter als Skipiste genutzt wird. Schließlich treffen wir wieder auf den Baumgeisterweg und auf die **Mittelstation Stiglreith**. Einige Diskus-Stationen befinden sich noch unterhalb der Gondelstation.

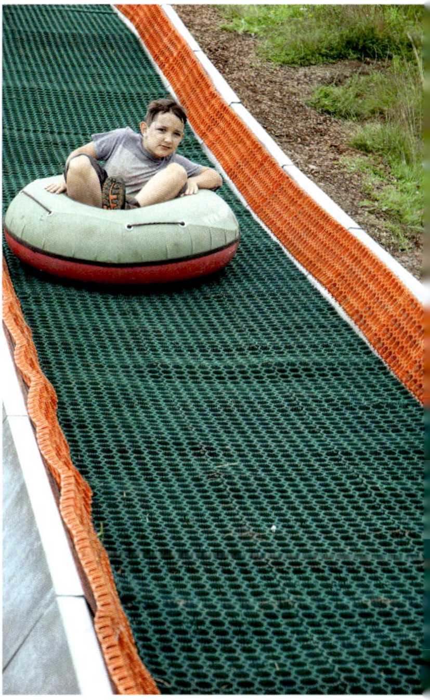

Wir geben Stift und Wurfscheiben beim Bergbahn-Personal ab, bevor wir in die Gondel steigen. Unten erhalten die Kinder dann noch ihr Überraschungsgeschenk aus der Schatzkiste beim Kassenhäuschen für die Teilnahme an der Rätsel-Rallye am Geisterweg.

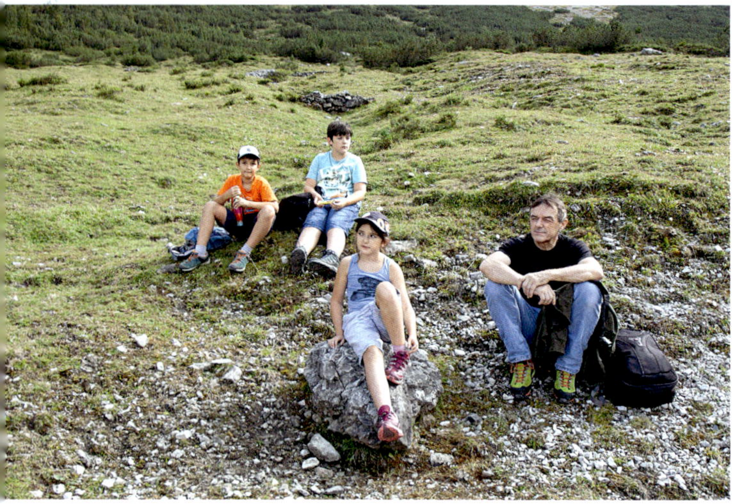

430 m

STRECKE 6,2 km

3 h 15

ab 8

Tour 19: Kemater Alm und Sonntagköpfl

Wanderung vor den Dolomiten Nordtirols

Das Senderstal bei Grinzens ist ein Juwel unberührter Natur. Über ihm wachen die Kalkkögel, die Dolomiten Nordtirols. Wir starten von der Kemater Alm und erklimmen das Sonntagsköpfl über hochalpine Bergsteige.

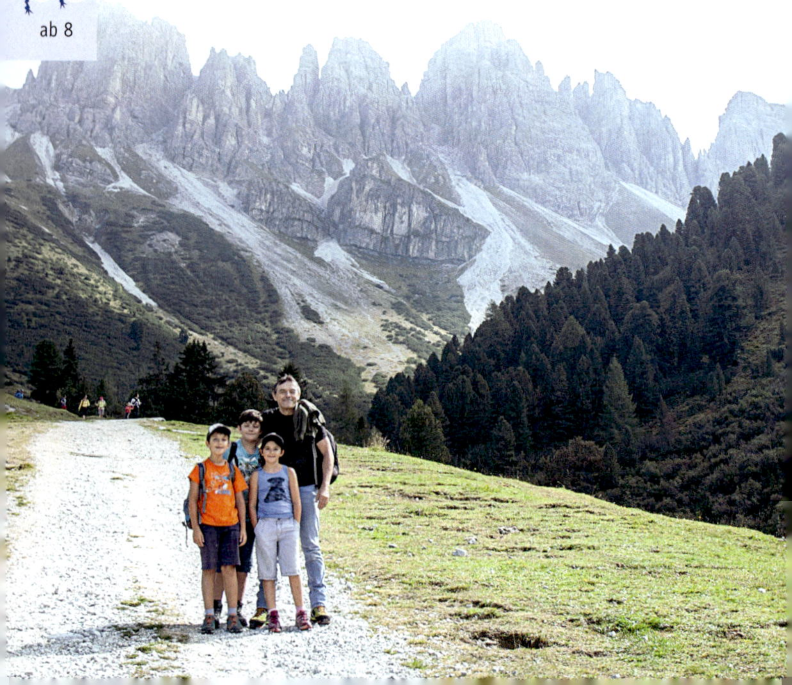

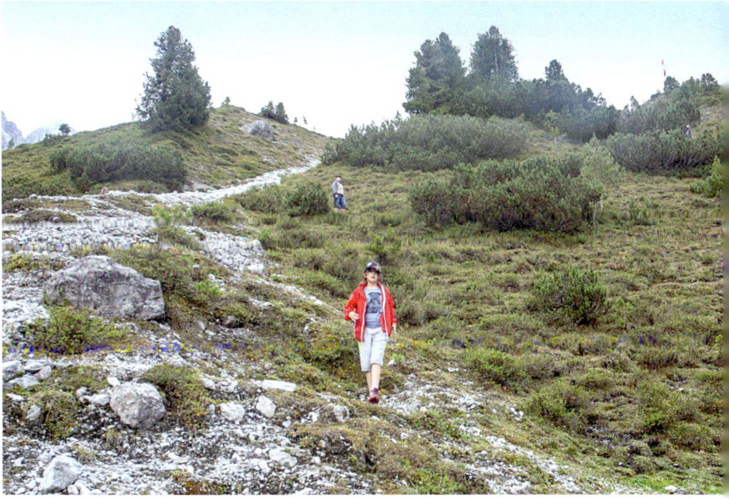

Wanderung: Von der **Kemater Alm** wandern wir auf einem breiten Wanderweg bergauf. Der Sendersbach befindet sich zu unserer Rechten, links taucht schon bald das majestätische Panorama der Kalkkögel auf. Nach einer Weile überqueren wir das seichte Wasser eines **Baches** ①. Der Weg führt nun in Serpentinen steil nach oben zur **Adolf-Pichler-Hütte** ②, die bereits ab und an zu sehen ist. Die Kinder nehmen gerne Abkürzungen und klettern auf geradem Weg nach oben.

Nach einer Einkehr in der Hütte und einem ausgiebigen Besuch des Spielplatzes machen wir uns auf zur zweiten Etappe. Jetzt

TOUREN-STECKBRIEF

Anfahrt: Von Innsbruck geht es ein kurzes Stück auf der Autobahn Richtung Landeck. Kurz nach der Stadtgrenze bei der Ausfahrt Kematen verlassen wir die Autobahn und fahren durch den Ort Kematen hindurch Richtung Sellrain/Kühtai, biegen dann aber auf die Axamer Straße und kurz vor Axams nach Grinzens ab. In Grinzens geht es nach einer Rechtskurve scharf links weg. Hier stehen Wegweiser zum Sportcafé und zum Senderstal. An der offenen Schranke muss man halten und sich ein Ticket (€3) am Automaten ziehen. Es handelt sich ab hier um eine Mautstraße. Diese wird bald sehr eng und kurvig. Es passt immer nur ein Auto durch und eines muss ausweichen. Jetzt geht es immer entlang am wilden Sendersbach, vorbei an einem Parkplatz bis zur Kemater Alm auf 1.670 Metern mit kostenfreien Parkplätzen bei **GPS N 47°10'39.4", E 11°15'55.9"**.

Anspruch und Charakter: Landschaftlich beeindruckende Wanderung am Fuße der Kalkkögel, zuerst über Forst- und Wanderwege bis zur Adolf-Pichler-Hütte, dann über hochalpine Steige bis zum Gipfelkreuz am Sonntagsköpfl.

Markierung: Gelbe Wegweiser, rot-weiß-rote Markierungen im alpinen Gelände.

Highlights: Spielplatz an der Adolf-Pichler-Hütte mit kleiner Boulder-Wand, Gipfelkreuz Sonntagsköpfl, Kalkkögel.

Einkehr: Kemater Alm, Adolf-Pichler-Hütte.

In der Nähe: Grinzens, Freizeitzentrum Axams mit Freibad, Indoorspielpark Joy, Trampolinpark Flip Lab, Freibad Völser Badl.

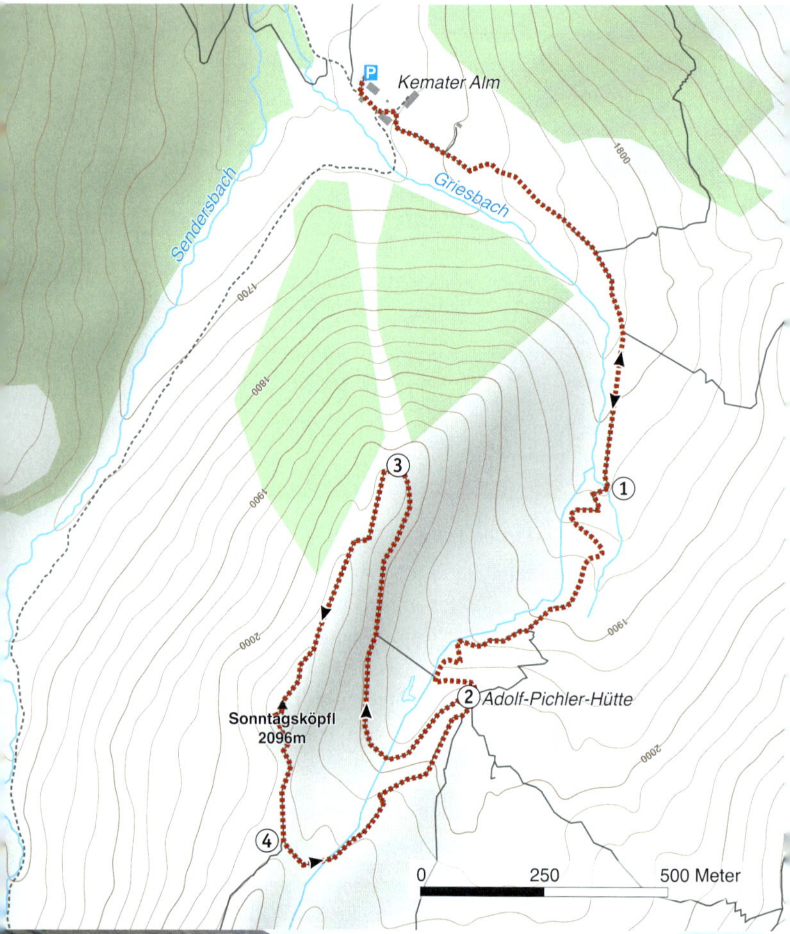
Kemater Alm
Griesbach
Sendersbach
1800
1700
1800
1900
2000
1900
2000
Sonntagsköpfl
2096m
Adolf-Pichler-Hütte
1
2
3
4
0
250
500 Meter

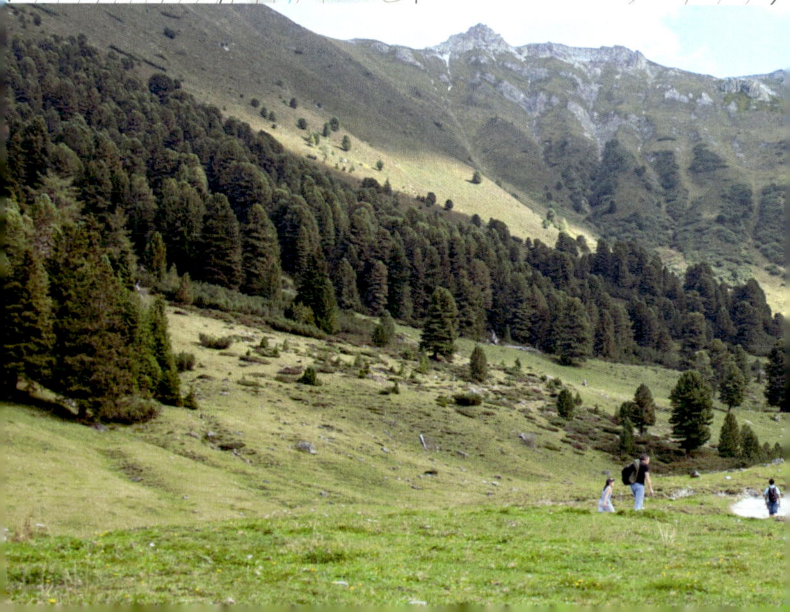

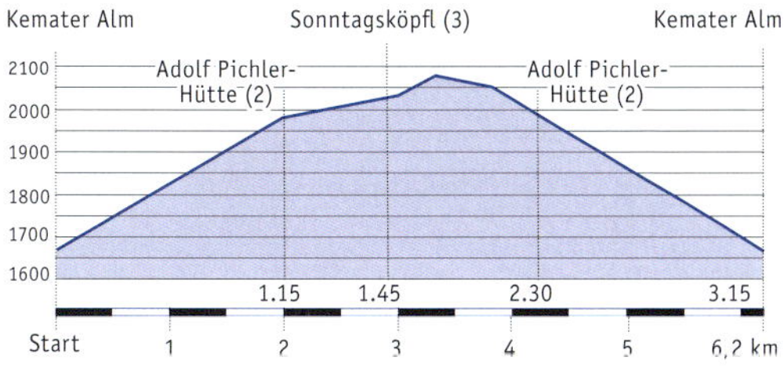

geht es oberhalb des Spielplatzes auf einem Trampelpfad nach rechts. In einem Bogen führt der Steig bis zum Gipfelplateau des **Sonntagsköpfls** ③. Am Gipfelkreuz belohnt ein wunderbarer Blick über das Inntal für den Aufstieg. Drehen wir uns um, sehen auch die Kalkkögel um einiges imposanter aus als von unten.

Wir lassen das Gipfelkreuz hinter uns und marschieren über die flache Hochebene. Hier steigt der schmale Steig jetzt noch einmal etwas an und führt auf dem Grat entlang. Dieser Abschnitt des Weges erfordert Trittsicherheit. Jüngere Kinder sollte man am besten an die Hand nehmen. Es gibt einige Felsen zum Klettern und rechts blickt man ins bewaldete, einsame Senderstal.

Wir überqueren den höchsten Punkt des Berges und steigen zwischen Preiselbeersträuchern wieder hinab, bis nach etwa 20 Minuten **gelbe Wegweiser** ④ vor uns auftauchen. Wir biegen hier links ab und nähern uns in einem weiten Bogen über wellige Bergwiesen wieder der **Adolf-Pichler-Hütte** ②. Von hier gehen wir auf vertrautem Weg zurück zum Parkplatz an der Kemater Alm.

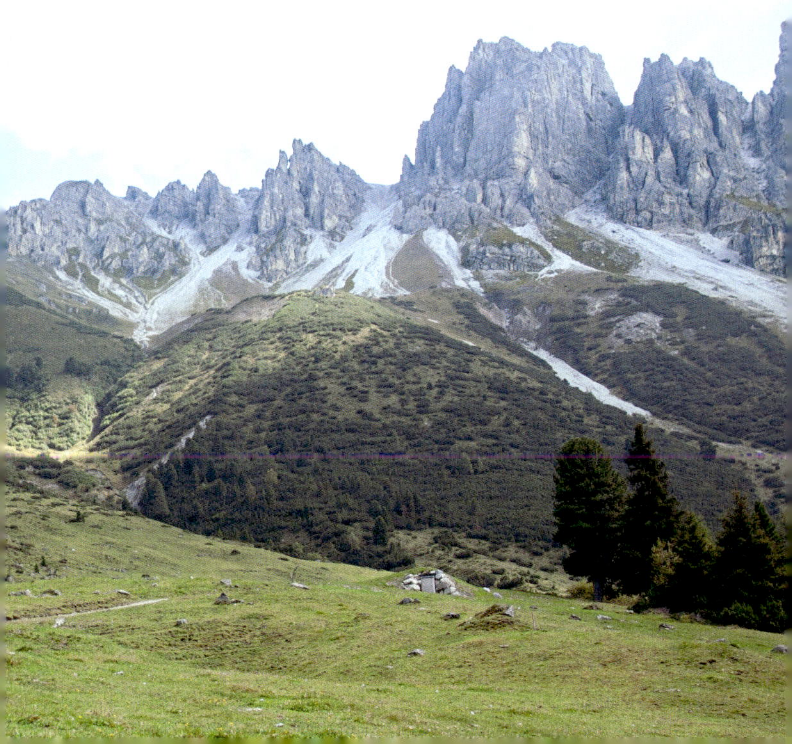

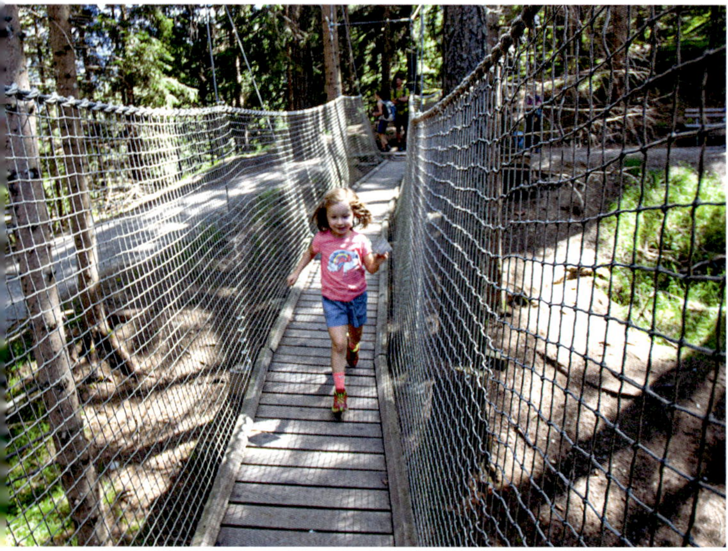

Tour 20:
Auf dem Baumhauspfad

50 m
400 m
STRECKE 5,5 km
2 h 15
ab 6

Ein spannender Abstieg ins Stubaital

Der Baumhauspfad führt von der Mittelstation der Kreuzjochbahn im Skigebiet »Schlick 2000« ins Tal hinab. Nach einer Einkehr an der Fronebenalm, die über einen schönen Spielplatz, ein Hasengehege und einen Hühnerhof mit Küken verfügt, geht es von Baumhaus zu Baumhaus. Jedes der sieben Bauwerke ist ein anderes Wohnhaus für Zwerge. Über Treppen und Seilbrücken können die Kinder Zwergenküche, Schatzkammer und das Schlafzimmer der Zwerge besuchen, schaukeln, klettern, Musik machen und per Stempelkarte an einer Rallye teilnehmen.

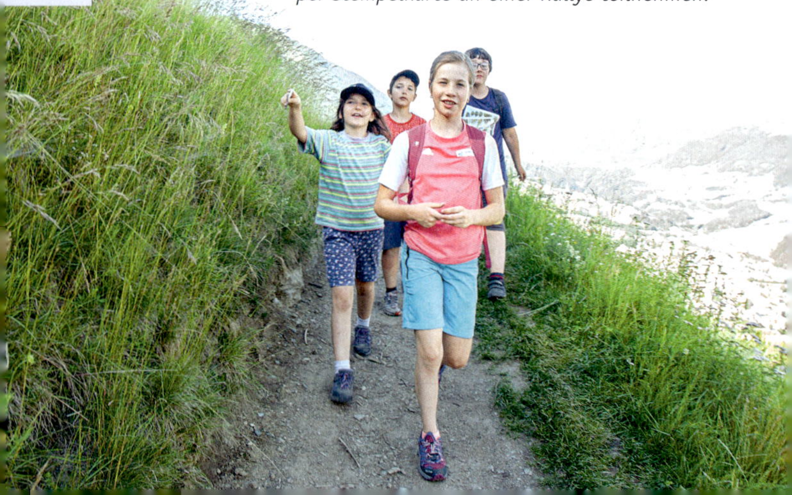

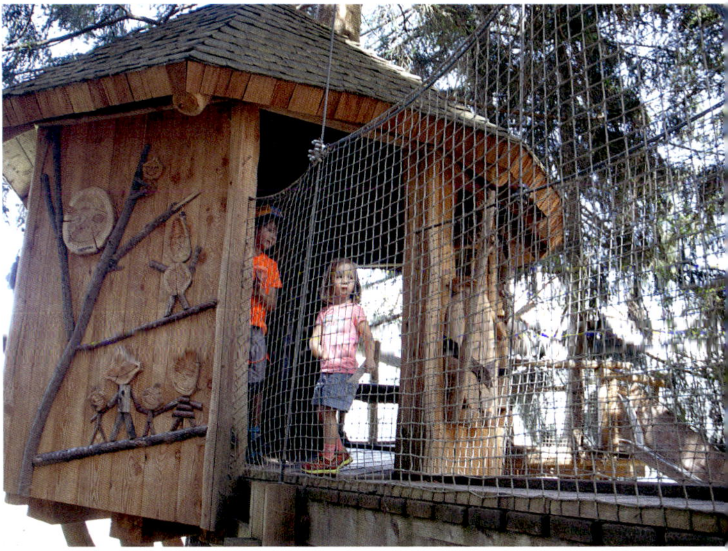

Wanderung: Von der Mittelstation der Kreuzjochbahn geht es an der **Bruggeralm** ① nach rechts und abwärts. Hier ist der **Start des Baumhauswegs** markiert und wer noch kein Stempelbüchlein hat, kann sich hier eines aus dem Holzkasten nehmen. An jeder der sieben Baumhausstationen befindet sich eine Stempelstation – wer alle gesammelt hat, bekommt am Gasthof Vergör, an der Bruggeralm oder an der Kasse der Gondelstation einen Zwergenschatz!

TOUREN-STECKBRIEF

Anfahrt: Über die Brenner-Autobahn geht es bei der Ausfahrt Schönberg ins Stubaital (Europabrücken-Teilstrecke €3 einfach). Von der Landstraße nach Fulpmes abbiegen. Die Talstation des Ski- und Wanderzentrums »Schlick 2000« ist tadellos ausgeschildert. Dort gibt es bei **GPS N 47°09'23.1", E 11°20'45.0"** einen großen kostenlosen Parkplatz und oben, direkt bei der Gondelstation, eine kostenpflichtige Tiefgarage.

ÖPNV: Mit dem Bus Nr. 590 gelangt man vom Innsbrucker Hauptbahnhof bis nach Fulpmes. Da der Anschlussbus zur Schlick 2000 oftmals erst 30 Minuten später fährt, ist es ratsam, in etwa 20 Minuten hinauf zur Gondelstation zu laufen.

Bergbahn: Juni bis Anfang Oktober täglich von 9–17 Uhr. Bergfahrt bis zur Mittelstation Froneben €10,50, Kinder 9–15 Jahre €5, Jugend bis 18 Jahre €8,40, Kinder unter 8 Jahren in Begleitung eines zahlenden Erwachsenen frei.

Anspruch und Charakter: Einfache Wanderung von Baumhaus zu Baumhaus, größtenteils durch den Wald und am Ende des Baumhauswegs auf einer nachmittags schattigen Forststraße weiter ins Tal.

Markierung: Gelbe Wegweiser und Baumhauspfad-Schilder.

Highlights: Fronebenalm mit Streichelzoo und großem Holz-Spielplatz, sieben wundervoll gestaltete Baumhaus-Spielplatz-Stationen.

Einkehr: Bruggeralm, Fronebenalm, Gasthof Vergör.

In der Nähe: Greifvogelpark Telfes, Bad und Airparc Stubay, Hochseilgarten bei Fulpmes, Kampler See.

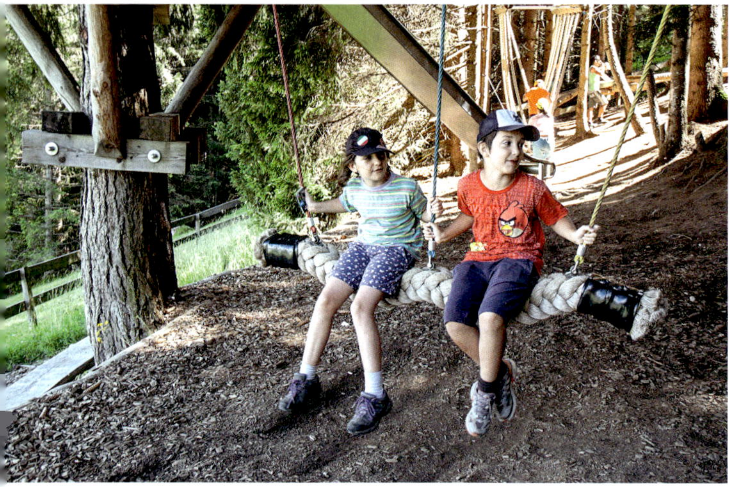

Variante mit größeren Kindern

Wer die komplette Erlebniswelt der Bergbahnen Schlick 2000 kennenlernen möchte, ist an einem Tag gut beschäftigt. Familien mit größeren Kindern können dazu die Touren 20 und 21 verbinden.

Ansonsten lässt sich der Baumhauspfad auch mit dem Scheibenweg kombinieren. Da der Wanderweg entlang der in Holzbahnen rollenden Scheiben nur von oben nach unten funktioniert, steigt man zuerst von der Mittelstation in einer knappen Stunde zum Speichersee hinauf. Die Holzscheiben muss man zuvor an der Talstation ausleihen.

Schon kurz hinter der ersten Station bietet die **Fronebenalm** ② die nächste Möglichkeit für eine Pause. Neben einem kreativen Holz-Spielplatz und einem Brunnen gibt es hier Hasen und Küken zu bewundern. Dann geht es wieder auf den Wanderweg, auf den wir – mit der Alm im Rücken – nach links einbiegen. Ein Baumhaus ist fantasievoller gestaltet als das andere und die Kinder wollen bei jedem gerne lange spielen. Viel Zeit einzuplanen, ist hier eine gute Idee!

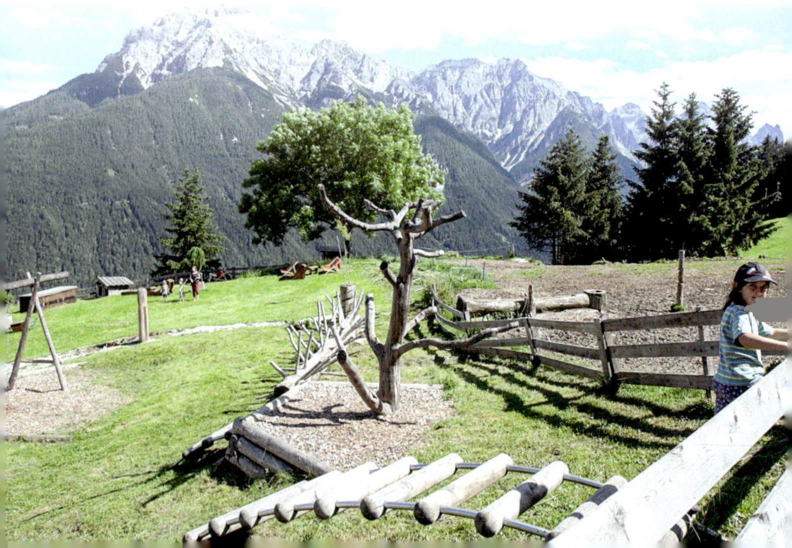

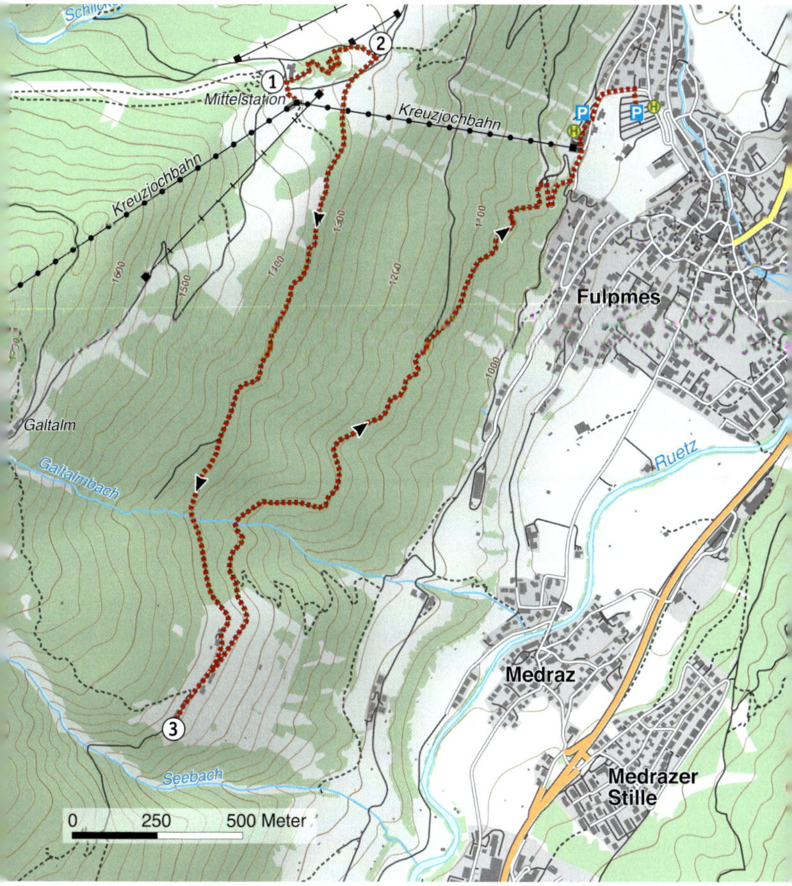

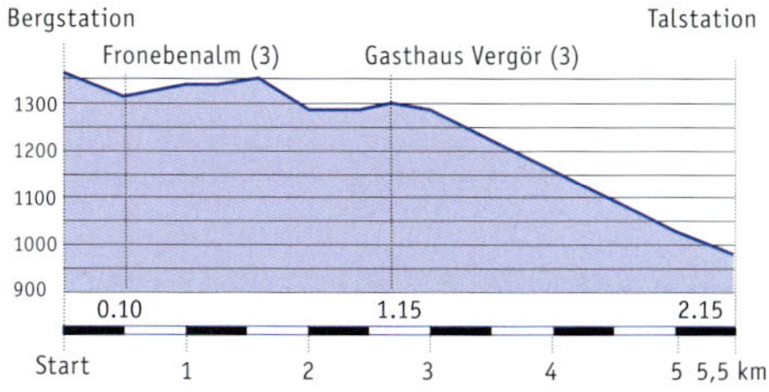

Nach der Station Nr. 6, dem Schlafzimmer der Zwerge, verlassen wir den Wald, überqueren eine Wiese und treffen hinter dem Hof auf eine Teerstraße. Rechts geht es hier leicht aufwärts zum **Gasthof Vergör** ③. Kurz dahinter befindet sich das letzte Baumhaus.

Nach einer Einkehr im Biergarten wandern wir die letzten 200 Meter zurück und bei den **gelben Wegweisern** rechts abwärts durch blühende Bergwiesen. Mit etwas Glück kann man zuschauen, wie das hohe Gras mit der Sense gemäht wird, denn anders funktioniert es bis heute nicht an den steilen Hängen. Wir folgen dem Forstweg immer abwärts und erreichen in einer knappen Stunde den **Parkplatz in Fulpmes**.

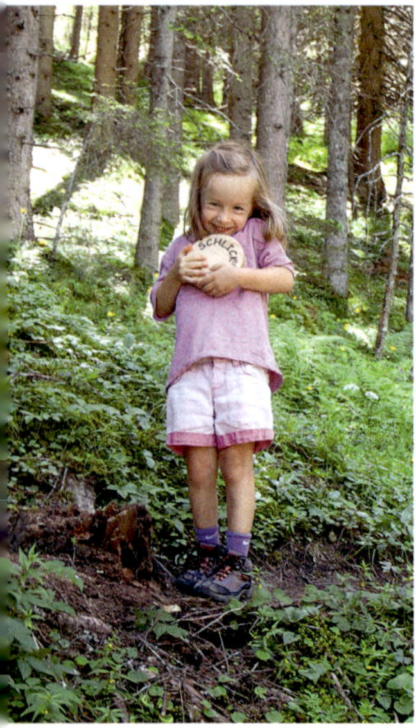

Tour 21: Auf dem Scheibenweg

Naturlehrpfad am Kreuzjoch und Gaudi mit rollenden Holzscheiben

Die informativen Stationen am Naturlehrpfad erzählen uns Wissenswertes über die Geologie in der hochalpinen Landschaft und die hier heimischen Tiere und Pflanzen. Das für die Gegend um Innsbruck und den Karwendel so typische Kalkgestein bildet bizarre Gipfelformen, die Kalkkögel genannt werden. Das brüchige und überaus poröse Gestein sorgt außerdem dafür, dass immer genügend Material für »Stoamandl« zu ihren Füßen herumliegt.

Zur Mittagspause steuern wir die Schlickeralm an und freuen uns über die Ziegen, die unter einem Sonnenschirm am Spielplatz grasen. Über den Erlebnisweg Abendweide und den Panoramasee geht es dann zum Scheibenweg. Mit neuer Energie rennen hier Kinderbeine mit den rollenden Scheiben um die Wette!

750 m

STRECKE 7,4 km

2 h 30

ab 6

Wanderung: Mit der Gondel geht es hinauf bis zur **Bergstation Kreuzjoch**. Ein Abstecher den Berg hinauf würde uns von hier aus in etwa 15 Minuten zur **Aussichtsplattform Stubaiblick** bringen. Wir wählen jedoch vor der großen **Wanderkarte** (1), die sich auf der rechten Seite am Zaun befindet, den Weg, der geradeaus den Berg hinunter führt.

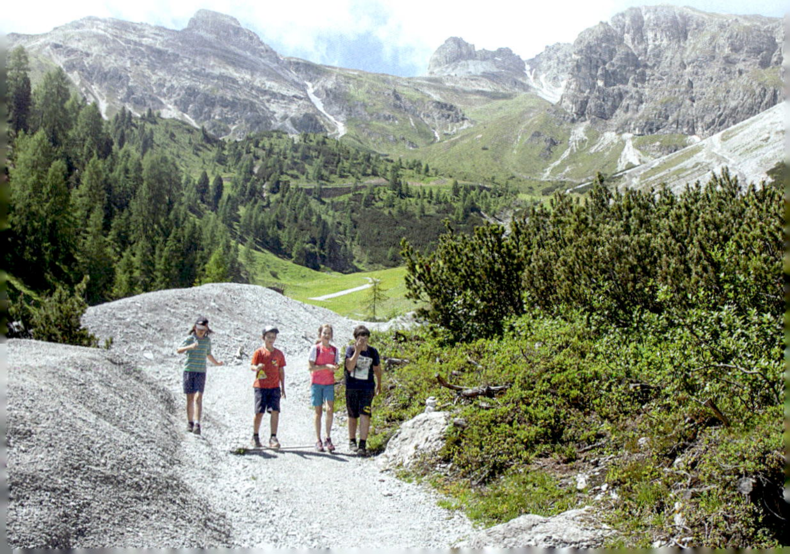

Er beschreibt einen Bogen, der uns näher an die majestätischen Kalkkögel führt. Dann steigen wir in vielen Kurven hinunter bis an den **Rand der Kalkberge**. Am Wegrand sorgen die Infotafeln und die überlebensgroßen **Holztiere des Naturlehrpfads** für Abwechslung. Immer wieder kürzen steinige Kletterpfade den Weg ab, was den Kindern viel Spaß bereitet.

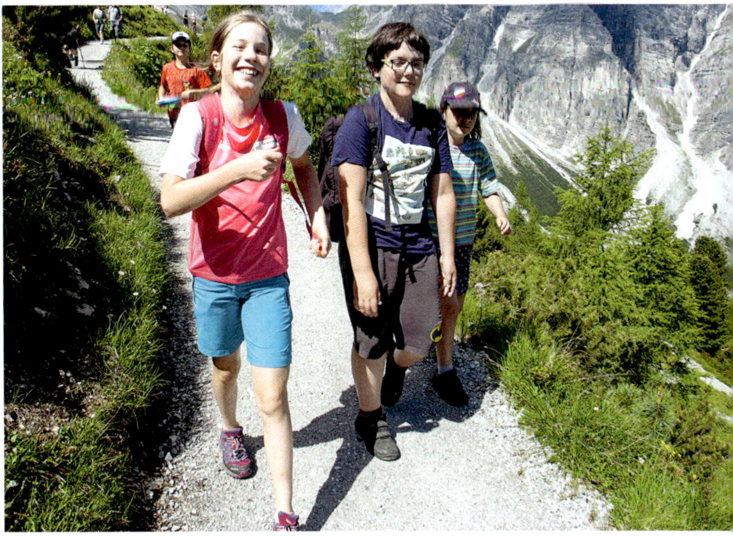

TOUREN-STECKBRIEF

Anfahrt: Über die Brenner-Autobahn geht es bei der Ausfahrt Schönberg ins Stubaital (Europabrücken-Teilstrecke € 3 einfach). Von der Landstraße nach Fulpmes abbiegen. Die Talstation des Ski- und Wanderzentrums »Schlick 2000« ist tadellos ausgeschildert. Dort gibt es bei **GPS N 47°09'23.1", E 11°20'45.0"** einen riesengroßen kostenlosen Parkplatz und oben direkt bei der Gondelstation eine kostenpflichtige Tiefgarage.
ÖPNV: Mit dem Bus Nr. 590 gelangt man vom Innsbrucker Hauptbahnhof bis nach Fulpmes. Da der Anschlussbus zur Schlick 2000 oftmals erst 30 Minuten später fährt, ist es ratsam, die etwa 20 Minuten hinauf zur Gondelstation zu laufen.
Kreuzjochbahn: Geöffnet Juni bis Anfang Oktober täglich von 9–17 Uhr. Berg- und Talfahrt bis zur Station Kreuzjoch € 22,30, Kinder 9–15 Jahre € 10,80, Jugend bis 18 Jahre € 17,30, Kinder unter acht Jahren in Begleitung eines zahlenden Erwachsenen frei.
Scheibenweg: Die Holzscheiben bekommt man ausschließlich (!) an der Liftkasse an der Talstation für € 3, davon € 2 Pfand zurück bei Abgabe bis 17 Uhr.
Anspruch und Charakter: Bergwanderung auf gut ausgebauten Forst- und Wanderwegen, ausschließlich abwärts von über 2.000 Meter hinab ins bewaldete Mittelgebirge. Alm-Erlebnisse und zahlreiche Attraktionen für Kinder am Weg.
Markierung: Gelbe Wegweiser, rot-weiß-rote Markierungen, Stoamandl.
Highlights: Scheibenweg, Kalkkögel, Spielplatz Schlickeralm, Spielplatz am Panoramasee.
Einkehr: Schlickeralm, Bruggeralm (Mittelstation), Panorama-Restaurant Kreuzjoch.
In der Nähe: Greifvogelpark Telfes, Bad und Airparc Stubay, Hochseilgarten bei Fulpmes, Kampler See.

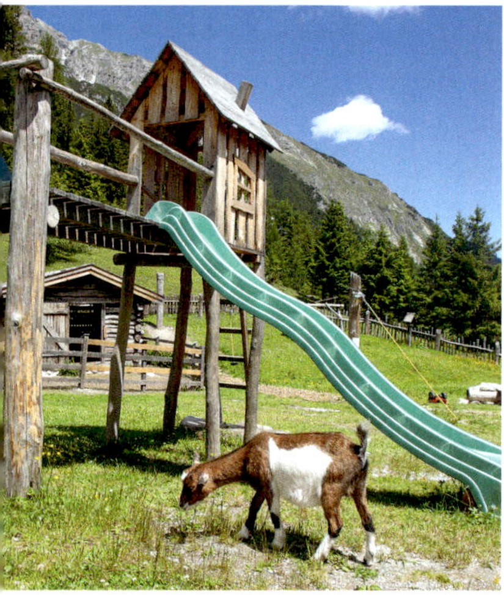

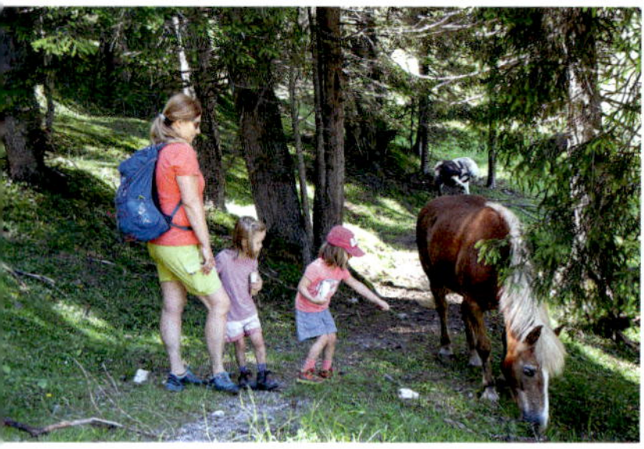

Wir passieren die **Zirmachalm** ②. Die Hütte ist im Sommer unbewirtschaftet und nur zum Skibetrieb geöffnet.

Vor den Kalkkögeln wird das Gelände steinig und der Weg gabelt sich. Wir wählen den linken, näher an den Felsen verlaufenden Weg, der von vielen Steintürmen gesäumt ist. Wer Lust hat, kann hier ein »Stoamandl« dazubauen.

Der Weg kurvt gemächlich abwärts und immer wieder ist unter uns die in den Wiesen einer Talsenke liegende **Schlickeralm** ③ zu sehen, die sich als Ziel für die Mittagspause anbietet. Man sitzt gemütlich auf der Terrasse des Gasthofs und kann anschließend den etwas unterhalb liegenden Spielplatz besuchen, auf dem Ziegen unter Sonnenschirmen grasen dürfen.

Für Panoramafans
Direkt bei der Ankunft an der Bergstation der Kreuzjochbahn führt ein Panoramaweg zur Aussichtsplattform Stubaiblick. Der Weg dorthin verlängert die Route um etwa 30 Minuten.

Die Trinkflaschen mit frischem Brunnenwasser gefüllt, geht es dann weiter: zuerst auf einem breiten Weg durch die Wiesen, bis rechts der **Schlicker Erlebnisweg** ④ abzweigt. Der dazugehörige Wegweiser »Zur Abendweide« steht einige Meter rechts der Abzweigung vom Forstweg im Schatten einiger Bäume. Der Erlebnisweg verläuft parallel zum Forstweg. Auf beiden Wegen erreicht man in etwa 15 Minuten den **Panoramasee** ⑤.

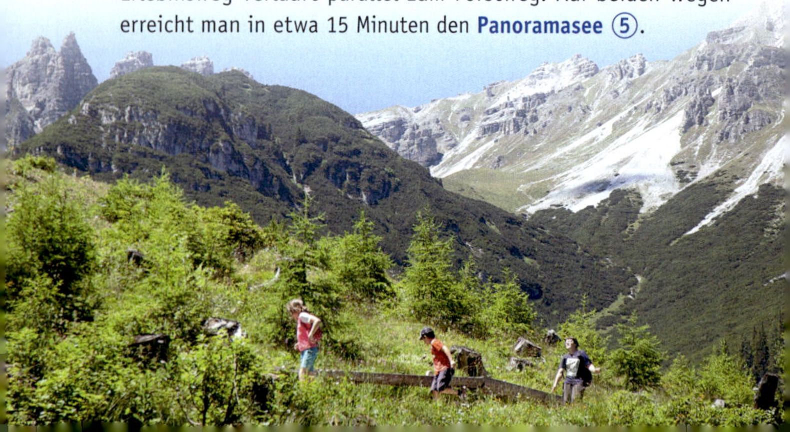

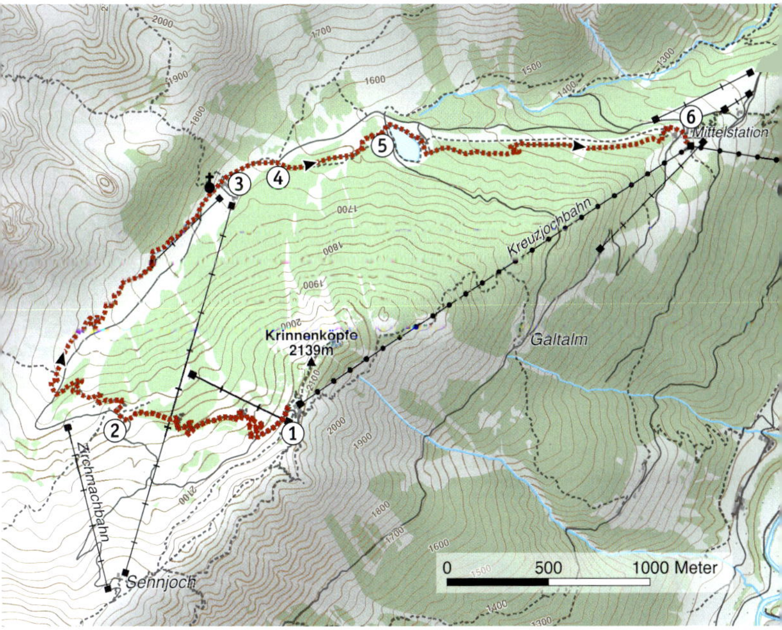

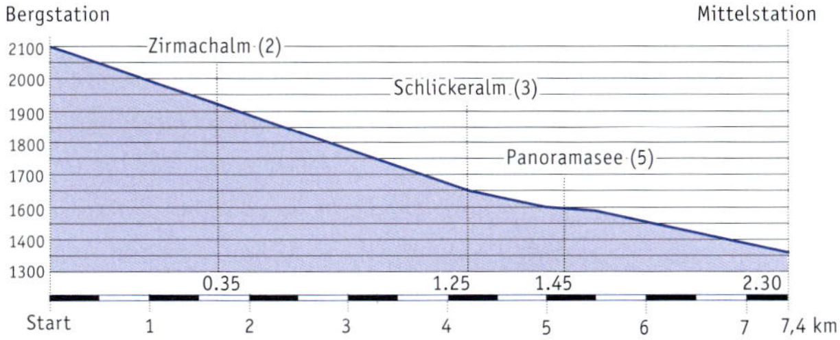

Am linken Ufer des Speichersees befindet sich dann die **erste Station des Scheibenwegs**. Sind die Holzscheiben erst einmal in die »Schlicker Scheibe« eingefädelt, rennen plötzlich alle, was das Zeug hält, neben ihrer Scheibe her, denn diese rollt unaufhaltsam bis zum nächsten Stopp an einer der abwechslungsreichen Stationen. So erreichen wir viel schneller als erwartet die Mittelstation Froneben und die **Bruggeralm ⑥**, an der wir zum Abschluss der Wanderung noch einmal einkehren können.

Variante für die Kleinsten:
Mit kleineren Kindern genügt es, bis zur Schlickeralm oder bis zum Speichersee hinaufzugehen, dort eine ausgiebige Pause einzulegen und dann den Scheibenweg wieder hinab bis zur Mittelstation zu wandern. Eine knappe Stunde braucht man aufwärts bis zum Panoramasee, zur Schlickeralm sind es weitere 20 Minuten.

Variante mit großen Kindern:
Mit konditionsstarken Wanderkindern können wir von der Mittelstation über den Baumhausweg zur Talstation hinuntersteigen. Dazu sind wir knapp zwei Stunden unterwegs. **[› Tour 20]**

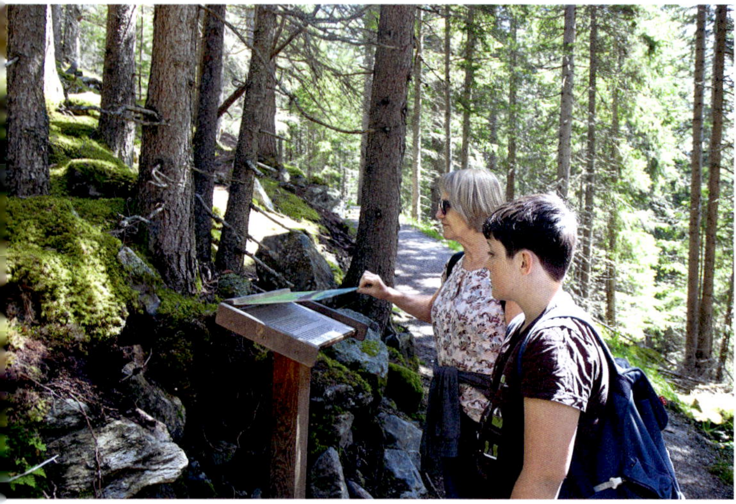

300 m

330 m

STRECKE 4,7 km

2 h 15

ab 6

Tour 22: Bummelzug und Alpenachterbahn

Vom Kloster Waldrast zurück ins Tal

Alles einsteigen! Pünktlich nach Fahrplan zuckelt die Bummelbahn von der Bergstation Koppeneck zum Kloster Maria Waldrast. Zurück geht es zu Fuß. Wir wandern umgeben von majestätischen Zweitausendern über das Waldraster Jöchl. Nach einer zünftigen Brettljause in der Ochsenhütte, umgeben von Kühen, Pferden und gackernden Hühnern, ist es nur noch ein Katzensprung zurück zur Aussichtsplattform und dem weitläufigen Wasserspielplatz am Speichersee. Wer mag, saust dann mit der Sommerrodelbahn statt mit der Gondel hinunter ins Tal.

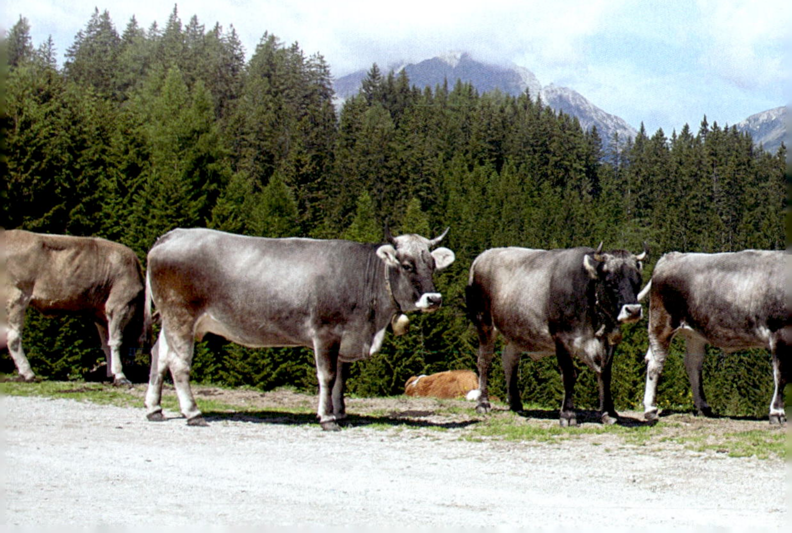

TOUREN-STECKBRIEF

Anfahrt: Über die Brenner-Autobahn geht es bei der Ausfahrt Schönberg ins Stubaital (Europabrücken-Teilstrecke € 3 einfach). Von der Landstraße in der ersten Ortschaft Mieders zu den Serlesbahnen mit großem Gratis-Parkplatz bei **GPS N 47°09'50.4", E 11°22'46.0"** abbiegen.

ÖPNV: Regionalbus 590a/590b von Innsbruck Hauptbahnhof zur Haltestelle Mieders Serlesbahnen.

Serlesbahn: Mitte Mai bis Oktober täglich von 9–16.30 Uhr, im Juli und August bis 17 Uhr.

Berg- und Talfahrt € 16, Kinder bis 15 Jahre € 10,50, Jugend € 13, Kinder unter 10 Jahren in Begleitung eines zahlenden Erwachsenen frei.

Sommerrodelbahn bis 6 Jahre frei, ab dem zweiten Kind 50 % Nachlass auf den Kinderpreis (mit Ausweis).

Anspruch und Charakter: Landschaftlich reizvolle Wanderung auf Forst- und Wanderwegen, die durch die Hinfahrt mit dem Bummelzug auch für jüngere Kinder gut zu bewältigen ist. Action für Jugendliche bietet die Talfahrt mit der Sommerrodelbahn.

Markierung: Gelbe Wegweiser, rot-weiß-rote Markierungen.

Highlights: Wasserspielplatz beim Speichersee, Sommerrodelbahn (nur bei trockener Witterung), Bummelzug, Kloster Maria Waldrast.

Einkehr: Ochsenhütte, Klostergasthaus Maria Waldrast, Berggasthaus Koppeneck.

In der Nähe: Gondel-Tickets berechtigen am Tag des Kaufes zum Besuch des Miederer Schwimmbads (Juni bis August), Greifvogelpark Telfes, Hochseilgarten Fulpmes, Bad und Airparc Stubay.

Wanderung: Von der Bergbahnstation Koppeneck geht es hinunter zur **Haltestelle des Bummelzugs** ① vor dem Wasserspielplatz am Speichersee. Er fährt etwa fünfmal am Tag zum **Kloster Maria Waldrast** ②. Nach ungefähr einer halben Stunde sind wir dort angelangt und bewundern das Kloster. Wer schon Hunger hat, kann hier einkehren. Ein Pflicht-Stopp gilt dem **Trinkbrunnen**, dessen Wasser als heilkräftig gilt.

Dann wandern wir ein Stück auf dem Forstweg zurück und biegen rechts ab in **Richtung Waldraster Jöchl**. Der Wander-

Mit dem Serleszug zum Kloster Waldrast

Von der Bergstation der Serlesbahn fahren wir mit dem Bummelzug (Abfahrt um 9.30, 11, 12.30 und um 14 Uhr) zum Wallfahrtsort Maria Waldrast. **Die Tickets müssen bereits unten an der Kasse gelöst werden**. Wir brauchen nur ein einfaches Ticket, zurück geht es dann zu Fuß. Fahrzeiten bitte überprüfen. Der Fahrplan hängt aus.

Ticket einfache Fahrt € 6, Kinder € 4.

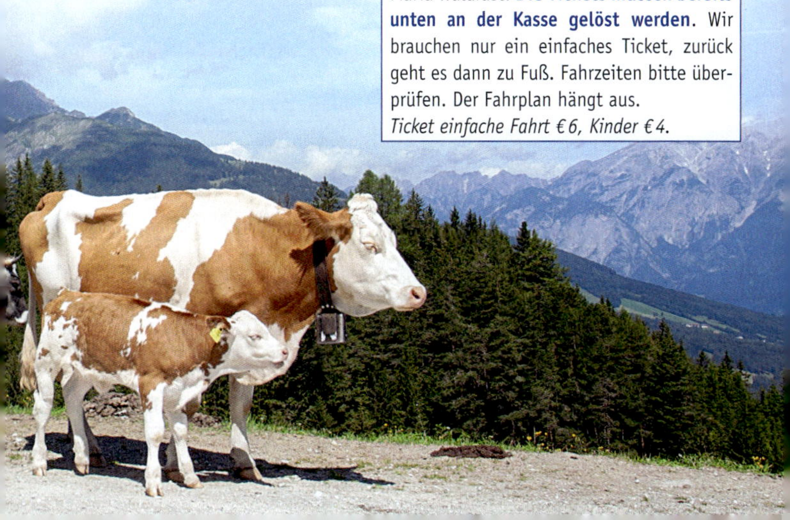

weg führt erneut nach rechts und 80 Meter weiter geht es links in Serpentinen zur **Auffindungskapelle** ③ hinauf.

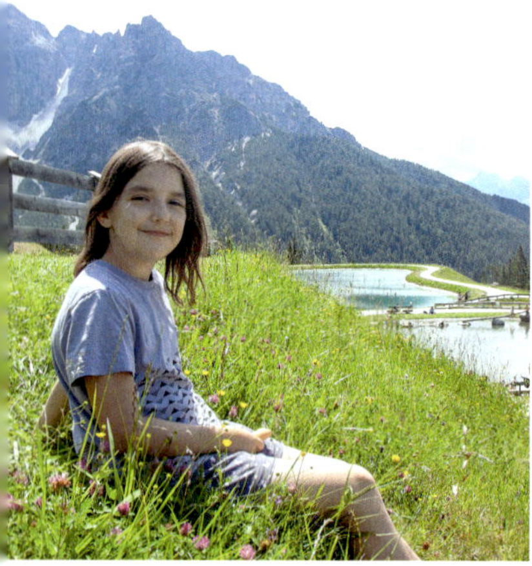

Hinter der Kapelle halten wir uns wieder rechts und folgen dem Weg bis zum **Gipfelkreuz** ④ des Waldraster Jöchl. Hier genießen wir das schöne Panorama und den Blick auf den mächtigen gezackten Gebirgskamm der Serles.

Auf der Nordseite des Berges führt unser Steig sanft abfallend durch den Wald in Richtung Bergbahn und kreuzt dabei mehrere Wege. Wir halten uns immer geradeaus und folgen dann den Schildern zur **Ochsenhütte** ⑤, einer bewirtschafteten Alm mit Kühen, Hühnern und Spielplatz. Sie ist bekannt für ihre gute Tiroler Küche aus regionalen Produkten.

Von hier aus spazieren wir auf dem Fahrweg in Richtung Bergbahn. Kurz bevor wir den **Speichersee** erreichen, biegen wir rechts ab und kommen so zur Aussichtsplattform oberhalb der Bergstation. Sie besteht aus einer runden Scheibe mit Zeiger. Hier können auch Kinder ganz einfach die Namen der

Das Kloster Maria Waldrast

Das Kloster Maria Waldrast liegt am Übergang von Stubai- und Wipptal. Der Name geht auf die Hirten zurück, die hier einst rasteten. Der Wallfahrtsort auf 1.641 Metern ist eines der am höchsten gelegenen Klöster Europas. Das beliebte Ausflugsziel ist das ganze Jahr von der Bergstation Koppeneck der Serlesbahnen sowie über eine Mautstraße von Matrei am Brenner erreichbar.

Der Sage nach haben hier 1407 zwei Hirtenbuben ein Muttergottesbild, eingewachsen in einem Baumstamm, gefunden. Am Fundort steht heute die Kirche. Die erste Wallfahrt, bei der die Muttergottes zurück auf den Berg gebracht wurde, fand 1429 statt. 1621 begann der Bau des Servitenklosters. Im Laufe der Zeit wurde es zwei Mal geschlossen. Seit 1945 leben hier wieder Mönche.

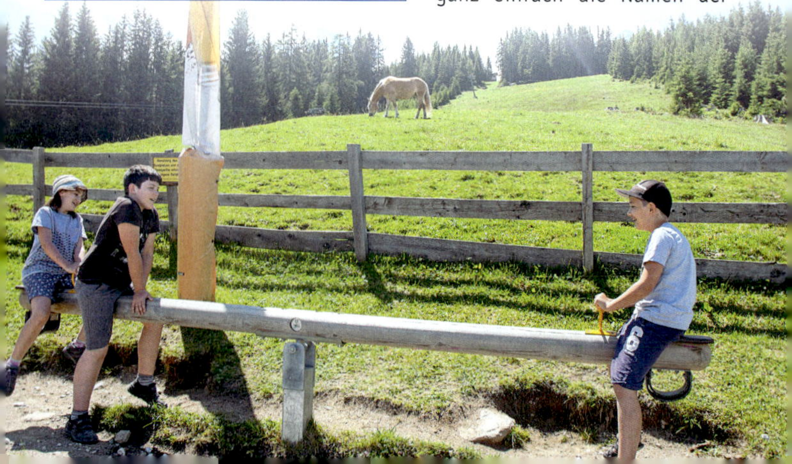

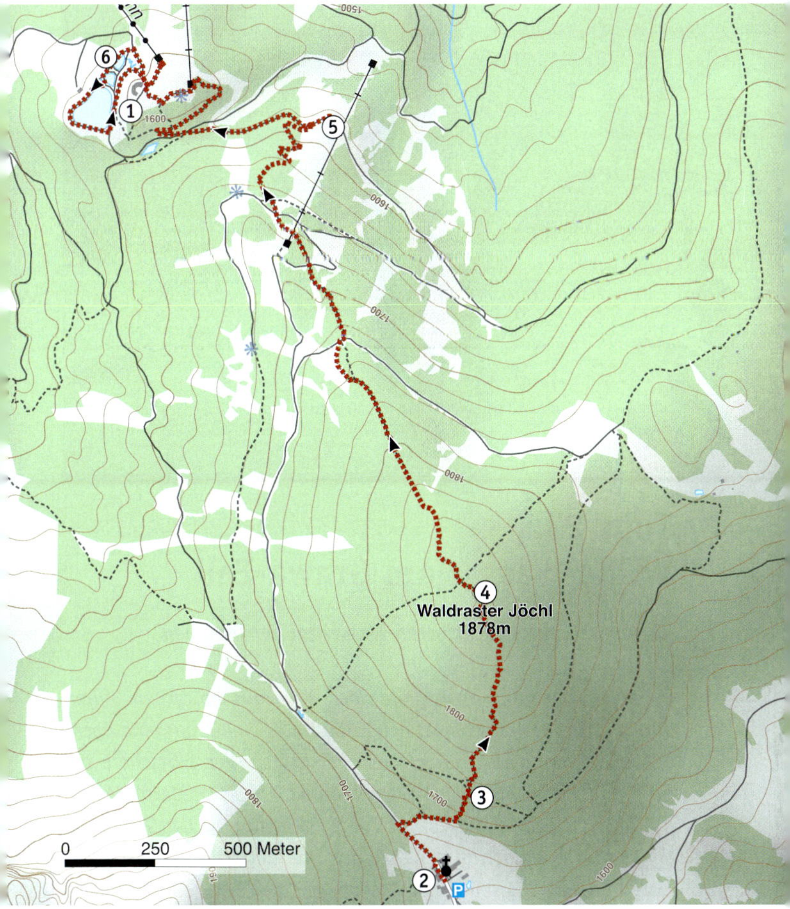

umliegenden Berggipfel bestimmen. Außerdem versteckt sich am Aussichtsplatz eine Röhrenrutsche.

Anschließend lockt der **Wasserspielplatz** ⑥ zu einem ausgedehnten Aufenthalt.

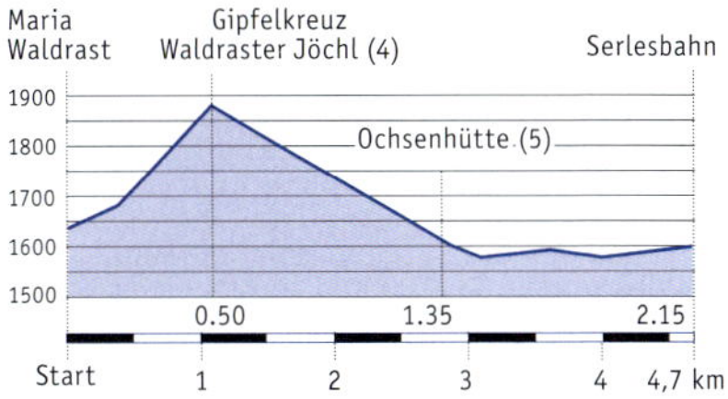

Wer mag, umrundet auch noch den Speichersee. Dann folgt das letzte Highlight des Tages: die Abfahrt mit der Sommerrodelbahn. Das normale Bergbahnticket gilt auch für die Rodelbahn, man kann sich also bis zur letzten Minute entscheiden. Kleinere Kinder dürfen sich mit den Eltern gemeinsam ins Vergnügen stürzen: Auf 2,8 Kilometern geht es dann durch viele Kurven 640 Höhenmeter hinunter bis zur Talstation. Je nach Fahrstil und Bremsfreudigkeit erreichen die Bobs der Bergachterbahn bis zu 42 Stundenkilometer.

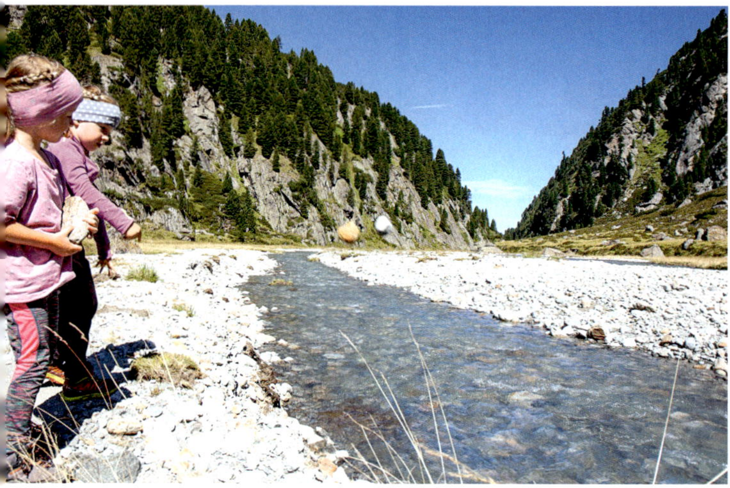

370 m

270 m

STRECKE 5,3 km

2 h 45

ab 6

Tour 23: Wilde Wasser am Grawa-Fall

Wanderung zum mächtigsten Wasserfall der Ostalpen

Entlang imposanter Wasserfälle über Wege aus hölzernen Stufen und über Steine – so geht es auf 1.900 Meter hinauf auf eine Hochebene unterhalb des Stubaitaler Gletschers. Hier plätschert der Bach sanft dahin, der eben noch wild sprudelnd als Wasserfall neben uns über die Felsen stürzte. Mit bis zu 85 Metern ist der Grawa-Fall der breiteste Wasserfall der Ostalpen und ein Naturdenkmal. 180 Meter rauscht die mächtige Kaskade in die Tiefe. Am Ende des Hochtals sind weitere Wasserfälle zu sehen.

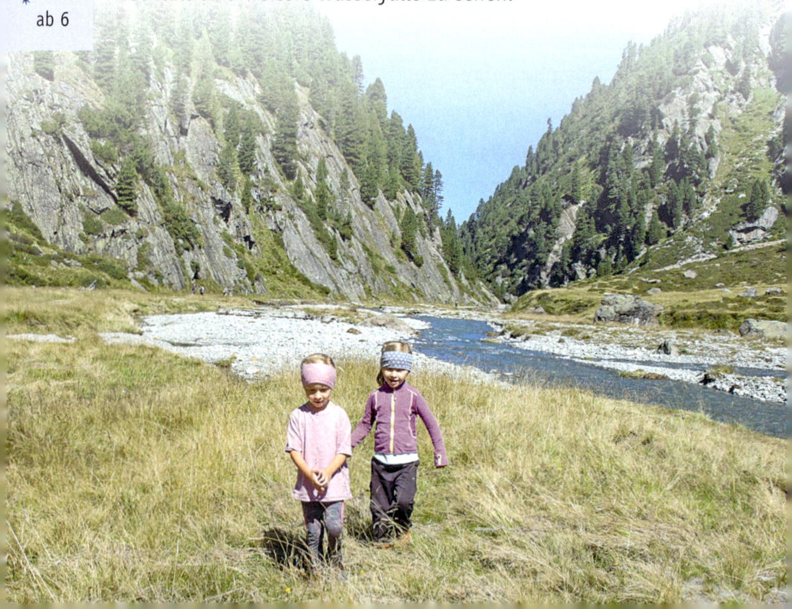

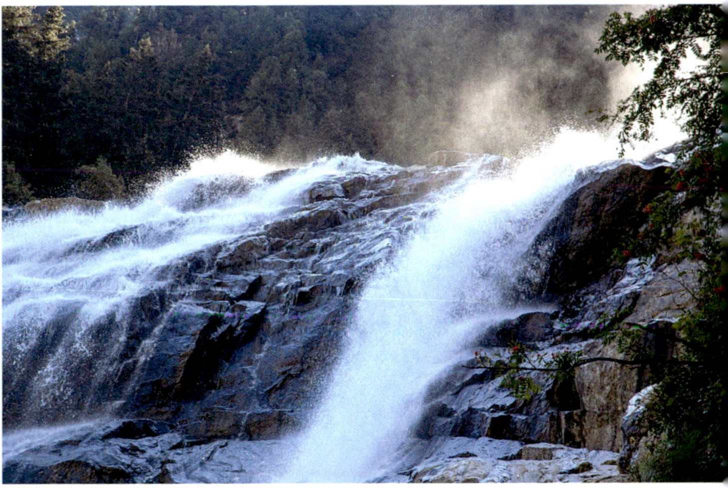

Wanderung: Vom Parkplatz überqueren wir den wilden Bach und folgen dem Weg bis zu der **hölzernen Plattform mit Liegen und Wasserfall-Blick** ①.

Die zweite Etappe des »WildeWasserWeges« führt unmittelbar von der Aussichtsplattform weiter über einen alten Almsteig: Es geht steil und im Zickzack nach oben. Hier sind Trittsicherheit, gute Kondition und, aufgrund der Nässe des Bodens, gutes Schuh-

TOUREN-STECKBRIEF

Anfahrt: Über die Brenner-Autobahn geht es bei der Ausfahrt Schönberg ins Stubaital (Europabrücken-Teilstrecke € 3 einfach). Dann folgen wir der Landstraße durch Mieders. Hinter Neustift beginnt die Gletscherstraße.
An der Tschangelair-Alm befinden sich die ersten kostenpflichtigen Parkplätze für den »WildeWasserWeg«. Hier beginnt die erste Etappe, die bis zur Grawa-Alm führt. Wir parken kurz vor der Grawa-Alm am Wilde-Wasser-Parkplatz bei **GPS N 47°00'59.6", E 11°11'37.6"**. Tagesticket € 6. Vor und hinter der Alm gibt es für Frühaufsteher zahlreiche kostenlose Parkplätze an der Straße.
ÖPNV: Mit dem Bus Nr. 590 gelangt man vom Innsbrucker Hauptbahnhof bis hierher und sogar weiter bis zum Stubaier Gletscher, der sich keine zehn Kilometer entfernt befindet.
Anspruch und Charakter: Steil bergauf geht es am Wasserfall entlang hinauf und dann weiter über steinige Steige. Trittsicherheit und gutes Schuhwerk sind unbedingt nötig. Bei Regenwetter und Regenfällen am Vortag ist der Weg stellenweise sehr rutschig, weil er im Schatten liegt. Deshalb haben wir für den Rückweg den kürzeren und weniger schwierigen Steig zur Bushaltestelle gewählt. So erspart man sich mit kleineren Kindern 160 Höhenmeter abwärts und fährt stattdessen mit dem Bus Richtung Innsbruck Hauptbahnhof zurück.
Markierung: Gelbe Wegweiser, rot-weiß-rote Markierungen.
Highlights: Gigantischer Wasserfall, Kletterpartie, Hochebene mit breitem Gebirgsbach zum Spielen.
Einkehr: Grawa-Alm, Sulzenauer Alm
In der Nähe: Stubaier Gletscher, Kampler See, Kids-Park beim Marend-Stüberl Klaus Äuele, Tschangelair-Alm, Greifvogelpark Telfes, Hochseilgarten und Minigolf in Fulpmes, Bad und Airparc Stubay.

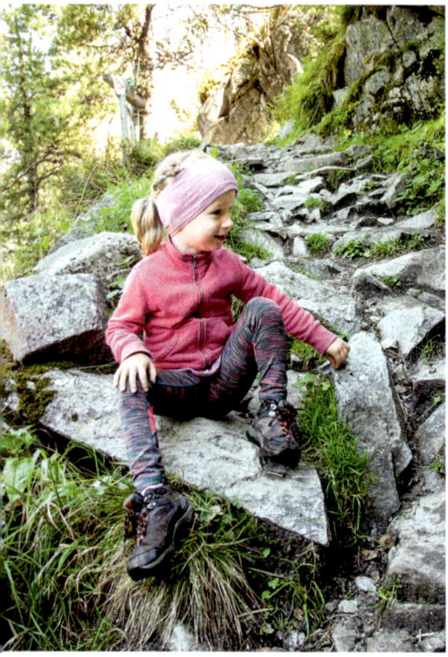

werk gefragt. Schnell erreicht man zwei gut abgesicherte Plattformen. Am ersten Aussichtspunkt sprudelt das Wasser durch ein tiefes Becken, der zweite befindet sich genau an der **Abbruchkante** ②. Die Kraft des Wassers ist hier gut zu spüren.

Die letzten Spritzer der Gischt noch auf der Haut, folgen wir dem Steig weiter und verlassen nun die tosenden Wassermassen. Nach etwa einer Stunde Gehzeit treffen wir auf eine **T-Kreuzung** ③ und biegen hier links ab.

Wenig später steigen wir in einigen Kehren über die Waldgrenze hinauf und erreichen das **Hochtal** ④. Von hier aus geht es mit Gletscherblick fast eben in den mächtigen Talkessel der Sulzenau hinein. Wir wandern dem Gebirgsbach entgegen und halten dabei direkt auf zwei weitere Wasserfälle am Ende des Hochtales zu. Bald erreichen wir unser Ziel, die **Sulzenau-Alm** ⑤. Hier rasten wir am Fluss, bevor wir uns wieder auf den Rückweg machen.

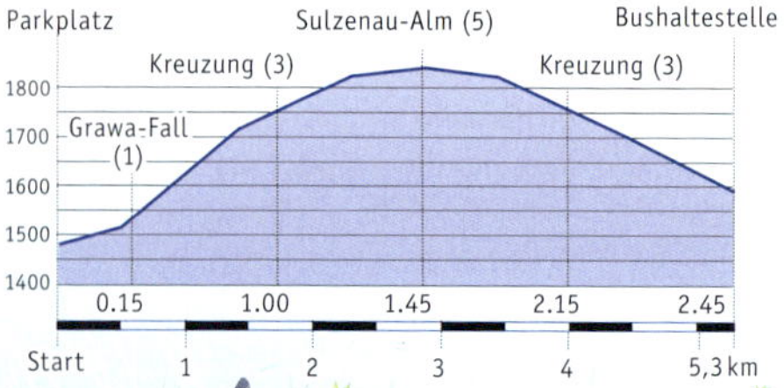

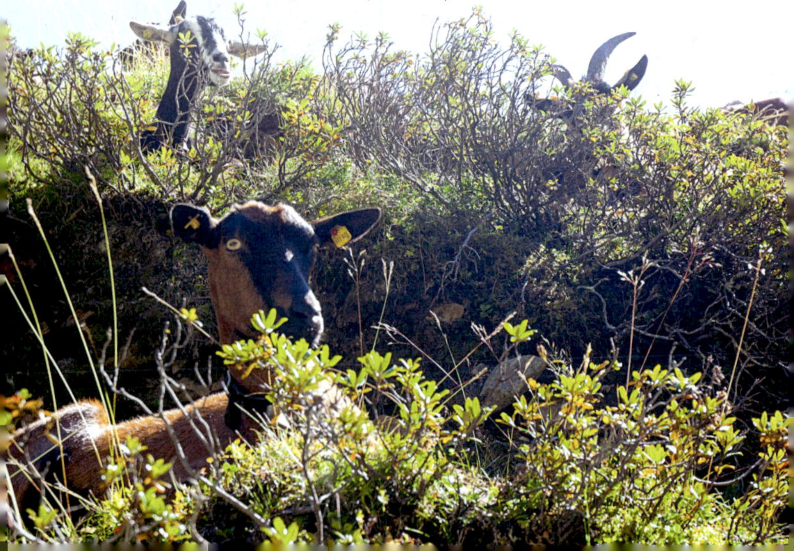

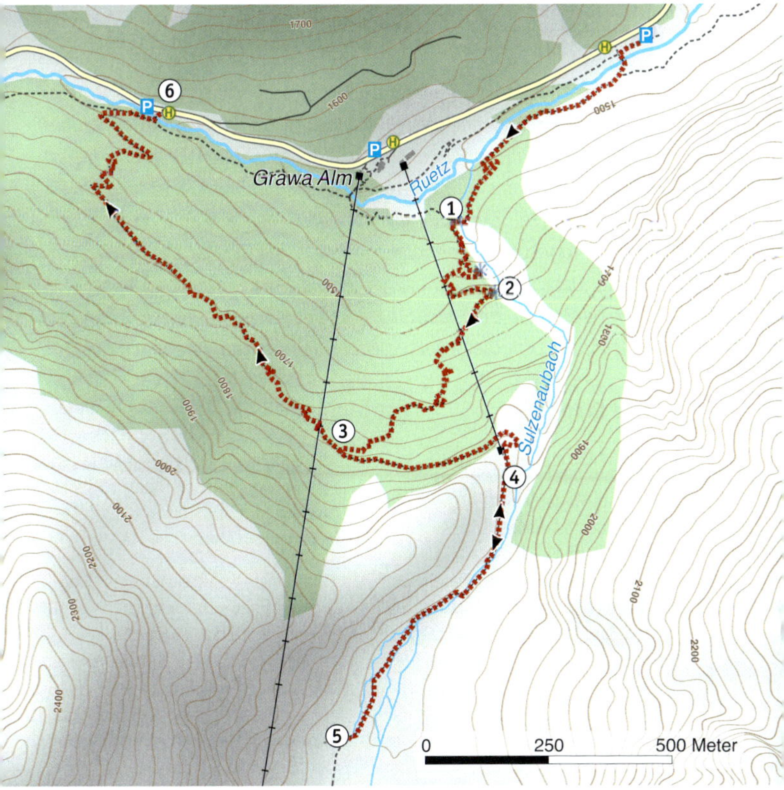

Bei der **Wegkreuzung** ③ wählen wir diesmal nicht den Steig, auf dem wir gekommen sind, sondern den kürzeren und weniger steilen Weg nach links – ausgeschildert mit dem Wegweiser »Zur Bushaltestelle«. Er führt in Kehren hinab durch den Wald und über eine Brücke zur **Haltestelle** ⑥. Die Buslinie 590, die hier etwa alle halbe Stunde hält, bringt uns zurück zum Parkplatz oder gleich bis nach Innsbruck.

Wer zu Fuß zum Parkplatz zurückgehen mag, biegt vor der Brücke rechts ab und läuft etwa 15 Minuten am Bachufer entlang bis zur Grawa-Alm und eine halbe Stunde bis zum Parkplatz.

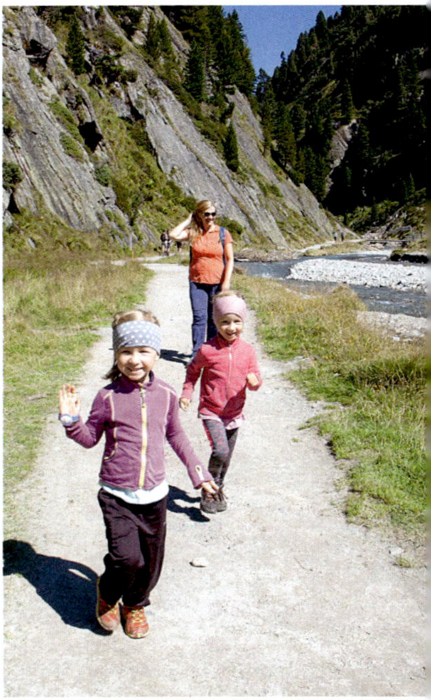

Der Stubaier »WildeWasserWeg«

Der »WildeWasserWeg« begleitet den Gletscherbach Ruetz aus dem Tal durch die Felsenge des Ruetz-Kataraktes zum eindrucksvollen Grawa-Wasserfall und weiter hinauf bis zu seinem Ursprung unter den Eismassen des Sulzenauferners. Der gut markierte Weg ist in drei Abschnitte unterteilt, die fitte erwachsene Wanderer zu einer schönen Tagestour kombinieren können. Mit Kids ist der ganze Weg zu lang. Unsere Tour 23 entspricht einem Teil der zweiten Etappe. Mit einer oder zwei Übernachtungen in der Sulzenauhütte wäre der Aufstieg bis zum Gletschersee aber auch für Familien machbar.

Erste Etappe

4 km, ↓↑200 m, Gehzeit 1 h 30

Der erste Wegabschnitt beginnt beim Steinbruch in Ranalt. Direkt an der Straße befinden sich Parkplätze und die Bushaltestelle Nürnberger Hütte. Diese Etappe folgt mit wenig Steigung dem Flusslauf der Ruetz bis zur Grawa-Alm. Immer am Bergbach entlang geht es zuerst durch den spektakulären Ruetz-Katarakt. Zwei über dem Abgrund hängende Plattformen vermitteln eindrucksvoll die unbändige Kraft des Baches. Dank dieser Naturgewalt ist die spektakuläre Schlucht mit kleinen Wasserfällen entstanden. Hinter der Schlucht kommen wir zur bewirtschafteten Tschangelair-Alm.

Nach einer weiteren ebenen Wegstrecke öffnet sich hinter einer Wegbiegung der Blick durch die Bäume auf den imposanten Grawa-Wasserfall. Während der Wasserfall im späten Sommer und im Herbst weniger Wasser führt, schwillt er im Frühling nach der Schneeschmelze und nach

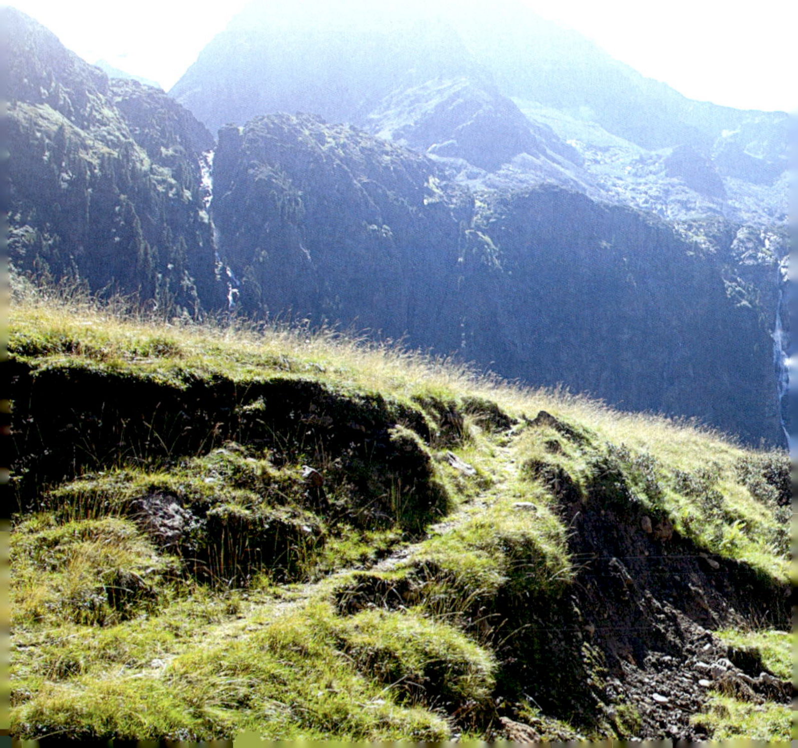

ergiebigen Regenfällen zum breitesten Wasserfall der Ostalpen an. Dann sprudelt er wild über die breiten Felsstufen und wehende Gischtnebel füllen die Lungen mit frischer, heilsamer Luft.

Zweite Etappe

4,3 km, ↓↑660 m, Gehzeit 2 h 30

Die zweite Etappe führt vom Grawa-Wasserfall hinauf zur Sulzenauhütte. Vom Wasserfall geht es über einen Almsteig steil hinauf zur Sulzenau-Alm [› Tour 23] und auf der Hochebene recht bequem am Bach entlang. Am Ende des Tales glitzert die Kaskade des Sulzenaufall in der Sonne. Das Wasser stürzt hier über 200 Meter hinunter ins Tal. In Serpentinen geht es dann weiter bergan bis zur Sulzenauhütte, in der wir auch übernachten könnten.

Dritte Etappe

2,2 km, ↓↑300 m, Gehzeit 1 h 30

Die dritte Etappe des Wegs durchquert die karge Berglandschaft von der Sulzenauhütte bis zum Fuß des Sulzenauferners wie ein von der Natur angelegter Gletscher-Lehrpfad. Hoch oben sind die zerklüfteten Eistürme des Gletschers und das Zuckerhütl zu sehen. Vorbei an der türkisblauen Wasserfläche des Bergsees »Blaue Lacke« geht es über glatte, vom Eis abgeschliffene Steine zum Gletschersee unterhalb des Peiljochs. Dort tritt der Bach unter uraltem Eis an die Oberfläche und beginnt seine Reise ins Tal. Am Gletschersee endet auch der »WildeWasserWeg« und wir kehren ins Tal zurück.

Vorsicht! Die angegebenen Entfernungen und Gehzeiten entsprechen dem einfachen Weg, an dessen Ende wir oben am Gletschersee stehen. Hinunter zur Sulzenau-Alm sind es von dort vier Kilometer. Ab hier können wir dann dem Rückweg von [› Tour 23] folgen und in einer weiteren Stunde zur Bushaltestelle hinuntersteigen.

Sulzenauhütte
Die Alpenvereins-Hütte verfügt über Doppel- und Mehrbettzimmer sowie Matratzenlager. Halbpension oder alternativ Verpflegung »à la carte« ist möglich. *Übernachtung ohne Frühstück € 22–35 pro Person, Jugend 7–18 Jahre € 16–20. 50% Ermäßigung für Alpenvereinsmitglieder. www.sulzenauhuette.at*

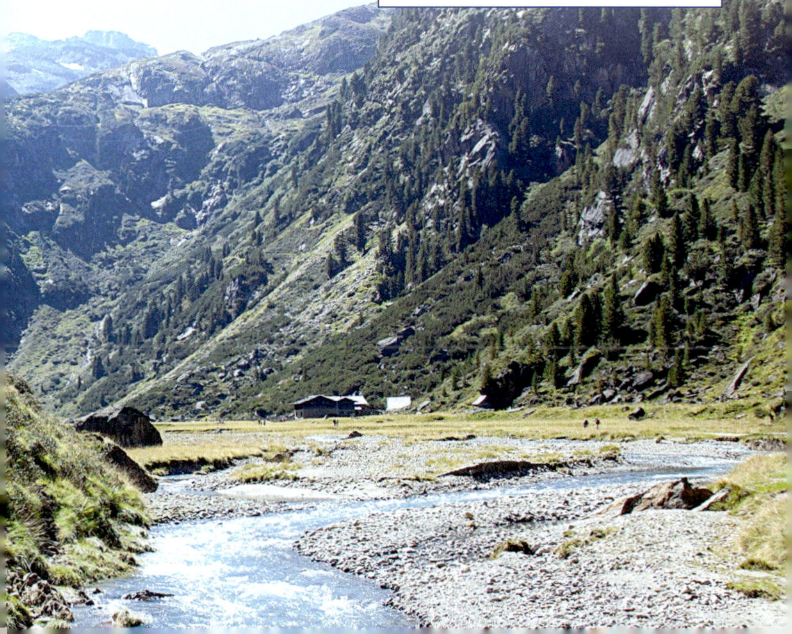

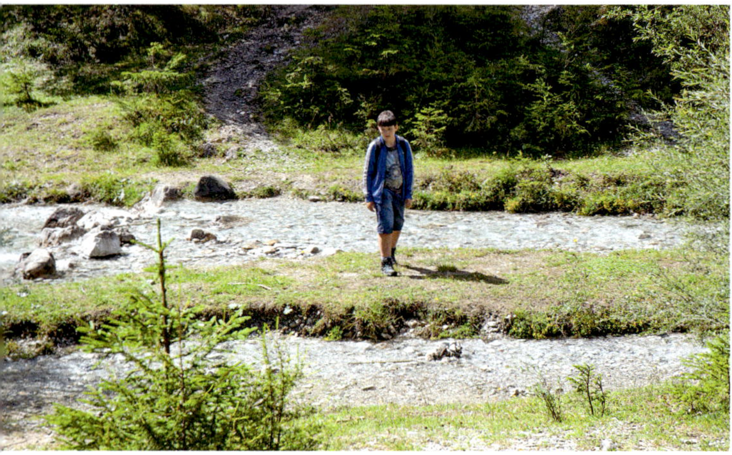

180 m

STRECKE 6,3 km

2 h 45

ab 6

Tour 24: Am Obernberger See

Aufstieg zu einem Naturjuwel

Durch Wiesen und Weiden, die mächtigen Gipfel der Tribulaune zur Seite, geht es durch die flachen Grasmatten am Obernberger Seebach. Nach einem kurzen, steilen Aufstieg fällt der Blick auf den magischen Bergsee mit seiner Inselkapelle und entschädigt für die Mühen des Aufstiegs. Ein Bad im See, ausgedehnte Spiele am Ufer oder eine See-Umrundung sind hier oben das richtige Programm, bevor es wieder ins Tal hinunter geht.

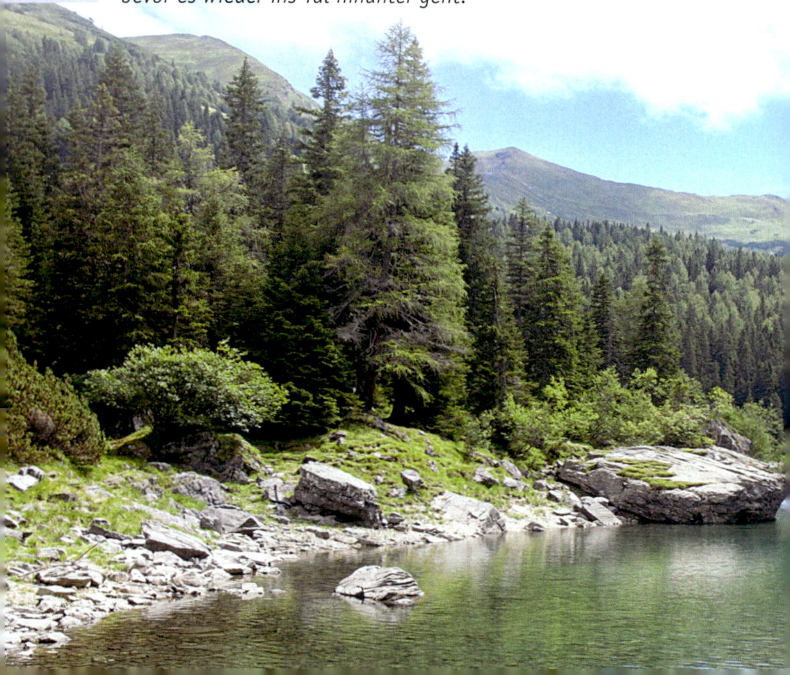

Wanderung: Wir gehen rechts am **Gasthof Waldesruh** vorbei und folgen einem Trampelpfad über die Lärchenwiesen, bis dieser auf einen Weg trifft. Diesem folgen wir nach rechts bis zum Obernberger Seebach. Das **flache Flussbett** ① ist ein guter Platz zum Spielen. Dann treffen wir auf den Forstweg, der vom Parkplatz kommt, und biegen links ab.

Kurz darauf geht es über eine **Brücke** ②. Etwa 50 Meter weiter verlassen wir den breiten Fahrweg nach links und folgen dem Wanderweg bergauf durch Wiesen bis zur unbewirtschafteten Töchterlealm, an der wir ein Gatter überqueren. Der Weg führt ab jetzt weniger steil am Waldrand entlang und schon bald erreichen wir das Gebäude eines ehemaligen Gasthofs am Ufer des **Obernberger Sees** ③.

TOUREN-STECKBRIEF

Anfahrt: Von der Autobahn oder der Bundesstraße nach Steinach am Brenner abfahren. In Steinach ist der Weg über Gries am Brenner nach Obernberg beschildert. Durch das ganze langgezogene Dorf Obernberg hindurchfahren bis zum gebührenpflichtigen Wanderparkplatz Waldesruh am Talschluss bei **GPS N 47°00'23.6", E 11°24'06.9"**.

ÖPNV: Mit dem Bus bis Obernberg fahren. Der Regionalbus 4145 verkehrt mehrmals täglich vom Bahnhof Steinach am Brenner. Bis dorthin gelangt man von Innsbruck Hauptbahnhof mit der S3.

Anspruch und Charakter: Schöne Wanderung in abgeschiedener Bergidylle in einem weitgehend intakten Naturraum rund um den Obernberger See auf leicht begehbaren Wanderwegen. Einzig am hinteren Seeufer gibt es eine schwierigere Stelle mit einer niedrigen Leiter.

Markierung: Gelbe Wegweiser, rot-weiß-rote Markierungen.

Highlights: See mit Kapelle und Insel, Spielen am flachen Flussbett des Obernberger Seebachs.

Einkehr: Alpengasthof Waldesruh.

In der Nähe: Tunnelwelten in Steinach.

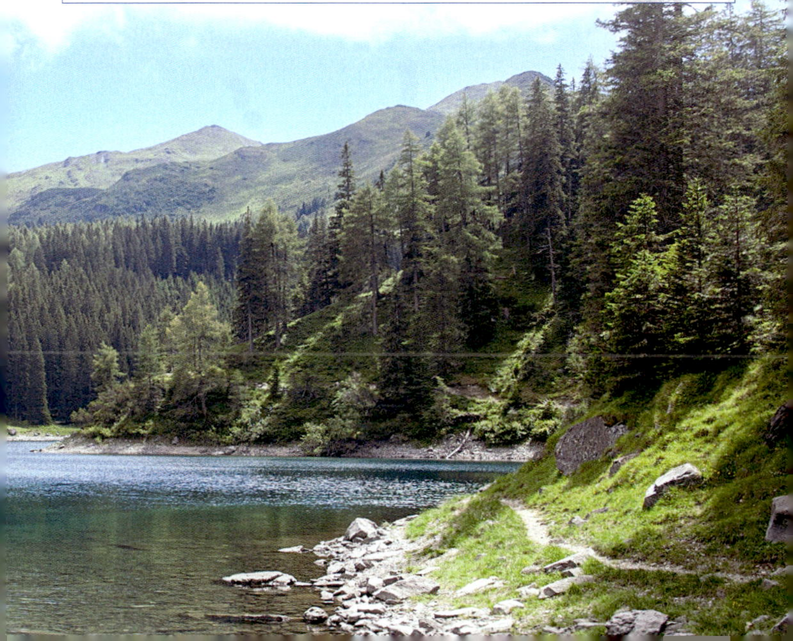

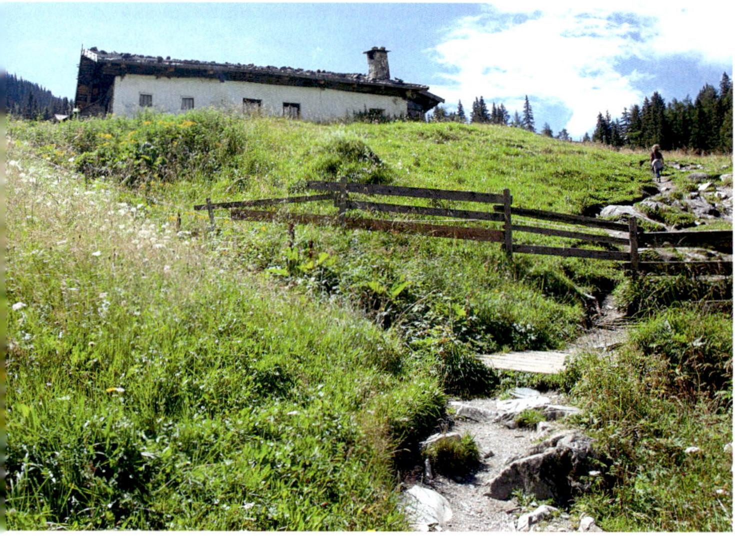

Wir wählen den Weg am linken, östlichen Seeufer und folgen ihm durch eine Linkskurve bis zu einem **Strand mit großen Felsbrocken** ④. Gegenüber steht auf einer Halbinsel, die weit in den Obernberger See ragt und in heißen Sommern die Wasserfläche in zwei Seen teilt, eine kleine weiße Kapelle. Der Kiesstrand eignet sich perfekt für eine Pause. An den Felsen ist es windstill und bei schönem Sommerwetter können Wasserratten hier auch prima schwimmen.

In einer guten Stunde umrundet man auch den hinteren Teil des Sees. Der Weg ist selbst erklärend und führt am anderen Ufer über einen felsigen Steig. Einmal müssen wir sogar über **eine kurze Leiter** ⑤ nach oben klettern. Hinter einer Rechtskurve

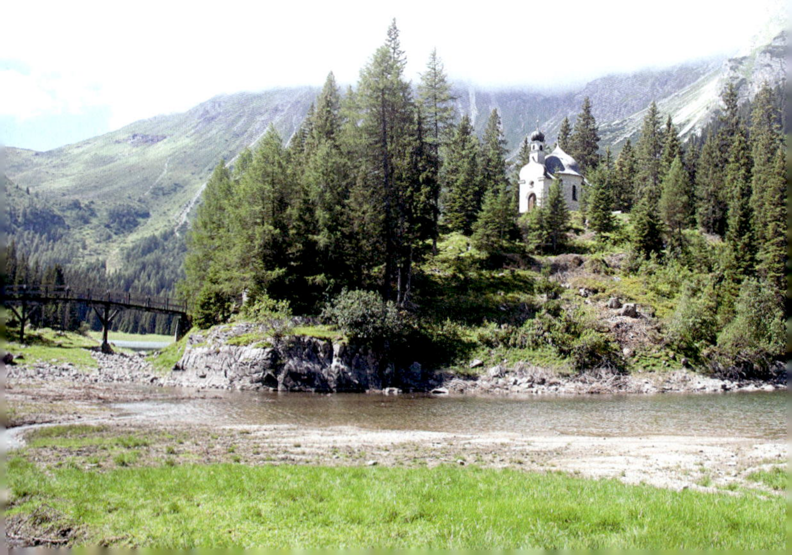

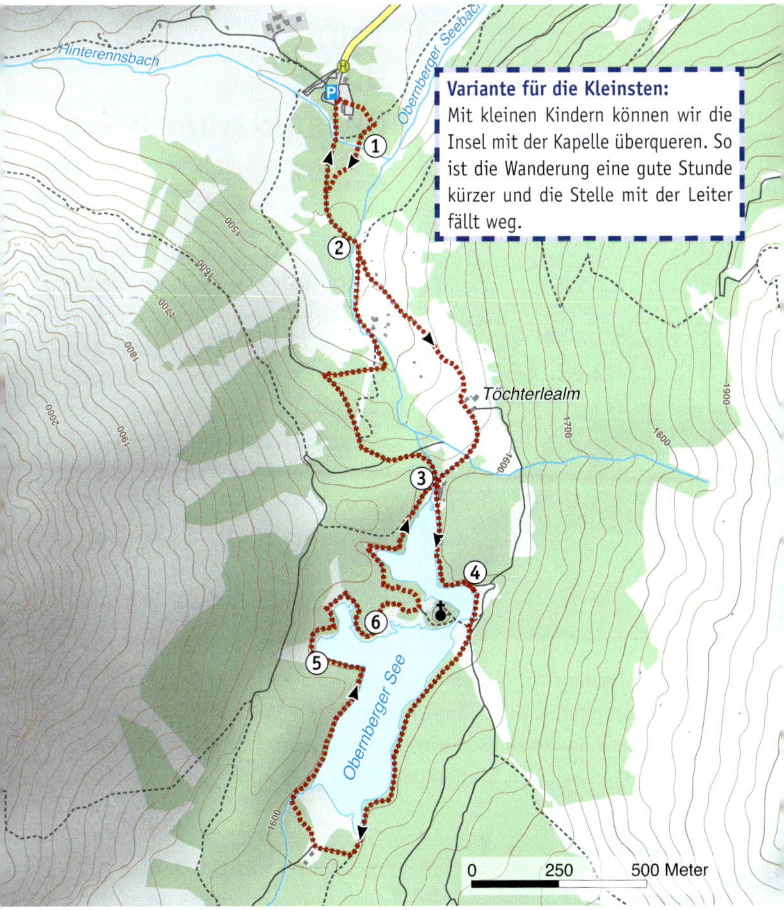

Variante für die Kleinsten:
Mit kleinen Kindern können wir die Insel mit der Kapelle überqueren. So ist die Wanderung eine gute Stunde kürzer und die Stelle mit der Leiter fällt weg.

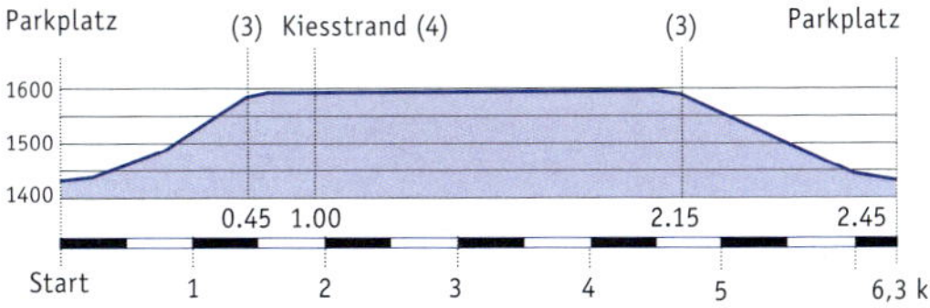

kommen wir noch einmal zu einer schönen **Bucht zum Ausruhen und Spielen** ⑥. Dann führt der Weg weiter durch den Wald und zurück bis zur Bucht, an der wir die Seerunde begonnen haben ③.

Ein Tag am Seebach
Der Obernberger Seebach bietet viele seichte Stellen zum Spielen, Bauen und Steineklicken. Vom Wanderparkplatz führt hinter dem Gasthof Waldesruh ein Weg in Richtung Obernberg und zum Bach hinunter. Auch hier unten lässt sich ein entspannter Nachmittag am Wasser verbringen.

Von hier aus können wir dem Fahrweg zum Parkplatz folgen oder auf dem vom Hinweg vertrauten Wiesenweg zurückkehren.

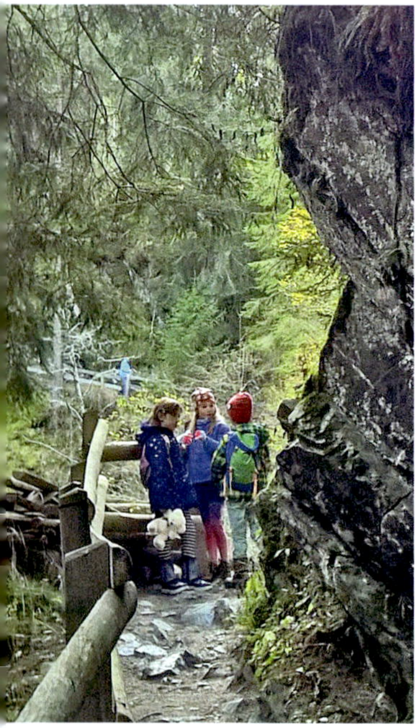

Tour 25: Durch die Gilfenklamm

Wasserfälle und weißer Marmor

Die Gilfenklamm, die auf italienisch Gola di Stanghe heißt, ist ein geschütztes Naturdenkmal im Eisacktal. Das Tal liegt nahe Sterzing und schon in Südtirol. Von den zahlreichen Brücken des Klammwegs bietet sich ein großartiges Naturschauspiel, wenn das Wasser aus 15 Metern Höhe in die Schlucht aus Ratschinger Marmor stürzt. Der untere Zugang befindet sich in Stange, der obere bei Jaufensteg an der Straße ins Ratschingstal.

180 m

STRECKE 4,4 km

2 h

ab 4

Wanderung: Wir laufen vom großen Parkplatz in **Stange** ① am Ratschingerbach entlang, hinaus in die Wiesen. Nach etwa 20 Minuten, in denen es zweimal über Brücken ans andere Ufer geht, erreichen wir den **Eingang zur Klamm** ② und das Kassenhäuschen.

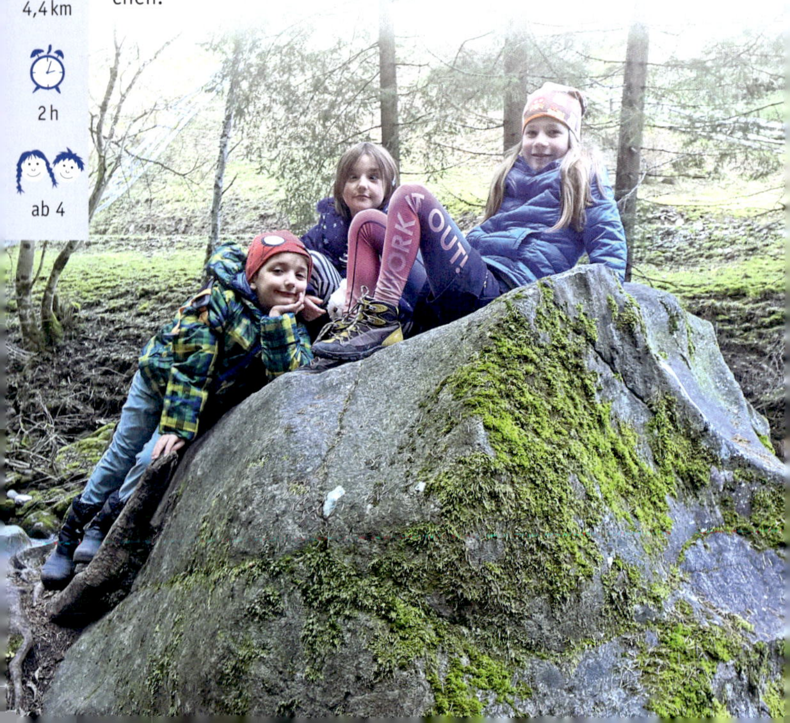

Abstecher zur Burg Reifenegg ④

3,1 km, ↑100 m, ↓270 m, Gehzeit 1 h 15

Am oberen Ende der Klamm können wir die Wanderung zu einem Rundweg erweitern und dabei zu einer Ruine laufen. Etwa 100 Meter vom Gasthof Jaufensteg ③ taleinwärts folgen wir der Beschilderung zur Ruine Reifenegg nach links auf einen Wiesenweg (Weg 11b). An einigen Häusern vorbei geht es dann auf einer schmalen Teerstraße weiter bis nach Burghof. Dann laufen wir wieder bergab und nach etwa 300 Metern biegen wir links ab und steigen steil hinunter zur Ruine ④. Von der Burg steht heute nur noch der Trutzturm.
Von dort führt der Weg in Serpentinen durch dichtes Gebüsch und über schmale Wasserläufe bis zu einer Steinmauer. Kurz vor Stange treffen wir dann wieder auf unseren Hinweg.

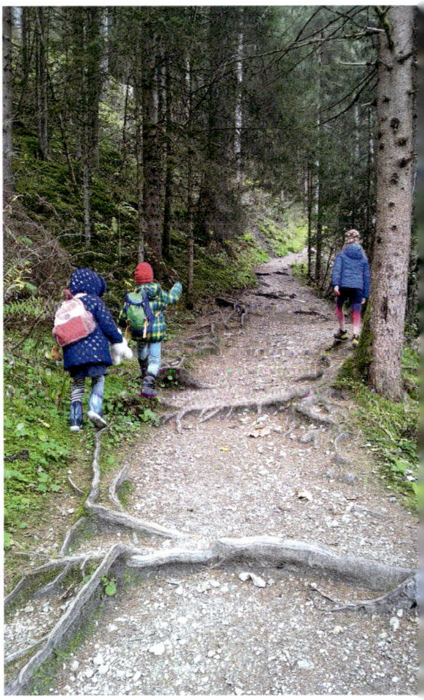

Das Rauschen des tosenden Wassers ist bereits seit einer Weile hörbar, jetzt beginnt das Abenteuer: Über Treppen und Brücken geht es durch die Klamm. Sie ist die einzige in Europa, die sich tief in weißen Marmor gräbt. Der Hinweg durch die Klamm steigt immer leicht an. Der Klammsteig ist gut gesichert und es gibt ausreichend Möglichkeiten zum Festhalten. Über Brücken wechseln wir mehrfach die Bachseite und schauen dabei auch von

TOUREN-STECKBRIEF

Anfahrt: Fahrzeit von Innsbruck: eine knappe Stunde (etwa 60 km). Die Brennerautobahn an der Ausfahrt Sterzing verlassen. Richtung Sterzing fahren und beim ersten Kreisverkehr die dritte Abfahrt nehmen. Ratschings und das Ridnauntal sind ausgeschildert. Der SS 44 folgen. Beim übernächsten Kreisverkehr geht die SS 44 an der zweiten Abfahrt weiter. Wieder beim übernächsten Kreisverkehr die SS 44 mit der ersten Abfahrt aus dem Kreisel verlassen. Jetzt der SP 36 bis Stange folgen. Hinter dem Ortsteil Schönau die erste Abzweigung links zum Klamm-Parkplatz bei **GPS N 46°52'57.9", E 11°23'04.3"** nehmen.
ÖPNV: Mit der S3 von Innsbruck Hauptbahnhof bis zum Brenner fahren und in den Anschlusszug nach Meran umsteigen. In Sterzing vor dem Bahnhof in den Regionalbus 319 nach Stange (Richtung Larch) umsteigen. Fahrzeit 1,5 Stunden.
Gilfenklamm: Geöffnet Mai bis Ende Oktober 9–17 Uhr, Juli und August 9–18 Uhr. Eintritt €5, Kinder €3.
Anspruch und Charakter: Klammwanderung auf gut gesichertem Steig mit Geländern. Wanderschuhe sinnvoll, denn die Pfade können ziemlich glitschig sein.
Markierung: Beschilderung bis zum Eingang der Klamm.
Highlights: Klamm mit Wasserfällen, Schluchten, Felsen und Brücken.
Einkehr: Gasthof Jaufensteg am oberen Ende der Klamm, Gasthaus Gilfenklamm in Stange, Kiosk beim Minigolfplatz.
In der Nähe: Sterzing mit Altstadt und Zwölferturm, am Wochenende häufig Bauern- und Brauchtumsmärkte, Schloss Wolfsthurn, Minigolfplatz, Spielplatz und Kletterhalle Sportzone Stange.

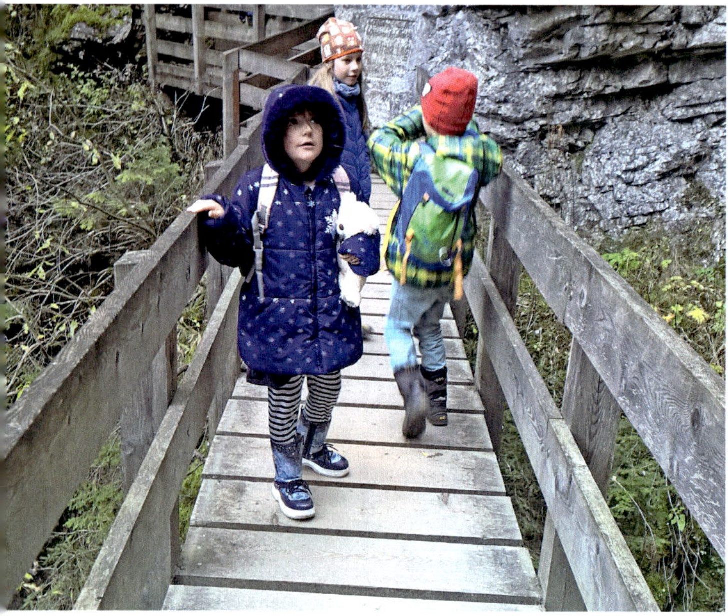

oben auf die Wasserfälle in der Schlucht. Am oberen **Ausgang der Klamm** ③ pausieren wir an den Picknickbänken. Wer einkehren möchte, verlässt die Klammanlage und findet oberhalb des Wegs den Gasthof Jaufensteg.

Zurück geht es dann auf dem gleichen Weg – diesmal immer sanft abwärts und entsprechend schneller. Von der anderen Seite gesehen, wirkt die Klamm jetzt noch einmal ganz anders.

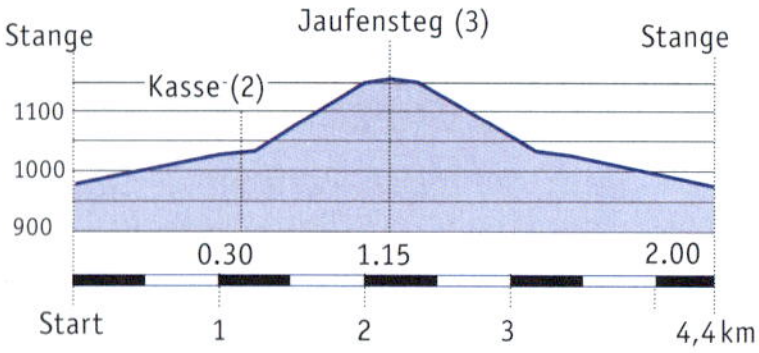

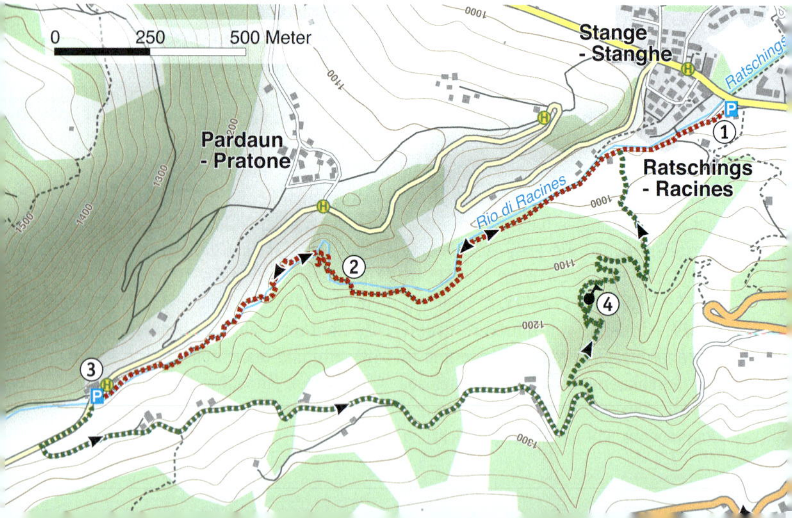

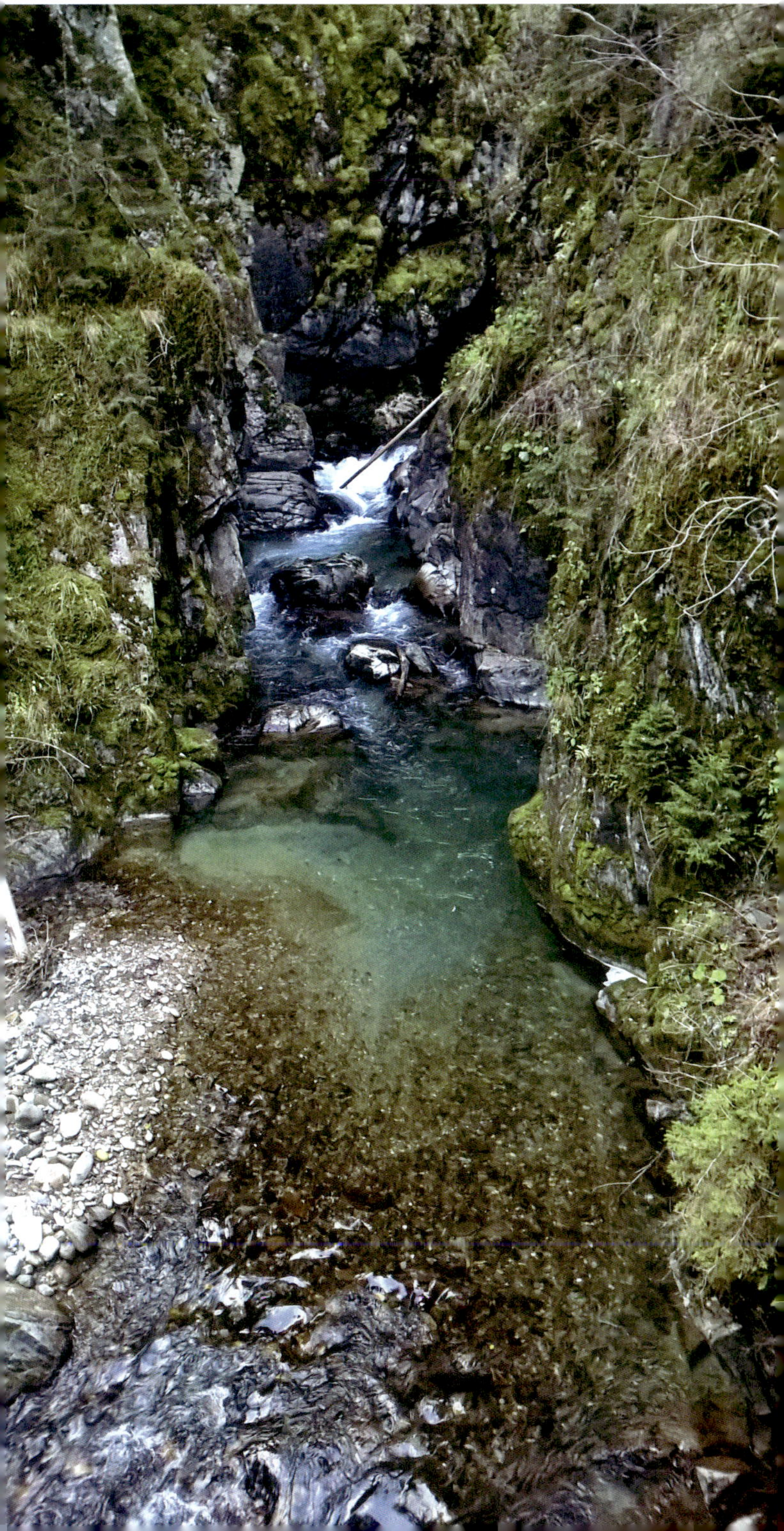

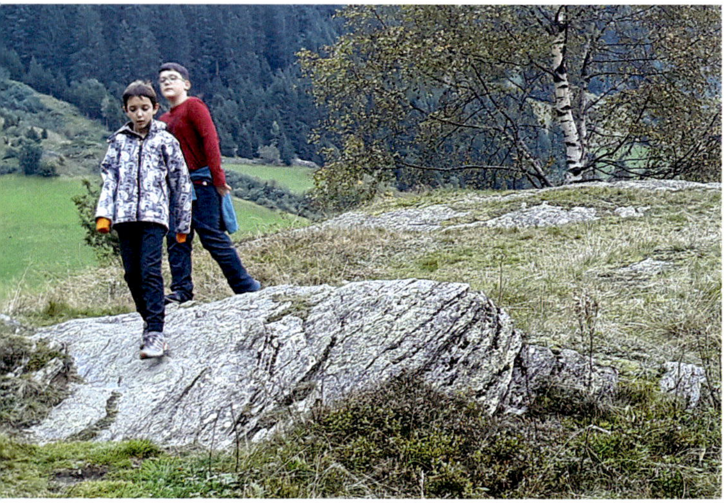

60 m

STRECKE 3,2 km

1 h 15

ab 4

Tour 26: Panoramarunde am Schneeberg

Ein Rundweg am Bergbaumuseum

Das idyllische Bergdorf Maiern im Ridnauntal ist umgeben von hohen Gipfeln und steilen Berghängen. Wer einen Besuch im Bergbaumuseum mit einer entspannten Runde durch die Wiesen um Maiern und herrlichen Ausblicken kombinieren möchte, wählt diesen kinderwagentauglichen Spaziergang.

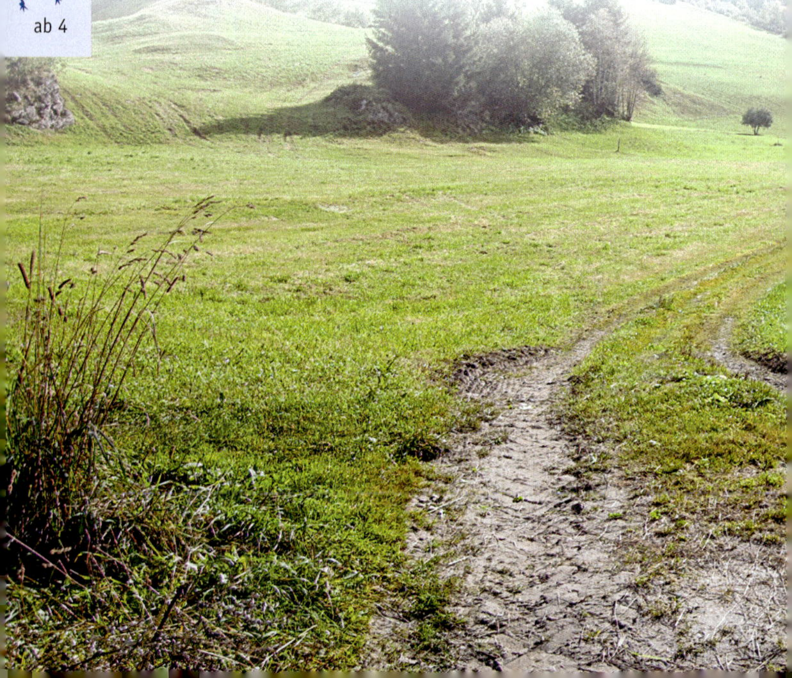

TOUREN-STECKBRIEF

Anfahrt: Fahrzeit von Innsbruck: eine gute Stunde (70 km). Brennerautobahn an der Ausfahrt Sterzing verlassen und in Richtung Sterzing fahren. Am ersten Kreisverkehr die dritte Abfahrt nehmen. Das Ridnauntal ist ausgeschildert. Der SS 44 folgen. Beim übernächsten Kreisverkehr geht die SS 44 an der zweiten Abfahrt weiter. Wieder beim übernächsten Kreisverkehr die SS 44 an der ersten Abfahrt verlassen. Jetzt der SP 36 bis Stange folgen. Durch die Ortschaft hindurch fahren und auf der Landstraße bis Maiern (Masseria) fahren. Kurz hinter dem Ortseingang kommt auf der linken Seite ein Lebensmittelladen und danach ein großer Parkplatz bei **GPS N 46°55'18.2", E 11°16'55.6"**.

ÖPNV: Mit der S3 von Innsbruck Hauptbahnhof bis zum Brenner fahren und in den Anschlusszug nach Meran umsteigen. In Sterzing vor dem Bahnhof in den Regionalbus 312 nach Maiern (Masseria, Ratschings) umsteigen.
Fahrtzeit: 1 Stunde 50 Minuten

Anspruch und Charakter: Spaziergang über Wiesenpfade, Feld- und Waldwege. Kinderwagentauglich mit geländegängigem Buggy oder Kinderwagen. Auch für Kinderfahrräder geeignet. Weg auch im Winter begehbar.

Markierung: Wegweiser.

Highlights: Spielen und Plantschen am Gebirgsbach, Familienhotel Schneeberg mit Spielplatz, Streichelzoo und einem Teich mit Tretbooten.

Einkehr: Steinofenpizza in der Pizzeria im Hotel Schneeberg mit toller Terrasse, Restaurant Knappenstube im Museumsareal des Bergwerks.

In der Nähe: BergbauWelt Ridnaun und Erlebnisbergwerk Schneeberg.

Wanderung: Vom Parkplatz geht es vorbei am **Hotel Schneeberg** und an der nächsten Kreuzung rechts weiter durchs Dorf. Gleich nach der Überquerung des **Mareiterbachs** (1) biegen wir links ab auf einen Feldweg. Immer am Bach entlang folgen wir diesem Weg bis zu einer Rechtskurve, in der uns links ein Pfad in die Wiesen führt. Der Weg steigt leicht an.

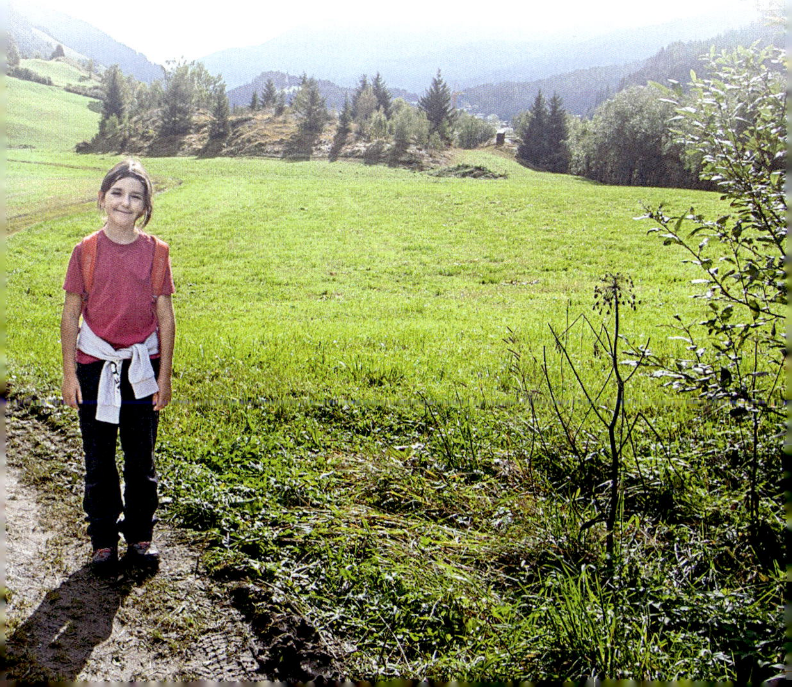

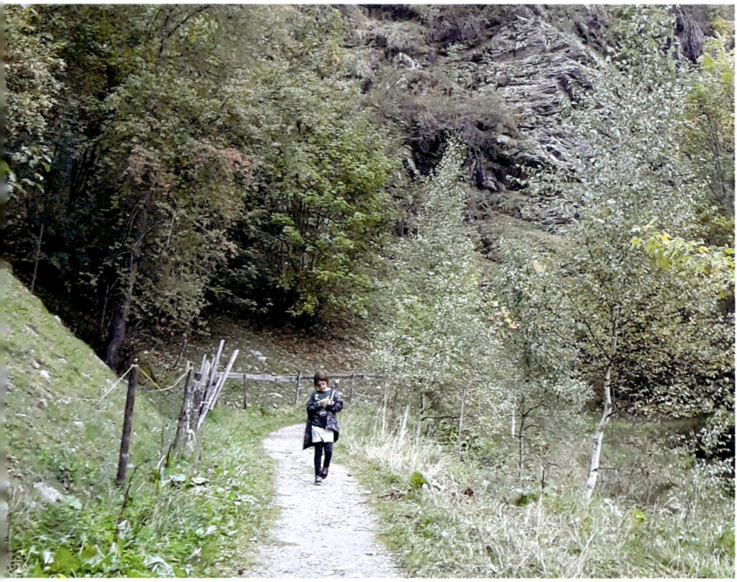

Bergwerk Ridnauntal

Am Ende des Ridnauntals befindet sich die alte Bergwerksanlage mit zum Teil intakten Gebäuden, einem Lehrpfad und dem Bergbaumuseum im ehemaligen Arbeiterwohnhaus. Die Mine im Schneeberg war einst eines der höchstgelegenen Bergwerke Europas. Bergarbeiter förderten in knapp einem Jahrtausend Silber, Blei und Zink zu Tage. Die Mine schloss 1985 und bietet heute als Schaubergwerk einzigartige Einblicke in die Erzgewinnung von damals und heute.

Für alle, die mehr über den Bergbau erfahren möchten, bietet sich eine Tagesführung durch die Schächte und Stollen an. Die siebenstündige Tour »Abenteuer Schicht« ist für Personen, die an Platzangst oder Schimmelallergie leiden, allerdings nicht empfehlenswert!

Wichtig: Für das Bergwerk warme Kleidung und warme Socken mitbringen!

Geöffnet von April bis November Di bis So 9.30–16.30 Uhr, Montag Ruhetag! An Feiertagen und im Monat August auch montags geöffnet. Führungen um 9.30, 11.15, 13.30, 15.15 Uhr.

Eintritt: €10, Kinder bis 14 Jahre €4. Nur Museum ohne Führung €3, Familienkarte (2 Erwachsene und Kinder bis 14 Jahre) €20. www.bergbaumuseum.it

Etwa 20 Minuten laufen wir gemächlich dahin. Dann erreichen wir eine **alte Siedlung** ②, in der früher die Arbeiter der Mine untergebracht waren.

Der Weg führt daran vorbei, über eine Brücke über den hier seichten und breiten Mareiterbach – mit Sicherheit findet sich die eine oder andere Stelle zum Plantschen und Füßekühlen. Weiter geht es an den Parkplätzen vorbei zum **Bergbaumuseum** ③.

Nach einem Besuch des Bergwerks laufen wir ein kurzes Stück auf der Straße zurück und verlassen sie bei der ersten Abzweigung auf der rechten Seite. Der Trampelpfad verläuft hinter Bäumen und Büschen parallel zur Straße. Nach etwa zehn Minuten erreichen wir einen schönen **Aussichtspunkt** ④ mit Birken und Bänken oberhalb von Maiern. Von hier

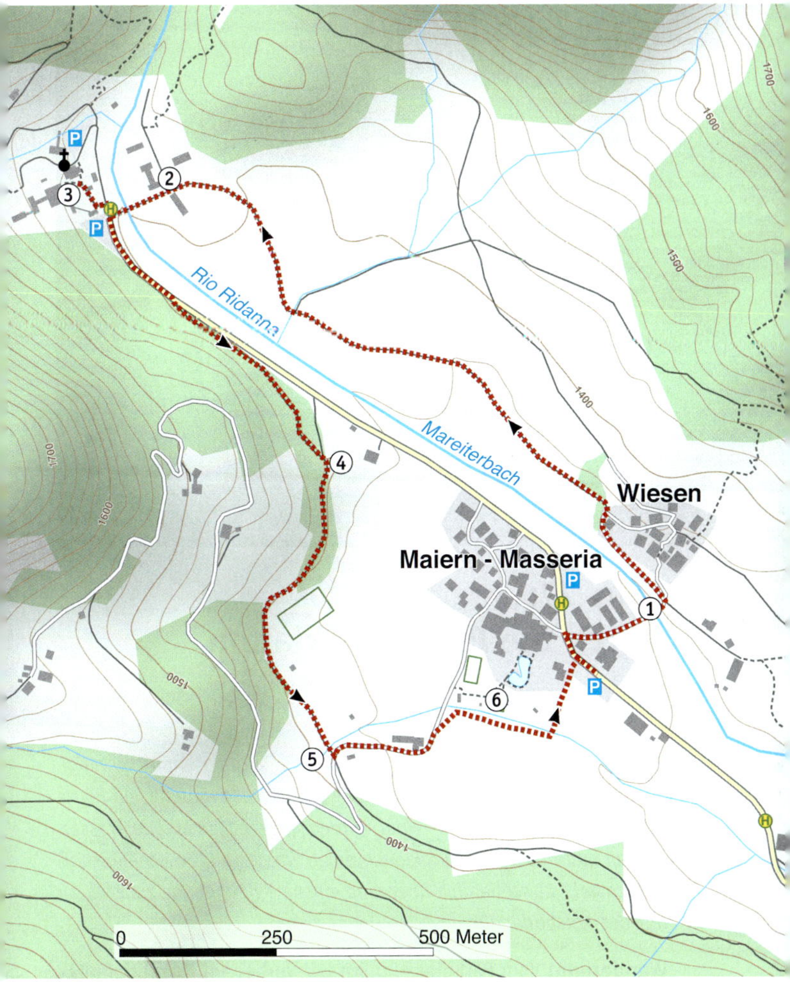

aus bietet sich ein schöner Panoramablick ins Ridnauntal.

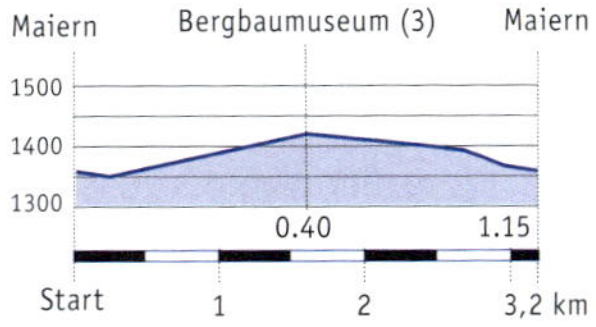

Zurück geht es über Heidekraut und Steine wieder auf den Weg. Der führt uns jetzt in einem Bogen etwas oberhalb des Dorfes auf dessen andere Seite. Direkt hinter der **Brücke über den Staudenbergbach ⑤** geht es links hinab ins Dorf – entweder am rechten Bachufer entlang und links über die Brücke bei der Kuhweide direkt zum Parkplatz. Alternativ bleiben wir auf der Straße, überqueren zuerst den Bach und treffen dann am linken Bachufer auf die Außenanlagen des Hotels: einen Spielplatz, einen kleinen Park und einen Streichelzoo. Der **Spielplatz mit Trampolinanlage ⑥** ist frei zugänglich.

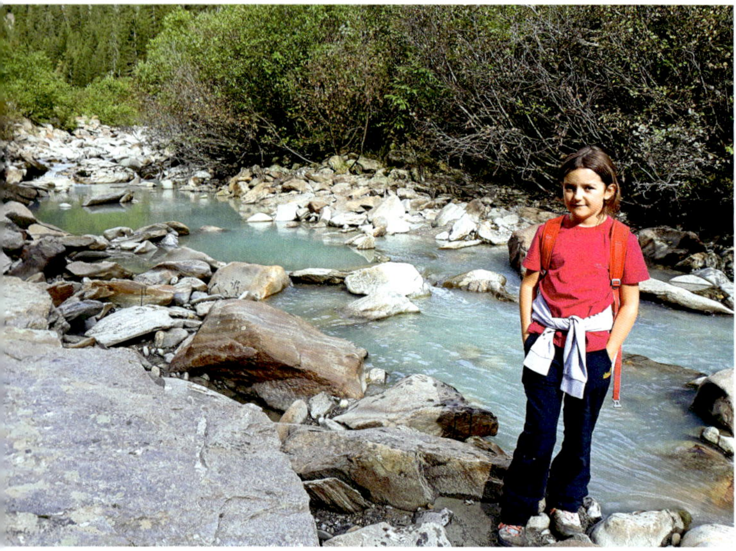

360 m

STRECKE
9,5 km

4 h 15

ab 8

Tour 27: Durch die Burkhardklamm

Wildnis im Ridnauntal

Am Talschluss des Ridnauntals, hinter der alten Bergwerksanlage beginnt die Wildnis und wir wandern auf einer abenteuerlichen Route über Stock und Stein. Im Wald entdecken wir türkisblaue Wasserbecken und in der Burkhardklamm einen Wasserfall. Zwischen Schafherden geht es schließlich über eine einsame Hochebene zur Einkehr auf der Aglsbodenalm.

Wanderung: Vom Parkplatz laufen wir vorbei am **Hotel Schneeberg** und an der nächsten Kreuzung rechts weiter durchs Dorf. Gleich nach der Überquerung des **Mareiterbachs** ① biegen wir links ab auf einen Feldweg. Immer am Bach entlang folgen wir diesem Weg bis zu einer Rechtskurve, in der uns links ein Pfad in die Wiesen führt. Der Weg steigt leicht an.

Für etwa 20 Minuten laufen wir durch die Wiesen. Nach der Brücke über den hier seichten und breiten Mareiterbach erreichen wir das **Erlebnisbergwerk Schneeberg** ②.

Wir gehen auf der Straße am Museum und einigen rostigen Loren vorbei. Gleich dahinter biegen wir in der engen Linkskurve nach rechts ab und halten auf den Wald zu. Es erwartet uns gleich die erste Kletterpartie über einen steilen Weg, der vor langer Zeit mit runden Steinen aus dem Gebirgsbach zu unserer Rechten gepflastert wurde. So wild und abenteuerlich sich der Pfad auch

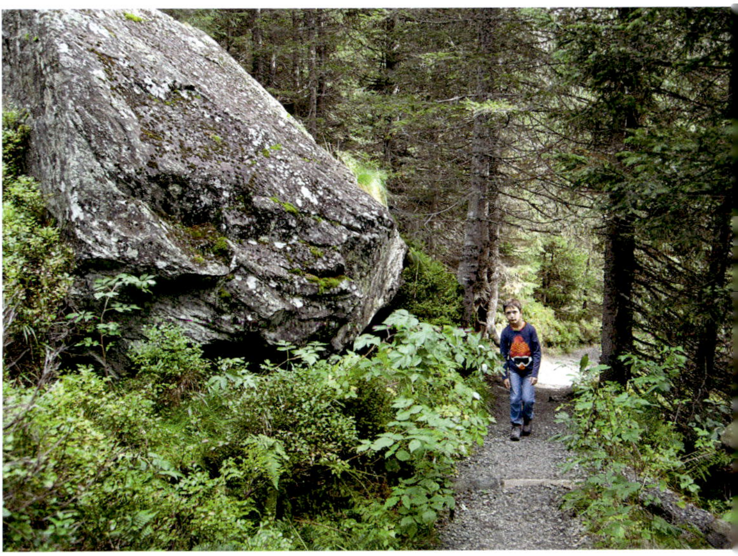

durch den Wald schlängelt, verirren kann man sich nicht. Es geht nach der ersten Spitzkehre stets geradeaus nach oben.

Auf halber Strecke gesellt sich der **Seebach** ③, den wir am Eingang zum Wald bereits neben uns hatten, wieder an unsere rechte Seite. Hier gibt es ein paar schöne Stellen für eine Pause am Wasser. Große Steine laden zum Sitzen ein und an heißen

TOUREN-STECKBRIEF

Anfahrt: Die Brennerautobahn bei der Ausfahrt Sterzing verlassen. Richtung Sterzing fahren und beim ersten Kreisverkehr die dritte Abfahrt nehmen. Das Ridnauntal ist ausgeschildert. Der SS 44 folgen. Beim übernächsten Kreisverkehr geht die SS 44 an der zweiten Abfahrt weiter. Wieder beim übernächsten Kreisverkehr die SS 44 an der ersten Abfahrt verlassen. Jetzt der SP 36 bis Stange folgen. Durch die Ortschaft hindurch und auf der Landstraße bis Maiern (Masseria) fahren. Kurz hinter dem Ortseingang liegt links ein Lebensmittelladen, dann folgt ein großer Parkplatz bei **GPS N 46°55'18.2", E 11°16'55.6".**

ÖPNV: Mit der S3 von Innsbruck Hauptbahnhof bis zum Brenner fahren und in den Anschlusszug nach Meran umsteigen. In Sterzing vor dem Bahnhof in den Regionalbus 312 nach Maiern (Masseria, Ratschings) umsteigen. Fahrtzeit: 1 Stunde 50 Minuten.

Anspruch und Charakter: Abwechslungsreiche und anspruchsvolle Wanderung auf teils steinigem und rutschigen Gelände im Wald und in der Klamm. Extra-Kletterpartien für die Kinder über Stock, Steine und Wurzeln sind oft möglich.

Markierung: Rot-weiß-rot markiert an Bäumen und Steinen, gelbe Wegweiser.

Highlights: Klamm mit beeindruckendem Wasserfall, im Sommer mit Badestelle (Achtung kalt!), Hochebene mit Schafen und uriger Alm, Klettern und Kraxeln.

Einkehr: Aglsbodenalm, Knappenstube im Museumsareal des Bergwerks, Steinofenpizza in der Pizzeria im Hotel Schneeberg mit Sonnenterrasse, Abenteuerspielplatz, Teich mit Tretbooten und Streichelzoo.

In der Nähe: BergbauWelt Ridnaun und Erlebnisbergwerk Schneeberg.

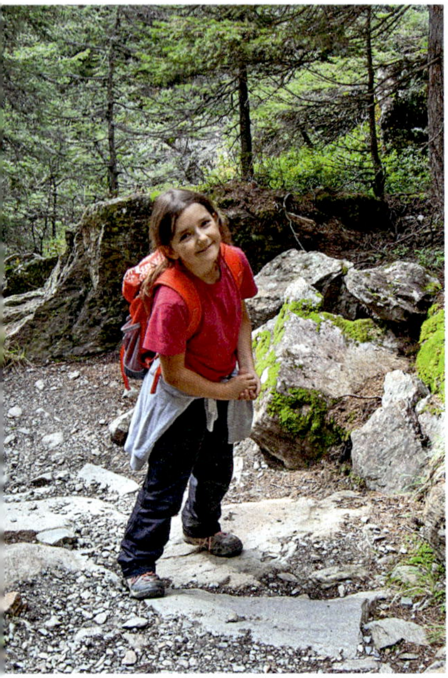

Sommertagen lohnt es sich, Badesachen in der Tasche zu haben für ein erfrischendes Bad in einem der türkisblau leuchtenden Wasserbecken.

Frisch gestärkt geht es weiter hinauf, bis wir den **Eingang zur Burkhardklamm** ④ erreichen. Kurz vor dem Tor macht der Weg eine Biegung nach rechts und überquert den Seebach, der uns nun auf der linken Seite begleitet. Ab jetzt gibt es keine Abzweigungen mehr. Es geht steil hinauf, oft in engen Kurven. Die Kinder nehmen immer wieder gerne Abkürzungen und kraxeln zwischen den

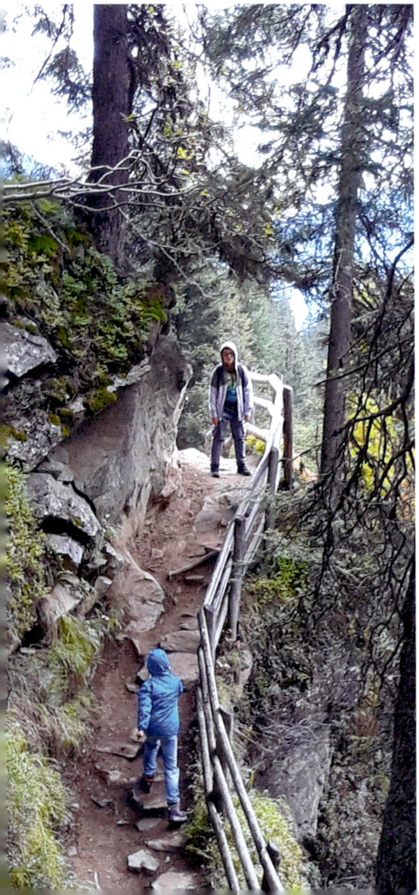

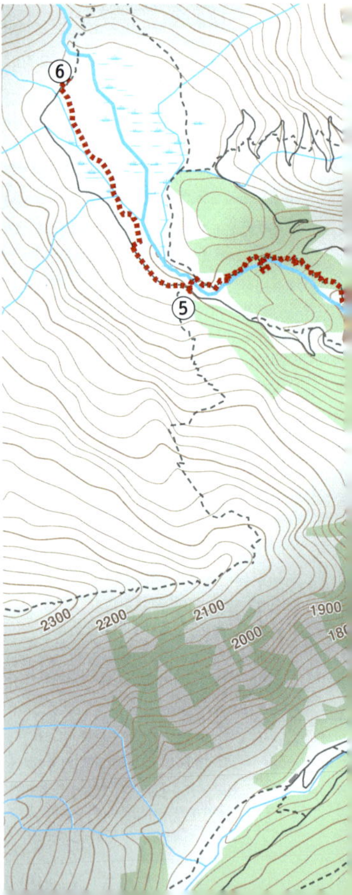

Steinen hindurch. Der Weg führt über mehrere Holzbrücken und ist weniger anspruchsvoll als im unteren Teil des Waldes, wo es mitunter rutschig sein kann. Hier oben lösen Flechten und Heidekraut langsam die Bäume ab. Auch hier warten Kletterfelsen auf die Kinder. So wird der Weg niemals langweilig. Das **Ende der Klamm** ⑤ ist mit dem Überqueren der letzten Brücke erreicht.

Auch hier gibt es wieder ein **Gatter**, das man hinter sich zumachen muss, damit die Weidetiere nicht davonlaufen. Vor uns erstreckt sich nun eine **Hochebene**, durch die sich der Seebach zieht. Im Sommer sind hier Schafe und anderes Weidevieh anzu-

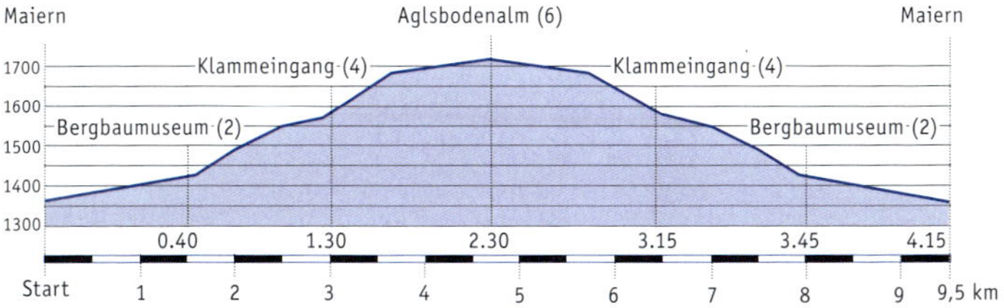

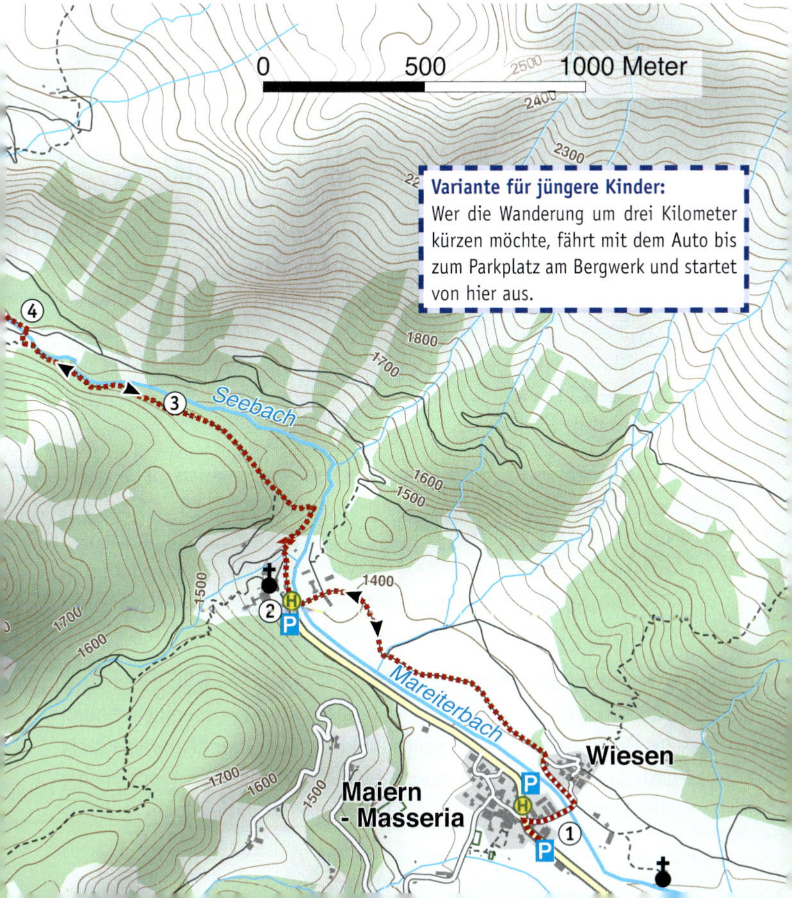

Variante für jüngere Kinder:
Wer die Wanderung um drei Kilometer kürzen möchte, fährt mit dem Auto bis zum Parkplatz am Bergwerk und startet von hier aus.

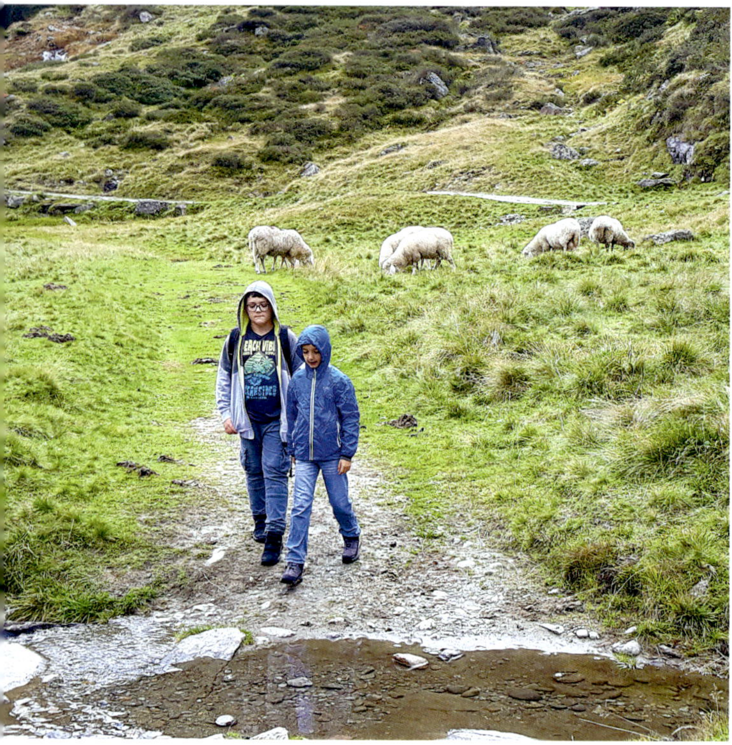

Almabtrieb im Herbst
Am letzten Wochenende im September findet in Maiern der Almabtrieb statt: ein farbenfrohes Spektakel mit Trachten, Traktoren, Goaßelschneuzen (Peitschenschwingen), Bauernmarkt, Schafen, Ziegen, Schweinen und Kühen, Blasmusik und großer Party.

treffen. Wir folgen ein Stück dem Weg, der sich an der linken Seite der Ebene bogenförmig bis zur bereits sichtbaren Alm hinzieht. Dann entscheiden wir uns für den abenteuerlicheren Weg querfeldein durch die Weiden und überqueren den Gebirgsbach mehrmals über wackelige Brückchen aus Baumstämmen. So ist der Weg zur **Aglsbodenalm** ⑥ etwas kürzer und viel spannender.

Zurück wählen wir genau den gleichen Abenteuerweg über Wurzeln und Steine. Wer das nicht möchte, biegt für den Rückweg nicht links ab zum Pfad durch die Klamm, sondern folgt dem Forstweg geradeaus hinunter. Beide Wege treffen sich wieder an der **unteren Brücke** vor dem Eingang in die Klamm. Ab hier geht es weiter abwärts zurück durch den Wald und die Wiesen.

Wer weiter auf dem breiten Schotterweg bleiben will: Dieser Weg führt nicht direkt zum Bergwerk zurück, sondern in einem Bogen ins Dorf Maiern zum Ausgangspunkt der Tour. Der Rückweg dauert auf dieser Route etwa gleich lang, ist mit müden Kindern, die nicht mehr klettern wollen, aber eventuell die einfachere Wahl.

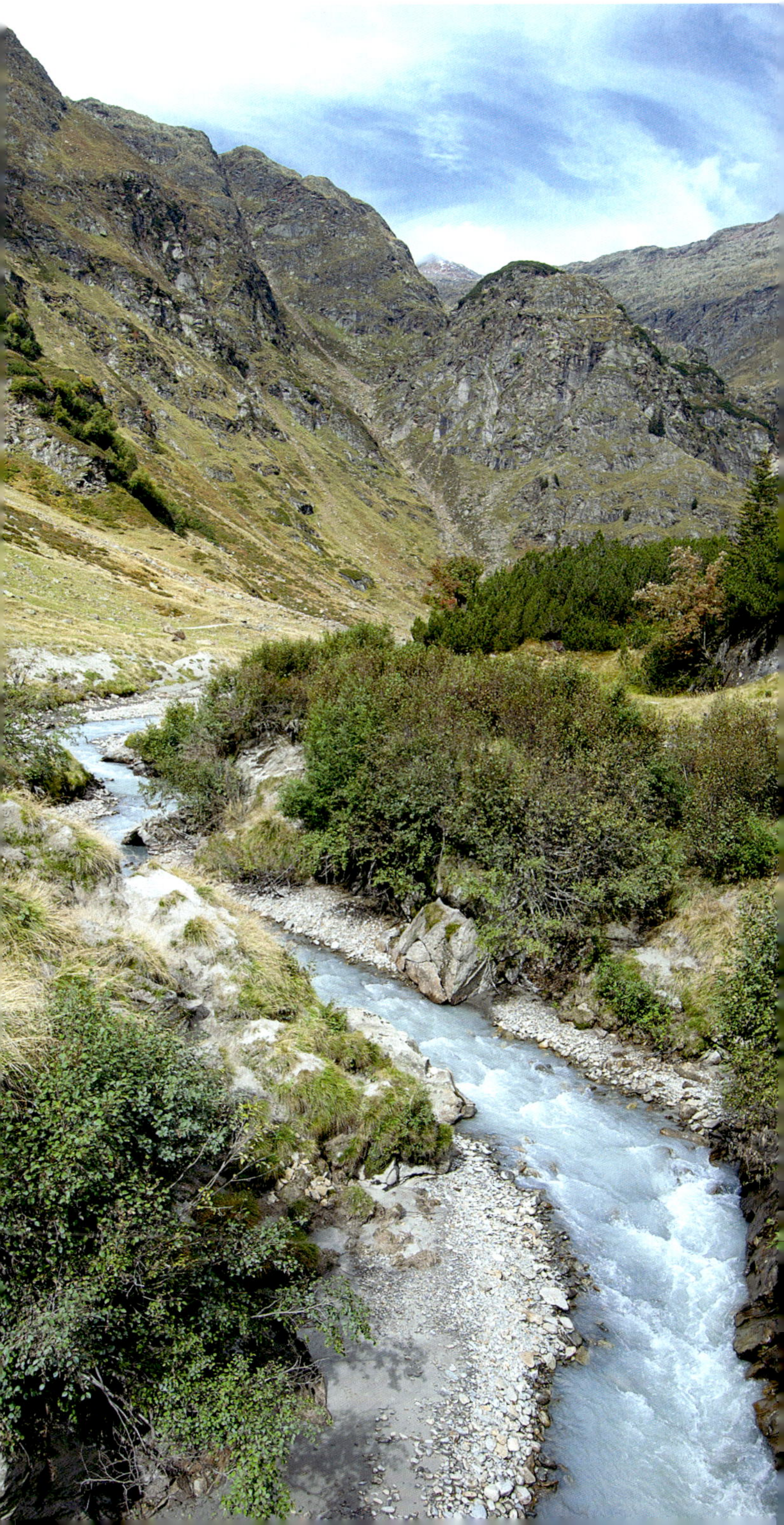

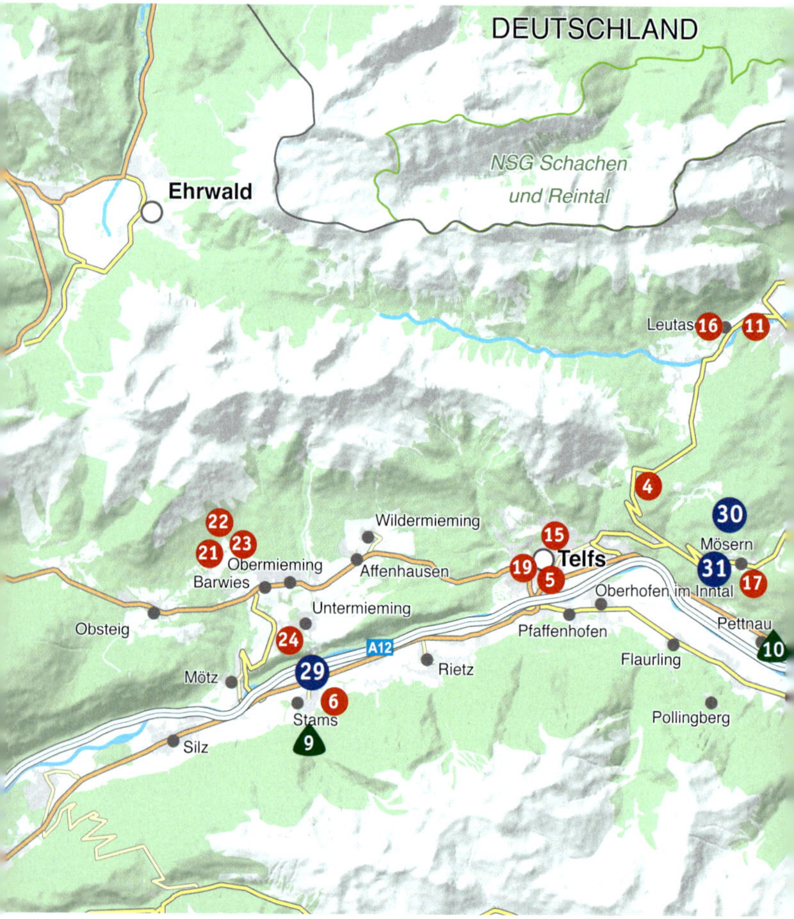

Spiel & Spaß

1 Abenteuerspielplatz an der Leutascher Ache

Der Abenteuerspielplatz liegt inmitten von Wiesen in Weidach. Neben einem Piratenschiff mit Wackelbrücke und Krabbelrohr, Kletterturm und Sandschaufelbagger ist der Bach selbst die Hauptattraktion. Vom Spielplatz aus gibt es einen Zugang zu der an dieser Stelle sanft und ungefährlich dahinfließenden Leutascher Ache.

2 Bergbau-Erlebnisspielplatz Rosshütte

Am Spielplatz der Bergbahn Rosshütte (Mittelstation) auf 1.760 Metern können Kinder in kleinen Bergwerk-Loren Sand transportieren. Trampoline und »Airbags« laden zum Springen ein und mehrere lange Rutschen, darunter eine Reifenrutsche, sorgen für Spaß und angenehmen Nervenkitzel.

Eine Holzkugelbahn samt Wasserspielen befindet sich neben dem großen Spielplatz. Holzkugeln können für € 2 ausgeliehen werden.

Hinauf und hinunter geht es mit der Bergbahn Rosshütte von Mitte Juni bis Mitte Oktober, täglich 9 – 17 Uhr, € 21,50, Jugend € 20,50, Kinder 6 – 15 Jahre € 13,50. www.rosshuette.at

3 Minigolf Seefeld

Neben Minigolf kann man im Kegelcenter & Minigolf Seefeld am Wildsee auch Pit Pat (Tischminigolf) spielen. *Geöffnet von April bis Oktober täglich*

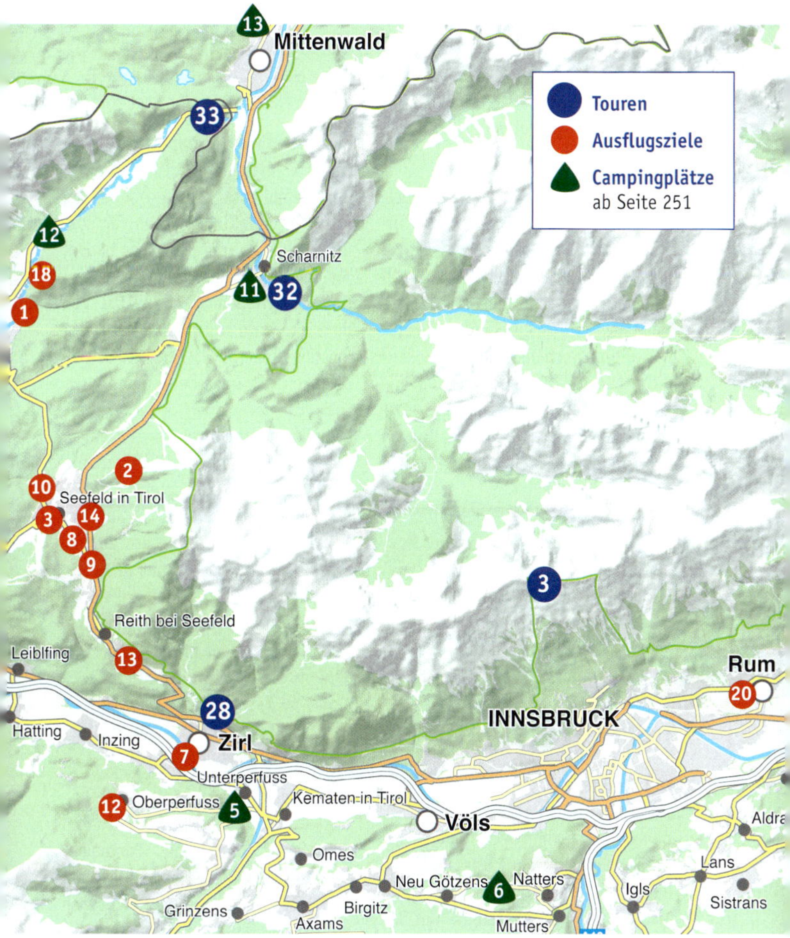

von 10–19 Uhr, im Juni bis 21 Uhr und im Juli und August bis 22 Uhr. Eine Runde Minigolf oder Pit Pat €4, Kinder bis 15 Jahre €3. www.seefeld-freizeit.at

Für Regenwetter

4 Tiroler Bergbauernmuseum Ropferhof

Das kleine Museum am Ropferhof bietet einen guten Einblick in das Leben der Bergbauern. Es gibt Werkzeuge und Alltagsgegenstände aus vergangenen Jahrhunderten zu sehen.
Interessierte erfahren mehr in der Präsentation »Bauernleben« (gegen Voranmeldung täglich ab 14.30 Uhr). Das Museum gehört zum Gasthof Ropferstub'm und ist an dessen Ruhetagen geschlossen.
Geöffnet 10.30 – 18 Uhr. Auf dem Gelände befindet sich auch ein Spielplatz und es gibt Bauernhoftiere und Pferde und nebenan eine Kneipp-Anlage. Freier Eintritt. www.ropferhof.at

5 Fasnacht- und Heimatmuseum Telfs

Das Kulturzentrum im »Noaflhaus« gibt Einblick in das Weltkulturerbe der Telfer Fasnacht mit dem alle fünf Jahre stattfindenden Schleicherlaufen. Außerdem geht es um Volkskunst, Sakrales und archäologische Funde, die bis zurück in die Bronzezeit reichen. Neben einer Schmetterlings- und einer Mineraliensammlung zeigt das Museum wechselnde Aus-

stellungen regionaler Künstler.
Geöffnet Do 9–12 Uhr, Fr 17–20 Uhr, Sa 9–12 Uhr. www.telfs.at/fasnacht-und-heimatmuseum.html

6 Stift Stams

Die mächtigen, gelb-weißen Zwiebeltürme des Klosters erheben sich inmitten grüner Wiesen. Einzigartig und auch für Kinder beeindruckend sind der als Lebensbaum gestaltete Hochaltar mit 84 geschnitzten Figuren und das schmiedeeiserne Rosengitter mit 80 Blüten, von denen keine der anderen gleicht. Lauschige Klostergärten und der große Gastgarten der Orangerie laden zum Verweilen ein. [› Tour 29]
Öffnungszeiten für Führungen und Museum von Juni bis September Mo bis Sa 9–11 Uhr und 13–16 Uhr, So und Feiertag 13–16 Uhr,
Oktober bis Mai Führung Do 16 Uhr, Kombiticket €12,50, Schüler €6. www.stiftstams.at

Freibäder und Seen

7 Freibad Zirl

Im Zirler Freibad gibt es ein großes, beheiztes Schwimmbecken mit Nichtschwimmerbereich und Wasserrutsche, außerdem eine große Liegewiese, Tischfußball und Tischtennis. Das Bad liegt am Fuß der Ruine Fragenstein, die aus zwei Türmen besteht und in einem Spaziergang von etwa 45 Minuten erreichbar ist.
Geöffnet Mai bis September 9–20 Uhr. Tageskarte €4, Kinder 6–16 Jahre €1,40, Jugendliche 16–18 Jahre €2,80, ab 16 Uhr Abendtarife.

8 Strandbad Strandperle

Im Strandbad am Wildsee in Reith bei Seefeld gibt es einen beheizten Pool und ein Kinderbecken für alle, die weniger gern in Naturseen baden. Am Badesteg tummeln sich die Kinder und springen um die Wette. Von der Liegewiese aus gibt es noch mehr Einstiegsstellen zwischen den Schilfpflanzen am naturbelassenen Ufer. Hier ist der Boden jedoch etwas sumpfig. Im Bad kann man außerdem Tretboote oder ein Fun-Kajak mieten und Beachvolleyball spielen. Neben dem Strandcafé mit Aussicht auf Pool und See gibt es auch ein Restaurant. Dieses und auch der Kinderspielplatz mit Kletterparcours liegen außerhalb des Bades und sind frei zugänglich.
Strandbad geöffnet von Mai bis September 9–20 Uhr. €5,50, Kinder 5–14 Jahre €3, ab 16 Uhr reduzierter Eintritt, Bootsmiete 30 Minuten €7, 1 Stunde €11.

9 Waldschwimmbad Wildsee

Das Waldschwimmbad gehört zum Strandcafé Sonja mit Panoramaterrasse, Liegewiese, Kinderspielplatz und Freizeitsportgeräten. Der Besuch am Wildsee lässt sich wunderbar mit einem Spaziergang rund um den kleinen See verbinden, der teilweise unter Naturschutz steht.
Mai bis Oktober von 9.30–18 Uhr, €5, Kinder bis 7 Jahre €2,50. www.engl-hof.com/waldschwimmbad

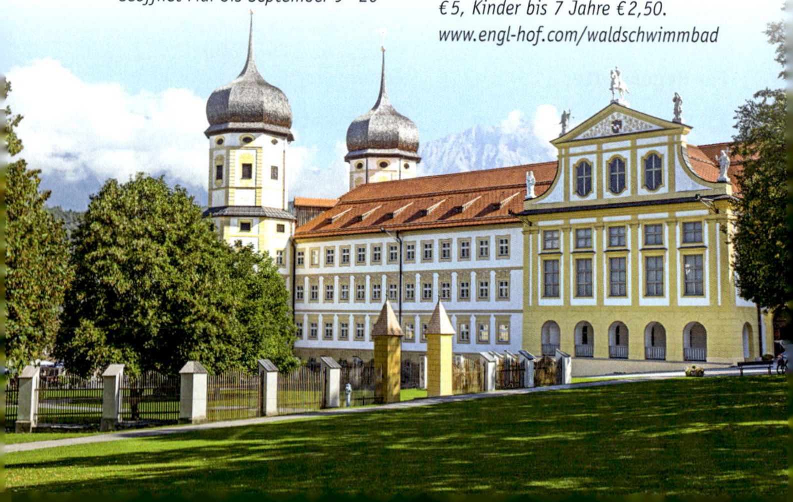

Freizeitbäder

10 Olympiabad Seefeld
Kinder lieben dieses Bad wegen seiner drei tollen Rutschen: Neben einer Kleinkindrutsche und einer langen Röhrenrutsche, die im Freibadbereich zu finden sind, sorgt ganzjährig der österreichweit einzigartige 140 Meter lange Wildwasserfluss für actionreichen Badespaß.
Geöffnet täglich 9.30 – 22 Uhr, Familien-Tageskarte ab € 45, jedes weitere eigene Kind € 3. www.olympiabad.tirol

11 Alpenbad Leutasch
Das Hallen-Erlebnisbad mit mehreren Innen- und Außenpools verfügt über eine Saunawelt, eine Röhrenrutsche und einen Kinderbereich. Im Sommer ist es besonders schön auf der großen Liegewiese mit Kinderspielturm, Seilbahn, Beachvolleyball-, Tennis- und Squashplätzen.
Geöffnet täglich 10 – 22 Uhr, Familien-Tageskarte ab € 47. www.alpenbad-leutasch.com

Für Tierfreunde

12 Schneiderhof Oberperfuss
Der Ferienbauernhof bietet Ponyreiten nicht nur für Hofgäste: Mit Terminvereinbarung reiten hier auch andere Kinder aus. Kleine werden auf den Ponys durch das Dorf geführt. Alle Kinder helfen gemeinsam bei der Stallarbeit und lernen so das Hofleben kennen. Insgesamt leben vier Pferde, eine Haflingerstute namens Arizona, zwei größere Ponys und das Minishetlandpony Jimmy auf dem Schneiderhof.
Für Hausgäste ist das Ponyreiten kostenlos. Tel. 0043 (0)664 9733798. www.schneiderhof-oberperfuss.at

13 Pony-Spaziergang am Haideggerhof
Der Haideggerhof in Reith bei Seefeld, im Ortsteil Leithen, hat sich auf Ponywanderungen für Kinder spezialisiert. Die Kinder dürfen bei allen Arbeiten mit den Tieren vor und nach

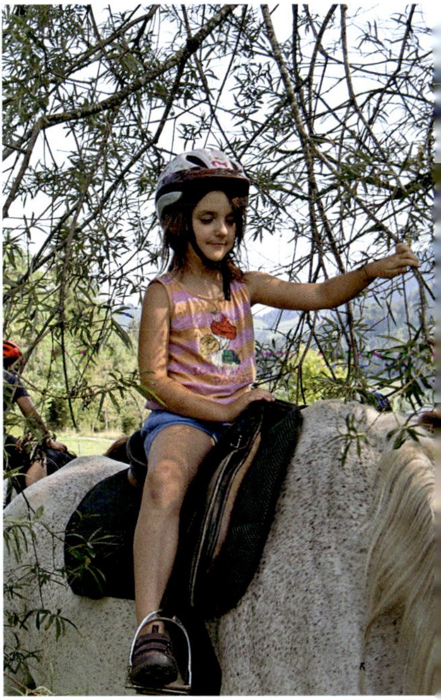

der geführten Tour auch selbst Hand anlegen. Die Runde durch den Wald und über Wiesenwege dauert etwa eine Stunde. Die Eltern dürfen auch mit. *Tel. 0043 (0)650 8446282.*

14 Reitanlage Nairz Seefeld
Der Pferdehof beim Menthof bietet Reitunterricht für Anfänger und Fortgeschrittene in der Gruppe oder an der Longe. Kleinere Pferde und Ponys warten auf Kinder, die reiten lernen wollen.
Gruppenunterricht 45 Minuten € 30, Longe 25 Minuten € 25, Einzelunterricht 45 Minuten € 40, Ponyreiten € 10, Terminvereinbarung Tel. 0043 (0)5212 2554. menthof.eu

15 Ponyhof beim Lipp
Der Familienbetrieb in Telfs hat sich auf die Arbeit mit Islandpferden spezialisiert. Für Kinder bietet die erfahrene Pferdefachfrau Bettina Farfeleder Reitunterricht und Ausritte an. Ein toller Spielplatz befindet sich gleich um die Ecke.
Reitstunden telefonisch vereinbaren unter Tel. 0043 (0)664 75128832. islandpferde-telfs.at

16 Streichelzoo Birkegg

Im Streichelzoo des urigen Gasthauses Birkegg mit Pension und Café in Leutasch leben Bergziegen, die auf dem Hanggelände am Waldrand grasen. Außerdem können die Kids auch Meerschweinchen und Hasen füttern und sich auf dem hauseigenen Spielplatz auf dem Trampolin austoben, während die Eltern entspannt auf der Terrasse sitzen.
Geöffnet Di–So 10–20 Uhr.
birkegg.at

17 Streichelzoo Sterzingerhof mit Heimatmuseum

Zum Sterzingerhof in Mösern gehört ein 300 Jahre alter Bergbauernhof. Die Gastgeberfamilie Bacher hat ihn bewahrt und zeigt Besuchern gerne persönlich die gesammelten Objekte aus dem bäuerlichen Alltag. Sie erklären, wie die alten Werkzeuge zur Holz- und Heuarbeit, zum Mähen, Melken, Butter und Käse machen funktionieren. Im Streichelzoo können wir dann die Tiere besuchen, die auf fast jedem Bergbauernhof selbstverständlich dazugehörten: Hier leben Pferde, Ponys, Ziegen, Schafe, Hühner und Hasen.
Besichtigung auf Anfrage,
Eintritt freiwillige Spenden,
Tel. 0043 (0)664 4650379.

Klettern & Bouldern

18 Kletter-Schnupperkurs am Flämenwandl

Erwachsene und Kinder ab sechs Jahren erhalten zuerst eine ausführliche Einführung in die Sicherungstechniken sowie wertvolle Tipps, bevor es ans Klettern im Klettergarten Flämenwandl an der Leutascher Ache geht. Im Klettergarten ist viel Platz für Kinder und das Flussufer lädt zum Spielen ein. Es gibt Plätze für ein Picknick nach dem Klettern und Lagerfeuer sind auch erlaubt. Wer Kletterschuhe ausleihen möchte, meldet sich im Informationsbüro Seefeld, Tel. 0043 (0)5 0880.
Inklusive Klettergurt und Helm beträgt die Leihgebühr €8.
Kinder unter zehn Jahren dürfen nur in Begleitung eines Erwachsenen teilnehmen. €7 mit Gästekarte für Erwachse, €24 ohne Gästekarte (Kinder €4/€12).
Buchbar über die Tourismusbüros der Region, direkt beim Vermieter oder online. Weitere spannende Events wie Tierspuren lesen, Zaunbauen, Alpaka- oder Vollmondwanderungen.
www.seefeld.com

19 Boulder- und Kletterzentrum Bergstation, Telfs

Im Kletterzentrum in Telfs gibt es betreute Klettergruppen für Anfänger und Fortgeschrittene sowie Grundkurse im Klettern für Kinder ab fünf Jahren, die teilweise auch als Ferienkurse organisiert werden. Die Bergstation wird von der Alpenvereins-Sektion Hohe Munde betrieben. Mitglieder anderer Sektionen können als Gäste an den Kursen teilnehmen und zahlen dann €18 für eine einjährige Gastmitgliedschaft zusätzlich zur Kursgebühr.
Grundkurs für Kids €160.
www.bergstation.tirol

20 »Kraxlerei« in Rum

Die 2021 vom Alpenverein neu eröffnete Kletterhalle ist speziell für die Bedürfnisse von Kindern konzipiert. Sie verfügt über viel Platz und 70 Routen, die an den Kletterwänden bis zu zehn Meter hoch hinaufführen. Sie sind geeignet für Kinder zwischen vier und zwölf Jahren. Ausprobieren kann man die »Rum-Kraxlerei« – das Wortspiel haben sich die Kinder der Gemeinde Rum ausgedacht – beim freien Klettern und Bouldern jeden Dienstag, Mittwoch und Freitag von 17 bis 20 Uhr. Bei dem Angebot handelt es sich nicht um einen Kurs, sondern um einen betreuten und beaufsichtigten Klettertreff. Wer sich nicht auskennt, kann Fragen stellen und bekommt Hilfe.
www.alpenverein.at/rum-kraxlerei

Mieminger Plateau

21 Waldschwimmbad Barwies
Kleines Bad mit Nichtschwimmerbecken, Wasserpilz, Fontänen, Bodenstrudel sowie einem Kinderspielplatz.
Geöffnet Mai bis September 9–19 Uhr.

22 Kutschenfahrten Moosalm
Der Gasthof Moosalm bietet im Sommer einstündige Kutschenfahrten und im Winter Ausflüge mit dem Pferdeschlitten am Mieminger Plateau an. Auch längere Fahrten sind möglich, etwa zur Stöttlalm (mit Einkehr zwei Stunden) oder zum Gasthof Arzkasten (mit Einkehr rund drei Stunden). Spannend für Kinder sind auch die Fahrten zur Wildbeobachtung.
Preise auf Anfrage unter Tel. 0043 (0)664 3430433.
kutschenfahrten.moosalm.at

23 Gartenbahn Minidampf Tirol
Die Gartenbahn in Barwies ist eine Miniatur-Eisenbahn mit tollen Lokomotiven und Waggons zum Mitfahren. Ihr 350 Meter langes Streckennetz führt durch einen Föhrenwald am Mieminger Plateau. Die Passagiere warten am Bahnsteig vor dem kleinen Bahnhof, bis der Lokführer – stilecht mit Eisenbahner-Mütze und Uniform – mit der Bahn angedampft kommt. Wenn alle auf die niedrigen Waggons aufgestiegen sind, geht es los über Brücken und durch Tunnels, vorbei am Lokschuppen mit Drehscheibe und einem Wasserturm. Rollstuhlfahrer können auf einem speziellen Waggon mitfahren.
Sonn- und Feiertage Mai bis Oktober von 11–18 Uhr, Juli und August zusätzlich Mi 14–18 Uhr.
Bei Regen kein Fahrbetrieb.
Eine Fahrt €2, sechs Fahrten €10.
minidampftirol.at

24 Badesee Untermieming
Der See bietet einen fantasievoll gestalteten Spielplatz für Kinder sowie neu angelegte Sprungstege und Brücken über den See. Ein großer hölzerner Fisch lädt Kinder zum Klettern

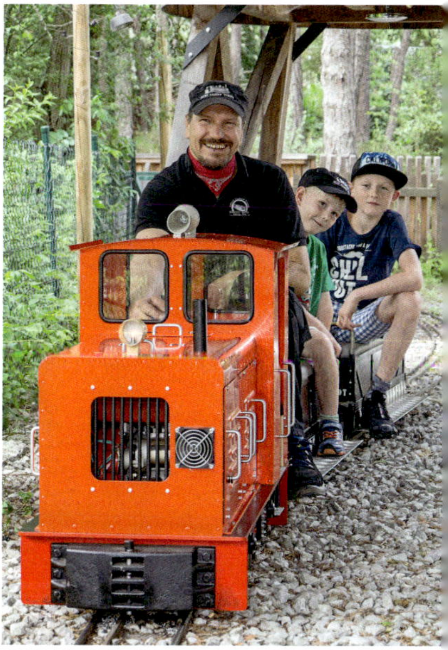

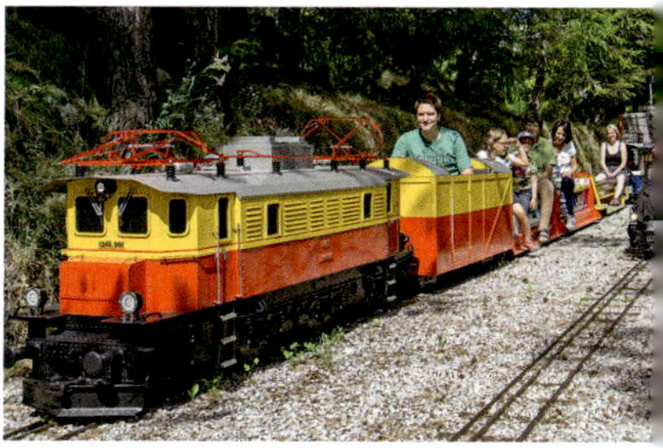

ein. Die Kinderbucht ist durch einen Steg begrenzt, der sie vom tieferen Wasser trennt.

Die Kombination aus Klettern und Schwimmen macht hier den besonderen Reiz aus: Von Ufer zu Ufer spannt sich eine fast 30 Meter lange und über fünf Meter hohe Abenteuerbrücke. Die Plattform in der Mitte bietet eine Kletterwand und ein Sprungbrett. Außerdem gibt es ein Wassertrampolin, Rutsche, Beachvolleyball, Tischtennis, Badminton, Basketball, eine Slackline und Tischfußball. Das Restaurant Leuchtturm ist bis 22 Uhr geöffnet.
Strandbad geöffnet täglich 9–19 Uhr, Tageskarte €6, Kinder €3,50, günstiger ab dem Nachmittag.
www.badesee-mieming.at

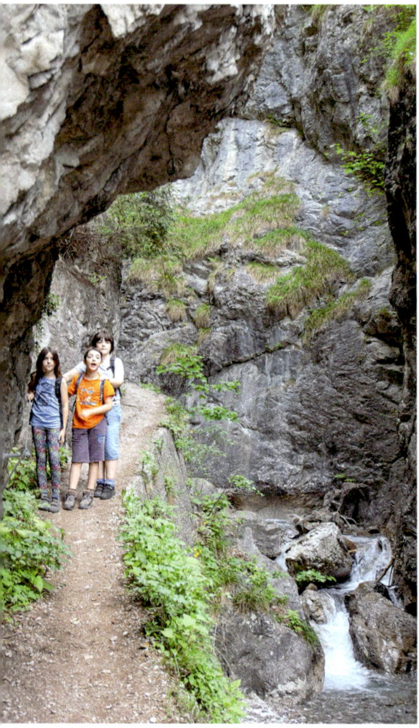

Tour 28:
Kletter-Eldorado Ehnbachklamm

Spielzeit am Flussufer

Die Ehnbachklamm bei Zirl ist ein wenig bekanntes Wanderziel. Während hier eher selten Touristen anzutreffen sind, ist die weite Schlucht hinter der Gspansperre ein beliebter Spot für Kletterer. Für Wanderer ist der Ort perfekt für ein Picknick am Flusslauf des Ehnbachs – mit Staudammbauen, Kneippen, Kraxeln oder einem Lagerfeuer.

185 m

STRECKE 2,7 km

1 h 30

ab 6

Wanderung: Vom Parkplatz geht es links die Straße weiter hinauf bis zu einer **Unterführung** (1), mit der wir den Ehnbach überqueren. Wer von der Bushaltestelle kommt, trifft hier auf unsere Route.

Hinter der Unterführung, den Bach zur Rechten, beginnt der beschilderte **Steig zur Ehnbachklamm**. Über Treppen und teilweise ein wenig rutschige Steinpfade geht es stetig bergauf. Es gibt immer etwas zum Festhalten, aber keine Begrenzung zum manch-

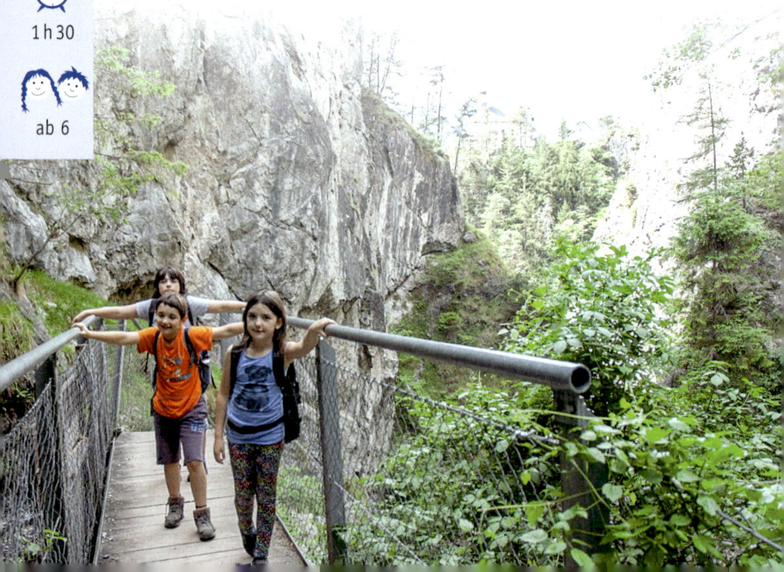

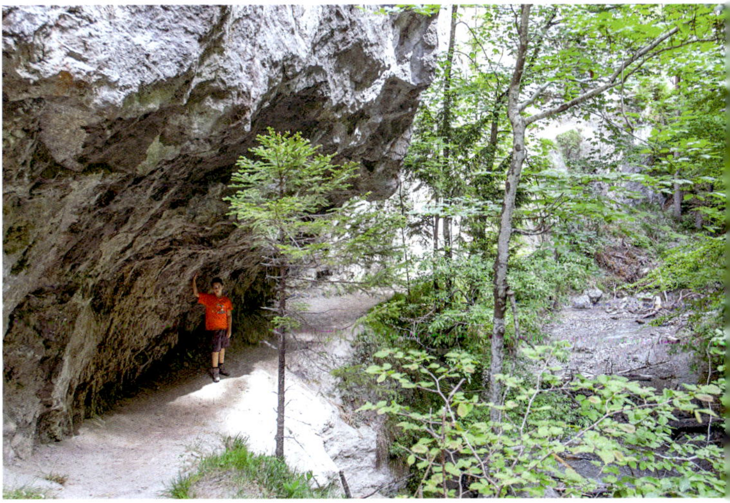

mal tief unter uns liegenden Flussbett. Der Weg ist selbsterklärend und nach etwa 40 Minuten erreichen wir eine steile Treppe, auf der wir die **Gspansperre** ② erklimmen. Wir überqueren sie auf einer Brücke und blicken dabei 20 Meter in die Tiefe. Schauen wir nach links, entdecken wir schon das Ziel unserer Wanderung: Hier wird das Flussbett weiter und der Bach wirkt wie ein Rinnsal in der Mitte. Rechts und links davon hängen Kletterer in den Felsen.

Wir folgen hinter der Sperre dem in kurzen Serpentinen ansteigenden Pfad, der kurz darauf auf einen **Forstweg** ③ trifft.

TOUREN-STECKBRIEF

Anfahrt: Von Innsbruck auf der Inntal-Autobahn (Ausfahrt Zirl/Seefeld) oder der B 171 nach Zirl fahren. Nach der Nordumfahrung (Zirler Berg) gleich bei der ersten Möglichkeit wieder rechts abbiegen und nochmals rechts zur Parkplatzeinfahrt bei **GPS N 47°16'24.2", E 11°15'13.6"**. Der Parkplatz ist kostenpflichtig, eher klein und meist schon am späten Vormittag voll. Daher ist die Anfahrt mit dem Bus von Innsbruck Hauptbahnhof aus empfehlenswert.

ÖPNV: Der Regionalbus 4176 fährt in 20 Minuten direkt, aber leider nur sporadisch nach Zirl. Ansonsten mit dem Stadtbus R bis Rehgasse fahren und in den 4123 umsteigen. An der Haltestelle vor dem Gasthof Schwarzer Adler (etwa 30 Minuten Fahrzeit) aussteigen und links vom Wirtshaus den Klammweg bis zum Ende entlanggehen. Dort geht es durch eine Unterführung und, beschildert, zur Klamm.

Anspruch und Charakter: Kurze Klammwanderung, zeitweise ohne Geländer, dafür aber Drahtseile zum Festhalten am Felsen.

Markierung: Gelbe Wegweiser.

Highlights: Klamm mit Gebirgsbach, Kiesstrand im Flussbett zum Picknicken und Lagerfeuer machen, Felswände zum Klettern, Gebirgsbach zum Staudamm und »Stoamandl« bauen, kneippen und plantschen. Den Profis beim Klettern im Felsen zugucken.

Einkehr: Café & Pension Margret Zirl, Gasthof Schwarzer Adler Zirl

In der Nähe: Kapelle am Kalvarienberg, Bergdorf Zirl, Vogellehrpfad, Ruine Fragenstein.

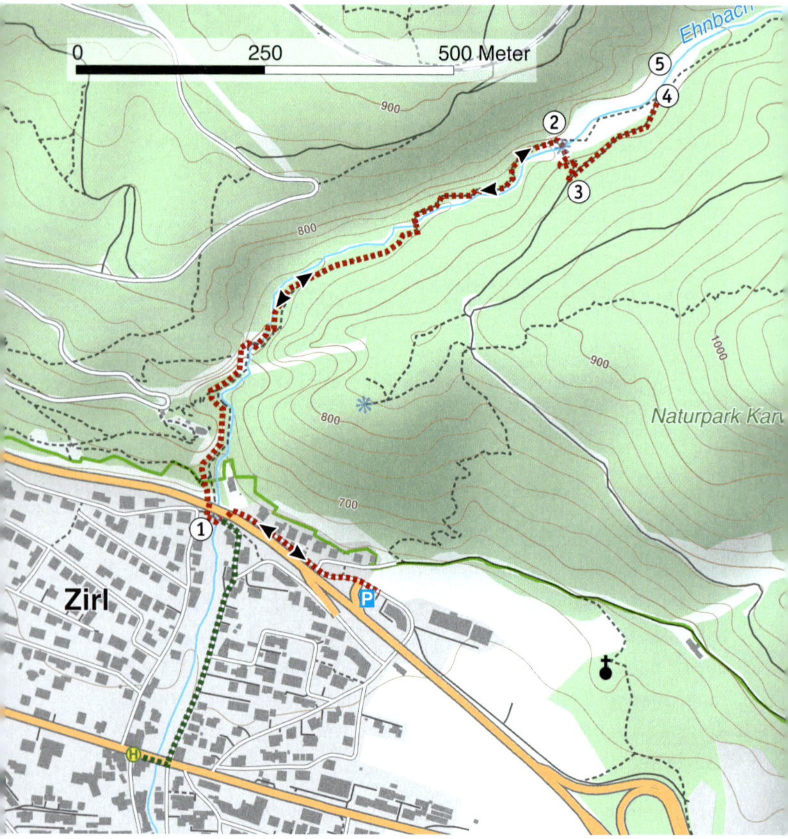

Variante für Busfahrer*innen:
Wer öffentlich unterwegs ist, kann auch weiter durch die Klamm gehen und erreicht auf ausgeschilderten Pfaden in etwa einer Stunde Gehzeit den Bahnhof Hochzirl.

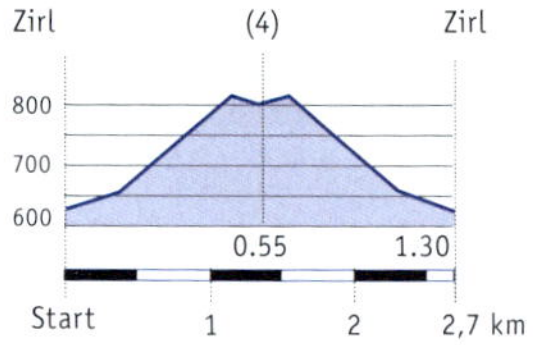

Rechts geht es hier in einer knappen Stunde nach Zirl, links hinab erreichen wir unser Ziel, das Flussbett.

Wer noch nicht genug hat, wandert am Bach entlang weiter, um den idealen Rastplatz zu finden. Wir sind aber schon hungrig und packen hier unser **Picknick** ④ aus. Das Bachufer eignet sich gut zum Spielen. Dann überqueren wir an einer geeigneten Stelle, von Stein zu Stein hüpfend den Wasserlauf. An der Stelle mit den abgeholzten Bäumen klettern wir ein paar Meter hinauf und entdecken eine tolle **Höhle mit Fenster** ⑤.

Zurück geht es auf dem gleichen Weg hinab durch die Klamm. Alternativ können wir bei ③ auf dem breiten Forstweg bleiben und dann rechts auf einem Steig wieder nach Zirl hinabsteigen.

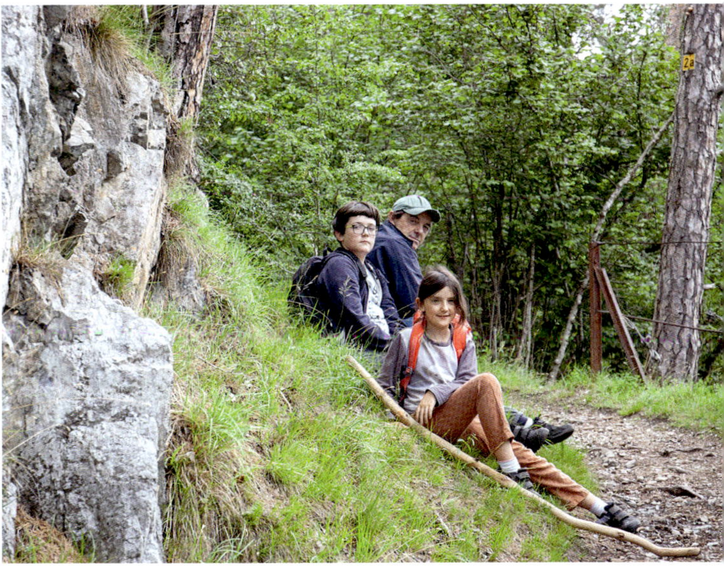

Tour 29: Eine Hängebrücke über den Inn

230 m

STRECKE 6,2 km

2 h 45

ab 6

Auf dem Besinnungsweg zur Wallfahrtskirche

Die über 100 Meter lange Hängebrücke, die bei Stams über den Inn führt, ist eine der schönsten Brücken Tirols. Den breiten Strom erlebt man auf der schwankenden Brücke wie von einem Schiff aus. Dann führt ein Wanderweg mit schönen Blicken auf das Kloster Stams durch Wald und Wiesen hinauf zur Wallfahrtskirche Maria Locherboden. Der stille Platz an der Kapelle hat eine besondere Ausstrahlung und gilt deswegen als Kraftplatz.

TOUREN-STECKBRIEF

Anfahrt: Auf der Inntal-Autobahn A 12 zur Ausfahrt Mötz / Reutte und weiter Richtung Stams fahren. Beim Kreisverkehr links der Beschilderung Hängebrücke / Industriezone folgen bis zu den kostenlosen Parkplätzen bei **GPS N 47° 17'05.8", E 10° 59'06.4"** direkt neben dem Zentrallager eines Möbelhauses.

ÖPNV: Mit der Bahn zur Haltestelle Stams und in etwa 15 Minuten Fußweg zur Hängebrücke. Auch die Buslinie 8352 fährt von Telfs oder Ötztal Bahnhof zur Haltestelle Stams/Abzweig Bahnhof.

Anspruch und Charakter: Frühlings- und Schlechtwetter-Wanderung auf gut ausgebauten Wegen und Steigen. Kleinere Kinder sind dennoch an einigen Stellen, vor allem auf dem Rückweg, besser an der Hand aufgehoben.

Der Weg ist auch im Winter begehbar.

Markierung: Weiß-rote Farbmarkierungen, gelbe Hinweisschilder.

Highlights: Innüberquerung per Hängebrücke, Höhle, Wallfahrtskirchlein Maria Locherboden.

Einkehr: Kiosk mit Biergarten bei der Wallfahrtskirche Maria Locherboden.

In der Nähe: Stift Stams mit dem Restaurant Orangerie im Klostergarten, Badesee Untermieming.

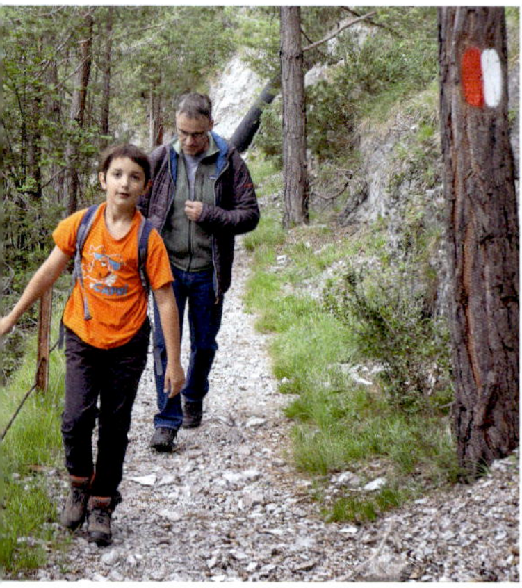

Wanderung: Die Runde beginnt mit der Überquerung des Inns. Wenn wir aus der Unterführung treten, die den Wanderweg zum Locherboden mit dem Wanderparkplatz im Industriegebiet von Stams verbindet, sehen wir sofort die Brücke. Sie ist 107 Meter lang und wurde bereits zwischen 1933 und 1935 erbaut. Die **Drahtseilbrücke** ① schwankt sachte unter unseren Füßen, wenn wir darübergehen.

Auf der anderen Seite führt rechts ein kurzer Abstecher zu einem **Mini-Wasserfall** ②. Ansonsten biegen wir hier nach links ab und folgen kurz darauf dem nach rechts abzweigenden ansteigenden Weg, der schnell Abstand zwischen uns und die doch recht laute Autobahn bringt. In mehreren Serpentinen führt der Waldweg steil hinauf bis zu einem **Holzzaun mit Trittbrett** ③.

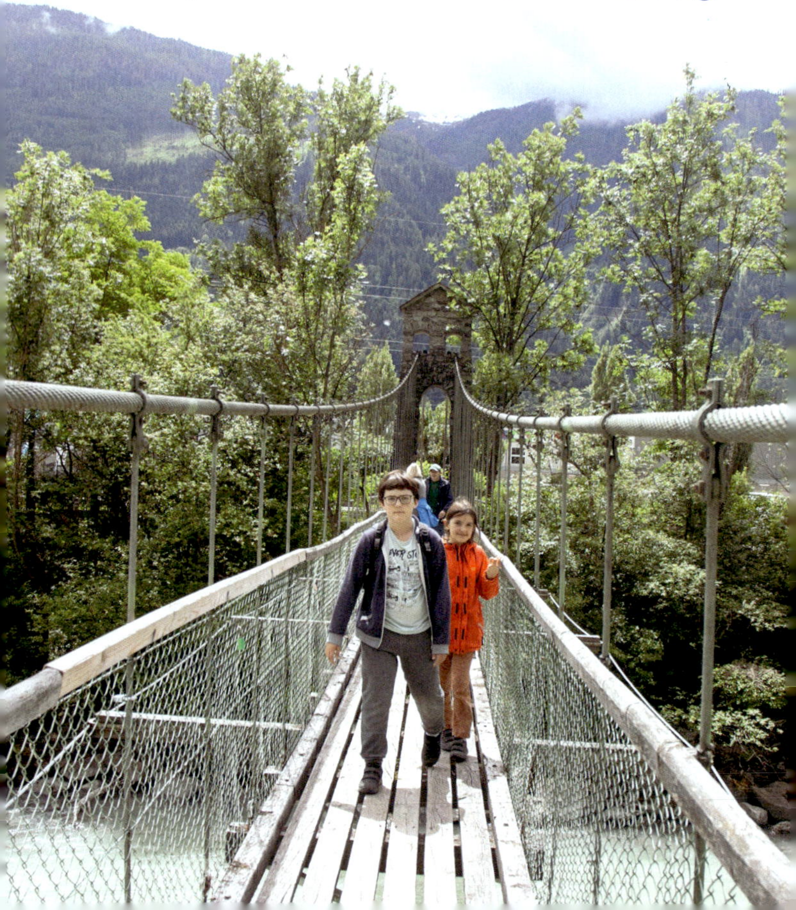

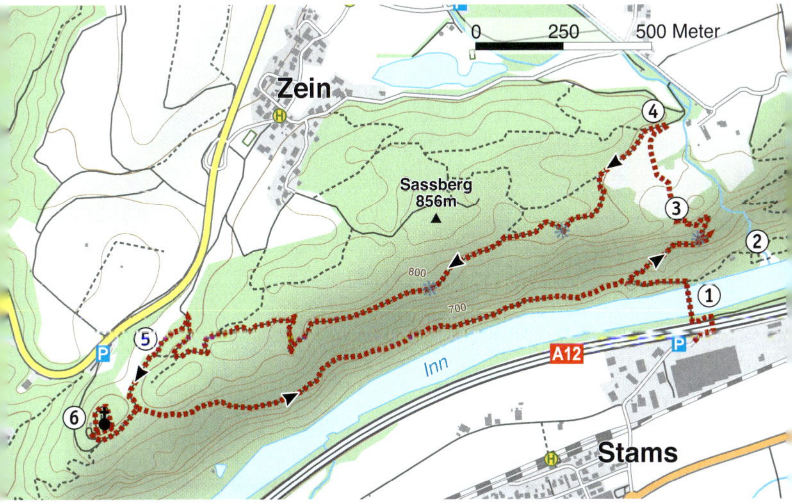

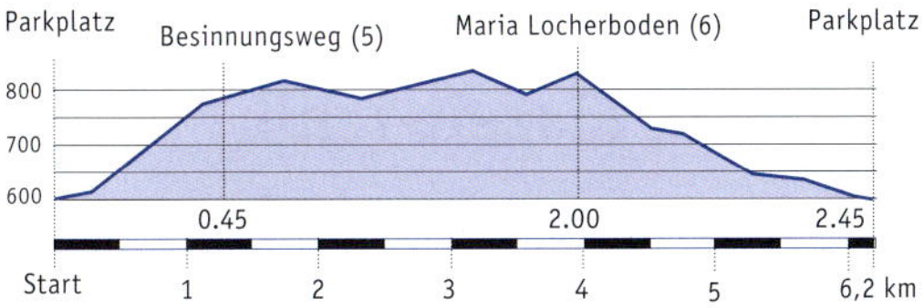

Dort übersteigen wir das Gatter und überqueren eine saftige Wiese. Der Pfad ist gut erkennbar. Wir halten auf den Waldrand zu und biegen dort nach links in einen Wanderweg ein. Es handelt sich um den **Besinnungsweg** ④, der einige auch für Kinder schöne Stationen bereithält und tolle Ausblicke auf das Stift Stams, die Übungsschanzen des Skigymnasiums und das Inntal bietet.

Der Weg führt uns wieder in den Wald. Wir laufen etwa 1,5 Kilometer geradeaus. Am nächsten Abzweig geht es links, wir folgen jetzt immer den Schildern in Richtung Locherboden, nähern uns dem Waldrand und treffen auf eine schöne Picknickstelle. Am Waldrand biegen wir links ab und kommen kurz darauf an einer geheimnisvollen **Höhle** ⑤ vorbei.

Wenige Schritte weiter stoßen wir auf den Weg, der von der Wallfahrtskirche zurück zur Hängebrücke führt. Wir biegen aber erst einmal nach rechts ab und steigen zu dem auf einem hohen Felsen stehenden **Wallfahrtskirchlein Maria Locherboden** ⑥ hinauf. Dazu folgen wir den letzten Kurven der Forststraße zum entzückenden kleinen **Biergarten** unterhalb der Kirche.

Um nach Stams zurückzukommen, steigen wir von der Kirche über eine Treppe hinunter und halten uns dann links. Wir folgen nun immer geradeaus und stets parallel zum Inn dem Weg abwärts bis zur **Hängebrücke** ①, die wir ein zweites Mal überqueren dürfen.

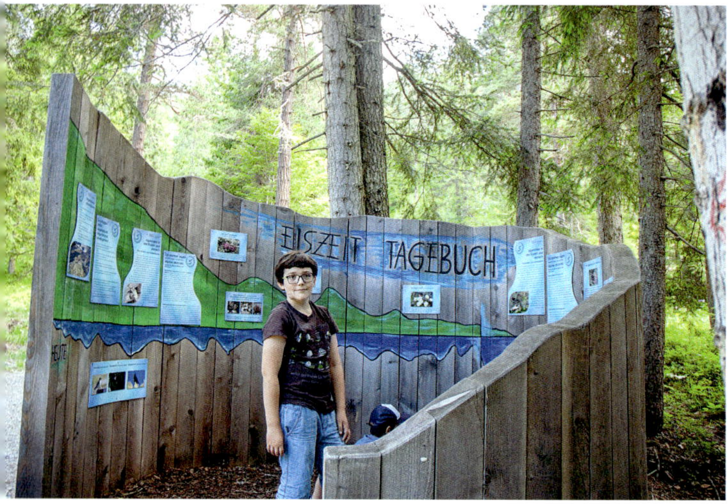

230 m

STRECKE 7 km

3 h

ab 6

Tour 30:
Auf dem Eiszeit-Trail

Eine Wanderung durch die Geschichte der Erde

Die Schautafeln des Eiszeit-Trails begleiten uns vom Möserer See bis zum Gipfel des Brunschkopfs und erklären Kindern und Erwachsenen kurzweilig allerlei Wissenswertes zu den Gletschern, zur letzten Eiszeit und ihren Auswirkungen auf das Karwendelgebirge und die Berglandschaft rund um Seefeld.

Wanderung: Vom Waldparkplatz aus wandern wir zunächst eben und geradeaus – nicht bergauf wenden – weiter zum **Möserer See**, den wir in etwa fünf bis zehn Minuten erreichen. Wer abkür-

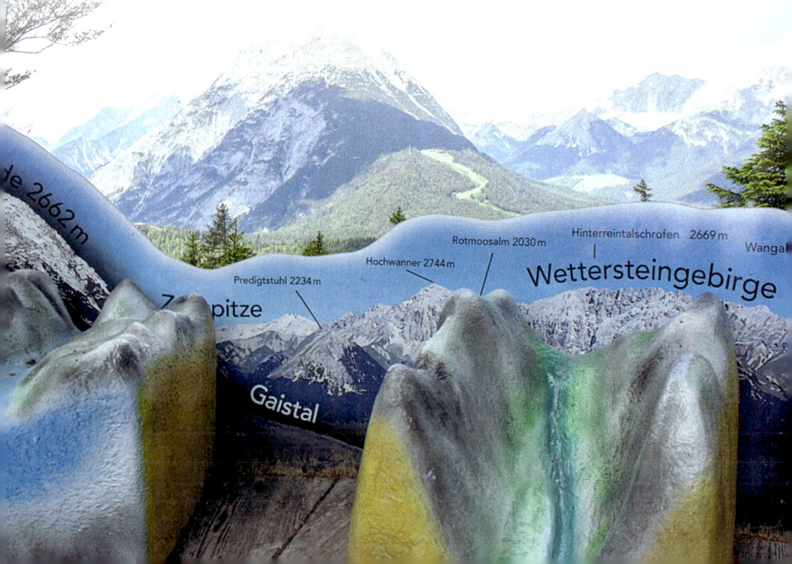

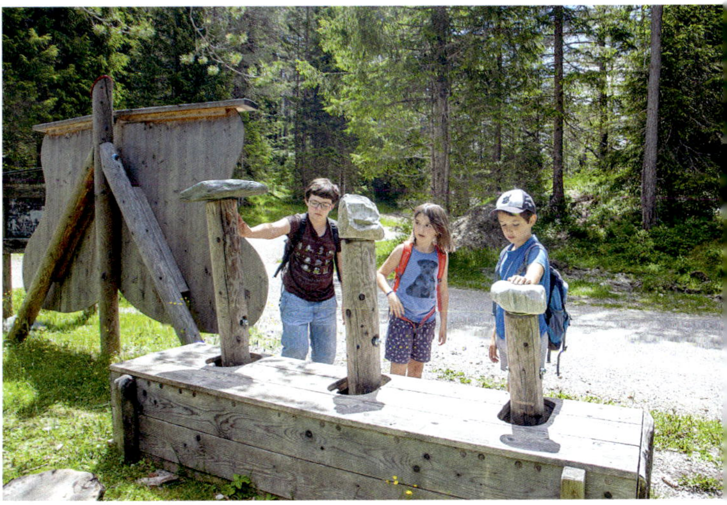

zen und den See nur auf dem Rückweg besuchen möchte, kann auch gleich dem Wegweiser bergwärts zum Brunschkopf folgen. Man spart etwa 15 Minuten.

Nach einer kurzen Pause am schönen kleinen Waldsee biegen wir am **Seestüberl** ① auf den Weg zum Eiszeit-Trail ein. Hier steht auch direkt eine Schautafel, auf der alle Stationen vermerkt

TOUREN-STECKBRIEF

Anfahrt: Von Innsbruck über den Zirler Berg Richtung Seefeld fahren und kurz vor dem Ort links nach Mösern abbiegen. Es geht durch einen Ortsteil von Seefeld und an einem langgezogenen See vorbei, hinter dem wir links abbiegen. Dann fahren wir durch einen Autotunnel und noch einmal links bis nach Mösern. Kurz hinter der Ortseinfahrt geht es rechts steil den Berg hinauf zum Möserer-See-Parkplatz. Dieser Hinweis steht relativ klein auf einem der vielen grünen Schilder. Nicht irritieren lassen, wenn man nach der steilen Auffahrt meint, die Straße würde vor einem Hotel enden. Jetzt nochmals scharf links abbiegen – Achtung Bodenwelle – und bis in den Wald fahren. Die ersten Parkplätze an der Straße bei **GPS N 47°18'49.0", E 11°09'0.5"** sind nur die Vorhut. Es gibt noch einige Parkmöglichkeiten mehr im Wald.

ÖPNV: Mit der S6 von Innsbruck in Richtung München bis zur Station Seefeld, dort umsteigen in den Regionalbus 8354 und zehn Minuten bis Mösern Hinterfeldlift fahren. Von dort aus etwa 20 bis 25 Minuten zunächst der Hauptstraße in Fahrtrichtung, bei der nächsten Abzweigung rechts bergauf dem Möserer Seeweg folgen (knapp 600 Meter).

Anspruch und Charakter: Gipfelwanderung, teils über Wanderwege und durch den Wald. Abwechslungsreich durch die Stationen und für Kinder gut zu schaffen, da der Startpunkt bereits auf 1.400 Metern liegt.

Markierung: Stationen und Wegweiser des Eiszeit-Trails, gelbe Wegweiser und rot-weiß-rote Wegmarkierungen.

Highlights: Möserer See mit Bademöglichkeit, Waldspielplatz am Möserer See, Eiszeit-Trail-Stationen, Himmelskino (Aussichtsplattform mit Fernglas).

Einkehr: Seestüberl am Möserer See, zahlreiche Restaurants und Hotels in Mösern und Seefeld.

In der Nähe: Wildmoossee, Strandbad Strandperle in Seefeld mit Tretbootverleih, Spielplatz und Restaurant.

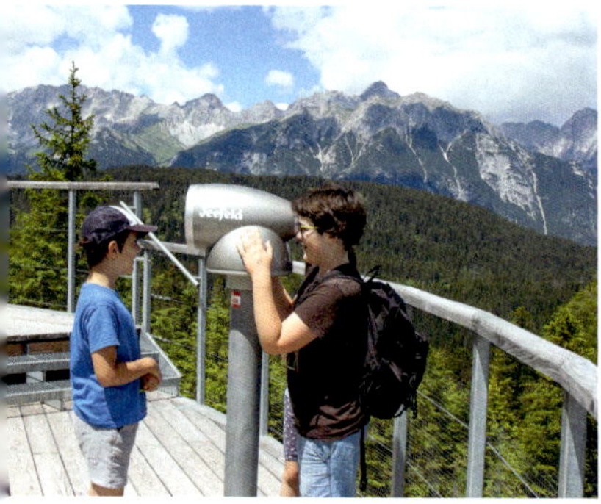

sind. Die Nummer 1 am eigentlichen Startpunkt des Eiszeit-Trails haben wir ausgelassen. Sie liegt unterhalb des Möserer Sees am Wasserfallsteig. **[› Tour 31]**

Zunächst wandern wir ein Stück den ebenen Forstweg entlang und biegen dann, nach einer weiteren Station, an der **großen Kreuzung** links ab. Gute 100 Meter weiter biegt bei **Station 3** rechts ein **breiter Wanderweg** ② ab, der zuerst nur leicht ansteigt. Nach ungefähr der Hälfte des Aufstiegs erreichen wir eine der schönsten **Stationen neben einer Bank**, an der wir die erste Rast einlegen können. Hier geht es um die Tiere und Pflanzen, die in früheren Zeiten in den Alpen heimisch waren – zum Beispiel um Mammut, Säbelzahntiger und Moschusochsen.

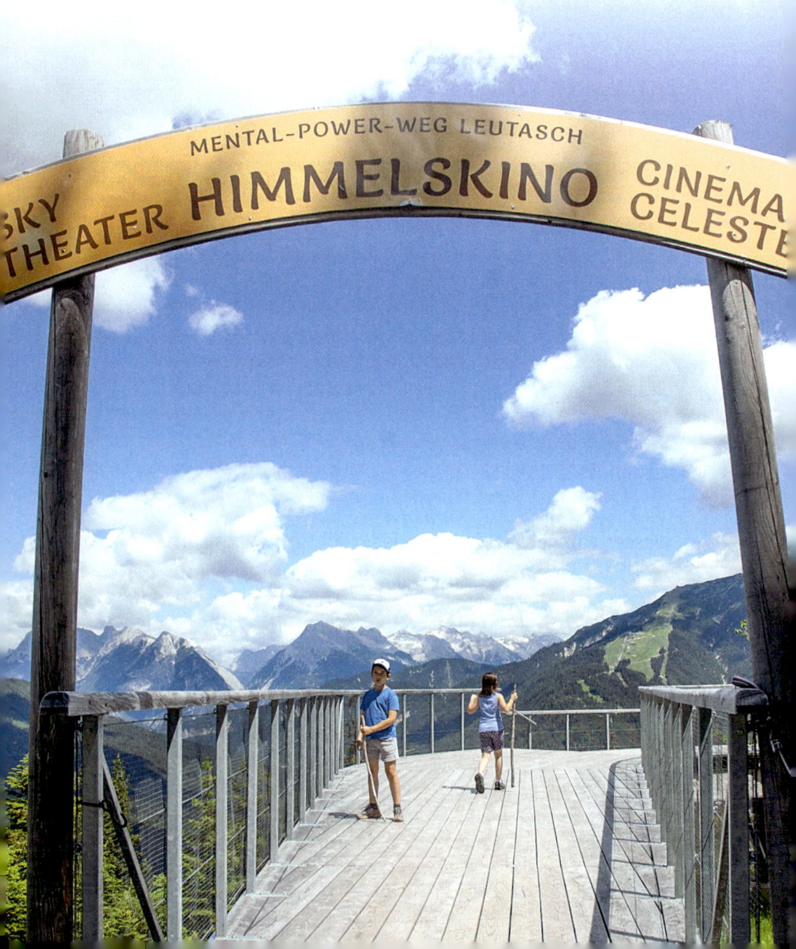

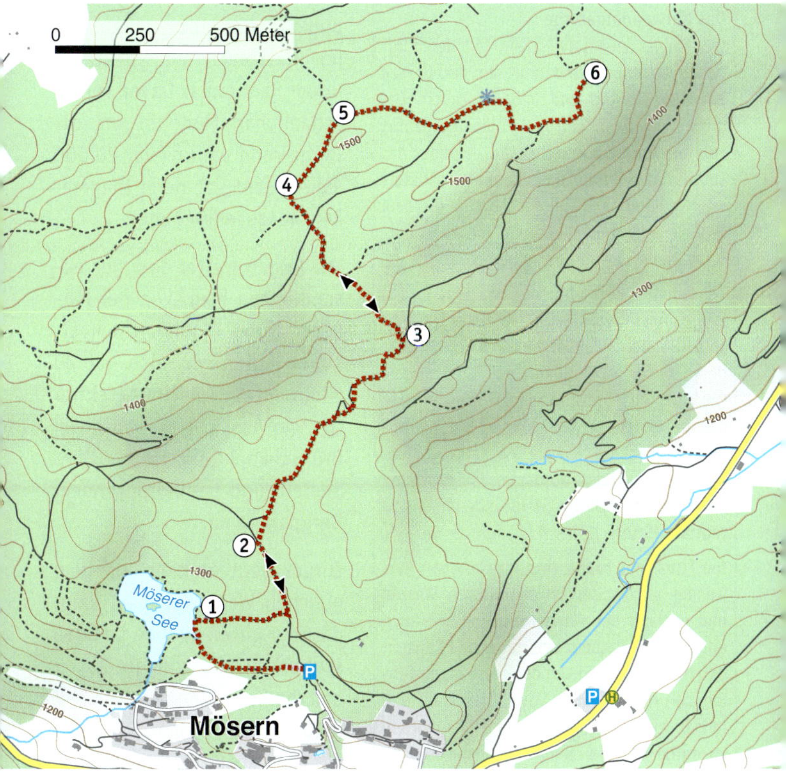

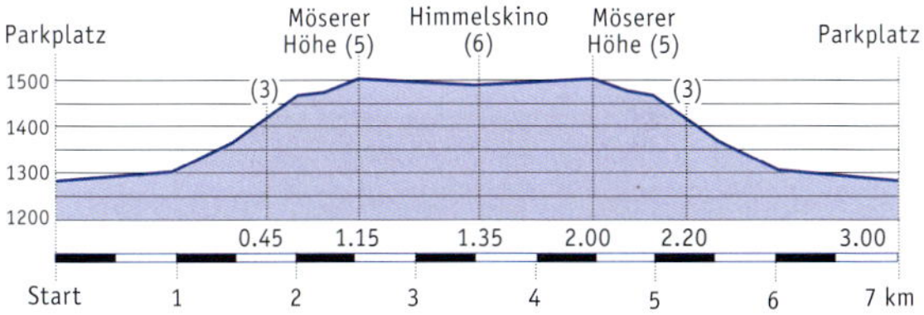

Gestärkt wandern wir weiter nach oben. Gleich hinter der Station, rechts des Wanderwegs, können die Kinder eine abenteuerliche Abkürzung mit kleinen Klettereinlagen durch einen ausgetrockneten Wasserlauf wählen. Immer wieder gibt es jetzt rechts und links des Hauptwegs schmale Trampelpfade, auf denen man die Kehren abkürzen kann.

Hinter der nächsten, etwas weiter entfernt liegenden **Station** ③ – wieder mit schöner Rast-Möglichkeit – biegen wir nach links ab. Hier steht auch einer der bunten **Eiszeit-Trail-Wegweiser**.

Jetzt wird der Weg abwechslungsreicher. An der ersten Kreuzung gehen wir geradeaus weiter. Nach etwa zehn Minuten erreichen wir dann eine besondere Station. Die **Nummer acht** ④ liegt etwas links vom Weg und ist beschildert mit »Zum Aussichts-

Das Karwendelgebirge

Das Karwendelmassiv ist ein Teil der nördlichen Kalkalpen und liegt an der Grenze zwischen Deutschland und Österreich. Der größte Teil der mächtigen Kalkberge gehört zu Tirol. Im Süden und Osten begrenzt das Inntal das Gebirge. Das ebenfalls zu Österreich gehörende Rißtal mit der Eng und dem Großen Ahornboden ist nur von der deutschen Seite der Berge zugänglich.

Da Kalkstein recht brüchig ist, liegt in den Bergen viel Geröll, was sie zu einem anspruchsvollen Wandergebiet macht. Kalkberge haben aber auch noch eine andere Qualität: Aus dem bröseligen Stein entstehen besonders schöne, wilde Felsformationen. In Tirol werden sie als Kalkkögel bezeichnet. Auf der Nordseite im zentralen Karwendel faszinieren Steilwände mit bis zu tausend Metern Höhe.

Die Flora und Fauna sind im östlichen Karwendel reicher als im schrofferen Westen und entlang der Wanderwege blühen auch einige unter Naturschutz stehende Pflanzen, darunter Orchideen. An den Felshängen fühlen sich Gämsen und Steinböcke wohl und in den einsameren Tälern sind Murmeltiere zu entdecken. Im Bergwald sind verschiedene Greifvögel zu Hause. Der größte ist der Steinadler mit einer Flügelspannweite von mehr als zwei Metern. **[› Seite 192]**

punkt«: Hier gibt es einen tollen Rastplatz mit spektakulärem Panorama. Davor veranschaulichen Modelle, wie die Berge rund um uns vor 20.000 Jahren und vor noch längerer Zeit ausgesehen haben.

Wir folgen weiter dem gut beschilderten Weg. Von der **Möserer Höhe** ⑤ mit Stempelstelle laufen wir noch gut 20 Minuten bis zum **Himmelskino** ⑥, der Aussichtsplattform am Brunschkopf mit Blick über Seefeld und beeindruckendem Bergpanorama.

Zurück geht es dann auf dem gleichen Weg. Wer mag, kann die Tour unten am See im **Seestüberl** ① ausklingen lassen und die Runde um den Moorsee **[› Tour 31]** anhängen. So kämen wir dann auch noch zur fehlenden Station Nummer 1 und den Infos über den Gletscherfluss.

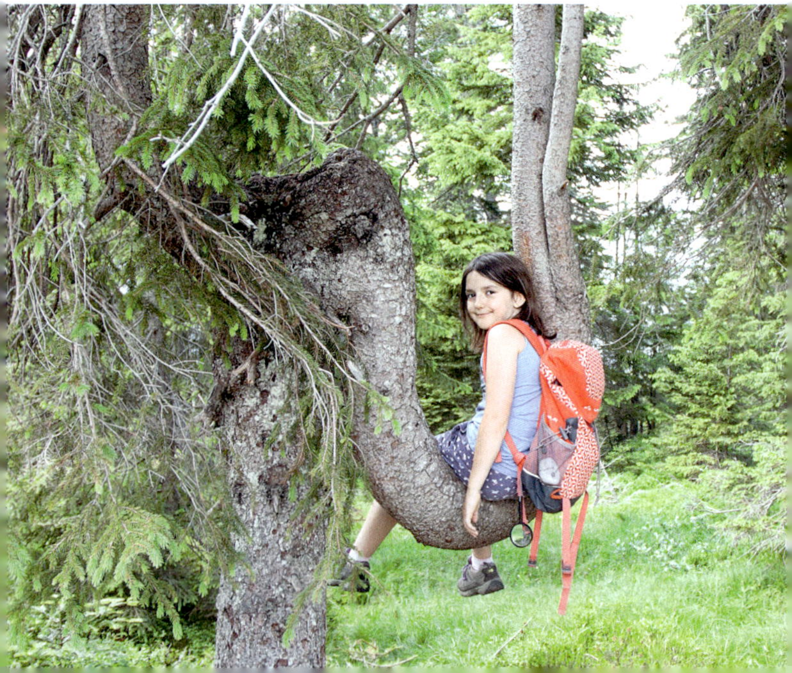

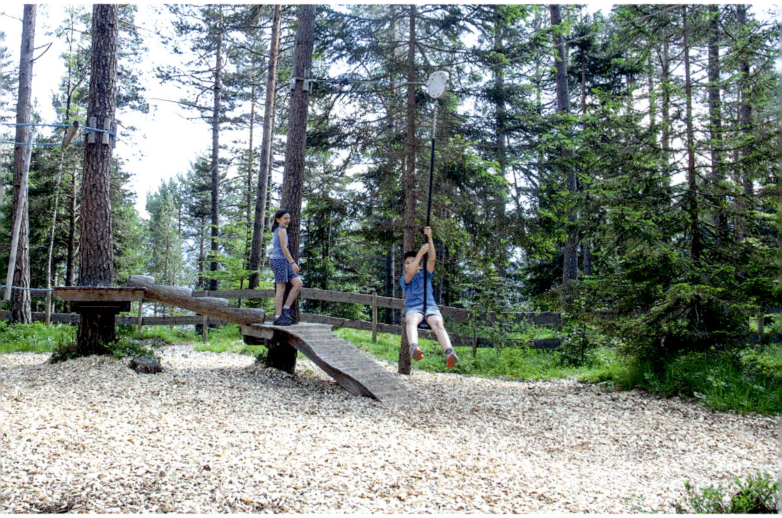

Tour 31: Moorsee und Waldspielplatz

Ein Rundweg am Möserer See

70 m

STRECKE 1,4 km

45 min

ab 4

Diese Runde ist eher ein Spaziergang mit vielen Möglichkeiten zum Spielen und Baden und eignet sich auch für Familien mit Kleinkindern. Vom Startpunkt des Eiszeit-Trails am Waldrand laufen wir über die Stufen des Wasserfallsteigs ins Naturschutzgebiet und einmal rund um den geheimnisvoll dunklen Moorsee, in dem sich die Bäume spiegeln. Auf halbem Weg lockt das Seestüberl mit liebevoll gestaltetem Waldspielplatz.

TOUREN-STECKBRIEF

Anfahrt: Von Innsbruck aus über den Zirler Berg Richtung Seefeld (Garmisch) und kurz vor dem Ort links nach Mösern abbiegen. Die Fahrt geht durch einen Ortsteil von Seefeld, vorbei an einem langgezogenen Natursee mit Strandbad. Dahinter links abbiegen, durch den Autotunnel fahren und nochmals links abbiegen. Nach wenigen Minuten erreicht man Mösern. Im Ort an der dritten Auffahrt rechts dem grünen Schild zum Möserer See und zum Start des Eiszeit-Trails folgen. Dort gibt es kostenpflichtige Parkplätze bei **GPS N 47°18'47.3", E 11°08'32.5"**.

ÖPNV: Mit der S6 von Innsbruck in Richtung München bis zur Station Seefeld. Dort umsteigen in den Regionalbus 8354 und 10 Minuten bis Mösern Kirche fahren. Von dort aus etwa 15 Minuten den Broch-Weg bergauf bis zum Waldrand laufen.

Anspruch und Charakter: Einfache Wege, auch für kleine Kinder gut geeignet.

Markierung: Gelbe Wegweiser.

Highlights: Möserer See mit Bademöglichkeit, Waldspielplatz am Möserer See, Wasserfall-Steig.

Einkehr: Seestüberl am Möserer See, zahlreiche Restaurants und Hotels in Mösern und Seefeld.

In der Nähe: Lottensee, Wildmoossee, Strandbad Strandperle in Seefeld mit Restaurant und Spielplatz.

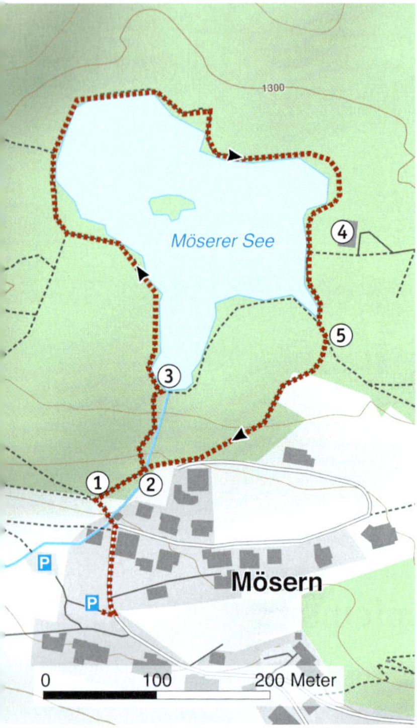

Wanderung: Von der Straße sieht man schon das **Tor des Eiszeit-Trails** ①, der bis zum Gipfel des Brunschkopfs führt. Wir marschieren hindurch und steigen die Stufen hinauf bis zur **ersten Station** ②, an der es um Gletscherwasser und Gletscherfluss geht. Hier biegen wir links ab und kraxeln den **Wasserfallsteig** am Bachufer bergan, bis wir auf den **See** ③ treffen. Nach links geht es einmal rund um den von mächtigen Tannen gesäumten Moorsee, der von jeder Seite neue Ansichten zeigt.

Auf der westlichen Seeseite bietet sich das **Seestüberl** ④ zur Pause an. Etwas oberhalb im Wald befindet sich versteckt das Gatter, durch das der Waldspielplatz geschützt ist. Hier gibt es schöne Spielgeräte aus Holz wie eine Seilbahn und eine Balancierstation.

An der **Kreuzung** ⑤ unterhalb des Seestüberls wandern wir geradeaus durch den Wald, bis wir wieder auf den **Möserer Seebach** ② treffen. An der nächsten Kreuzung geht es links in den Ort hinunter.

Der Eiszeit-Trail

Mit Info-Tafeln, interaktiven Ausprobier-Stationen und 3-D-Simulationen erklärt der Trail Phänomene wie Gletscherwasser und Gletscherfluss, Toteislöcher, Vergletscherung, Urzeitflüsse unter dem Eis und Gletscherschliff. Es sind zehn Stationen eingerichtet, die am Aufstiegsweg zum Möserer See beginnen und bis zum Zielpunkt, dem Brunschkopf, chronologisch der eiszeitlichen Entwicklung folgen. Die drei Aussichtspunkte am Brunschkopf [› Tour 30] führen die fast eine Million Jahre dauernde Entwicklung der Gletscher hervorragend vor Augen.

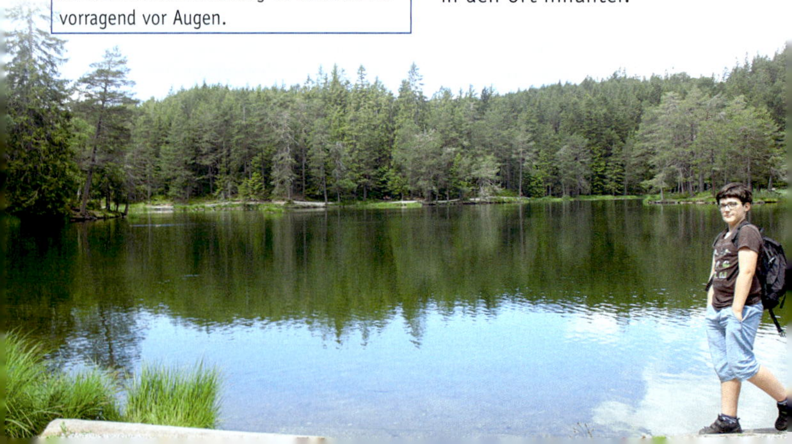

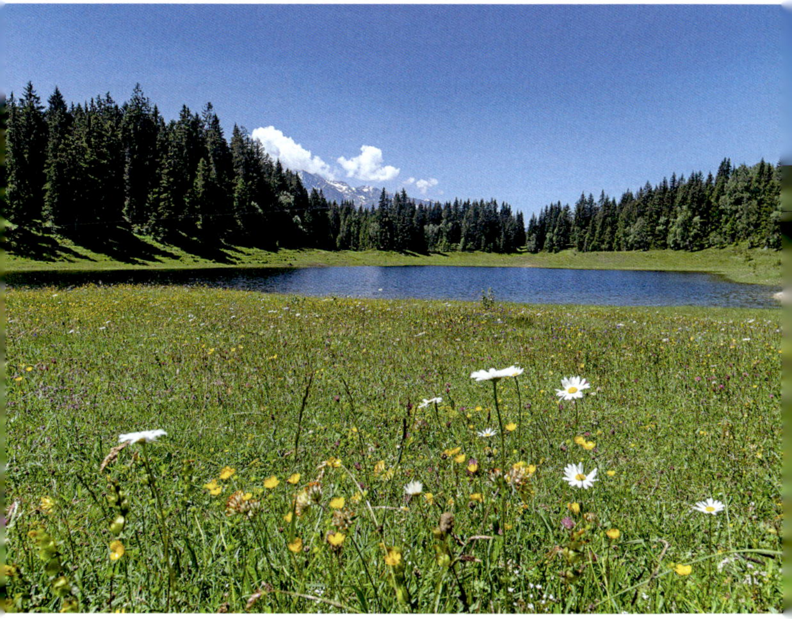

Lottensee und Wildmoossee

Ganz in der Nähe des Möserer Sees sind zwei ungewöhnliche Gewässer zu finden. Lottensee und Wildmoossee existieren nur bis in den Frühsommer und auch nur dann, wenn es nass genug ist. Es ist von Jahr zu Jahr wieder spannend: Tauchen die »Verschwindibus-Seen« dieses Frühjahr auf? Wie lange bleiben sie? Sind sie vielleicht schon weg, wenn wir sie besuchen wollen? Hier bestimmt alleine die Natur!

Die Seen existieren nur, wenn die Schneeschmelze und der Regen die unterirdischen Quellen ausreichend gefüllt haben, um Wasser in die Senke fließen zu lassen. In manchen Jahren erscheinen der Lottensee und der benachbarte Wildmoossee gar nicht. An sie erinnert dann nichts als eine Grasmulde mit toller Bergkulisse.

Was sagen Naturforscher zu diesem Phänomen? Das Gebiet unter dem Seeboden besteht aus Karstgestein. In diesem befinden sich zahlreiche Hohlräume, die sich mit Wasser füllen. Steigt das Wasser, läuft mehr und mehr davon in die beiden Senken im Moos und nach wenigen Wochen entsteht der Wildmoossee. Wenn sich dann noch mehr Wasser sammelt, läuft auch der Lottensee voll, das passiert meist im April. In manchen Jahren bleibt das Wasser bis in den September. Die beste Jahreszeit, um die Seen zu erleben, ist das späte Frühjahr. Am Lottensee gibt es Parkplätze und ein Stüberl zum Einkehren.

Der König der Lüfte

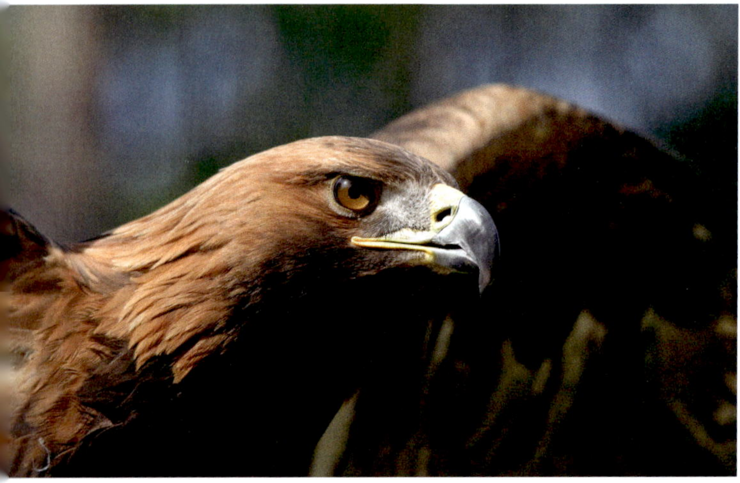

Mit einer Größe von 75 bis 90 Zentimetern und einer Flügelspannweite von bis zu 2,30 Meter ist ein Steinadler eine majestätische Erscheinung. Bei den Adlern sind die Vogelweibchen etwas größer als die Männchen. Frei lebende Steinadler werden 25 bis 30 Jahre alt. Wenn Adler im Alter von etwa fünf Jahren erwachsen sind, tun sie sich zu Brutpaaren zusammen und beziehen ein eigenes Revier, das gegen alle Artgenossen verteidigt wird. Das Revier umfasst das komplette Jagdgebiet des Vogelpaares und erstreckt sich über etwa 40 Quadratkilometer. Im kompletten Alpenraum leben etwa 1300 Brutpaare, 21 davon sind im Karwendel zu Hause und davon etwa 14 auf der Tiroler Seite der Berge.

Innerhalb des beanspruchten Territoriums werden im Laufe der Jahre mehrere Nester gebaut. Ein Adlerhorst befindet sich meist in einer Felswand, vorzugsweise dem Wind abgewandt und unter einem schützenden Überhang. Er hat einen Durchmesser von etwa zwei Metern und besteht aus einer soliden Basis aus dicken Ästen, die mit belaubten Zweigen und kleinerem Material ausgepolstert werden. Zwischen Mitte März und Mitte April legt das Adlerweibchen ein bis drei Eier in eines ihrer Nester. Während der etwa 45 Tage dauernden Brutzeit wird die Adlerfrau vom Männchen mit Futter versorgt. Sind die Jungvögel geschlüpft, bleibt die Mutter die ersten drei Wochen im Nest, bevor auch sie wieder auf Futtersuche geht.

Frisch geschlüpfte Adler haben ein flaumiges weißes Federkleid. Erst im Alter von zwei Wochen bekommen sie festere Federn. Reicht in dieser Phase das Futter nicht aus, kommt es vor, dass das kräftigste Vogelkind die Geschwister kurzerhand aus dem Nest wirft.

Im Alter von etwa 70-80 Tagen beginnen junge Adler zu fliegen. Im Gegensatz zu ihren Eltern, deren Federkleid durchgängig braun ist, haben Jungvögel in den Flügeln weiße Felder und auch der Schwanz ist weiß mit schwarzer Spitze, die bei Vogelfachleuten Endbinde genannt wird. Erst im Alter von fünf bis sieben Jahren sind die Vögel komplett dunkelbraun.

Adler sind Raubvögel und ernähren sich von Fleisch. Kleine Säugetiere wie Hasen und Kaninchen und in den Alpen vor allem auch Murmeltiere, junge Gämsen und Steinböcke sind ihre bevorzugte Beute. Im Winter fressen sie auch Aas. So kann eine abgestürzte Gams für einen Adler ein echter Glücksfall sein.

Da Adler für den Menschen Konkurrenten bei der Jagd waren und außerdem die Jungtiere der Herden gefährdeten, wurden sie über Jahre von Menschen systematisch getötet und waren kurz vorm Aussterben. Um den Bestand zu sichern, gibt es heute Adlerschutzprogramme, die dafür sorgen, dass die großen Greife während der Brutzeit nicht gestört werden, da sie sonst ihre Eier oder sogar die Jungvögel im Stich lassen. Die Horste werden beobachtet und in Gebieten, in denen Adler brüten, wird der Luftraum vorübergehend gesperrt. Von den Vogelbeobachtungsstationen gibt es auch regelmäßige Führungen in die Adlergebiete, wo man die Greifvögel beobachten kann, ohne sie zu erschrecken. Im Karwendel finden solche Wanderungen in Pertisau statt. Sie sind aber erst für Kinder ab zwölf Jahren geeignet.

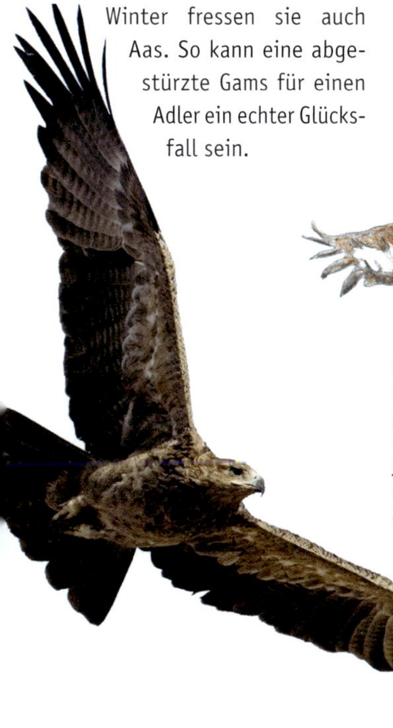

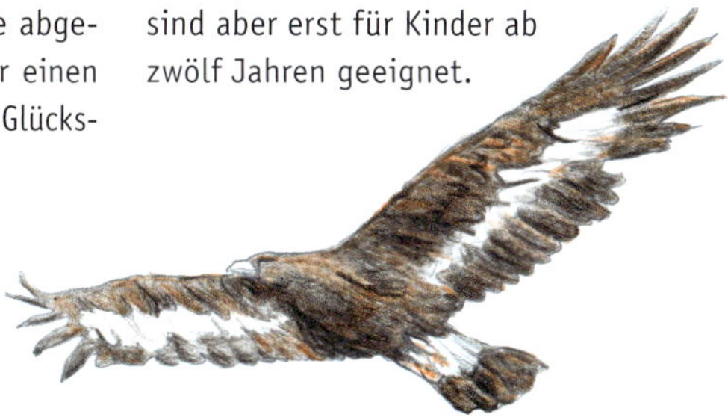

Im Flug ist der Steinadler an den breiten, leicht angehobenen Flügeln und auffällig gefingerten, nach oben gebogenen Flügelspitzen zu erkennen. Die Gefiederfärbung bei den Altvögeln ist dunkelbraun, Scheitel und Nacken sind goldgelb. Jungvögel sind im Flug an weißen Feldern im Flügel und am weißen Schwanz mit schwarzer Endbinde erkennbar.

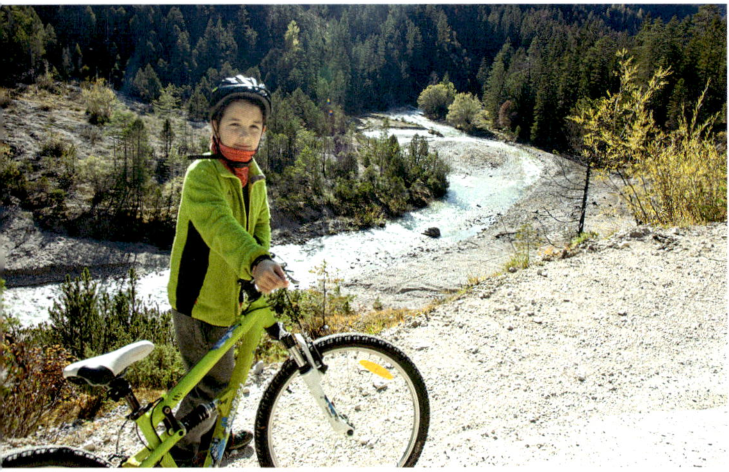

300 m

STRECKE 25 km

3 h

ab 10

Tour 32: Radtour zur Isarquelle

Von Scharnitz zum Ursprung der Isar

Die Isar ist einer der wenigen weitgehend naturbelassenen Wildflüsse Deutschlands. Ihre Quelle liegt zwischen den steilen Felshängen im österreichischen Teil des Karwendelgebirges. Fröhlich plätschert hier das glasklare Wasser dreier Karstbäche über moosbewachsenes Gestein, um sich rund zwölf Kilometer oberhalb von Scharnitz auf einer Birkenlichtung zur Isar zu vereinen. Mit dem Rad fahren wir von Scharnitz immer flussaufwärts. Dabei gilt es gleich zu Anfang, die Gleirschhöhe zu überwinden. Dann radeln wir nur noch mit leichter Steigung stetig hinauf bis zum Quellsteig, der in 20 Minuten zu Fuß erkundet werden kann.

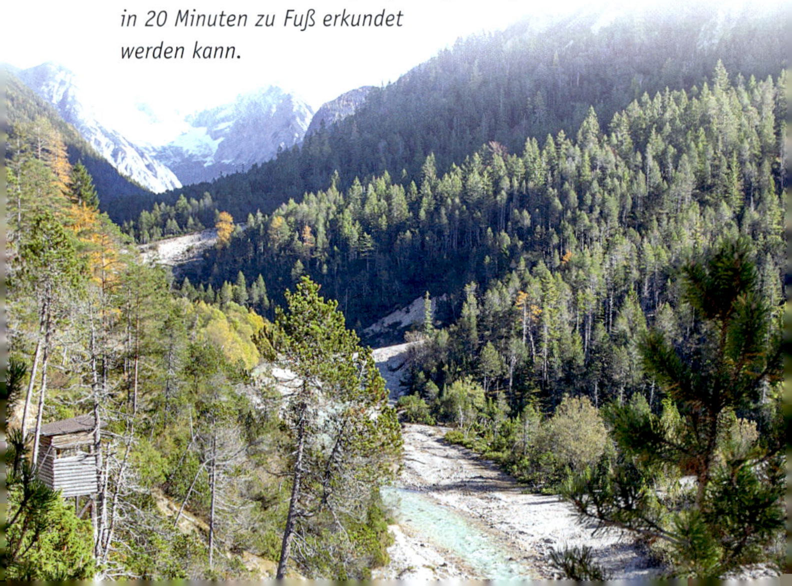

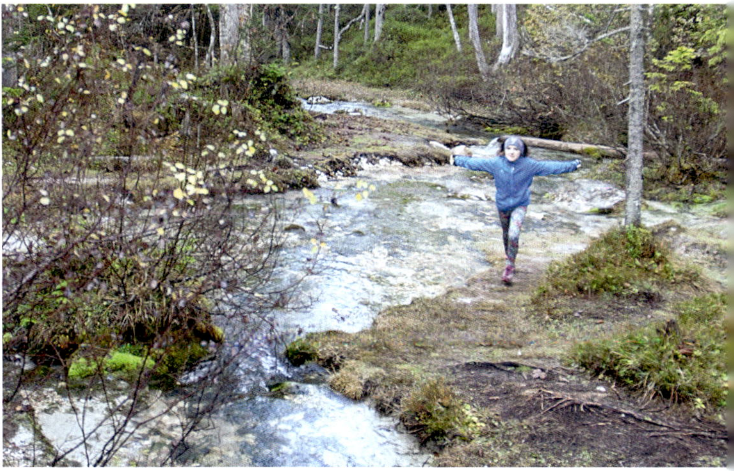

Fahrradtour: Vom Parkplatz in Scharnitz fahren wir vorbei an der Station der Rettungssanitäter auf die **Isarpromenade**, einen Schotterweg. Nach kurzer Zeit trifft dieser auf den Auweg, der ebenfalls an der Isar entlangführt. Bei der nächsten **Brücke** (1) an der Hinterautalstraße überqueren wir den Fluss und folgen der schmalen Straße am anderen Flussufer. Wir passieren die **Schraffelbrücke**. Überquert man hier die Isar, erreicht man flussaufwärts in knapp 500 Metern die urige **Scharnitzer Alm** (2) mit Biergarten.

Dann beginnt die Straße anzusteigen und wird zum Schotterweg. Es geht kräftig bergauf bis zur **Gleirschhöhe,** wo wir auf

TOUREN-STECKBRIEF

Anfahrt: Von Mittenwald oder von Innsbruck kommend bis zum Grenzdorf Scharnitz fahren. Dort geht es in den Ort hinein. Bei der Kirche abbiegen zum großen Parkplatz Karwendeltäler »In der Länd« bei **GPS N 47°23'10.1", E 11°15'59.4"**. Das Tagesticket kostet €6, €2 davon werden in teilnehmenden Betrieben angerechnet.

ÖPNV: Mit öffentlichen Verkehrsmitteln ist Scharnitz sowohl von Tirol als auch von Bayern gut angebunden. Die Zugstrecke München – Garmisch – Innsbruck verkehrt hier regelmäßig, im Sommer wie im Winter. Vom Bahnhof sind es wenige Minuten Fußmarsch an der Durchgangsstraße nach Süden, hinter der Isarbrücke vor der Kirche der Straße links in Richtung Karwendel folgen und der Parkplatz »In der Länd« ist erreicht.

Fahrradverleih: Karwendelcamp Scharnitz, Oberdorf 390, Radverleih am Campingstüberl. Tagestarif Kinderrad €10, Mountainbike €20, E-Bike €34, Fahrradanhänger €15, Helme, Schlösser gratis. Tel. 0043 (0)6641 431014. www.karwendelcamp.com

Anspruch und Charakter: Anspruchsvolle, aber landschaftlich faszinierend schöne Radtour. Beste Zeit ist der Sommer, da das schmale Tal und die Quellen der Isar im Herbst schon weitgehend im Schatten liegen.

Markierung: Gelbe Wegweiser.

Highlights: Quellen der Isar, Blick von der Gleirschhöhe, Isarstrand zum Spielen, Natur-Erlebnis-Spielplatz am Parkplatz in Scharnitz vor der Holzerhütte.

Einkehr: Café in der Länd, Scharnitzer Alm.

In der Nähe: Museum Holzerhütte.

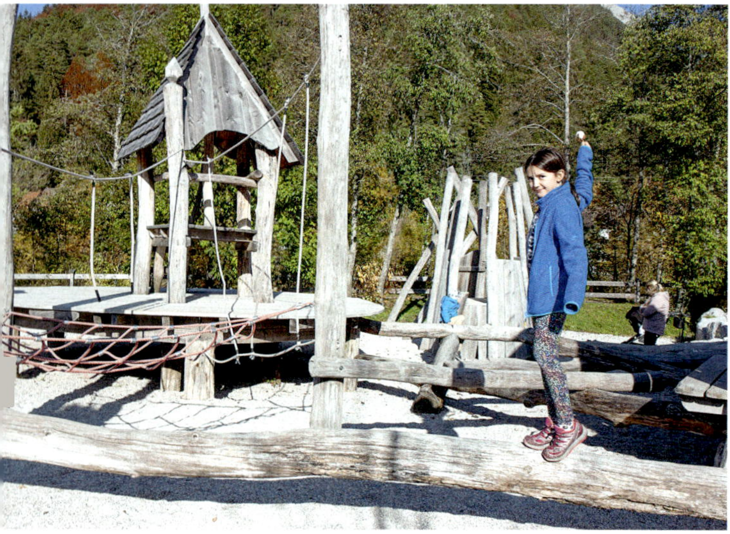

ein **Holzkreuz mit Aussichtsbank** ③ treffen. Der Weg zum Isarursprung ist hier bereits ausgeschildert, auch mit Kilometerangaben.

Nach einer kurzen Abfahrt erreichen wir wieder die Isar und folgen ihr flussaufwärts. Rechts von uns liegen immer wieder schöne **Kiesstrände**, die sich gut für ein Picknick in der Sonne eignen. Links von uns fressen sich drei Schluchten zwischen die Berggipfel. Hinter der mittleren am **Breitgrieskar** ④ wird das Tal langsam enger und je weiter wir hineinfahren, desto schattiger ist es. Nach zwölf Kilometern erreichen wir dann einen **Zaun** ⑤, an dem wir die Fahrräder abstellen.

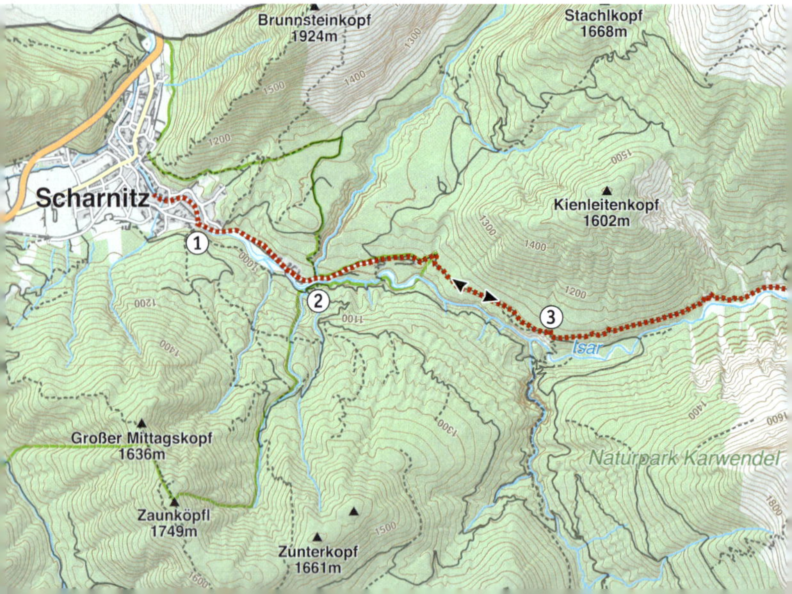

Jetzt geht es zu Fuß hinein in das Quellgebiet »Zu den Flüssen«. Hier warten Schautafeln zum Isarradweg und mehrere **Picknicktische und Bänke** auf Besucher. Die beiden **Quellen** ⑥ sind nur wenige hundert Meter entfernt und nach etwa 20 Minuten sind wir wieder zurück bei den Rädern.

Die Rückfahrt geht doppelt so schnell wie die Hinfahrt. Jetzt geht es fast nur noch bergab und die Fahrräder rollen ganz von alleine. Am Parkplatz locken zum Abschluss der Tour ein Café mit Sonnenterrasse und der benachbarte **Spielplatz** mit vielen schönen Klettergeräten aus Holz.

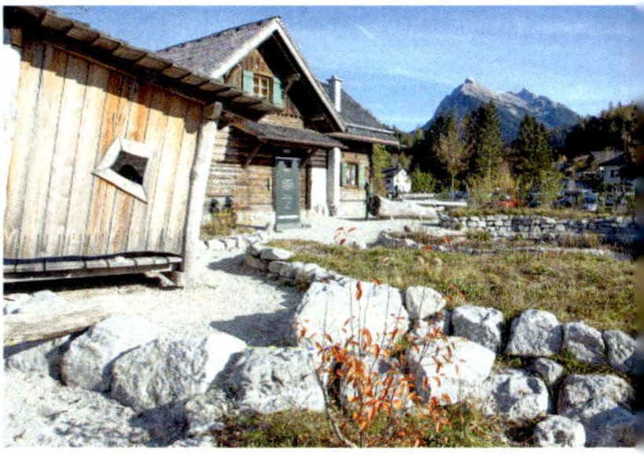

Holzerhütte

Die »Holzerhütte« neben dem Spielplatz stand früher einmal im Gleirschtal. Seit 1913 bot sie den Holzern oder Waldarbeitern ein Dach über dem Kopf. Im Rahmen des Projekts »Wege des Holzes« hat sie ein Scharnitzer Tischler erworben und an dieser Stelle wieder aufgebaut. Der Eintritt in das Museum ist kostenlos. Im direkt angrenzenden Naturpark-Infozentrum holt man sich vorher einen Barcode (pro Gruppe), um die Tür der Almhütte aufzuschließen.
Geöffnet etwa ab Mitte Mai für die Sommersaison, täglich 9–16.45 Uhr.
Tel. 0043 (0)5088040

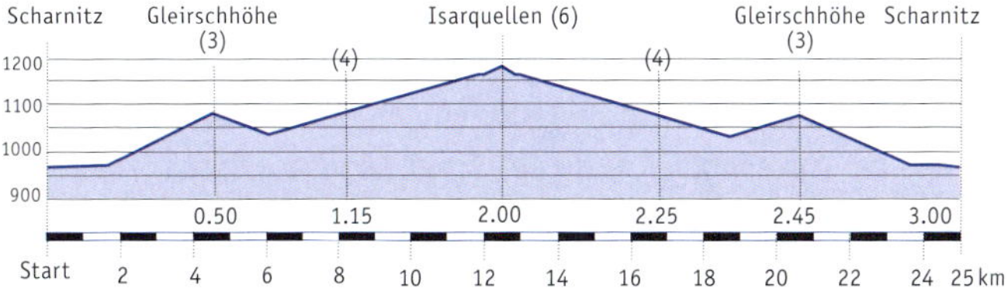

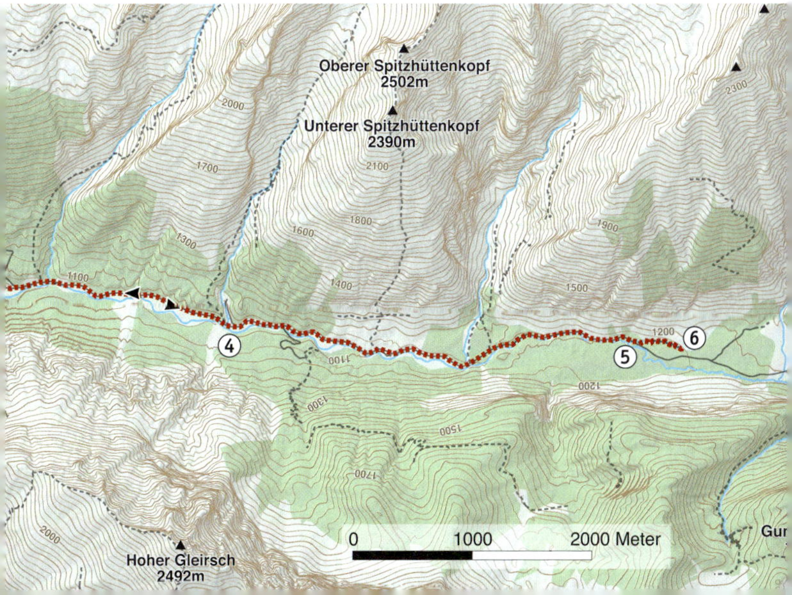

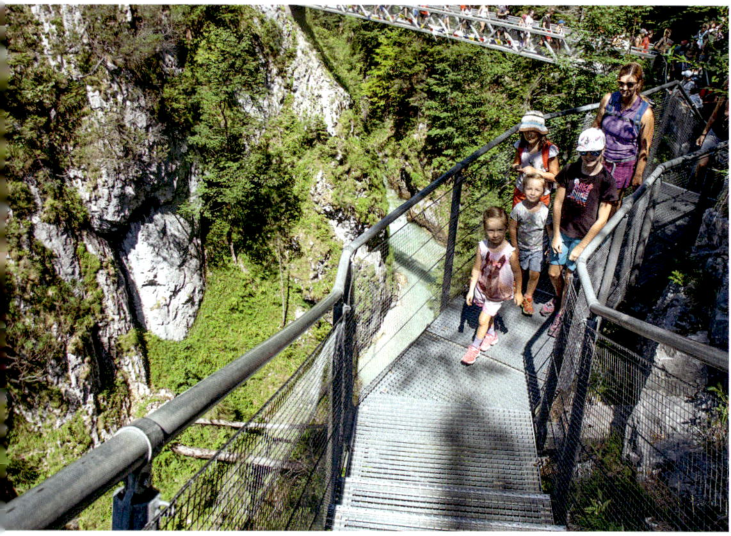

220 m

STRECKE 5 km

2 h 15

ab 6

Tour 33: Leutascher Geisterklamm

Mit dem Klammkobold durch die Schlucht

Höllenwasser und Geistergumpen, Teufelswasser und Hexenkessel – eine Erlebniswelt aus Wasser und Stein erwartet die Wanderer in der Geisterklamm zwischen Leutasch und Mittenwald. Wer möchte, löst am Mittenwalder Kiosk ein Ticket für den größten Wasserfall der Schlucht und staunt ob der türkisfarbenen Pracht im tiefen Wasserbecken, welches das Wasser in den Fels geschliffen hat.

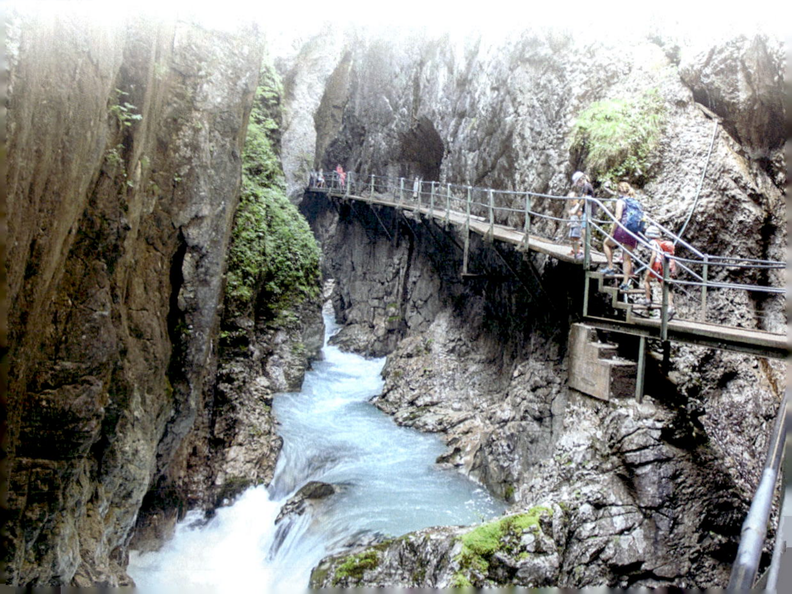

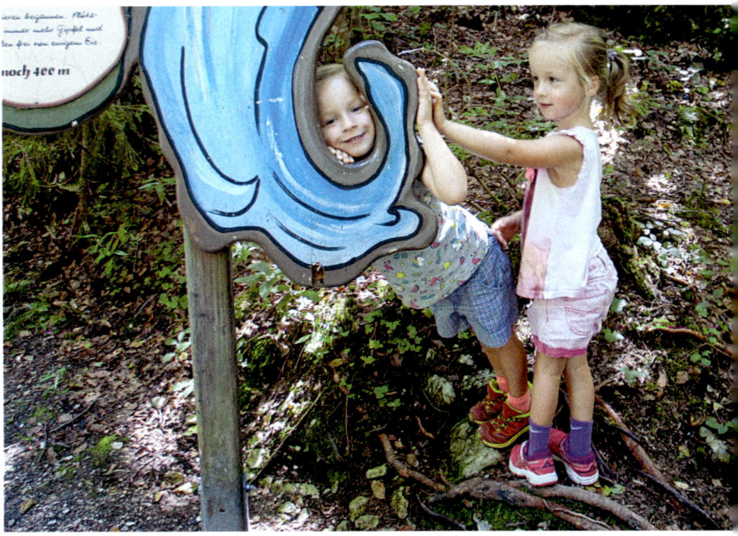

Wanderung: Vom Parkplatz geht es vorbei am **Klammkiosk** und nach gut 500 Metern am ersten **Abzweig** ① nach links in Richtung Bach. Dort beginnt der Klammweg hoch über dem gurgelnden Wasser. Verschiedene Stationen und die Rätsel des Klammkobolds halten die Kinder bei Laune. Spielerisch vermitteln die Info-Tafeln anhand eines Märchens, das wir auch laut lesen können, die Entstehung der Klamm und des fruchtbaren Landes zwischen Seefeld und Mittenwald.

Hinter einer **längeren Brücke** ② über die bis zu 75 Meter tiefe Klamm gehen wir nach rechts weiter. Wer die Tour ein wenig

TOUREN-STECKBRIEF

Anfahrt: Mit dem Auto über den Zirler Berg und Seefeld bis Mittenwald fahren. Dort biegt die mautfreie Bergstraße Richtung Geisterklamm kurz nach der Ortseinfahrt nach links ab. Wenn der kostenpflichtige Klammparkplatz (€ 5) bei **GPS N 47°25'38.6", E 11°14'07.2"** voll ist: Der Wirt des Gasthauses Klammgeist im Alten Zollhaus – nur wenige Meter weiter an der Straße – erlaubt Besuchern, die bei ihm im Anschluss einkehren, bei sich zu parken.

Anspruch und Charakter: Der Klammweg führt großteils über gut gesicherte Eisentreppen und Eisenstege hoch über die Schlucht. Er ist nicht für Kinderwagen und wegen der Bodengitter auch nicht für Hunde geeignet. Der Weg nach Mittenwald hinab und zum Wasserfall liegt schön im Wald, ist aber steil und voller Baumwurzeln. Der Rückweg führt ansteigend durch den Wald.

Leutascher Geisterklamm: Der Wasserfallsteig ist nur im Sommer geöffnet. Die Geisterklamm ist von Mai bis zum ersten Schneefall nach den bayerischen Herbstferien begehbar. Wasserfall: € 3, Kinder ab 6 Jahren € 1.

Highlights: Klammgeist-Rätsel, Schluchten und Wasserfälle.

Einkehr: Klammstüberl Leutasch, Klammkiosk Mittenwald, Berggasthaus Gletscherschliff (Ruhetag Mo, Di), Gasthaus Klammgeist im Alten Zollhaus an der Straße.

In der Nähe: Olympia-Schwimmbad Seefeld, Strandperle Seebad in Seefeld mit Tretbootverleih.

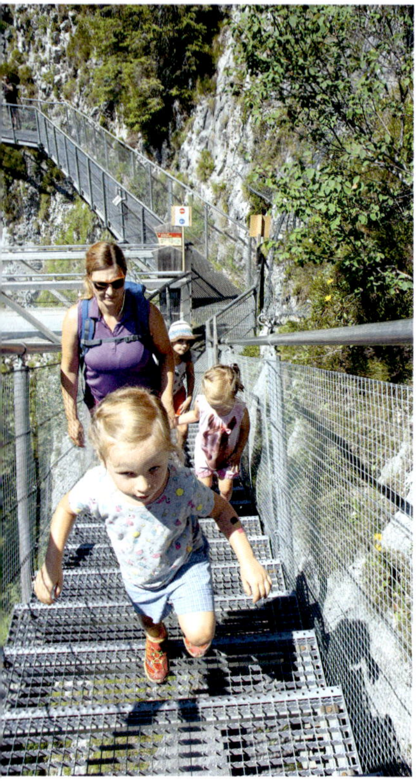

verlängern möchte, findet links oben nach einigen Treppenstufen den Eingang in eine Höhle, eine Ruhebank und noch etwas weiter oben die **Höllkapelle** ③.

Unten in der Schlucht geht es weiter zur nächsten spektakulären **Brücke** ④, über die man nach rechts die Eisenstege verlassen kann. Auf dieser Route kommt man durch den Wald zügig zurück zum Ausgangspunkt und spart sich mit kleineren oder müden Kindern die meisten Höhenmeter.

Unsere Route führt hier aber noch weiter bis Mittenwald. Wir steigen geradeaus die Treppe hinauf und kommen ebenfalls in den Wald. Hier finden wir ein wenig oberhalb des Wegs an einem **Kletterbaum** einen schönen **Pausenplatz**.

Variante für die Kleinsten:
Am Ende des Klammsteiges führt bei **Wegpunkt** ④ rechts ein Querweg zu unserem Rückweg hinauf. Kürzen wir hier ab und steigen nicht nach Mittenwald hinunter, sparen wir uns die meisten Höhenmeter.

Dann machen wir uns gestärkt an den Abstieg. Der Weg ist voller Baumwurzeln und steil, aber auch für Vierjährige an der Hand zu schaffen. Unten am **Klammausgang** bei Mitten-

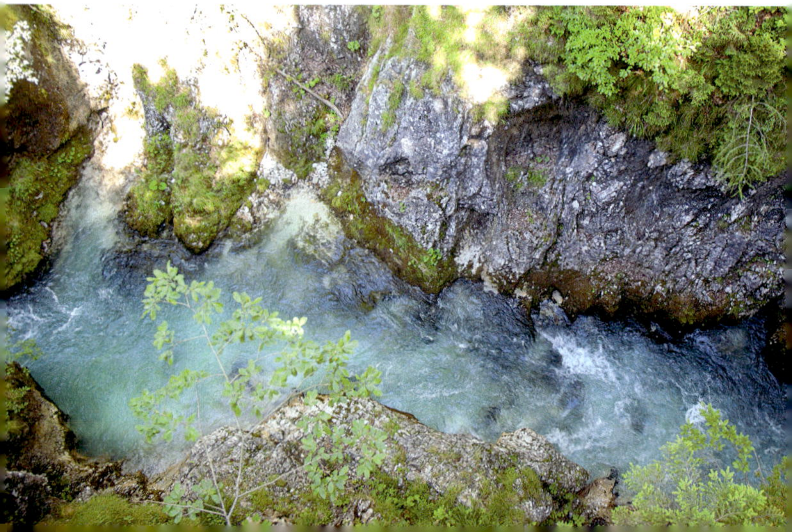

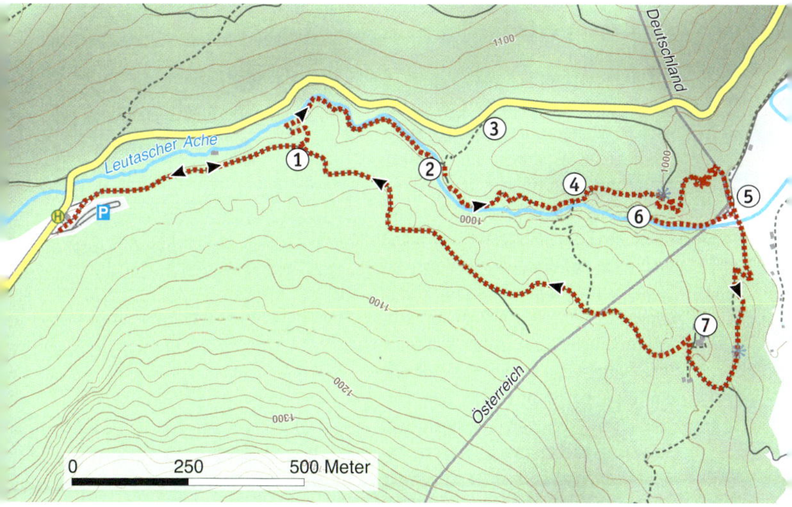

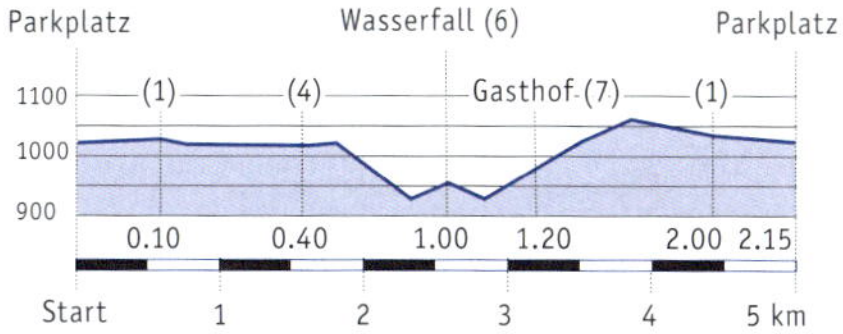

wald treffen wir auf den wenige Meter rechts von uns liegenden **Klammkiosk** ⑤ mit kleinem Biergarten. Hier kauft man die Tickets für den Steig, der zwischen den Felsen zum 23 Meter hohen **Wasserfall** ⑥ führt. Jetzt sind wir mitten drin im Reich der Wassergeister.

Nach dieser beeindruckenden und nur leicht feuchten Besichtigung folgen wir dem Weg nach rechts durch den Wald Richtung Leutasch und rechts hinauf zum **Berggasthof Gletscherschliff** ⑦. Hier geht es schon weniger steil hinauf und wir begegnen noch ein paar Klammkobolden, die uns knifflige Rätsel lösen lassen.

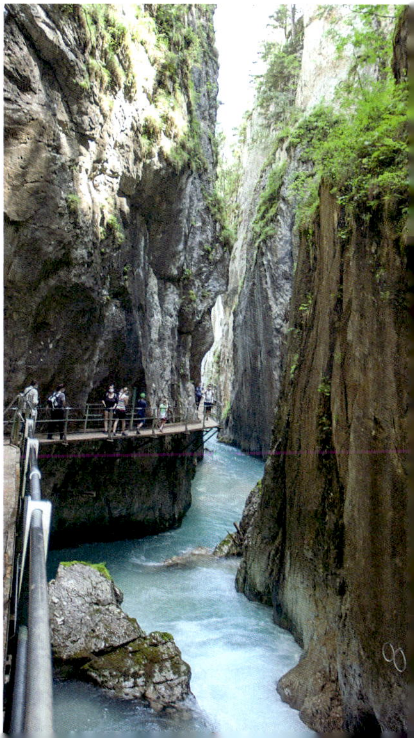

Wir treffen auf den Querweg, der hier von der Panoramabrücke herüberkommt, und haben kurz darauf den höchsten Punkt erreicht. Jetzt spazieren wir auf dem breiten Forstweg gemütlich weiter, vorbei am ersten **Abzweig** ① in die Klamm und hinunter bis zum Parkplatz am Klammstüberl.

Für Regenwetter

1 Planetarium Schwaz

Im Gegensatz zu einer Sternwarte wird im Planetarium nicht der echte Sternenhimmel durch ein Teleskop betrachtet, der Himmel und das All werden hier quasi künstlich erzeugt. Optische Präzisionsgeräte von Zeiss und eine 360-Grad-Videoanlage mit Soundsystem und Effektprojektoren verwandeln das Kuppeldach von acht Metern Durchmesser in den Weltraum. Das Planetarium in Schwaz lädt wie ein Kino zu unterschiedlichen Vorstellungen ein, zum Beispiel über Schwarze Löcher. Auch Planetenbewegungen und kosmische Ereignisse wie eine Sonnen- und Mondfinsternis werden in den Filmshows erklärt.
Familienkarte €36,
Termine auf www.planetarium.at.

2 Silberbergwerk Schwaz

Mit einer Grubenbahn geht es zur Führung 800 Meter tief unter die Erde. Im Spätmittelalter war die Silbermine von Schwaz das größte Bergwerk der Welt. So erleben wir, unter welch harten und gefährlichen Bedingungen die Bergknappen von einst im Berginneren schufteten. Ganze 7.400 Arbeiter beschäftigte die Mine zur Blütezeit vor 500 Jahren.
Geöffnet Mai bis September 9–17 Uhr, Oktober bis April 10–16 Uhr, €18, Kinder 5–14 Jahre €11, Eltern und ein Kind €41, jedes weitere Kind €9. www.silberbergwerk.at

3 Burg Freundsberg Schwaz

Die Burg Freundsberg thront über der Silberstadt Schwaz. Mit einem Spaziergang erreicht man sie von der verwinkelten mittelalterlichen Altstadt aus. Im Turm der Burg befindet sich das Bergbau- und Heimatmuseum. Zu besichtigen sind die originalgetreu gestalteten Turm-Wohnräume mit gotischer Wandvertäfelung und Fresken. Eine Burgschenke sorgt für das leibliche Wohl.
Geöffnet April bis Oktober Di bis So 10–17 Uhr, €3,50, Kinder bis 15 Jahre gratis. www.freundsberg.com

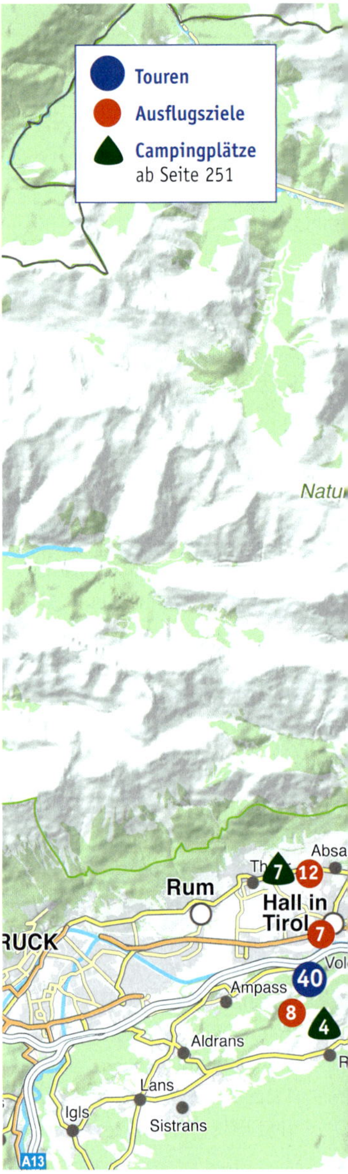

4 Museum der Völker

Einen Zugang zu Kunstobjekten aus aller Welt erhalten Kinder im Museum der Völker in Schwaz: Die ausgestellte Kunst führt sie von Westafrika über Südostasien nach Mitteleuropa. Besonders eindrucksstark wird die Entdeckungsreise mit einer Kinderführung, bei der zu den Kunstwerken Geschichten aus aller Welt erzählt

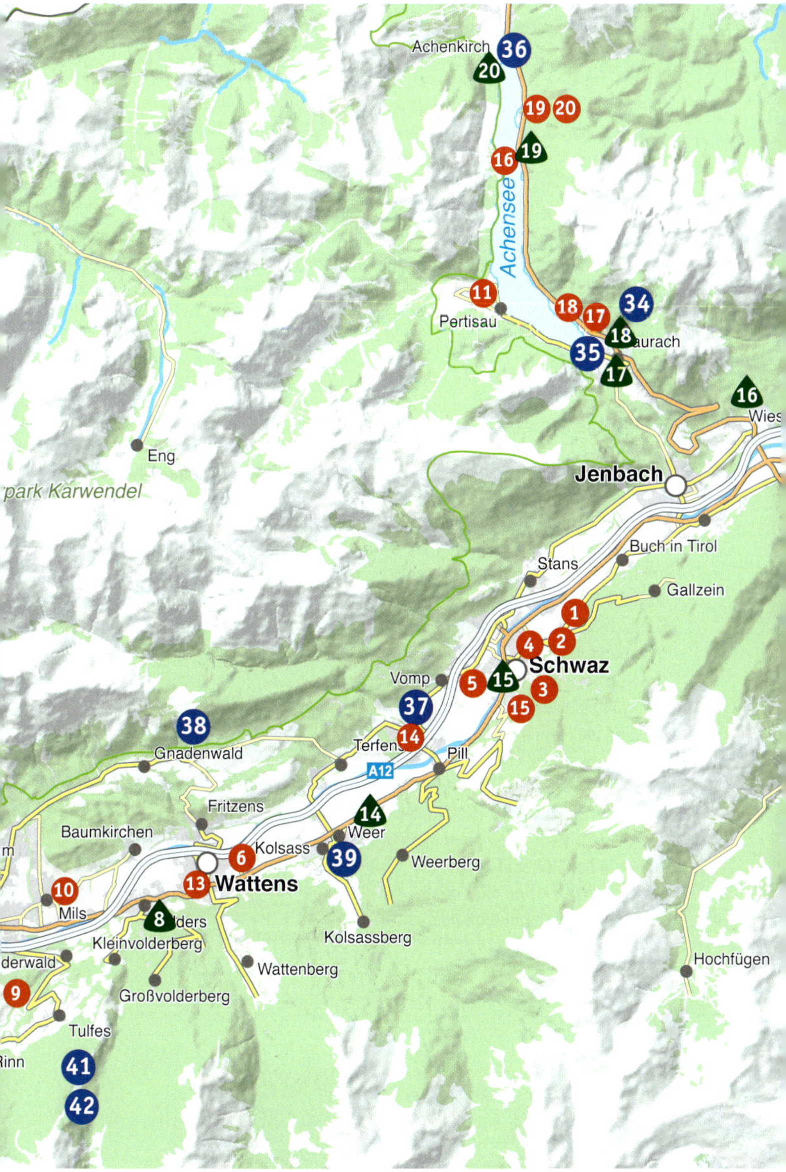

werden. Kinderführungen finden jeden ersten Sonntag im Monat um 15 Uhr statt.
Geöffnet Do bis So 10–17 Uhr, €8, Kinder ab 6 Jahren €5.
www.museumdervoelker.com

5 Happyhopp

Riesiger Indoor-Spielpark in Vomp bei Schwaz mit Trampolinen, Gokart-Bahn und mehreren Luftkissen-Hüpfanlagen. Gymnastikschuhe oder Socken mitbringen!
Geöffnet Di bis Fr 13.30–18.30 Uhr. Wochenende, Feiertag und Ferien 10.30–18.30 Uhr.
Tageskarte für Kinder 2–14 Jahre (Mo bis Do) €10,90, Fr bis So €11,90, Erwachsene €4,90.
www.happyhopp.at

6 Swarovski Kristallwelten

Ein Reich aus magischem Glitzer-Kristall-Feuerwerk sind die Swarovski Kristallwelten in Wattens. Das von internationalen Künstlern gestaltete Museum rund um die Welt der Kristalle bezaubert ebenso wie der Garten des Riesen und die funkelnde Kristallwolke am Wasser. Kinder lieben den Indoor-Spielturm, den Spielplatz und die Hecken-Labyrinthe.
[› Tour 5]
Geöffnet täglich 10–19 Uhr, €19, Kinder 6–14 Jahre in Begleitung eines Erwachsenen €7,50. www.kristallwelten.at

7 Burg Hasegg und Münze Hall

In der mittelalterlichen Burg Hasegg liegt das Museum für Stadtarchäologie und das der Münze Hall. Hier ist die größte Silbermünze der Welt zu bestaunen. Der putzige Münzmeister Franz verrät im Kinderprogramm einige Geheimnisse der Burgherren und der Münzfälscher. Der Münzerturm ist das Wahrzeichen der Stadt Hall. Den Aufstieg, bei dem die Kinder durch einige unerwartete Effekte überrascht werden, belohnt der fantastische Blick ins Inntal. Ein Highlight für Kinder ist auch das eigenhändige Prägen einer Münze. **[› Tour 40]**
Di bis So 10–17 Uhr, Kombiticket Familie €25. www.muenze-hall.at, www.stadtarchaeologie-hall.at

Für Tierfreunde

8 Ponyhof Hasental

Der Ponyhof im Hasental ist mit dem Auto in 20 Minuten von Innsbruck erreichbar und ab Ampass, oberhalb von Hall, beschildert. Das letzte Stück geht es dann zu Fuß weiter: Kein Lärm und kein Autogestank stört in dem abgelegenen Tal die Naturkulisse. Die Ponys grasen auf großen Koppeln, bis es losgeht mit dem Reitausflug. Die Erwachsenen dürfen das Führen der Ponys übernehmen und bekommen erklärt, wie das geht. Nach der etwa 45-minütigen Wanderung kümmert sich die Gruppe gemeinsam um die Ponys.
Wochenende und feiertags ab 13 Uhr, Mo bis Fr nach telefonischer Vereinbarung unter 0043 (0)650 3206023, Ponyspaziergang 30 Minuten €12, 45 Minuten €16. www.ponyhof-hasental.at

9 Sonnhof Rinn

Außerhalb des Ortszentrums von Rinn liegt der Reitstall Sonnhof inmitten der Wiesen und Felder auf der Anhöhe oberhalb von Hall. Neben Reitunterricht, Longenstunden, Ausritten und Ponyreiten für die Kleinsten hat der Hof auch Wanderritte und Reitercamps im Programm. Die Kinder dürfen vor und nach dem Unter-

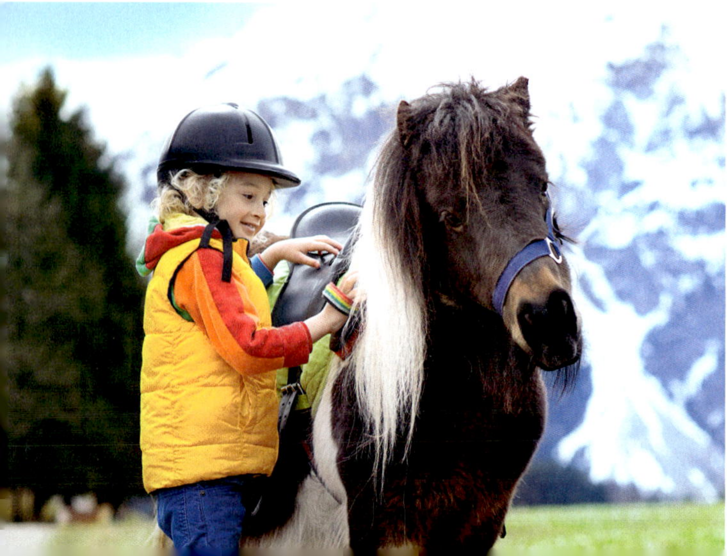

richt auch im Stall und bei der Arbeit mit den Pferden helfen.
Ponyreiten 30 Minuten €15, Reitunterricht Bahn oder Longe €30, Tel. 0043 (0)650 3604420. www.reitstall-sonnhof.at

10 Spielstunde rund ums Pferd

Die spielerische Reitpädagogik in Mils am **Pferdehof Tiefenthaler** ist für Kinder zwischen fünf und zwölf Jahren geeignet und unterstützt eine positive Entwicklung der kindlichen Motorik und Wahrnehmung. Dabei geht es nicht um Leistung, sondern um den spielerischen Umgang mit dem Pferd und das Fördern der Bewegung. Reitpädagogik ist kein Reitunterricht!
Telefonische Anmeldung bei Julia Tiefenthaler unter 0043 (0)664 8625538. Reitpädagogik €17,50 pro Kind, geführter Pferdespaziergang €15, Bauernhoftheater €10. www.pferdehof-tiefenthaler.at

11 Reitstall Wiesenhof Achensee

Die Reitpädagogin Alexandra Entner bietet im Reitstall des Wiesenhof-Hotels Reitunterricht für Kinder ab vier Jahren und Ausritte für Größere an. Eltern können für einen Pony-spaziergang auch ein Pony leihen und selbst führen.
Ponyreiten 20 Minuten €15, Reitunterricht Bahn oder Longe €45, Ausritt ab €55. www.reiten-tirol.at

Freibäder und Seen

12 Schwimmbad Hall

Das große Freibad von Hall punktet mit einem Zehnmeter-Sprungturm, Kinder- und Babybecken, einem geheizten 50-Meter-Sportbecken zum entspannten Schwimmen sowie einer 80 Meter langen Erlebnis-Rutsche. Neben Sonnenliegen und einer großzügigen Liegewiese mit Kinderspielplatz gibt es auch ein Spielfeld für Beachvolleyball. Auf dem zugehörigen Campingplatz befinden sich ein Minigolfplatz und neben einem Kiosk auch ein Restaurant. Camper können das Freibad mitnutzen.
Geöffnet Mitte Mai bis Ende September 9–19 Uhr. Tageskarte €4, Kinder €2.

13 Alpenbad Wattens

Das Freibad im Grünen bietet neben einem Sportbecken und dem Eltern-Kind-Bereich mit beschattetem Babybecken auch einige Highlights für größere Kinder: Neben einem Fünfmeter-Sprungturm und einer offenen, geschwungenen Röhrenrutsche gibt es auch eine breite Wellenrutsche, Spielgeräte und sogar einen Skate-Platz.
Geöffnet Mai bis September von 9–19 Uhr, Tageskarte €5, Kinder 6–15 Jahre €2,50.

14 Badesee Weißlahn

Die Freizeitanlage rund um den See am Inn bietet mit Fußballplatz, Tennisplätzen, Beachvolleyball und einem Kinderspielhügel jede Menge Platz zum Rumtoben. Hoch im Kurs steht der Wasserspielplatz mit Klettersteinen im Bachbett. Lustige Holzrutschen und einen kleinen Wasserfall gibt es auch. Der Badesteg wird von den Kindern zum Sprung in den See genutzt. Die Anlage liegt zwischen Terfens und Vomperbach und ist gut über den Inntal-Radweg erreichbar.
Strandbad geöffnet Mai bis September, Kinder 3–15 Jahre €2, ab 16 Jahren €4,50, ansonsten ganzjährig frei zugänglich.

15 Erlebnisschwimmbad Schwaz

Hier warten viele Attraktionen auf die Kinder: Rutschen, im Strömungskanal treiben oder im Tropfenregen unter dem Wasserfall stehen – Wasserratten kommen hier voll auf ihre Kosten. Auch das Kletternetz im Wasser ist sehr beliebt. Die Großen wagen Sprünge vom Zehnmeter-Sprungturm und die Kleineren plantschen in einer großen Wasserlandschaft mit Wasserspielen.
Geöffnet von Mai bis Mitte September täglich von 8–20 Uhr, Kinder 6–15 Jahre €1, ab 16 Jahren €2.

16 Achensee

Rund um Tirols größten See liegen fünf Ferienorte. Dort befinden sich auch verschiedene Strandbäder, in denen wir naturnah vor schönster Bergkulisse baden können.

› Strandbad Pertisau
Liegewiese mit großem Spielplatz, Kinderbecken, Sonnensegel, Sprungturm, Volleyballplatz, Rutsche, Imbiss und sanitären Anlagen. Eintritt frei. [› Tour 35]

› Badestrand Buchau
Liegewiese mit WCs, Steg und Strandbar, Eintritt frei bei Einkehr an der Strandbar, Strandliegen €5, Kajak-, Tretboot- und SUP-Verleih nebenan, seichter, mit Natursteinen abgetrennter Nichtschwimmer-Bereich. [› Tour 35 und 36]

› Badestrand Schwarzenau
Liegewiese mit Kiosk und WCs neben dem Campingplatz, Parkplatz kostenpflichtig. [› Tour 36]

› Badestrand Achenseehof
Am Tunnel zwischen Maurach und Achenkirch. Liegewiese, Spielplatz, WC und Imbiss (Café Leuchtturm), Eintritt frei, Parkplatz kostenpflichtig. [› Tour 36]

› Badestrand Achensee Nord
Liegewiese mit Spielplatz, Kinderbecken, Volleyballplatz, Gastronomie und WCs, Eintritt frei. [› Tour 36]

17 Atoll Achensee

Hallenbad mit Erlebnis- und Sportbecken, Waserspielplatz und Röhrenrutsche. Zugehöriges Seebad mit Spielplatz und Niedrigseilgarten. Am See gibt es auch einen Stand-Up-Paddle-Verleih (30 Minuten €7, für 60 Minuten €12). [› Tour 35 und 36]
Hallenbad geöffnet 10–22 Uhr, Familientageskarte für 2 Erwachsene und alle eigenen Kinder bis 15 Jahre €57, mit nur einem Erwachsenen Familie Small für €35.

Das Seebad ist geöffnet von Juni bis August täglich 9–19 Uhr, Tagesticket €6, Kinder 6–10 Jahre €3, Jugend 11–15 Jahre €5, Familie €15 bzw. €9. Seezugang kostenfrei von September bis Mai.

Im Freizeitzentrum des Atoll Achensee gibt es auch eine Boulder-Halle.
Geöffnet täglich 9–22 Uhr, Tagesticket €8, €6 unter 16 Jahren. www.atoll-achensee.com

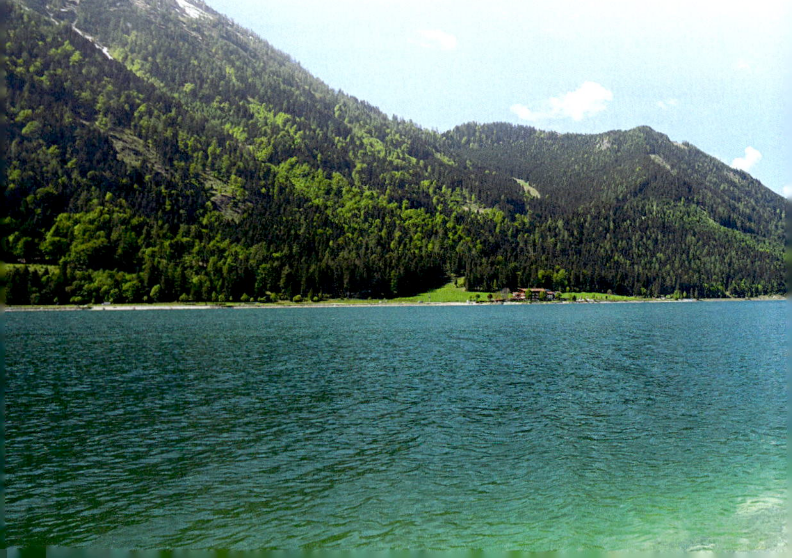

Der Achensee ist von Bergen umgeben und erfreut selbst im Hochsommer mit frischen Wassertemperaturen.

Klettern & Outdoor

18 Wassersportzentrum Achensee und Learn2Kite

Ob für Einsteiger oder Fortgeschrittene – das Wassersportzentrum Achensee und die Kiteschule Learn2Kite bieten zahlreiche Kurse und Aktivitäten von Surfen, Kanu fahren und Stand-up-Paddling bis zum Segelkurs für Kinder ab sechs Jahren. Die Schulen liegen nebeneinander am Badestrand Buchau. Tretboote gibt es auch zu mieten für € 15 pro Stunde.
Geöffnet hat das Wassersportzentrum von Mitte Mai bis Anfang September.
www.surfen-achensee.at

Eine SUP-Einführung bei learn2kite kostet € 19,50 pro Person bei zwei Teilnehmern und € 10 Boardmiete für eine Zusatzstunde. An Kite-Surfing-Kursen dürfen auch sportlich-fitte Kinder teilnehmen. Kurse täglich von Mai bis Ende September.
www.learn2kite.at

19 Abenteuerpark Achensee

Nach einer Einweisung bewegen sich Besucher eigenverantwortlich auf dem Gelände des Abenteuerparks. Zusätzlich zum Waldhochseilgarten bietet der Abenteuerpark Attraktionen wie ein Outdoor-Escape-Game, Basejump, Bogenschießen, OneWheel-Parcours, Tandemflüge, Canyoning und Goldwaschen am Wasserfall.
Geöffnet Juli bis Mitte September Di bis So, im Juni und Mitte September bis Anfang November Mi, Sa, So und Feiertag, jeweils 10–18 Uhr, € 27, Jugend € 22, Kinder bis 12 Jahre € 17. www.abenteuer-achensee.at

20 Alpinsport Achensee

Erste Kletterabenteuer, Canyoning und Tubing für Kinder ab etwa acht Jahren bietet der Tourenveranstalter Alpinsport Achensee an, dessen Niederlassung sich direkt neben dem Hochseilgarten Abenteuerpark Achensee befindet. Familien ab vier Personen können hier zum Beispiel einen Kletter-Ausflug mit Guide buchen oder eine kindgerechte Canyoningtour (beide Touren ab € 66 pro Person). Auch fürs Tubing, bei dem man in großen Schwimmreifen einen sprudelnden Bach hinuntertreibt, gibt es spezielle Familientouren (ab € 55 pro Person).
www.alpinsport-achensee.at

Ein interessantes Familienprogramm bietet der Tourismusverband der Silberregion Karwendel für Urlaubsgäste in der Gegend von Stans, Schwaz, Terfens, Vomp bis Weer und Kolsassberg. Dabei erleben Eltern und Kinder gemeinsam Abenteuer in der Natur. Die Erlebnispädagogen zeigen beim Wandern spielerisch, was es zu entdecken gibt – ob Burg oder Bauernhof. Das Familienprogramm für Kinder von vier bis zwölf Jahren findet von Anfang Juli bis Ende August statt.
silberregion-karwendel.com/de/familienprogramm

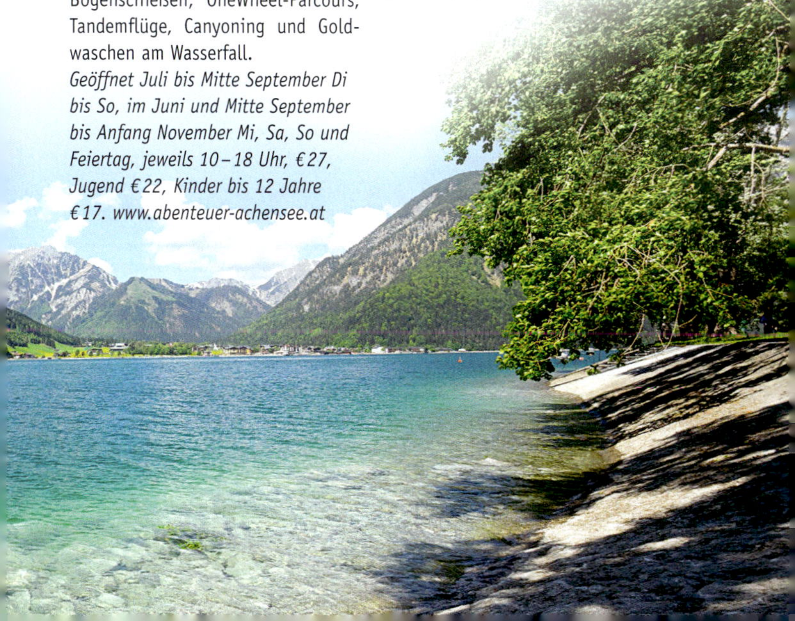

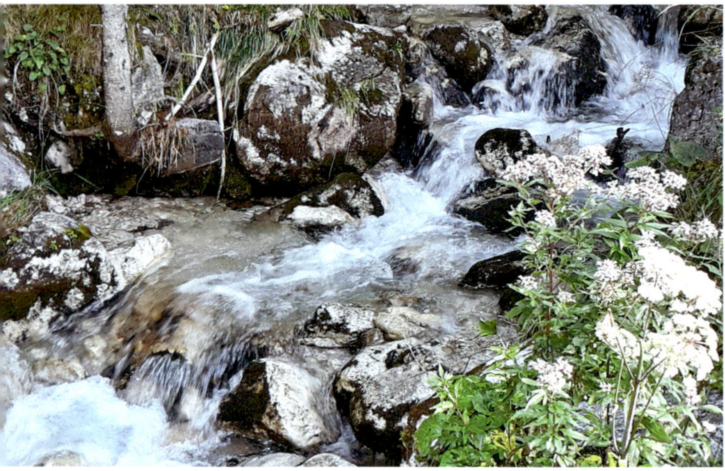

240 m

STRECKE 3 km

2 h

ab 4

Tour 34: Dalfazer Wasserfall

Eine Wanderung mit Panoramablick auf den Achensee

Hoch über dem Südostufer des Achensees oberhalb von Buchau sprudelt der bildhübsche Dalfazer Wasserfall. Vom Seeufer ist seine Kaskade nicht einmal zu erahnen und trotzdem ist der Weg dorthin nicht weit.

Wanderung: Hinter dem Kinderhotel Buchau gehen wir die Straße entlang, bis rechts ein Weg abzweigt. Zunächst ist dieser noch

TOUREN-STECKBRIEF

Anfahrt: Die Inntal-Autobahn an der Ausfahrt Wiesing/Achensee verlassen und rechts abbiegen. Geradeaus über den Kreisverkehr geht es die Bergstraße zum Achensee hinauf. Nach einigen Serpentinen erreichen wir Maurach und dann Eben mit dem Ortsteil Buchau. In Buchau müssen wir rechts abbiegen, sobald das Kinderhotel Buchau in Sicht kommt. Auf den Parkplätzen des Hotels darf man bei **GPS N 47°26'00.9", E 11°44'05.9"** parken, wenn man sich an der Rezeption eine Bescheinigung holt (Tagesgebühr €5). Ansonsten kann man auch noch nach links, um das Hotel herum, ein Stück weiterfahren und schauen, ob noch ein Parkplatz an der Straße frei ist, bevor diese in den Wanderweg übergeht.

ÖPNV: Buchau ist mit Bus und Bahn nur mit mehrfachem Umsteigen erreichbar.

Anspruch und Charakter: Einfache Wanderung wahlweise über einen felsigen Steig oder über den breiten, kinderwagentauglichen Forstweg. Im Sommer ist die Wanderung perfekt für den frühen Vormittag, bevor es zu heiß wird.

Markierung: Rot-weiß-rote Markierungen und gelbe Wegweiser.

Highlights: Wasserfall, Achensee-Panorama.

Einkehr: Restaurant Maximilian beim Seecamping Wimmer.

In der Nähe: Familienbad Atoll Achensee, Strandbad Buchau, Strandbar und Wassersportzentrum Achensee mit Tretboot-, SUP- und Kanu-Verleih, Kite-Surf-Schule.

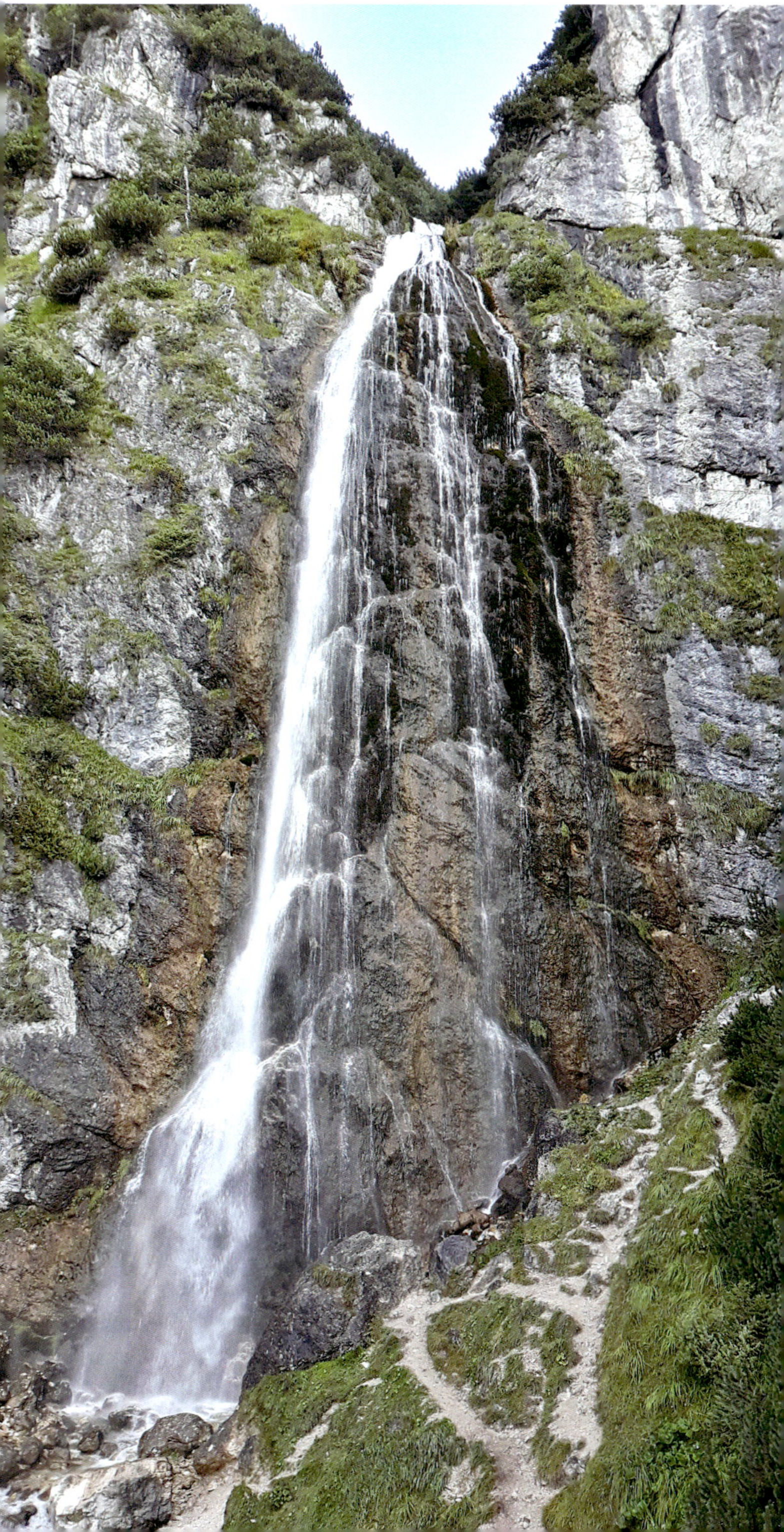

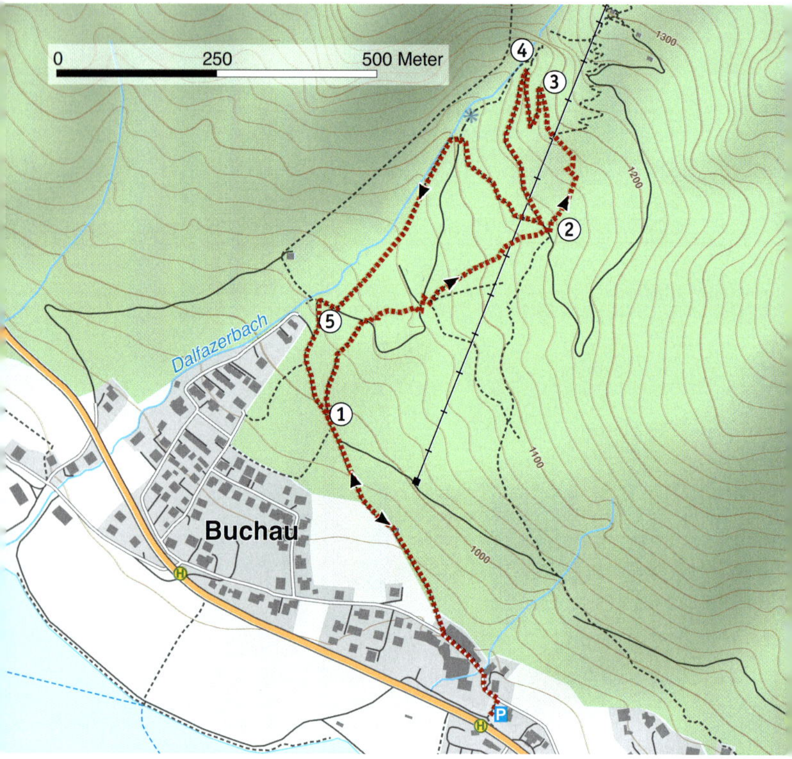

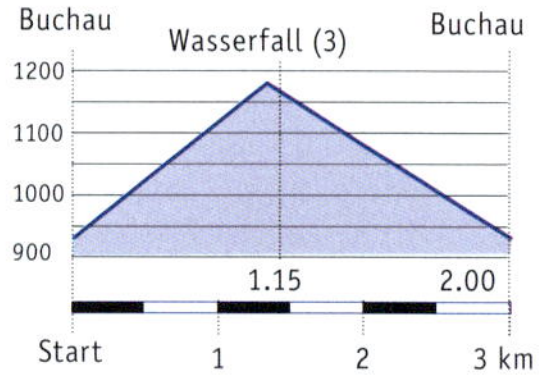

geteert, dann wird er zum Schotterweg. Bei der **ersten Wegkreuzung** wandern wir geradeaus weiter in Richtung Dalfazer Wasserfall. Kurz darauf wählen wir den **Steig** ①, der rechts vom Forstweg abzweigt. Dieser quert zweimal den Fahrweg und kürzt zwei Kurven ab.

Knapp 100 Meter weiter oben treffen wir erneut auf den **Fahrweg** ②, den wir überqueren. Unser Pfad führt weiter den Berg hinauf, am Hang entlang und zu einer **Gabelung** ③. Wir wandern links durch zwei Serpentinen zur hölzernen **Plattform vor dem Wasserfall** ④ hinunter.

Für den Rückweg wählen wir zuerst den ausgeschilderten Weg Richtung Buchau und folgen ihm durch eine erste Serpentine, bis wir wieder in die Nähe des Baches kommen. Hier wechseln wir auf den schmalen Weg, der am **Ufer des Dalfazer Baches** entlangführt. Am Bachufer gibt es mehrere Stellen, die sich zum Spielen am Wasser eignen. Gut 100 Meter tiefer treffen wir wieder auf die **Forststraße** ⑤. Wir biegen rechts und gleich wieder links ab und folgen ihr weiter abwärts zurück nach Buchau.

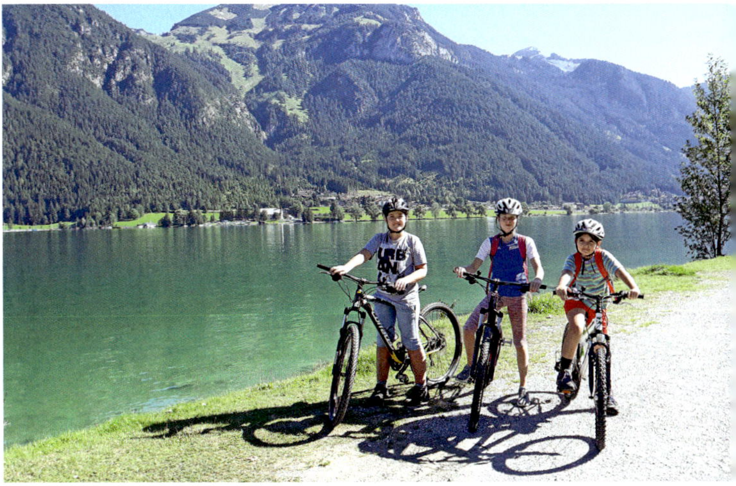

Tour 35: Am Seeufer nach Pertisau

10 m

STRECKE 10,5 km

1 h 30

ab 6

Achensee-Radtour für Fahrradanfänger

Die absolut flache Radtour von Maurach nach Pertisau und zurück ist die perfekte Radtour mit der ganzen Familie. Sie eignet sich auch für kleine Fahranfänger. Dazu gibt es traumhafte Blicke über den Achensee, einen Stopp beim Aussichtsturm in Pertisau, ein Picknick am Seeufer und vielleicht sogar einen Sprung ins wirklich kühle Nass! Das Wasser im Achensee hat auch im Hochsommer selten Temperaturen über 20 Grad.

TOUREN-STECKBRIEF

Anfahrt: Von der Inntal-Autobahn die Ausfahrt Achensee nehmen und nach dem Kreisverkehr bergauf fahren. Am Ende der Ortschaft Maurach befindet sich am Seeufer der auffällige weiße Gebäudekomplex des Schwimmbads Atoll Achensee. Hier gibt es bei **GPS N 47°25'52.5", E 11°44'11.6"** einen gebührenpflichtigen Parkplatz.

ÖPNV: Der Startpunkt ist mit Bus und Bahn nur mit mehrfachem Umsteigen erreichbar.

Fahrradverleih: Sport Wörndle in der Dorfstraße 26 in Maurach, Tel. 0043 (0)5243 6107, www.sport-woerndle.at. Fahrräder ab € 18 (ab 9 Uhr), ab € 13 (ab 12 Uhr), Kinderrad inkl. Helm € 16 / € 9.

Anspruch und Charakter: Einfache Radtour ohne Steigungen, die auch Fahranfänger gut bewältigen können.

Markierung: Markierter Radweg.

Highlights: Aussichtsturm in Pertisau, Spielplätze, Ortschaft Pertisau, Baden im Achensee, Segelboote und Dampfer gucken.

Einkehr: Panorama-Café im »Vitalberg« des Tiroler Steinöl Museums, Restaurant Strandbad Pertisau, Imbiss Grillplatz'l am See, Strandbar an der Seepromenade, zahlreiche weitere Restaurants im Zentrum von Pertisau.

In der Nähe: Familienbad Atoll Achensee, Tiroler Steinöl Erlebnismuseum, Strandbar, Wassersportzentrum mit Tretboot-, SUP und Kanu-Verleih, Kite-Surf-Schule, Achensee Schifffahrt.

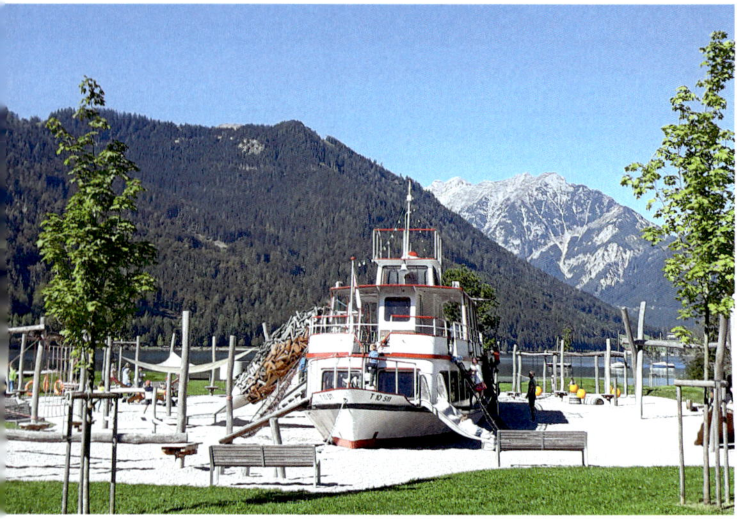

Fahrradtour: Der Achensee-Radweg führt um das 2018 neu eröffnete Atoll Achensee und dann auf dem Uferradweg links um den See in Richtung Pertisau. Hier bei Maurach glitzern hinter einem **seichten Schilfgebiet** viele weiße Segel über dem königsblauen Wasser. Wenn dann noch der große Dampfer der Achensee-Schifffahrt tutet, ist das Seeglück der Kinder perfekt.

Schnell lassen wir Schilf und Seevögel zurück, radeln an einem kleinen Park mit Holzliegen zum Ausruhen entlang und am öffentlichen **Strand von Maurach** ① vorbei. Dann überqueren wir die einspurigen Schienen der leider insolventen und vorläufig stillgelegten Achenseebahn und erreichen die Schiffsanlegestelle **Seespitz** ②.

Es geht schnurgerade am **Hundestrand** vorbei und immer auf Pertisau und seine markante **Aussichtsplattform** ③ zu. Dort

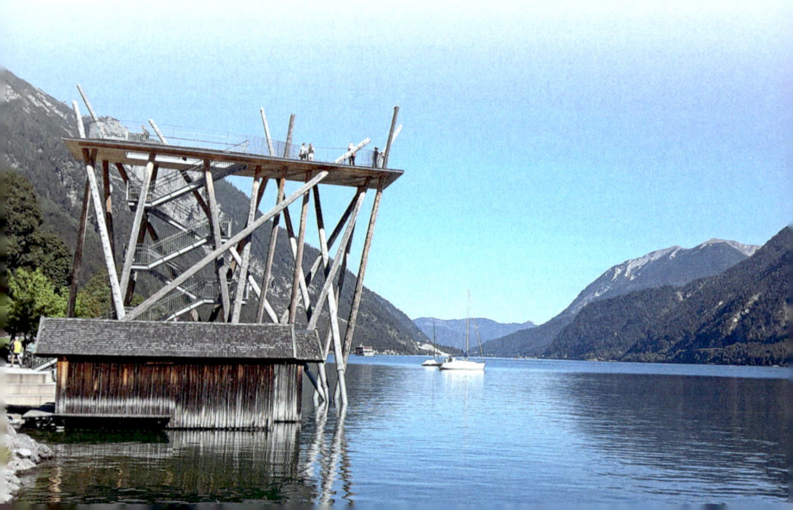

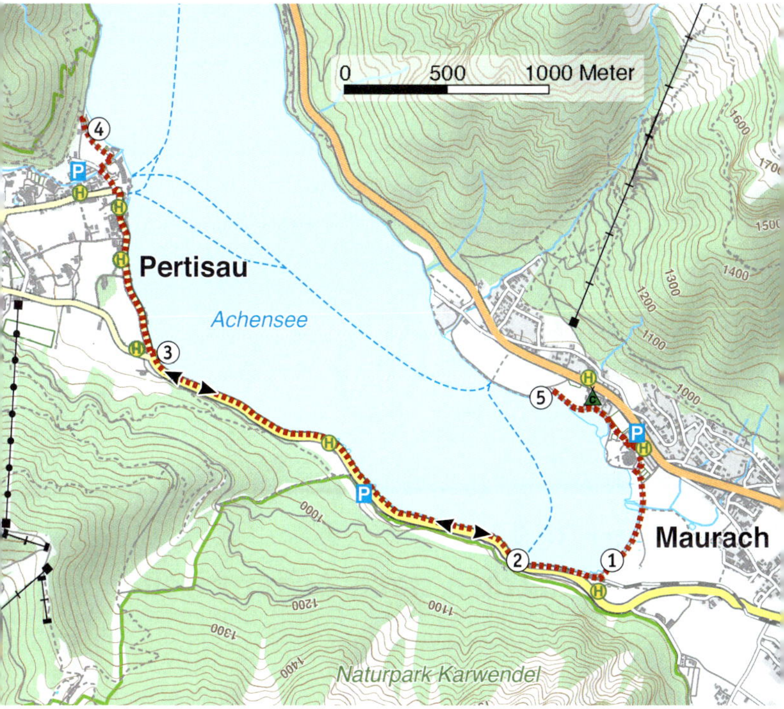

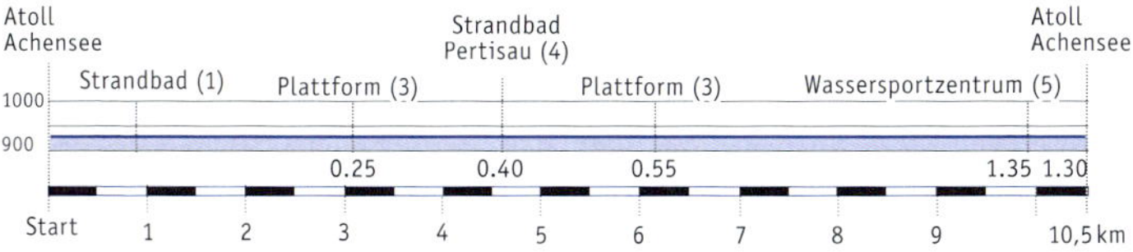

legen wir am Ortsanfang einen Stopp ein und genießen die Aussicht von der turmartigen Konstruktion.

Im mondänen Pertisau wechseln sich Bauernhäuser mit Luxushotels ab und Strandbars säumen die Seepromenade. Auf der Flaniermeile fahren wir als Radfahrer auf der Straße oder schieben die Mole entlang. Hinter einem großen Platz führt die Straße noch bis zum **Strandbad Pertisau** ④ weiter, hinter dem der Radweg endet. Hier beginnt ein Wanderweg, mit dem man in etwa 1,5 Stunden die schön am Seeufer gelegene Gaisalm erreicht. Fahrradfahren ist hier verboten. Deshalb drehen wir um und radeln denselben Weg zurück.

Am Parkplatz lohnt es sich, noch ein paar hundert Meter weiter bis zum **Wassersportzentrum Achensee** ⑤ zu radeln. Hier springen wir in den See, mieten uns ein Boot oder trinken etwas an der Strandbar. Wer etwas konsumiert, darf am Privatstrand, der zum Kinderhotel Buchau gehört, baden.

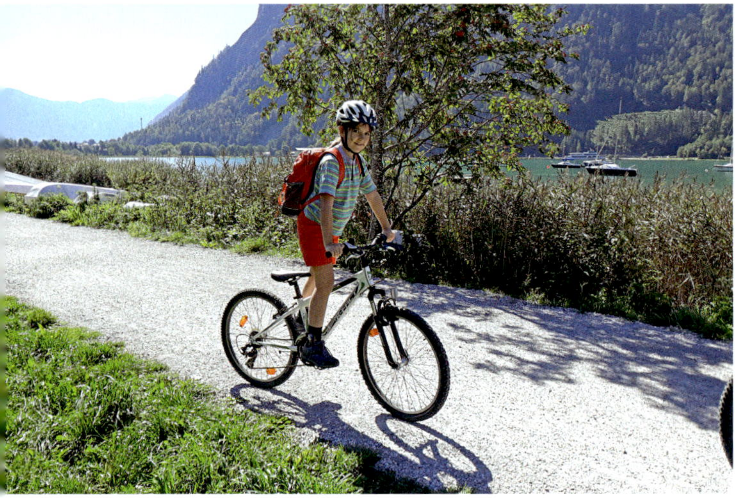

35 m

STRECKE 20 km

2 h 30

ab 6

Tour 36: Von Maurach nach Achenkirch

Eine Fahrradtour am Achenseeufer

Die überwiegend flache Radtour führt vom Atoll-Spaßbad bis ans andere Ende des langgezogenen Achensees. Den Großteil der Strecke geht es auf einem Radweg zwischen Ufer und Bundesstraße dahin. Zielpunkt ist die Scholastika, der einzige Ortsteil von Achenkirch, der unmittelbar am See liegt. Der ungewöhnliche Ortsname geht auf das Grand-Hotel Scholastika zurück, welches wiederum nach zwei Wirtinnen benannt worden sein soll, deren Namenspatronin die Heilige Scholastika von Nursia war. Das Gebäude im neogotischen Stil brannte 1913 ab, nur ein kleiner restaurierter Teil steht bis heute. An der Uferpromenade von Scholastika gibt es eine Schiffsanlegestelle, ein Café und einen Kiosk. Nebenan liegt das öffentliche Strandbad von Achenkirch.

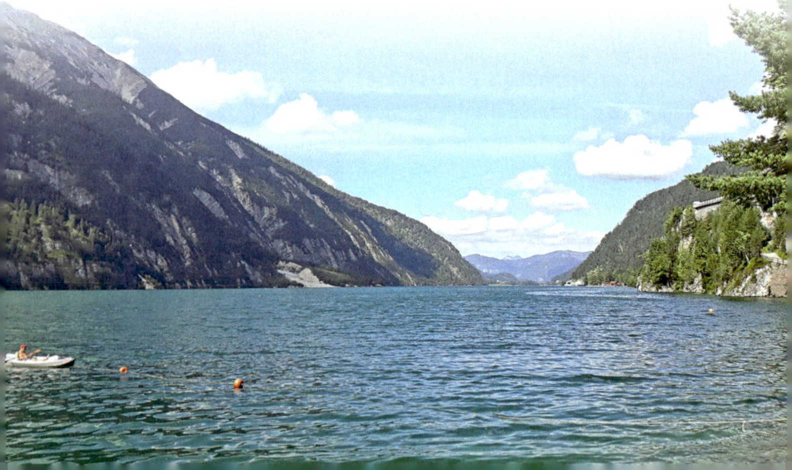

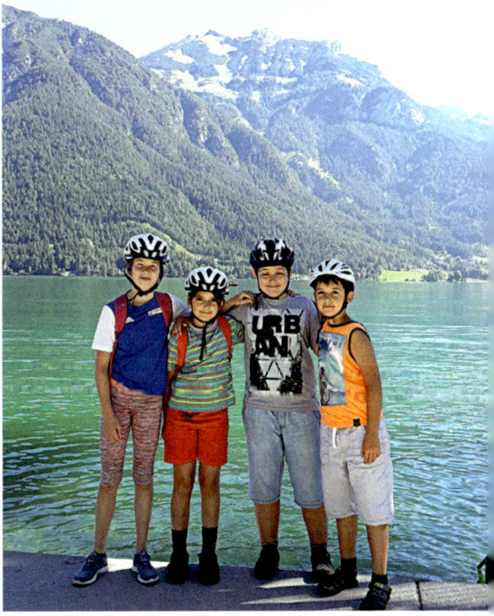

Fahrradtour: Wir starten vom Parkplatz beim **Atoll Achensee** in Richtung Achenkirch, also nach rechts, wenn man auf den See schaut. Der Weg führt am **Wassersportzentrum** ① in Buchau und an ein paar Parkbänken vorbei. Nach einer Biegung geht es bergauf und weg vom Ufer, um den Dalfazer Bach zu überqueren.

Wir treffen auf die Seestraße, fahren links über den Bach und umrunden den **Segelclub** ②. Dann sind wir schon wieder am Seeufer.

Nach ein paar weiteren Aufs und Abs und traumhaften Seeblicken durchqueren wir einen **Campingplatz** ③ direkt am See. Dann folgt ein privater Anlegeplatz und der Weg leitet um in Richtung Straße. Wer keine Lust hat, schon wieder bergauf zu radeln, steigt ab und schiebt durch das Areal des **Segelclubs Delphin** ④. Das ist erlaubt. Dann erreichen wir eine weitläufige Wiesenfläche

TOUREN-STECKBRIEF

Anfahrt: Von der Inntal-Autobahn die Ausfahrt Achensee nehmen und nach dem Kreisverkehr bergauf fahren. Am Ende der Ortschaft Maurauch befindet sich am Seeufer der auffällige weiße Gebäudekomplex des Schwimmbads Atoll Achensee. Hier gibt es bei **GPS N 47°25'52.5", E 11°44'11.6"** einen gebührenpflichtigen Parkplatz.
Wer sich aus der anderen Richtung vom Tegernsee oder vom Sylvensteinspeicher über Achenkirch dem See nähert, kann die Tour auch in umgekehrter Richtung starten und beim Freibad in Achenkirch parken oder an der Bundesstraße bei der Schiffanlegestelle Achenseerhof (oberhalb der Wiese mit Strandpavillion und kleiner Kapelle).
ÖPNV: Der Startpunkt ist mit Bus und Bahn nur mit mehrfachem Umsteigen erreichbar.
Fahrradverleih: Sport Wörndle in der Dorfstraße 26 in Maurach, Tel. 0043 (0)5243 6107. www.sport-woerndle.at Fahrräder ab € 18 (ab 9 Uhr), ab € 13 (ab 12 Uhr), Kinderrad inkl. Helm € 16 / € 9.
Anspruch und Charakter: Radtour für Familien mit größeren Kindern. Es gibt einige kurze Steigungen im Streckenverlauf. Dafür geht es dann aber immer wieder mit schönem Schwung hinab.
Markierung: Markierter Radweg.
Highlights: Baden im Achensee, Segelboote gucken und Strandspaß zum Beispiel im Freibad in Achenkirch, Bootsanleger Achenseehof.
Einkehr: Strandbar Wassersportzentrum, Café Leuchtturm unterhalb des Parkplatzes an der Haltestelle Achenseehof, Gasthaus im Campingplatz Schwarzenau mit kleinem Biergarten und Seeblick, Restaurant Scholastika mit Seeterrasse.
In der Nähe: Abenteuerpark Achensee, Familienbad Atoll Achensee, Strandbar und Wassersportzentrum mit Tretboot-, SUP- und Kanu-Verleih, Kite-Surf-Schule, Achensee Schifffahrt, Sixenhof Heimatmuseum Achental.

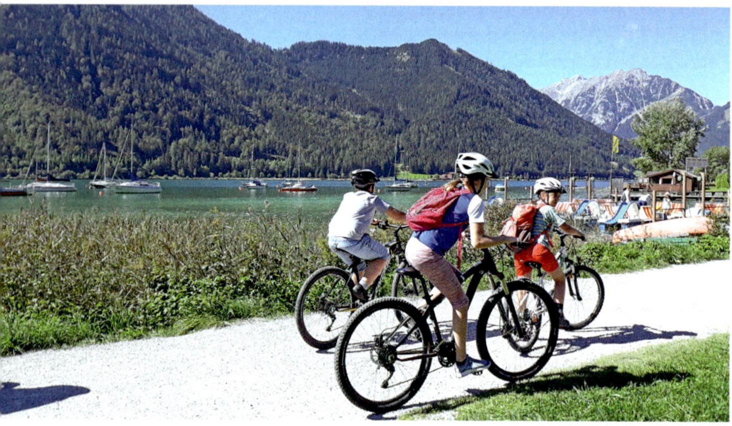

mit einer kleinen Kapelle, dem Café Leuchtturm und der **Anlegestelle Achenseehof** ⑤. Wer nach einer Eispause noch ein bisschen verweilen möchte, findet die schönsten Picknick- und Badeplätze am Ende des Geländes. Dazu Radeln wir einfach ein kleines Stück in das Wäldchen hinein und suchen uns eine schöne Stelle am Ufer.

Erfrischt geht es dann weiter, am Jachtclub vorbei und immer geradeaus auf die letzte Etappe bis Achenkirch. Am **Bootsanleger Scholastika** und dem gleichnamigen Restaurant sind wir schon fast am Ziel. Jetzt biegt die dem Strandbad vorgelagerte Uferpromenade von Achenkirch nach links ab. Hier heißt es wieder schieben oder einfach noch ein Stück geradeaus weiterfahren. Dann geht es bei der nächsten Möglichkeit in Achenkirch links, vorbei am Heimatmuseum und direkt zum **Eingang des Freibads** ⑥.

Nach einer Pause am See oder im Gasthof radeln wir auf dem gleichen Weg zurück nach Maurach.

Variante mit kleineren Kindern:
Wir können auch nur bis zum Bootsanleger Achenseehof radeln und hier ein Picknick machen oder Baden gehen. Am Radweg zwischen Maurach und Achenseehof befindet sich ein Erlebnisweg mit Spielstationen, die für kleinere Kinder nett sind.

Für einen Tarif von € 5 pro Rad nehmen die Ausflugsboote auch Fahrräder mit, aber nur wenn genug Platz auf dem Boot ist. Mit ganz kleinen Radlern können wir die Fahrstrecke also leicht halbieren – am besten mit einer Hinfahrt per Boot, da diese am Vormittag meist leerer sind.

Achenseeschifffahrt
Wer Lust auf eine Schifffahrt hat, kann die Räder absperren und mit dem Ausflugsboot auf Seerundfahrt gehen – zum Beispiel zur Gaisalm am gegenüberliegenden Seeufer. Die Fahrpläne und Preise sind an allen Anlegern ausgehängt. Bezahlt wird bar auf dem Schiff oder online.

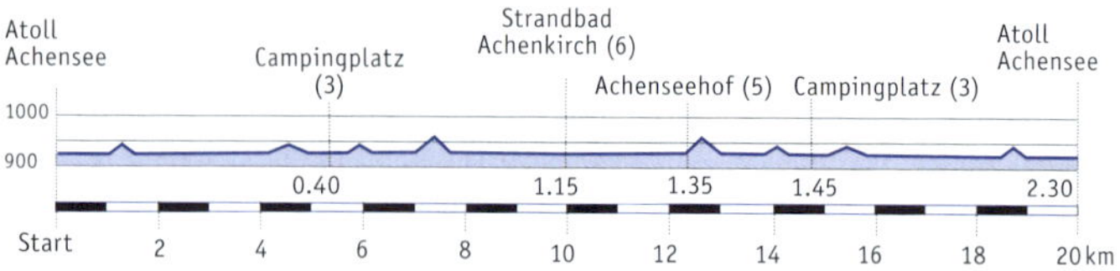

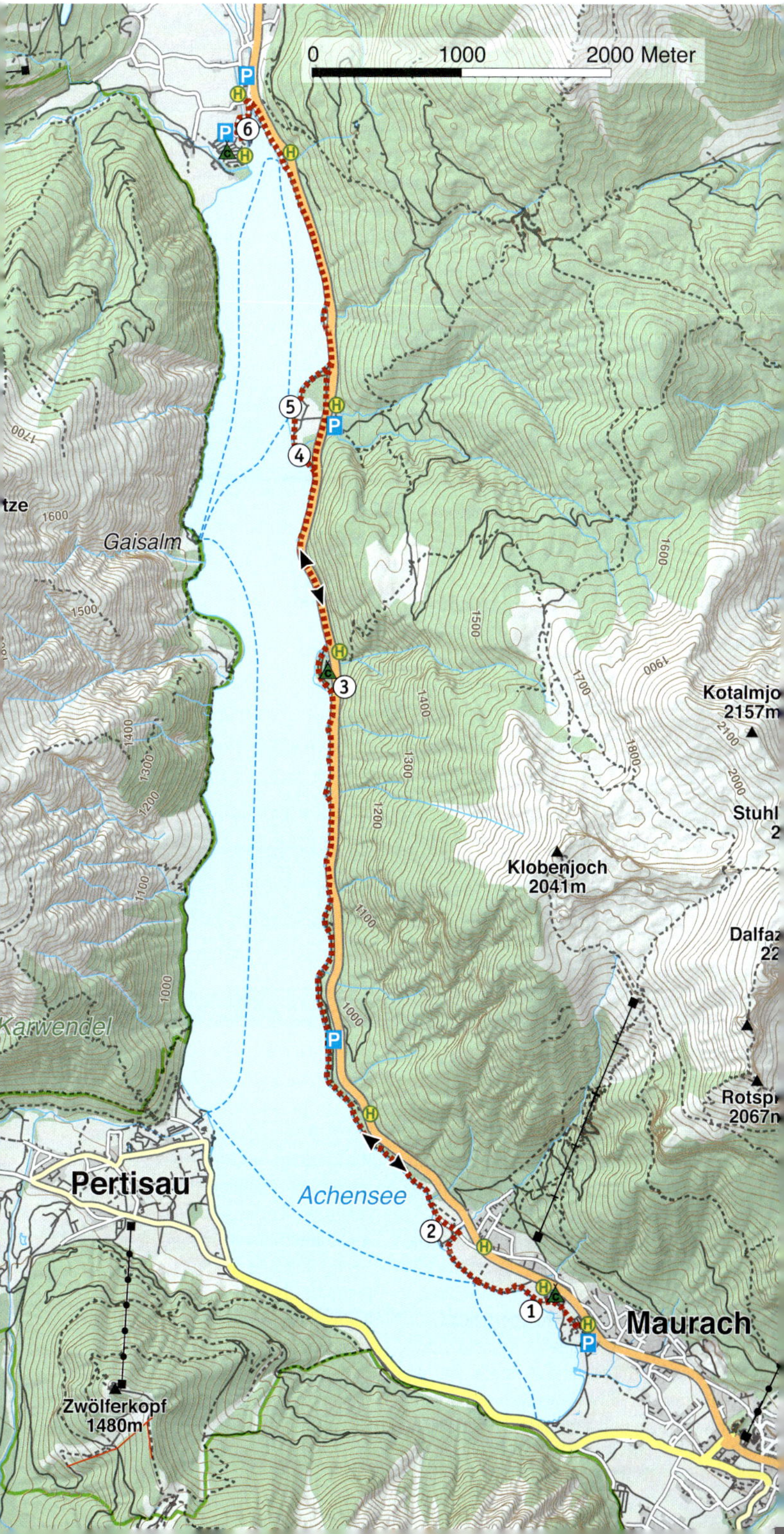
0
1000
2000 Meter
Gaisalm
Karwendel
Kotalmjo
2157m
Stuhl
Klobenjoch
2041m
Dalfaz
Rotspi
2067m
Pertisau
Achensee
Maurach
Zwölferkopf
1480m

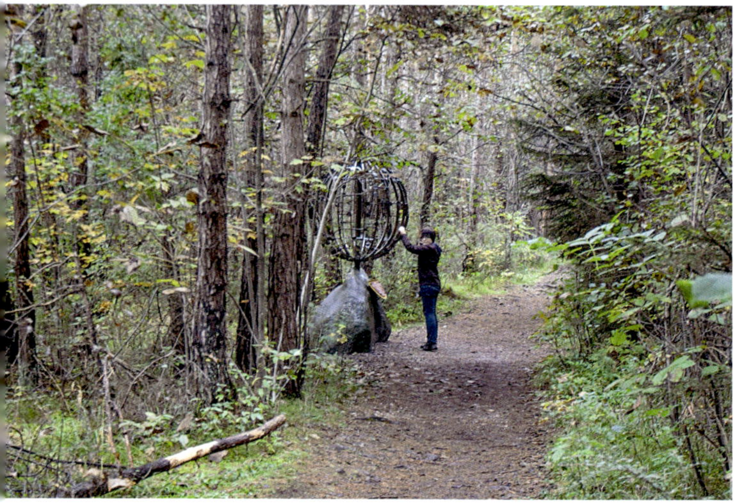

40 m

STRECKE 2,8 km

1 h

ab 4

Tour 37: Zu Fuß durchs Weltall

Der Planeten-Lehrpfad in Vomperbach

Wer bei Regenwetter eine kleine Runde mit den Kindern gehen möchte, findet mit dem Planeten-Lehrpfad einen abwechslungsreichen Spaziergang im Forchat, dem letzten Tiroler Talwald von Terfens. Das »Haus steht Kopf« und weitere Schlechtwetter-Destinationen befinden sich gleich um die Ecke.

Wanderung: Am Planetenlehrpfad stehen maßstabsgetreue Nachbildungen der Planeten unseres Sonnensystems. Die Informationstafeln am Weg sind die perfekte Ergänzung zum Schul-

TOUREN-STECKBRIEF

Anfahrt: Die Inntal-Autobahn an der Ausfahrt Vomp verlassen und für 1,3 Kilometer weiter Richtung Pill fahren oder auf der B 171 bis Pill fahren und dort in Richtung Vomperbach abbiegen. Einen Parkplatz gibt es bei **GPS N 47°19'36.3", E 11°40'11.4"**.
Das »Haus steht Kopf« sowie das Dinoland befinden sich direkt an der Straße zwischen Autobahn und Vomperbach und sind nicht zu übersehen.
ÖPNV: Die S1 verkehrt stündlich zwischen Innsbruck und Kufstein. Bei der Haltestelle Pill-Vomperbach aussteigen.
Anspruch und Charakter: Spaziergang durch den letzten Tiroler Talwald mit Möglichkeit zum »Unterricht im Freien«. Alternative bei Regenwetter oder wenn die Kinder mal keine Lust auf Wandern haben. Weg auch im Winter begehbar.
Markierung: »Planetenplan« als Broschüre am Wegbeginn bei der Sonne, vereinzelt Wegweiser.
Highlights: Welltall-Erlebnis, »Haus steht Kopf«, Dinoland.
Einkehr: Gasthaus Stoanergroben, Erlebnis-Restaurant Kopernikus beim »Haus steht Kopf«.
In der Nähe: Zeiss-Planetarium Schwaz, Indoor-Spielplatz Happyhop, Badesee Weißlahn.

stoff der vierten Klassen. Aber auch schon für Kitakinder ist das Weltall ein faszinierendes Thema. Der Planetenweg erklärt den Aufbau des Sonnensystem bei einem gemütlichen Spaziergang.

Wir wandern von der Kirche entlang der Dorfstraße nach Südosten und an der Grundschule vorbei. Wenige Schritte weiter treffen wir auf die **Sonne** ①, eine Eisenskulptur mit einem Durchmesser von 14 Metern.

An der ersten **Weggabelung** ② folgen wir dann rechts dem Wegweiser Planeten-Lehrpfad in den Wald. Auf dem Waldweg entdecken wir in regelmäßigen Abständen Planetenmodelle. Die maßstabsgetreuen Nachbildungen vermitteln eine ziemlich gute Vorstellung von den Entfernungs- und Größenverhältnissen in unserem Sonnensystem. Die einzelnen Himmelskörper sind mit Infotafeln versehen, welche wissenswerte Details wie zum Beispiel die

Haus steht Kopf und Dinoland

Schon von der Straße aus sichtbar, ist das auf dem Dach stehende Haus ein Hingucker. Im Inneren ist das Einfamilienhaus komplett eingerichtet – vom Kinderzimmer bis zum Bad – aber natürlich steht auch hier alles auf dem Kopf. Das Tüpfelchen auf dem »i« ist die voll besetzte Garage. Wer zückt hier nicht das Handy für ein paar außergewöhnliche Selfies?!

Das Dinoland ist an der Stelle des früheren Zoos entstanden und lädt vor allem kleinere Kinder mit lebensgroßen Dinosaurier-Figuren und einigen Indoor-Spielmöglichkeiten zum Staunen ein.

Geöffnet Mai und Juni 10–18 Uhr, Juli und August 9–19 Uhr, September und Oktober 10–17 Uhr, November bis April 10–16 Uhr. Eintritt »Haus steht Kopf« €9,50, Kinder 5–16 Jahre €7, Familie €15–22 sowie Kombitickets für beide Attraktionen €13, Kinder 5–16 Jahre €11, Familie €19–29. tirolland.com

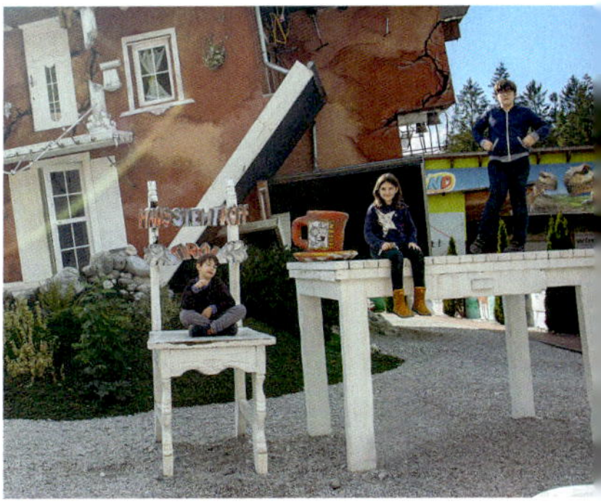

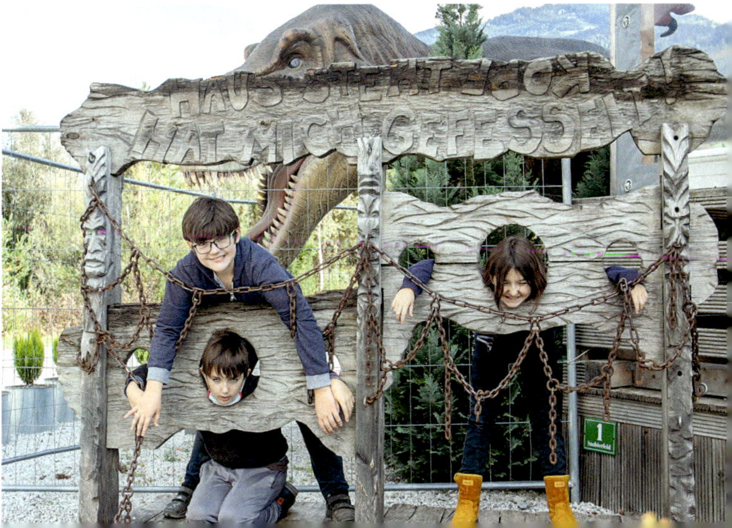

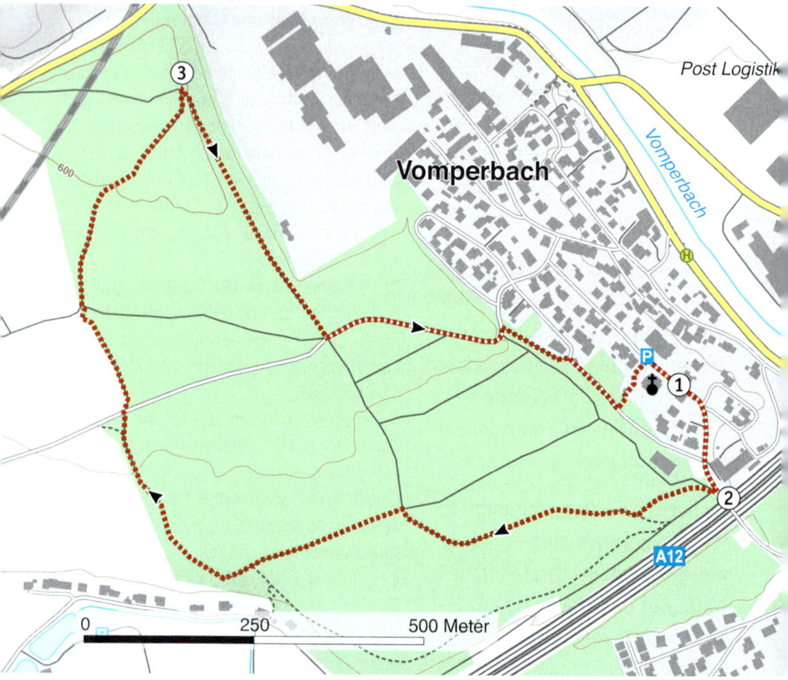

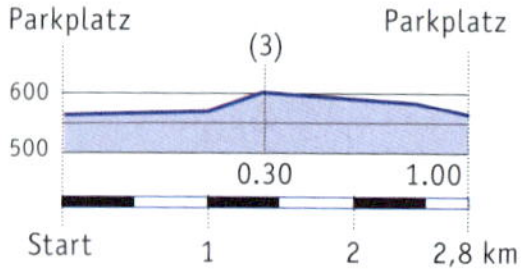

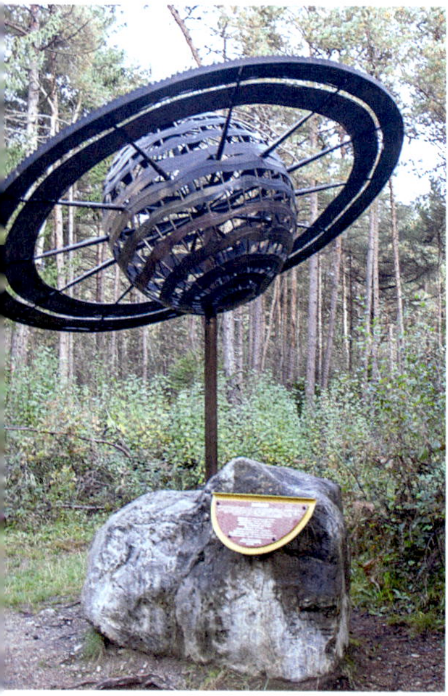

Temperatur auf einem Planeten, seine Größe und die Anzahl der Monde vermitteln.

Zwischendurch gibt der Wald den Blick über die Wiesen nach Terfens sowie auf Tuxer Voralpen und Karwendel frei. Am **nördlichsten Punkt ③** der Wanderung biegt der Weg nach rechts ab und es geht durch den Wald, dann links in Richtung Vomperbach und am Waldrand wieder rechts, bevor die Straße in das Wohngebiet hineinführt.

Der Rundweg schließt mit einem Ex-Planeten ganz in der Nähe des Wegstartes bei der Sonne. Obwohl Pluto seit 2006 nicht mehr zu den Planeten zählt, ist ihm hier ein Modell gewidmet. Der Zwergplanet ist am Lehrpfad eine Mini-Kugel mit einem Durchmesser von vier Zentimetern.

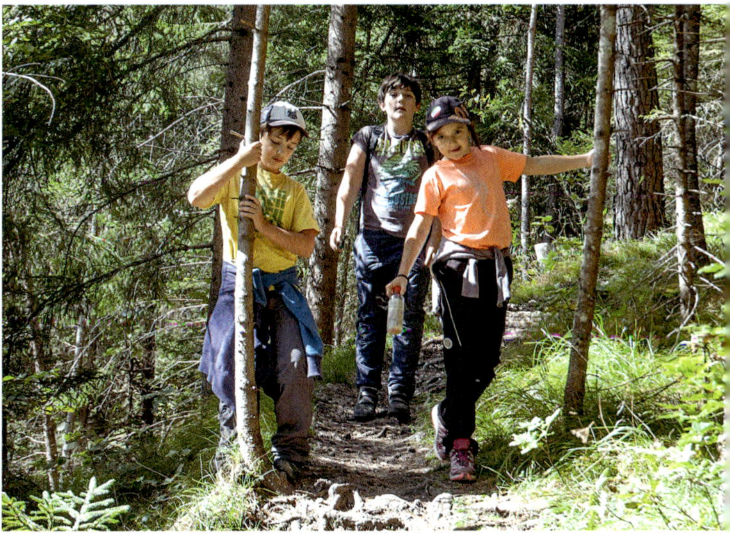

Tour 38: Naturerlebnis Walderalm

620 m

STRECKE 6,7 km

4 h 15

ab 8

Über Waldsteige zur einer Bilderbuch-Alm

Die urige Walderalm liegt auf 1.502 Metern Höhe auf saftigen Wiesen vor imposanten Gipfeln. Bereits der Weg hinauf ist ein echtes Wander-Abenteuer: Mal geht es über umgefallene Baumstämme, mal über dicke Felsen. Wer verschnaufen will, kann jederzeit vom felsigen Steig auf den gut befestigten Wanderweg wechseln. Nach etwa 500 Höhenmetern endet der Wald. Der letzte Anstieg führt über eine Wiese hinauf zur Walderalm vor spektakulärer Karwendel-Kulisse.

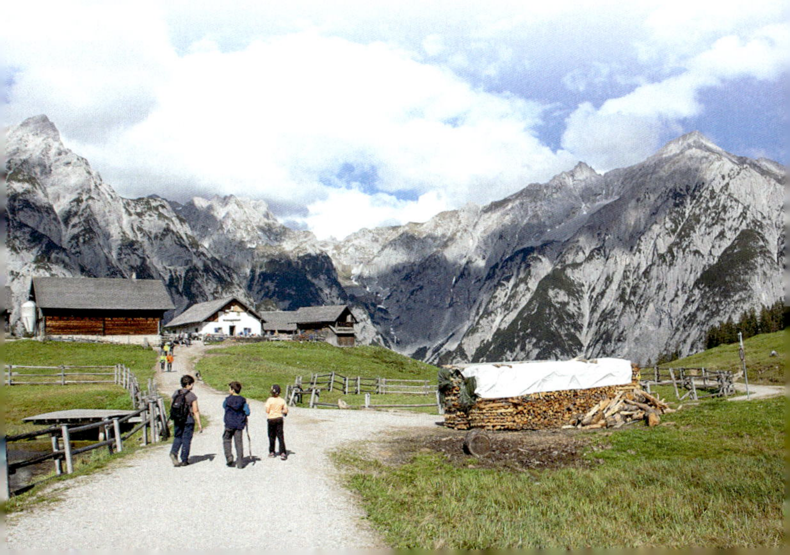

TOUREN-STECKBRIEF

Anfahrt: Wir verlassen die Inntal-Autobahn an der Ausfahrt Hall Mitte und fahren über die Innbrücke nach Hall. Dort folgen wir der Beschilderung Richtung Absam und Gnadenwald den Berg hinauf, durchfahren den Ort Absam und verlassen ihn nach rechts. Der nächste Ort nach kurzer Fahrt auf der Landstraße ist Gnadenwald. Wir durchqueren einige Ortsteile, bis wir in St. Michael auf einen gebührenpflichtigen Parkplatz bei **GPS N 47°19'25.8", E 11°35'28.3"** treffen. Er ist kurz nach Ortsende links zwischen Bäumen zu sehen. Wenn der erste Bereich voll ist, einfach die Forststraße ein kleines Stück weiterfahren zum größeren Teil des Parkplatzes (€ 3 Parkgebühr für 6 Stunden).

ÖPNV: Mit der ÖBB oder S-Bahn bis Hall Bahnhof fahren. Von dort mit dem Haller Stadtbus Nr. 3 bis Gnadenwald fahren und an der Haltestelle Kranzach aussteigen. Die Fahrzeit beträgt etwa 35 Minuten. Von der Hauptstraße nach links bergauf abbiegen. Hinter einigen Wohnhäusern beginnt bereits der Wald und der Weg ist ausgeschildert. Am schnellsten ist die Abkürzung am Sportplatz vorbei.

Anspruch und Charakter: Anspruchsvolle Wanderung auf Waldsteigen oder, optional, einem breiten Wanderweg. Oberhalb der Waldgrenze belohnen uns das umwerfende Karwendelpanorama und weite Almwiesen für den Aufstieg.

Markierung: Gelbe Wegweiser, rot-weiß-rote Markierungen.

Highlights: Abenteuerliche Wandersteige durch den Wald, Karwendel-Panorama, Walderalm, Geocaching-Schätze.

Einkehr: Walderalm.

In der Nähe: Swarovski Kristallwelten, »Haus steht Kopf« und Dinoland, Minigolfanlage am Hotel Speckbacherhof in Gnadenwald, Indoorspielplatz Happyhop, Badesee Weißlahn.

Wanderung: Vom Wanderparkplatz gehen wir auf dem breiten Wanderweg bergauf. Kurz nach einem Bach, den wir hinter einer Holzverbauung sprudeln hören, führt das erste Mal ein **Steig** ① nach rechts oben in den Wald. Wir haben beim Aufsteigen stets die steilen Waldsteige gewählt, die die Kurven des Wanderweges

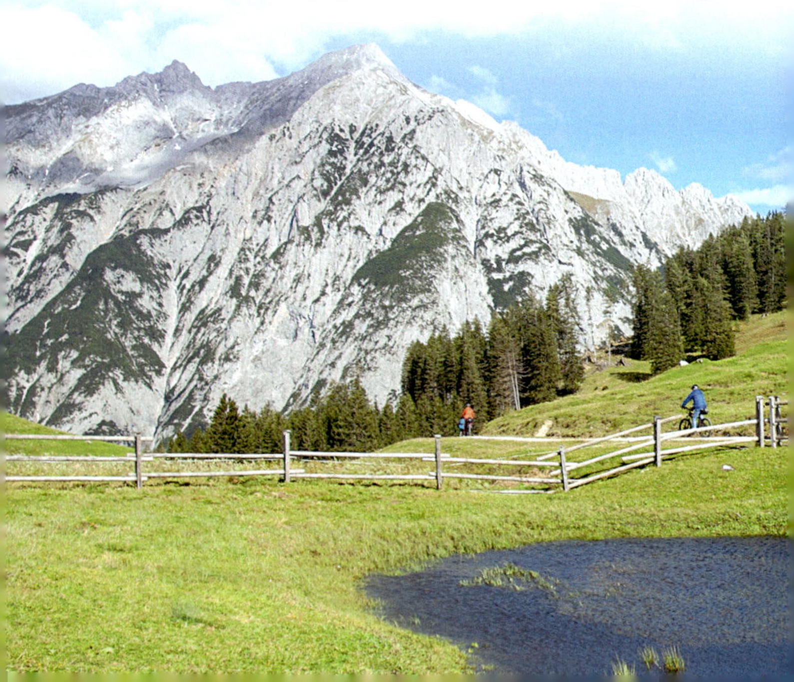

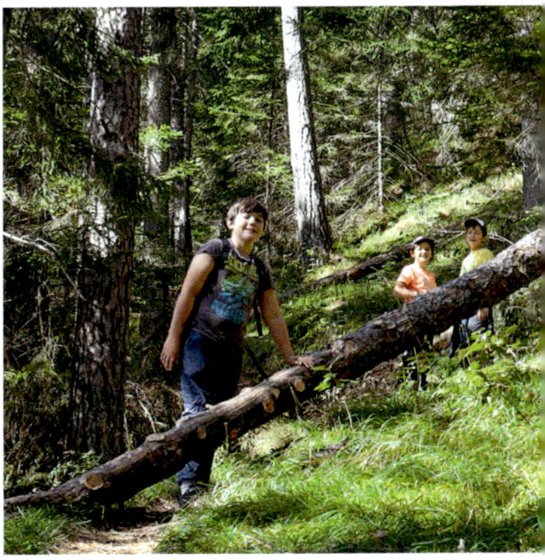

abschneiden. Diese sind zwar nicht beschildert, aber stets gut zu erkennen. Sie kreuzen den in Serpentinen verlaufenden Wanderweg immer wieder, sodass man sich jeweils neu für eine der beiden Optionen entscheiden kann. Bei den letzten beiden Abschnitten sind die Waldpfade außerdem erheblich kürzer. Beim Abstieg läuft es sich bequemer auf dem Wanderweg.

Mit einer letzten Abkürzung verlassen wir den Wald und folgen dem Hauptweg rechts **am Waldrand** ② entlang, vorbei an einem Stacheldrahtzaun. In der nächsten Kurve stehen wir vor einer großen **Bergwiese** ③. Wir befinden uns jetzt an der Baumgrenze und es folgt der letzte Aufstieg zur Alm. Dazu kann man sich noch einmal für den längeren Fahrweg entscheiden oder für den Trampelpfad, der geradeaus durch die Wiese führt. Auf dem Pfad sollte man dann auch bleiben und nicht kreuz und quer durch die Wiese laufen, um keine seltenen Arten zu zertreten – wie immer im Hochgebirge.

Ist der letzte Anstieg geschafft, belohnt das malerische Bild der Almhütte vor imposanten Karwendel-Gipfeln die Wanderer. Mit etwas Glück begrüßt uns schon hier Flocke, der freundliche Hund der Walderalm.

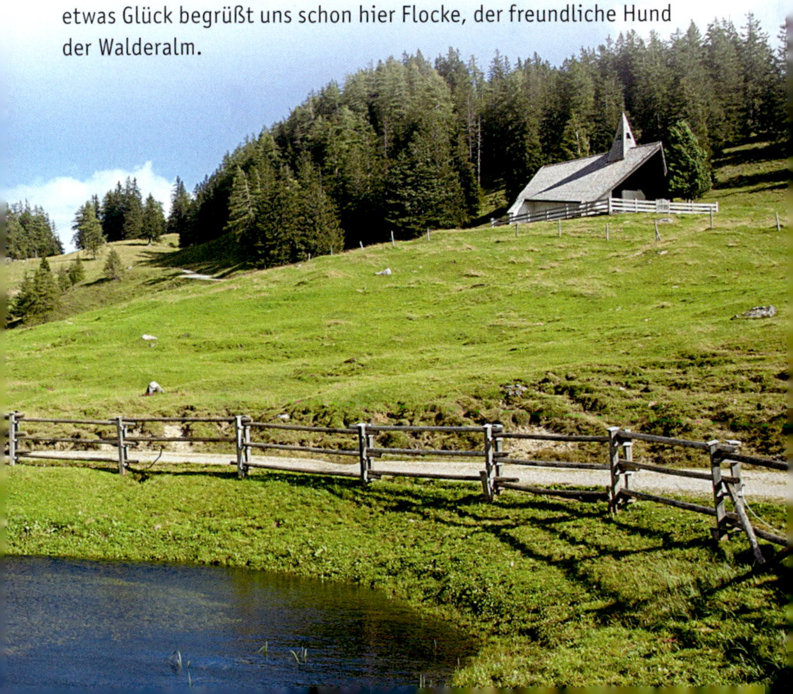

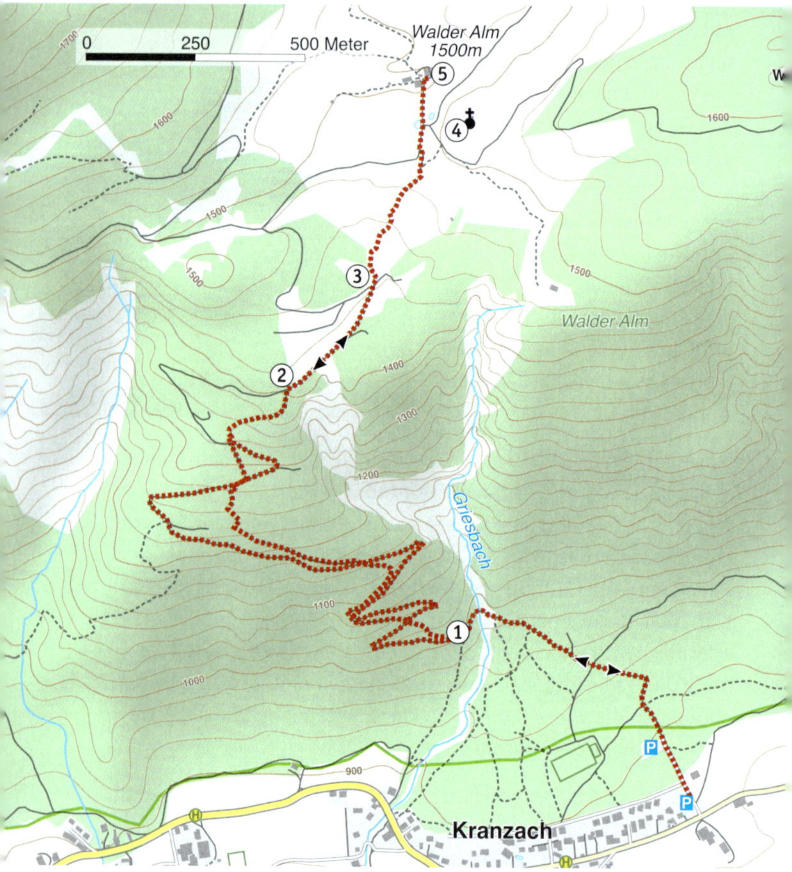

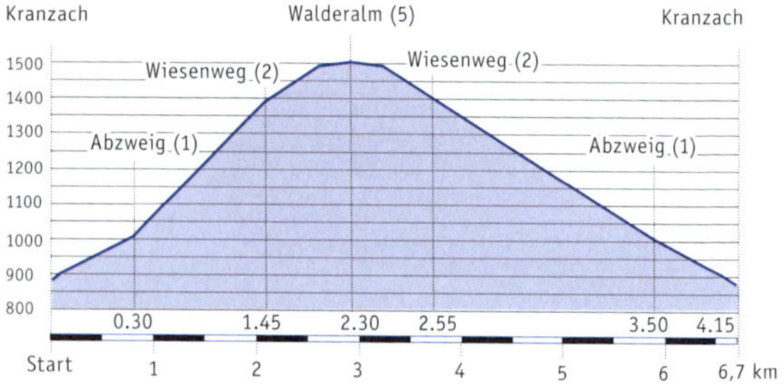

Wir wandern an einer **Kapelle** ④ vorbei, rechts und links des Weges vervollständigen zwei kleine Tümpel die Bergidylle. Wir halten jetzt schnurstracks auf die **Gaststätte Walderalm** ⑤ zu, um dann mit großem Appetit einzukehren.

Beim Rückweg gehen wir über die Wiese bis zum Wald. Hier haben wir wieder die Wahl zwischen dem breiten Forstweg und dem Steig, der aber abwärts schwieriger zu begehen ist. Welchen der Wege wir vorziehen, können wir an jeder Kreuzung neu entscheiden.

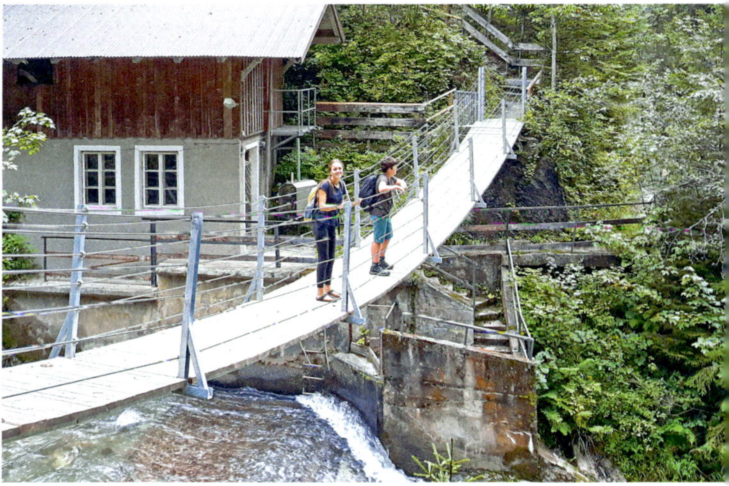

Tour 39: Ritter Waldaufs Hängebrücken-Runde

230 m

STRECKE 4,6 km

2 h

ab 4

Durch den Wald und über den Fluss zur Burgruine

Die Runde auf den Spuren von Ritter Waldauf führt durch den Wald und dann mit Aussicht gemächlich weiter zur neu erbauten Hängebrücke über den wilden Weerbach und bis zur Burgruine Rettenberg. Karwendolin, der Superheld der Karwendel-Region, verrät Kindern an neun Stationen, wieso der Ritter Waldauf auch ein Superheld war und warum er die Burg Rettenberg gebaut hat. Heute befindet sich ein Bauernhof im Burghof, aber gucken ist erlaubt.

TOUREN-STECKBRIEF

Anfahrt: Die Inntal-Autobahn an der Ausfahrt Wattens / Kolsassberg verlassen und am Kreisverkehr in Richtung Kolsassberg / Weer fahren. Hinter den Swarovski Kristallwelten stößt die Straße auf die Bundesstraße. Der folgen wir nach links bis Kolsass. Gleich nach der Ortschaft Kolsass schließt das Dorf Weer an. Vor dem Lebensmittelladen geht es rechts weg und nach einigen Metern folgt bei **GPS N 47°18'07.2", E 11°38'31.8"** der Parkplatz vom Gasthof Steixner. In der Regel darf hier parken, wer nach der Wanderung einkehrt.

ÖPNV: Öffentlich fährt man am besten mit der S5 Richtung Jenbach, steigt in Pill-Vomperbach aus und in den Regionalbus 8381 nach Weerberg ein (Fahrtzeit 46 Minuten).

Anspruch und Charakter: Leichte Wanderung auf einem Waldsteig mit einigen hohen Treppenstufen, Hängebrücke. Der Weg ist auch im Winter begehbar.

Markierung: Gelbe Wegweiser.

Highlights: Hängebrücke, Burgruine, Spielplatz und Hasen am Gasthof.

Einkehr: Gasthof Steixner.

In der Nähe: Swarovski Kristallwelten, Hofer Stuben mit Schwimmbad, Spielplatz und Streichelzoo, »Haus steht Kopf« und Dinoland, Salzstadt Hall mit Altstadt, Münzerturm und Burg Hasegg.

Wanderung: Den Parkplatz des **Gasthof Steixner** ① verlassen wir auf dem Kuhlenweg, der am Bach entlang aus dem Ort hinausführt. Kurz darauf weist ein **Wegweiser** ② auf die **Ritter-Waldauf-Runde** hin, die links auf einem Steig im Wald verschwindet.

Ritter Florian Waldauf von Waldenstein war ein armer, aber richtig schlauer Bauernbub aus Osttirol. Überlieferten Geschichten zufolge war ihm beim Viehhüten so langweilig, dass er zwei Kühe an den Schwänzen zusammenband. Auf der höheren Schule und als Kanzleischreiber am Hof von Innsbruck machte er nicht mehr so viel Unsinn und stellte sich sehr geschickt an bei seiner Arbeit als Diplomat.

Kaiser Maximilian I. schlug ihn 1490 zum Ritter, nachdem Florian ihn aus der Gefangenschaft in Brügge befreit hatte. Er bekam einen Adelstitel, ein eigenes Wappen und der Kasier wurde sein Freund.

Ein Ritter brauchte auch eine Burg und so ließ Ritter Waldauf das Gemäuer von Alt-Rettenberg abreißen und erbaute aus den Steinen einige hundert Meter weiter seine eigene Burg, die er Neu-Rettenberg nannte. Hier besuchte ihn auch sein Freund, der Kaiser, zum Jagen in den Wäldern.

Mehr über die Zeit, in der Ritter Waldauf und Kaiser Maximilian I. in Tirol lebten, erfahren wir an neun Erlebnistafeln am Wanderweg.

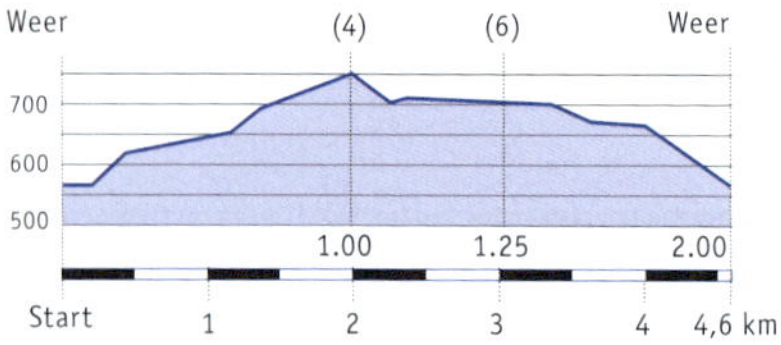

Am Ende des Pfades kraxeln wir über einige hohe Treppenstufen und treffen auf einen **breiten Forstweg**, dem wir nach rechts folgen. Wir kommen an einem **Panoramabänkchen** mit Aussicht auf das Inntal vorbei.

Dann wird der Weg schmaler. Bei der nächsten **Weggabelung** ③ geht es nach rechts. Die Route ist mit »Ritter-Waldauf-Runde« gut ausgeschildert, manchmal steht auch »Vordere Hängebrücke« auf den Schildern.

Nach weiteren zehn Minuten zweigt ein **Steig nach rechts** ④ in den Wald ab und führt uns schnell zur lustig schwingenden **Hängebrücke** ⑤.

Ist diese überquert, kommen wir bald aus dem Wald heraus und der Weg führt am Waldrand entlang. Gehen wir an der nächsten **Kreuzung** geradeaus, gelangen wir zur Ruine des

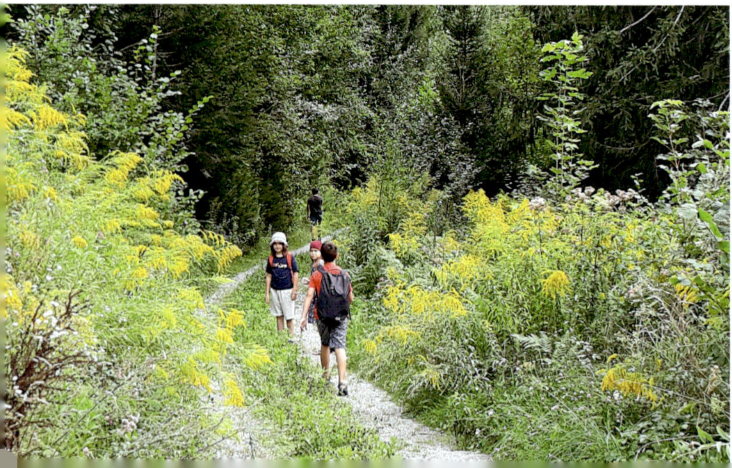

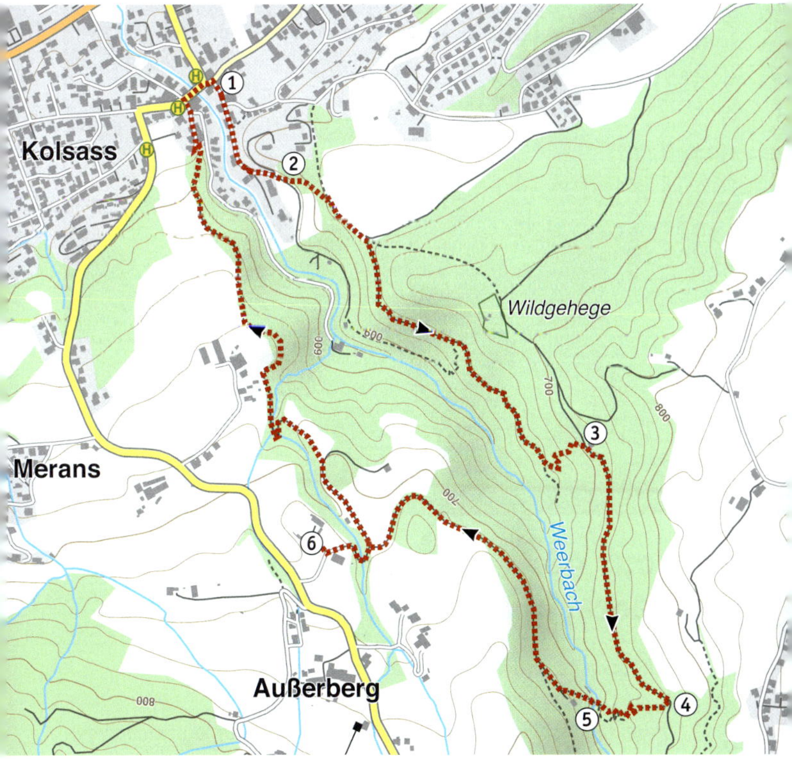

ehemals stattlichen **Gerichtsschloss Rettenberg** ⑥. Auf der rechten Seite des Burghofs befindet sich heute ein Bauernhof zwischen Obstbäumen. Seine Bewohner haben nichts dagegen, wenn Wanderer hereinschauen, um sich die Reste der Ringmauer mit ihren Schießscharten und den wuchtigen Ecktürmen anzusehen. Die Grundmauern des ehemaligen Burgsaals sind auch noch vorhanden.

Rechts hinunter geht es durch Wiesen und Wald zurück ins malerische Dorf Kolsass. Über die Dorfstraße sind wir schnell wieder beim **Gasthof Steixner** ①, wo wir uns einen Eisbecher schmecken lassen können. Die Kinder düsen ab auf den Spielplatz und streicheln die Hasen.

Variante mit zwei Hängebrücken

Zusätzlich 6 km, ↑ 200 m, ↓ 210 m, 2 h 30.

Wer die Route verlängern und auch die neu erbaute hintere Hängebrücke ansehen möchte, geht bei ④ geradeaus weiter.

Die komplette Runde ist aber über zehn Kilometer lang. Startet man in Kolsassberg bei **GPS N 47°17'29.5", E 11°38'47.5"** nahe der Burgruine ⑥, kann man ebenfalls beide Hängebrücken erkunden.

Von dort geht es zuerst über die vordere Brücke, bei ④ rechts und einen knappen Kilometer weiter ins Tal hinein bis zur zweiten Hängebrücke. Nach deren Überquerung führt der Weg vorbei an Bauernhöfen und Streuobstwiesen. Hinter diesen geht es rechts in den Reindlweg, bis man auf die Rettenbergstraße trifft. Dieser folgen wir nach rechts und bergab, vorbei am Hotel Jägerhof und den Hoferstuben bis zum Parkplatz an der Ruine Rettenberg.

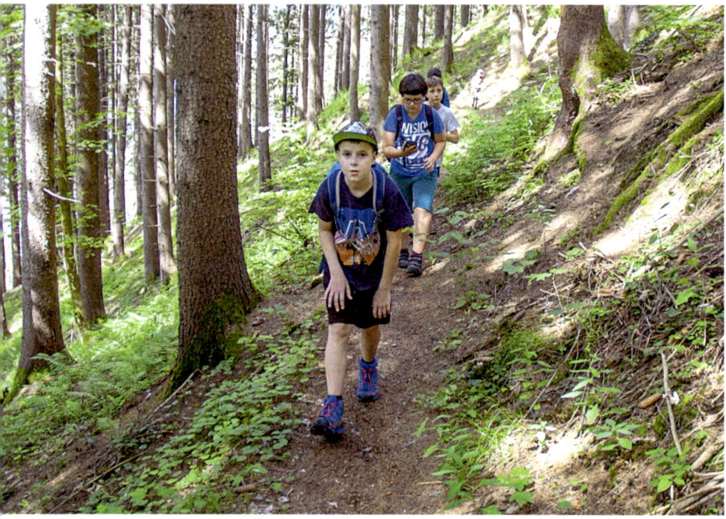

260 m

STRECKE 6,6 km

3 h

ab 6

Tour 40: Geocaching am Kienbergsteig

Schatzsuche im Wald und die Salzstadt Hall

Diese Geocaching-Rundwanderung führt uns auf die Kienbergerhöhe. Von hier oben haben wir einen grandiosen Panoramablick auf die Salzstadt Hall und die umliegenden Gipfel des Karwendels. Sie heißen Bettelwurf, hohe Fürleg, Walderkampspitze, Trattenspitze und Hundskopf. Nach der spannenden Schatzsuche geht es auf ein Eis oder eine Pizza über die hölzerne Innbrücke nach Hall. Danach lohnen sich ein Museumsbesuch oder der Münzerturm in Hall.

Wanderung: Vom Salinenparkplatz in Hall spazieren wir links durch einen Park, vorbei am **Stadtmuseum** und nochmals links durch den Innenhof der mittelalterlichen **Burg Hasegg** ① in die Münzergasse. Hier biegen wir rechts ab und laufen bis zum Ende der Straße.

Vor den Schienen geht es links, sofort wieder rechts und wir durchqueren die Bahnunterführung. Dahinter biegen wir rechts und gleich wieder links ab zur hölzernen **Fußgängerbrücke über den Inn** ②.

Schatzsucher-Info:
Diese Wanderung ist eine Geocaching-Route. Entlang der gesamten Strecke sind 14 Traditionals versteckt. Das sind Dosen oder kleine Boxen, die ein Logbuch enthalten. In einigen davon befinden sich Zahlen, mit Hilfe derer die Lösungskoordinaten für einen 15. Bonus-Cache errechnet werden können. Infos zum Geocahing ab [› Seite 232]

Dann wird der Weg kurz etwas ungemütlich: auf dem Gehweg folgen wir links der Bundesstraße unter der Autobahn hindurch. Direkt hinter der Autobahn biegen wir beim gelben Wanderwegweiser mit der

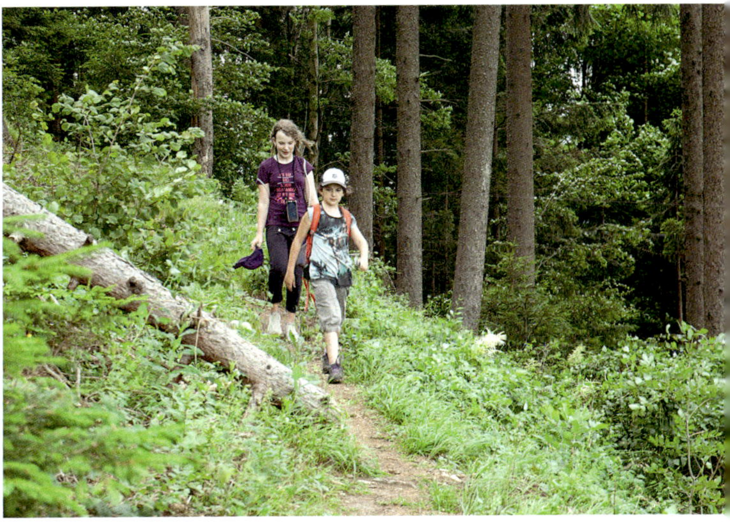

Aufschrift »Fußweg nach Tulfes« rechts ab und beginnen den Aufstieg. Nach drei Kehren kommen wir auf die **Teerstraße Haller Innbrücke**. Etwa 20 Meter vor dem KFZ-Betrieb Wanker gibt es noch einmal einige **Parkplätze** ③.

Bei den Parkplätzen biegen wir rechts ab, gehen vorbei am **Flora-Bauernhof** und folgen dem Kiesweg rechts hinab. Bei der ersten Abzweigung biegen wir scharf links ab. Der Weg ist deutlich erkennbar durch eine rote Schranke. Nach zwei Kehren halten wir uns erneut rechts und folgen dem Weg aufwärts bis zu einer

TOUREN-STECKBRIEF

Anfahrt: Beim Salinenpark am Münzerturm in Hall bei **GPS N 47°16'47.6", 11°30'20.7"** gibt es den kostenpflichtigen Salinenparkplatz (sonntags gratis). Etwas kürzer ist der Weg vom Parkplatz am Wegpunkt ③. Nahe der Haller Innbrücke, kurz vor der Autowerkstatt Wanker befinden sich bei **GPS N 47°16'47.6", E 11°30'20.6"** einige Parkplätze.

ÖPNV: Zwischen Innsbruck und Hall verkehren regelmäßig Linienbusse vom Innsbrucker Hauptbahnhof sowie die S-Bahn S1, die stündlich fährt. Vor dem Bahnhof von Hall nach rechts der Bahnhofstraße folgen, dann nach rechts weiter in die Augasse. Hinter dem Park- and Ride Parkplatz biegt rechts ein Fußweg ab, der den Gleisen folgt und uns zur Bahnunterführung bringt.

Anspruch und Charakter: Waldwanderung, teils auf einem schmalen Pfad durch Brombeerranken und Wiesen. Ganzjährig begehbar. Bei Eis und Schnee empfehlen sich jedoch Spikes. Achtung! Im Sommer gibt es sehr viele Zecken im hohen Gras und in den Büschen.

Markierung: Gelbe Wegweiser.

Highlights: Geocaching-Schatzsuche, Panoramablick über Hall, das Inntal und die Gipfel des Karwendels, Holzbrücke über den Inn, Wasserrad im Salinenpark.

Einkehr: Eisdiele Iceworld Kasenbacher, Pizzeria Café Goldener Hirsch, Augustiner Keller mit kleinem Biergarten, italienisches Restaurant Per Tutti, Gasthof Badl.

In der Nähe: Stadtmuseum Hall, Burg Hasegg mit Münzmuseum und Aussichtsturm, Museum für Stadtarchäologie, Freibad Hall, Ponyhof Hasental, Reitstall Sonnhof in Rinn, Swarovski Kristallwelten in Wattens.

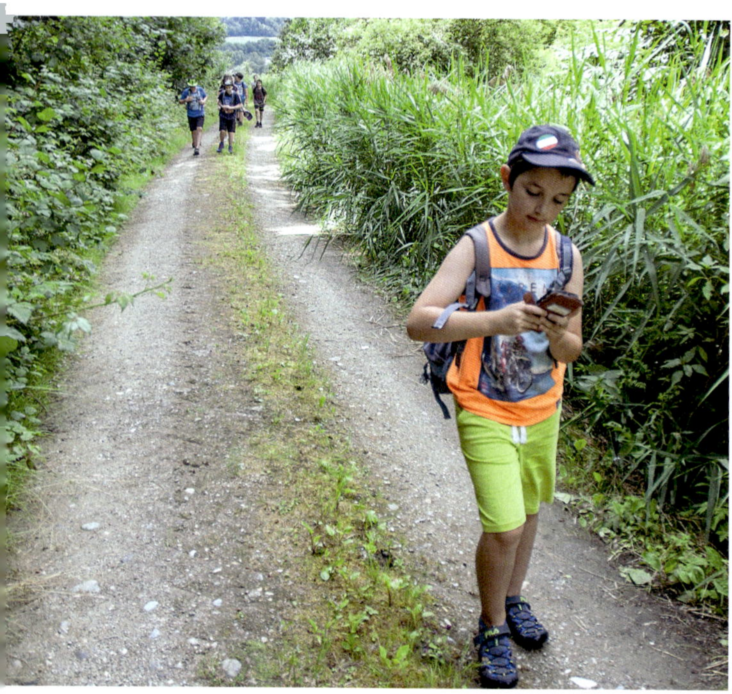

Salzstadt Hall
Einst war die Salzstadt reich durch Salzgewinnung und die landesfürstliche Münzprägung. Diese war ab Mitte des 15. Jahrhunderts in Hall angesiedelt und trug wesentlich zum wirtschaftlichen Aufschwung bei. Heute zählt die liebevoll restaurierte Haller Altstadt – die größte Westösterreichs – mit ihrem Zauber des Mittelalters zu den schönsten des ganzen Landes. In der charmanten Kleinstadt voller Lebensfreude lassen sich originelle Läden, hochkarätige Kulturveranstaltungen, stilvolle Gastlichkeit und charmante Märkte zwischen geschichtsträchtigen Mauern erleben. Besonders beliebt sind die vielfältigen Themenführungen durch die Haller Altstadtgassen. Dabei reicht das Repertoire der Touren von unheimlichen Begegnungen mit einem Henker aus dem 17. Jahrhundert über eine Führung von »Tür zu Tor« bis hin zum Besuch bei einem der letzten Geigenbauer Österreichs oder einer kindgerechten Leiterwagen-Führung zum Mitmachen.

Neben der Altstadt zieht auch die Burg Hasegg mit dem Münzerturm und dem angeschlossenen Münzmuseum Besucher aus aller Herren Länder in ihren Bann.

T-Kreuzung ④. Hier geht es links auf einen Fußpfad.

Dieser mündet in den Kienbergsteig, dem wir am nächsten Abzweig nach rechts folgen. Er bringt uns auf einem Pfad, der manchmal ein wenig abschüssig ist, durch Wiesen und wieder hinein in den Bergwald. Zuerst kämpfen wir uns noch durch hohe Gräser und Brombeerranken, dann erreichen wir die Kienberger Höhe und die Aussicht über das Inntal ist grandios. Zwei **Bänke neben einem Jägerstand** ⑤ sind der richtige Platz für eine Pause.

Geradeaus geht es hier weiter zur Kienberg-Kapelle. Wir biegen links ab und wählen an der nächsten **Kreuzung** ⑥ den linken Weg, der wieder in den

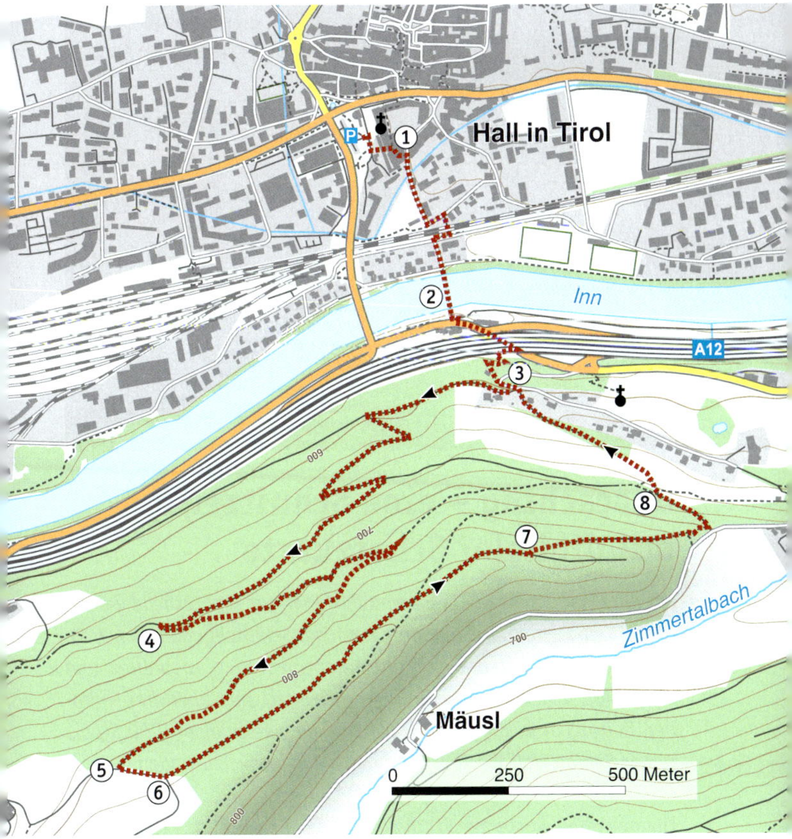

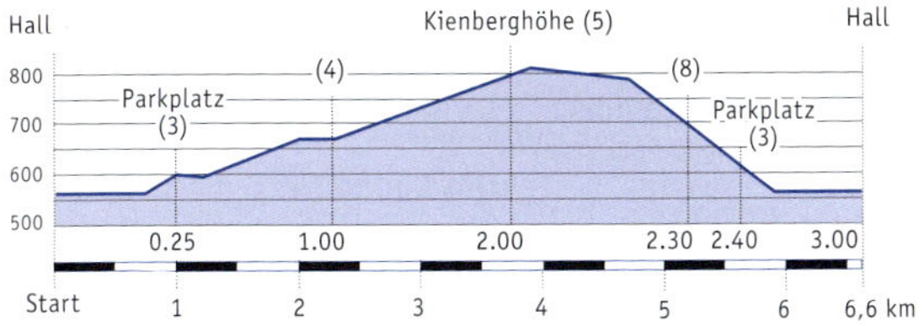

Wald hineinführt. Auf dem breiten, gemütlichen Wanderweg laufen wir leicht abwärts und überqueren eine erste Kreuzung. Kurz darauf zweigt links ein **dämmriger Hohlweg** ⑦ ab, dem wir in den Nadelwald folgen.

Unser Weg nähert sich einer Straße und knickt nach links ab. Schließlich kommen wir bei einer **Wegkreuzung** ⑧ heraus und nehmen den mittleren Steig, der uns auf direktem Weg wieder zum Ausgangspunkt am **Parkplatz** ③ kurz unterhalb des Flora-Bauern bringt.

Entweder wartet hier das Auto oder es geht auf gleichem Weg zurück über die Fußgängerbrücke zum **Unteren Stadtplatz** in Hall.

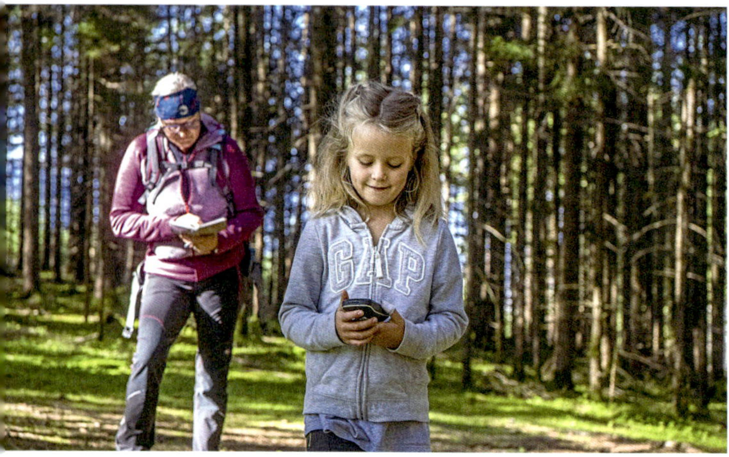

Geocaching – eine Schnitzeljagd mit digitaler Schatzkarte

Mit dem Smartphone oder einem GPS-Gerät auf Schatzsuche gehen, das ist Geocaching. Die moderne Form der Schnitzeljagd hat sich im vergangenen Jahrzehnt auf allen Kontinenten ausgebreitet und zieht Groß und Klein in ihren Bann. Weltweit sind über drei Millionen Geocaches versteckt. In Tirol sind es bereits über 5000 Stück, in der Region Hall-Wattens sind rund 450 Caches zu finden.

Um per Handykarte auf Schatzsuche zu gehen, muss ein Account bei geocaching.com angelegt werden. Ein kostenloser Basis-Account reicht aus, um die sogenannten Traditionals, die einfachen Verstecke, zu finden. Auch im Zentrum von Hall und Innsbruck sind zahlreiche Caches mit Logbüchern versteckt, in welche die Schatzsucher dann Datum, Fundzeit und ihren Geocaching-Namen eintragen können.

Neben dem Logbuch sind in manchen Caches auch kleine Gegenstände zu finden. Wer so einen Schatz findet, darf einen Gegenstand herausnehmen und etwas Gleichwertiges zurück in die Box legen. Kleine Figuren, zum Beispiel aus Überraschungseiern, sind dazu besonders beliebt.

Die Navigation, die früher nur mit einem GPS-Gerät funktioniert hat, klappt heute relativ reibungslos mit dem Smartphone und mit Hilfe einer App. Unser Favorit ist c-geo, denn im Gegensatz zur offiziellen App von geocaching.com hat sich diese bei uns im Wald, wo die Internetverbindung schon öfter mal wackelt, noch nie aufgehängt. Wer in einsameren Gegenden auf die Suche geht, sollte sich vor dem Start aber besser eine Offline-Karte der Region herunterladen.

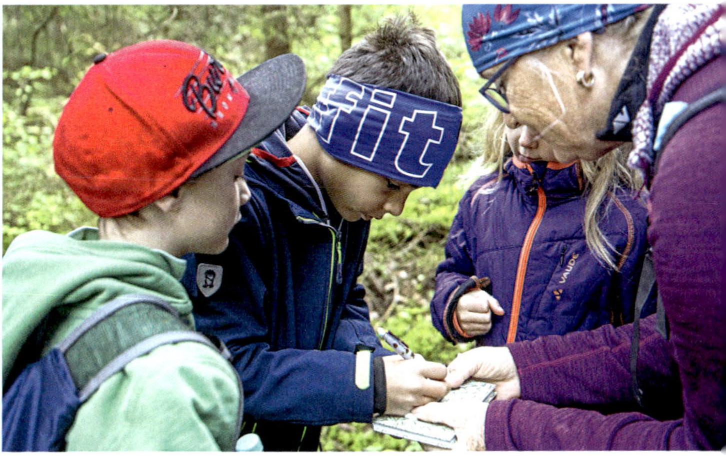

Manchmal finden sich in der App auch Hinweise (Hints), die bei der Suche nach den Caches helfen. Sie können sich auf das Versteck beziehen oder auch auf die Größe des versteckten Schatzes, die von »Micro« in der Größe einer alten Filmdose bis hin zu »Macro« reicht. Bei den Verstecken wird außerdem der Schwierigkeitsgrad von 1 (leicht) bis 5 (sehr schwierig) angegeben.

Manche Verstecke sind ganz schön knifflig. Deshalb sollten wir für eine Wanderung, auf der wir vorhaben, Geocaches zu suchen, ungefähr doppelt so viel Zeit einplanen.

Mein persönlicher Tipp zum Finden der Caches: Überlegt immer, wo würdet ihr hier einen Schatz verstecken? So sicher, dass ihn keine Wildtiere mitnehmen und gut geschützt vor Wind und Wetter? Gibt es einen markanten Gegenstand oder einen besonderen Baum, etwas, das besonders auffällt? Dort beginnen wir mit der Suche, wenn das Smartphone die Nähe eines Verstecks anzeigt.

Was muss mit zum Geocachen?

- Wanderausrüstung wie feste Schuhe, Regenjacke und Rucksack
- Proviant und Wasser
- ein oder zwei kleine Gegenstände zum Tauschen für Caches mit Inhalt.
- Smartphone mit App oder GPS-Gerät mit vollem Akku und Offline-Karten
- Powerbank zur Stromversorgung
- Taschenlampe zum Suchen an dunklen Stellen
- Stift für den Eintrag ins Logbuch, bei Multicaches mit mehreren Stationen auch ein Notizbuch
- eventuell ein Taschenmesser oder Multitool und ein Magnet als Werkzeug zum Bergen des Schatzes

Wer gut Spuren lesen kann, ist außerdem im Vorteil. Oft sind kaum erkennbare Trampelpfade und Fußabdrücke von Menschen zu entdecken und weisen den richtigen Weg.

Anschließend können wir unseren Fund digital melden. Statt einer Box sieht man dann auf der Landkarte für jeden gehobenen Schatz einen Smiley.

Fünf Fragen an die Profis

Anna und Wolfgang Kirchmair sind bekannt für ihre einfallsreich versteckten Caches. Sie sind seit zehn Jahren unter dem Geocaching-Namen »Die Volderer« weltweit auf »Schatzsuche« und setzen sich in ihrer Heimat Tirol für Umweltschutz ein. Ihnen verdankt die Region um Hall zahlreiche spannende Geocaching-Routen.

1. Seit wann seid ihr als Schatzjäger aktiv?

Seit 2011 haben Anna und ich über 20.000 Funde in 23 verschiedenen Ländern gemacht. In der Region Hall-Wattens kümmern wir uns um die Caches und verstecken sie auf den verschiedensten Routen. Ich mache das gern, weil ich einfach viel an die frische Luft komme und es ein toller Ausgleich zu meiner Arbeit ist.

2. Was ist euch besonders wichtig bei dem Spiel?

Als Cacher muss man eine gewisse Affinität zur Natur haben. Flora und Fauna stehen im Mittelpunkt. Es ist nicht erlaubt, geschützte Pflanzen zu pflücken. Außerdem achtet man auf den behutsamen Umgang mit der Natur. Jedes Jahr beteiligen wir uns daher an der Flurreinigungsaktion »Sauber statt Saubär«. Eine gute und enge Zusammenarbeit mit den Behörden ist das A und O. Gibt es in einem Gebiet Probleme mit Förstern oder Jägern, ziehen sich Geocacher zurück. Man möchte schließlich keine ungute Stimmung aufkommen lassen.

3. Welche besonderen Verstecke gibt es in der Region Hall?

In der Region Hall-Wattens gibt es fünf Geocaching-Trails und einen Adventure-Trail. Jede Tour hat ihre Besonderheit und ist für eine unterschiedliche Zielgruppe ausgelegt. Am meisten Spaß macht es, sich in einer Gruppe auf die Suche nach Caches zu begeben.

4. Könnt ihr uns eine Wanderung empfehlen, wo besonders viele Caches zu finden sind?

Die Geocaching-Familienrundwanderung »Inntaler Schatzsuche« ist eine unserer Lieblingsrunden. Sie bietet Entdeckerspaß im Erholungsgebiet Mils sowie im Baumkirchner Wald. Ausgehend vom kostenlosen Parkplatz in Mils führt die Wanderung über Baumkirchen ins Baumkirchner Tal. Die Strecke ist kinderwagentauglich und daher besonders empfehlenswert für Familien mit kleinen Kindern. Es gilt, 25 verschiedene, liebevoll angelegte Geocacheverstecke zu suchen und zu finden.

5. Habt ihr noch einen persönlichen Tipp für Anfänger?

Bei Geocaching-Touren ist Vorsicht geboten: Wie bei Harry Potter sollte man sich nicht von »Muggeln«, also Uneingeweihten entdecken lassen. Mehr Infos zu den Touren sowie GPS-Daten per E-mail auf Anfrage: www.hall-wattens.at.

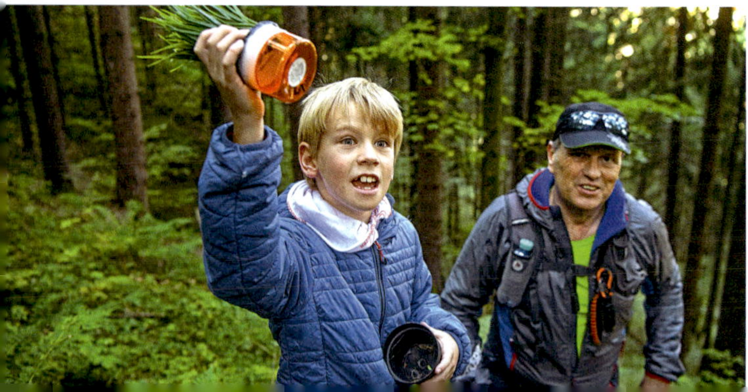

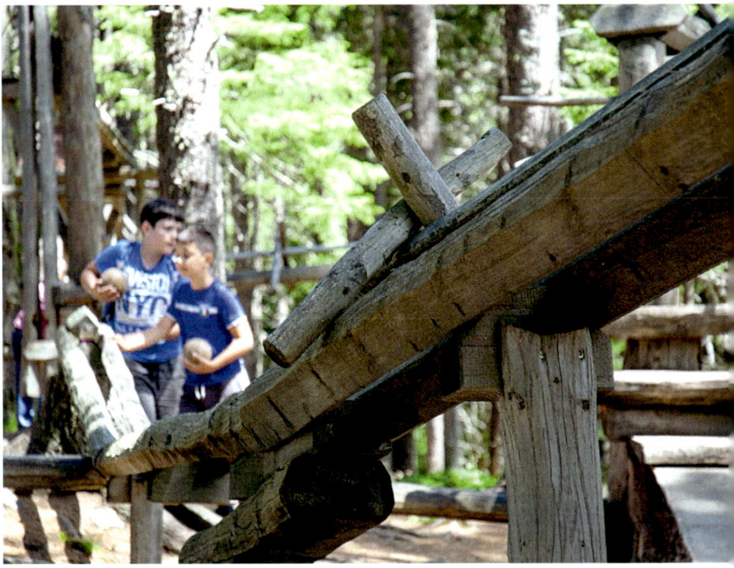

Tour 41: Spiel und Spaß im Kugelwald

40 m

STRECKE 1,7 km

45 min

ab 4

Spaziergang im Zirbenwald am Glungenzer

Diese Tour ist eigentlich nur ein Waldspaziergang im duftenden Zirbenwald, bei dem auch Mini-Wanderer gut mithalten können. Aus Zirbe sind auch die fast babykopfgroßen Holzkugeln, die wir im Gasthof Halsmarter gegen Kaution leihen können. Dann geht es zu den hölzernen Kugelbahnen. Mal ist hier Geschicklichkeit nötig, mal rollen die Kugeln mit Hilfe von Seilzügen weite Strecken ganz alleine. An einer Station machen die Zirbenkugeln sogar Musik!

TOUREN-STECKBRIEF

Anfahrt: Die Inntalautobahn an der Ausfahrt Hall-Mitte/Tulfes verlassen und über die Landesstraße L9 bis nach Tulfes (etwa 6 km) und zum kostenlosen Parkplatz der Glungezerbahn bei **GPS N 47°15'23.5", E 11°32'06.2"** fahren. Mit der Bergbahn geht es weiter bis zur Mittelstation Halsmarter.

ÖNVP: Regionalbus 4134 von Innsbruck Hauptbahnhof bis Tulfes Glungezerbahn Talstation in 36 Minuten.

Glungezerbahn: Mo bis Fr 9–17 Uhr, Sa, So und Feiertage bis 17.30 Uhr. Berg- und Talfahrt bis zur Mittelstation Halsmarter (zwei Sektionen) im Familientarif €14,50, Jugend ab 17–19 Jahre €11, Kinder 6–16 Jahre €8.

Anspruch und Charakter: Kleiner Waldspaziergang rund um den Kugelwald.

Markierung: Keine.

Highlights: Kugelwald.

Einkehr: Alpengasthof Halsmarter, Gasthof Larchhütt direkt unterhalb der Talstation.

In der Nähe: Spielplatz »Beim Wasserrad'l« am Speckbacherweg auf der rechten Seite der Talstation, Altstadt Hall, Ponyhof Hasental, Reitstall Sonnhof in Rinn, Swarovski Kristallwelten in Wattens.

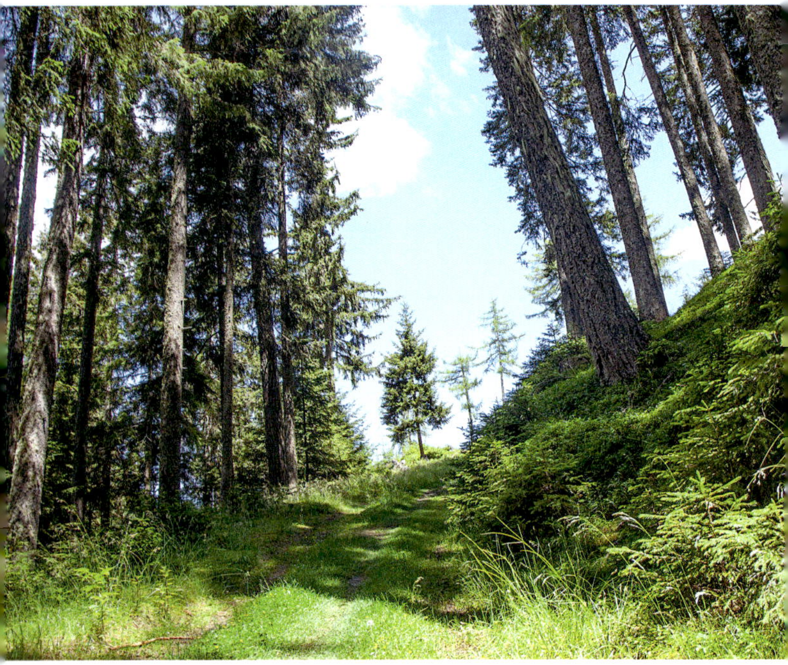

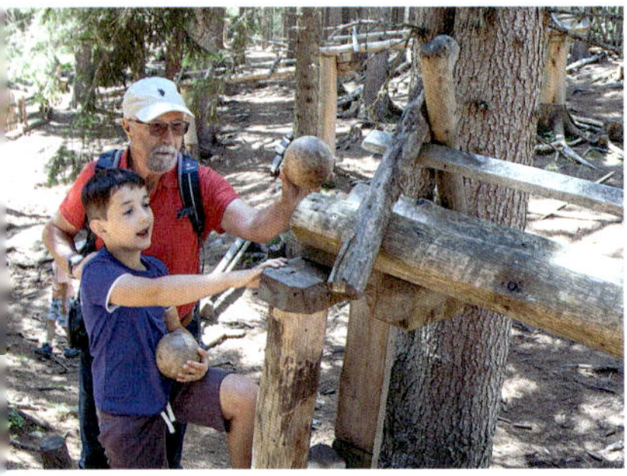

Wanderung: Von der Mittelstation Halsmarter auf 1.560 Metern geht es links auf den Forstweg unterhalb des Eingangs zum Kugelwald. Wer mag, kann auch zuerst die Ruhe-Oase »**Zur ruhigen Kugel**« mit ihrer **Aussichtsplattform** ① aufsuchen und dann die kleine Runde gehen.

Der Weg zieht sich unterhalb des Zirbenwaldes entlang und biegt dann nach **rechts in den Wald** ② ab. Bei der **nächsten Abzweigung** ③ geht es ebenfalls rechts nach oben.

Der schöne Wanderweg führt nun durch duftenden Zirbenwald in einem Bogen am **Kugelwald-Spielplatz** ④ entlang. Hier gibt es schon zahlreiche Eingangstürchen in den Spielplatz. Am besten ist es jedoch, erst einmal bis zum **Alpengasthof Halsmarter** ⑤ zurückzugehen und die Zirbenkugeln gegen Kaution auszuleihen. Wer dies schon vor dem Spaziergang machen möchte, nimmt sie im Rucksack mit.

Gleich bei der ersten Station nahe am Gasthof dürfen die Kinder die Holzkugeln per Seilzug hinaufziehen, damit sie mit Schwung weit über die hölzernen Bahnen rollen. Die Kugeln fallen dann von

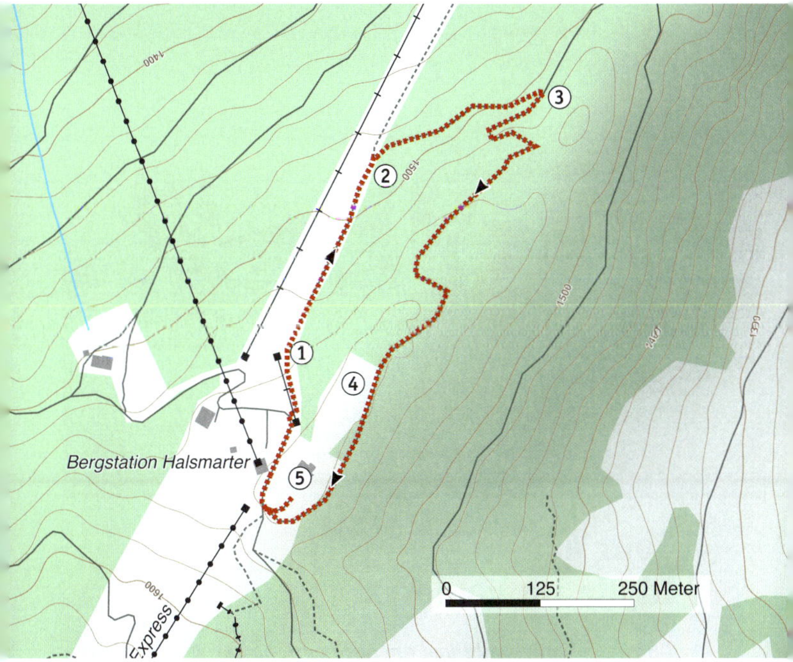

einer höheren Bahn in eine darunterliegende und ändern die Richtung – ganz genau so, wie man es von kleinen Kugelbahnen kennt.

Die Kugeln rollen immer tiefer in den Wald, mal über Sprungschanzen und Steilstücke, einmal sogar in einen hohlen Baumstumpf. Besonders bezaubernd fanden wir die Stationen, an denen die Kugeln mit Klanghölzern eine richtige Melodie entstehen lassen. Herausfordernd ist dagegen das »Wackelball-Spiel«, bei dem wir die Kugel auf einer schrägen Ebene in eine kleine Mulde balancieren. Das verlangt geradezu akrobatisches Geschick.

Von Station zu Station geht es durch den Zirbenwald, bis wir wieder am Gasthof stehen.

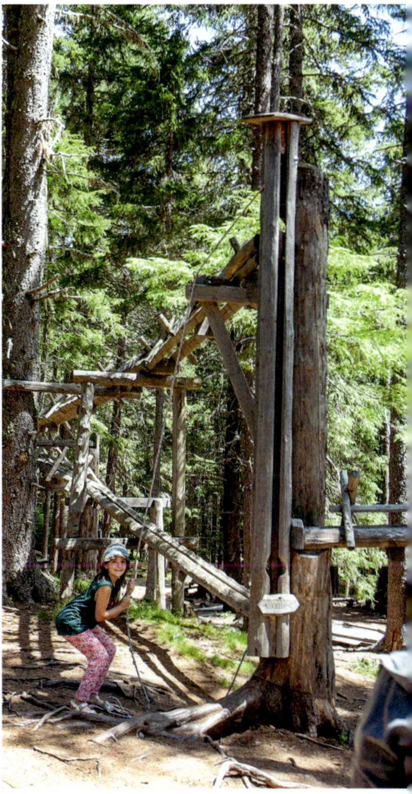

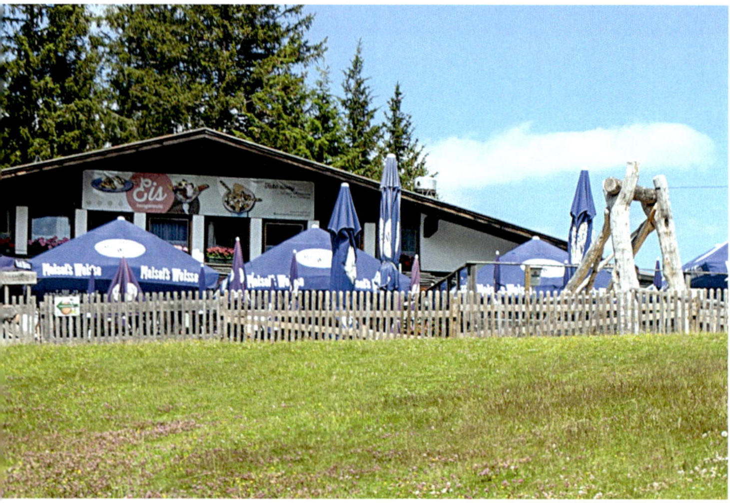

180 m

STRECKE 5 km

2 h 15

ab 4

Tour 42: Idylle im Voldertal

Durch den Zirbenwald und am Bach entlang zur Voldertalhütte

An der Seilbahnstation Halsmarter kann es an schönen Wochenenden im Sommer ganz schön voll werden. Durchwandern wir von hier aus den Bergwald, erreichen wir schnell das stille, idyllische Voldertal. Zuletzt geht es dabei am Bach entlang. Unser Ziel ist die Voldertalhütte, in der sich eine Rast anbietet, bevor wir zurück zur Bergbahn laufen. Dort wartet ein weiteres Highlight für Kleine und Große: der Kugelbahn-Spielplatz im Zirbenwald.

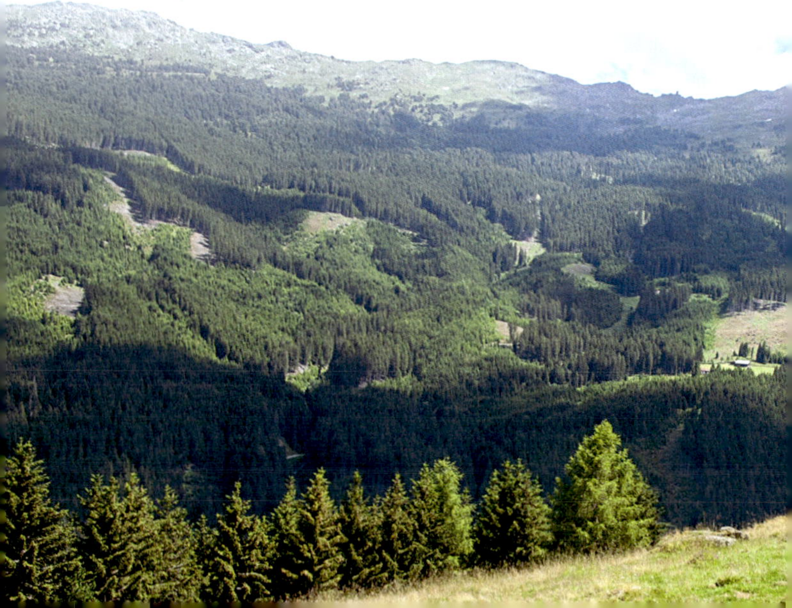

Wanderung: Von der Mittelstation Halsmarter geht es unterhalb des **Alpengasthofs** auf den mittleren der dort abzweigenden Wege – gut ausgeschildert mit gelbem Wegweiser zur Voldertalhütte. Auf einem schönen Weg durchwandern wir Zirben- und Mischwald.

An der **ersten Abzweigung** ① halten wir uns rechts und steigen durch den Wald hinauf. Es folgen **zwei Kehren** ②, dann verlassen wir den Wald und **biegen rechts ab** ③ zur Hütte.

Das nächste Wegstück führt durch Wiesen und quert einen **Bach**. Dann mündet der Weg in

Übernachtung auf der Voldertalhütte

In der Voldertalhütte kann man auch in Zimmern und im Matratzenlager übernachten und von hier aus die umliegenden Almen erkunden. Für einen längeren Hüttenaufenthalt ist auch die Anreise mit PKW möglich, die Zufahrt ist jedoch mautpflichtig. Eine Mautkarte ist beim Bauernhof Auer an der Zufahrt erhältlich. Die Anfahrt erfolgt über Volders.

Zu Fuß erreicht man die Hütte auch in etwa drei Stunden von der Talstation der Bahn. Alternativ kann man auch vom Parkplatz kurz hinter Volderwildbad in etwa 1,5 Stunden hinaufsteigen (3,3 km, 300 hm).

Geöffnet Mai bis Oktober. Übernachtung ohne Frühstück im Lager €22, im Doppelzimmer mit Etagendusche €25 pro Person, Kinder bis 13 Jahre 50%, 14–16 Jahre 25% Ermäßigung. Frühstück oder Halbpension zusätzlich buchbar. www.voldertalhuette.at

TOUREN-STECKBRIEF

Anfahrt: Die Inntalautobahn an der Ausfahrt Hall-Mitte/Tulfes verlassen und über die Landesstraße L9 bis nach Tulfes (etwa 6 km) und zum kostenlosen Parkplatz der Glungezerbahn bei **GPS N 47°15'23.5", E 11°32'06.2"** fahren. Mit der Bergbahn geht es weiter bis zur Mittelstation Halsmarter.

ÖNVP: Regionalbus 4134 von Innsbruck Hauptbahnhof bis Tulfes Glungezerbahn Talstation in 36 Minuten.

Glungezerbahn: Mo bis Fr 9–17 Uhr, Sa, So und Feiertage bis 17.30 Uhr. Berg- und Talfahrt bis zur Mittelstation Halsmarter (zwei Sektionen) im Familientarif €14,50, Jugend ab 17–19 Jahre €11, Kinder 6–16 Jahre €8.

Anspruch und Charakter: Befestigte Waldwege im idyllischen Voldertal, einem ruhigen Seitental des Inntals. Bei ausreichend Kondition auch mit einem geländegängigen Kinderwagen passierbar.

Markierung: Gelbe Wegweiser.

Highlights: Voldertalhütte, Kugelwald.

Einkehr: Voldertalhütte, Alpengasthof Halsmarter, Gasthof Larchnhittl.

In der Nähe: Spielplatz »Beim Wasserrad'l« am Speckbacherweg auf der rechten Seite der Talstation (mit Blick zum Berg), Salzstadt Hall.

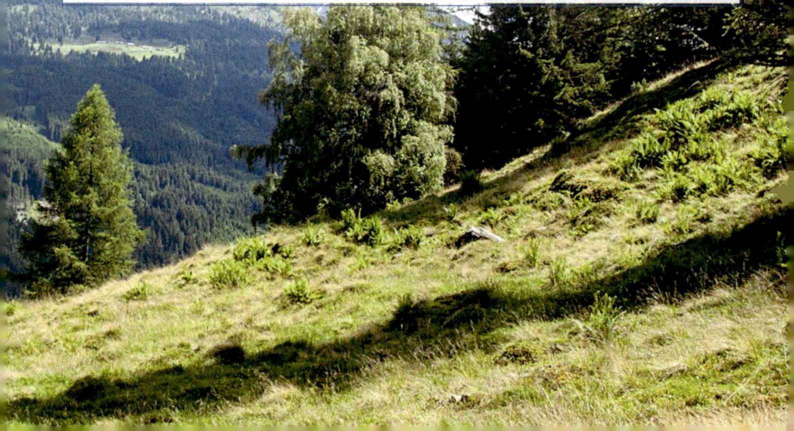

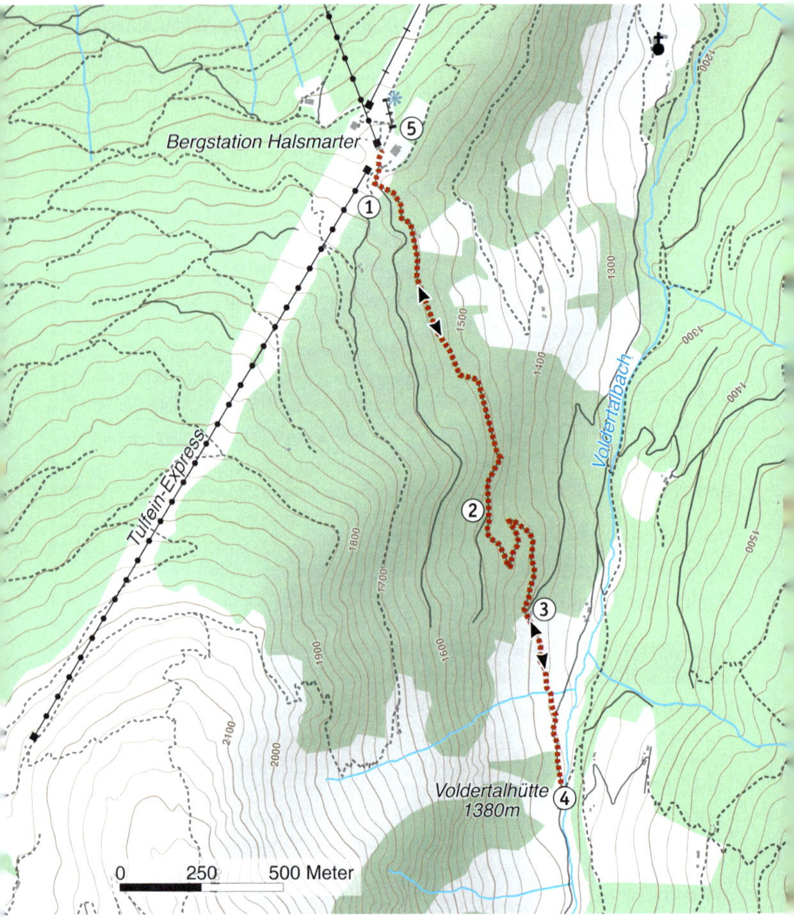

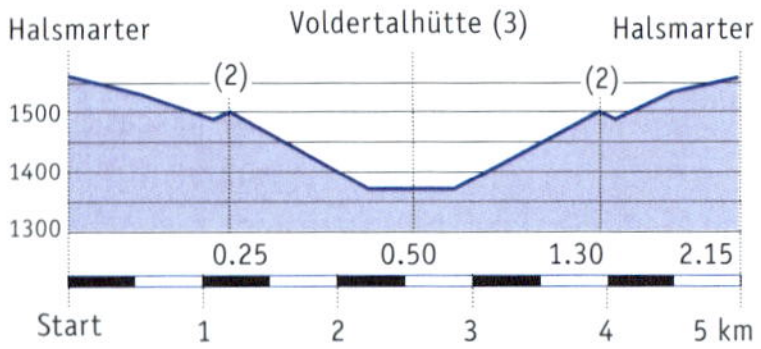

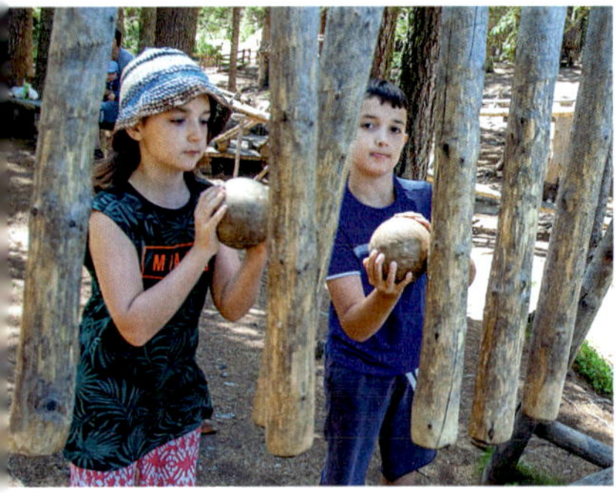

einen anderen, dem wir nach rechts folgen. Er führt bis zum Ziel immer am **Ufer des Voldertalbaches** entlang. Während die Eltern vor der **Hütte** ④ entspannen, vergnügen sich die Kinder auf dem Spielplatz oder am Bachufer.

Zurück geht es dann auf demselben Weg. Wir sollten aber unbedingt ausreichend Zeit einplanen, um vor der Talfahrt an der Bergbahnstation noch die Spielstationen im **Kugelwald** ⑤ zu besuchen. **[› Tour 41]**

Unterkunft und Übernachtung

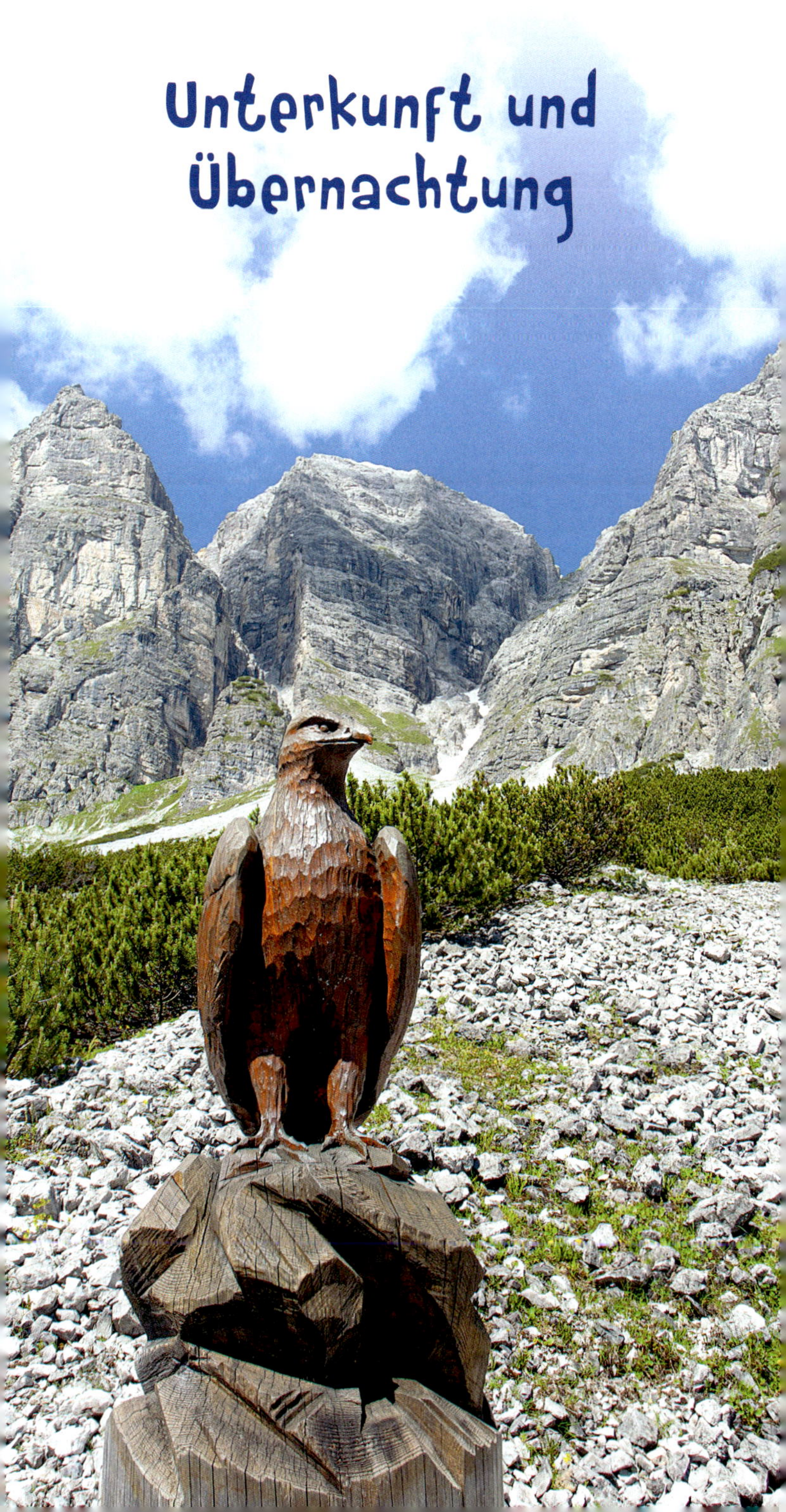

Vom Bauernhof zum Stadthotel

Das Besondere an der Region rund um Innsbruck ist ihr »sowohl als auch«: ob lässiges Boutiquehotel mit urbanem Flair in der Altstadt oder Landluft vor den Toren der Städte Hall und Innsbruck. Vom Land kommt man schnell ins Innsbrucker Zentrum und genauso schnell ist man von dort im Grünen oder sogar im Hochgebirge. Die Auswahl der Unterkünfte reicht daher vom Lifestyle-Hotel über die Pension am Stadtrand bis zum Bauernhof-Erlebnis in den umliegenden Tälern oder einem Familienhotel mit viel Platz zum Spielen und Toben in der Natur.

Innsbruck Stadt

Nala Individuellhotel

In diesem Stadthotel ist alles da, was das Kinderherz begehrt – und was Eltern brauchen: Babyphone, Zimmer mit Verbindungstür, Gartenoase, Medienraum und Leih-Skateboards.

Apartments mit Kitchenette für zwei Personen ab € 118, Kinder unter 4 Jahren frei, bis 15 Jahren € 20, ab 16 Jahren € 30 mit Zustellbett.
www.nala-hotel.at

Faktorei

Boutiquehotel mit zwölf liebevoll eingerichteten Zimmern – darunter ein Familienzimmer. Das Café verwöhnt zum Frühstück, Brunch und Imbiss mit regionalen Bio-Produkten. Spielplätze gegenüber an der Innpromenade, Preise auf Anfrage.
www.faktorei-innsbruck.com

Pension Frau Hitt

Die Pension gehört zum Gasthof Gramarthof und ist ein guter Ausgangspunkt für Wanderungen am Fuß der Nordkette sowie zum Alpenzoo.
Vierbettzimmer ab € 130.
www.gramarthof.com

Youth Hostel Innsbruck

Jugendherberge mit Stockbetten, eigenem Bad (dem Zimmer gegenüber), Bettwäsche, »all you can eat«-Frühstück und kostenlosem Parkplatz.
Erste Nacht € 28,50 pro Person, Folgenacht € 26, Kinderermäßigungen auf Anfrage, nur Barzahlung.
www.youth-hostel-innsbruck.at

Marmota Hostel

Das Hostel in Amras nahe dem Autobahn-Knoten Innsbruck Mitte bietet Doppel- und Mehrbettzimmer an. Kinderbett und Flaschenwärmer auf Wunsch sowie Brettspiele und Malbücher.
Apartment für 4 Personen mit Bad und Frühstück für etwa € 130.
www.hostelmarmota.com

Region Innsbrucker Land

Innsbruck Hostel Gruberhof

Das Hostel bei Igls bietet individuelle Zimmer und Apartments. Das Frühstücksbuffet ist im Zimmerpreis inbegriffen. Zur Ausstattung gehören eine Sauna, eine Bar und ein Schwimmteich mit Sonnendeck und Liegewiese.
Geöffnet Mai bis September und November bis März.
Mehrbettzimmer ab € 30 pro Person.
www.innsbruck-hostel.com

Vogelhütte

In der Jausenstation Vogelhütte befinden sich Ferienwohnungen. Sie liegt nicht weit vom Lanser Moor und dem Lanser See entfernt – mit viel Spielraum für Kinder! Familie Frick versorgt ihre Gäste mit Frühstück, Tiroler Hausmannskost und selbstgebackenem Kuchen.
www.lans.at/lanser-unterkuenfte/ueberblick-ferienwohnungen

Isserwirt

Traditionelles Gasthaus mit Biergarten, ausgezeichneter regionaler Küche und

Drei-Sterne-Hotel in Lans, oberhalb von Innsbruck. Spielwiese hinter dem Haus.
Doppelzimmer ab €80, mit Kinderbett erweiterbar, Apartment ab €210. www.isserwirt.at

Hoarachhof

Renovierter Hof aus dem 12. Jahrhundert in Kreith bei Mutters mit einer Ferienwohnung für vier Personen. Auf dem Hof gibt es Kühe, Kälber, Schafe, Lämmer, Schweine und Katzen. 15 Minuten vom Zentrum von Innsbruck entfernt und 3,5 Kilometer vom Natterer See.
Ferienwohnung für 4 Personen ab €120. Buchbar über www.bauernhofurlaub.de

Pechhof

Auf dem Bauernhof der Familie Fritz gibt es Kühe, Pferde, Katzen und einen Hund. Zuschauen und mithelfen darf man im Kuhstall und auf die Kinder wartet ein Spielplatz, eine Tischtennisplatte und ein Trampolin im Garten. Die Stubaitalbahn ist zu Fuß schnell erreicht. Die Hausherrin unterrichtet Harfe und bietet Ferien mit Harfenunterricht an.
Ferienwohnung für vier Personen ab €100. www.pechhof.at

Region Hall

Gasthof Badl

Die Drei-Sterne-Pension liegt direkt am Innradweg und verfügt über Garten, Spielplatz, Garage für Fahr- und Motorräder sowie eine Sauna. Über die autofreie Brücke ist das Zentrum von Hall schnell erreicht.
Doppelzimmer ab €40 pro Person, Kinder unter 3 Jahren frei, unter 6 Jahren €11, unter 9 Jahren €15, unter 13 Jahren €18. www.badl.at

Pension Windegg

Das traditionelle Bauernhaus in Hanglage auf 1.216 Metern bei Tulfes ist mit Spielplatz und Spielzimmer ausgestattet. Vermietet werden Doppel- und Familienzimmer.
Pro Person ab €32, Kinder unter 3

Gästekarten in der Region

Mit der Innsbrucker Gästekarte (ab zwei Übernachtungen in Hotel, Pension, Jugendherberge oder Campingplatz) gibt es freie Fahrt auf allen Linien des Verkehrsverbundes Tirol (VVT), der Innsbrucker Verkehrsbetriebe (IVB) und in den Regionalzügen der Österreichischen Bundesbahnen (ÖBB) im Verbandsgebiet. Ein Anreise-Voucher wird bei Ankunft mit dem Zug vorab übermittelt.

Eine Wanderung mit geprüften Bergwanderführern der Alpinschule Innsbruck ist wie der Wanderbus ebenfalls inbegriffen. Dazu kommen ermäßigte Tickets für Nordkette, Patscherkofel oder Axamer Lizum sowie Rabatt beim Tageseintritt an Badeseen und in Schwimmbäder der Region, im Boulder- und Kletterzentrum »Bergstation« in Telfs und bei Kulturveranstaltungen.

Ab drei Nächten gibt es die »Welcome Card plus« mit allen oben genannten Leistungen sowie zusätzlich kostenlos vier ausgewählte Bergbahnen der Region und Eintritte in bis zu 21 Sehenswürdigkeiten. Kinder bis 14 Jahre übernachten dann bei zwei vollzahlenden Erwachsenen gratis im Zimmer.

Mit der Gästekarte der Region Hall-Wattens gibt es unter anderem Ermäßigungen in den Swarovski Kristallwelten, in der Glockengießerei Grassmayr, im Schwazer Silberbergwerk und auf der Achenseeschifffahrt. Die Gratis-Nutzung des Tennisplatzes in Hall, 50% Rabatt auf den Eintritt ins Schwimmbad Hall und beim Minigolf sind ebenfalls inbegriffen. Kostenloses Busfahren in der gesamten Region ist bereits mit einer Übernachtung möglich.

Die meisten Tiroler Ferienregionen, darunter auch Seefeld, Achensee, Wipptal und das Stubaital, bieten Gästekarten an, mit denen Eintritte und Bergbahnen verbilligt, zum Teil auch gratis sind. Der öffentliche Verkehr kann kostenlos genutzt werden.

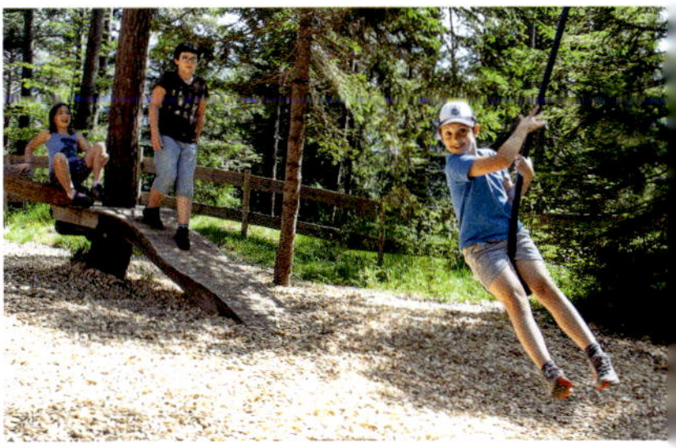

Jahren frei, unter 13 Jahren 50 % Ermäßigung.
www.hall-wattens.at

Biohof Sturmhof
Der Bio-Bauernhof bietet Ferienwohnungen inmitten von Wald und Wiesen bei Tulfes. Kleiner Spielplatz im Garten und ein Bach zum Spielen direkt am Hof.
Apartment für vier Personen ab € 90.
www.biohof-sturmhof.at

Pfunerhof
Bauernhof mit familiärer Atmosphäre bei Tulfes. Hofeigene Produkte, Kinderspielplatz, Garten mit Apfelbäumen, Streicheltiere.
Doppelzimmer pro Person ab € 28, Kinder unter 3 Jahren frei, 25 – 75 % Ermäßigung nach Alter.
www.hall-wattens.at

Lechenhof
Privatzimmer und Ferienwohnungen auf einem Bauernhof mit Spielplatz, etwa drei Kilometer oberhalb von Wattens in Wattenberg.
Doppelzimmer pro Person € 20, Kinder je nach Alter 25 – 100 % Ermäßigung. Apartment für fünf Personen € 65.
www.hall-wattens.at

Gasthof Mühle
Uriger Gasthof mit kleiner Pension in Wattenberg. Gutbürgerliche Küche, Sonnenterrasse, Sauna und Kinderspielplatz.
Doppelzimmer pro Person € 40, Kinder unter 3 Jahren frei, unter 15 Jahren 20 % Ermäßigung.
www.gasthofmuehle.at

Region Karwendel

Alpengasthof Walderbrücke
Das Tiroler Gasthaus liegt am Waldrand und am Fuße des Karwendels bei Absam. Spielplatz und Spieleraum, Hunde willkommen, Tiroler Küche zu fairen Preisen.
Doppelzimmer ab € 31 pro Person, Ermäßigung für Kinder und unter 4 Jahren frei. walderbruecke@aon.at

Speckbacher Hof
Das Vier-Sterne-Hotel mit Tiroler Stuben in Gnadenwald verfügt über einen Minigolfplatz, Riesentrampolin, Spielplatz, Tischtennis und Kicker.
Doppelzimmer ab € 86 pro Person, Kinder unter 15 Jahren 40 % Ermäßigung und unter 3 Jahren frei.
www.speckbacherhof.at

Martinsstuben
Familiengeführte Pension auf dem Gnadenwalder Sonnenplateau inmitten von Wiesen und Wäldern mit Spielplatz.
Zimmer 32 pro Person, Kinder unter 13 Jahren 50 % Ermäßigung, unter 3 Jahren frei. www.martinsstuben.at

Region Seefeld

Bio-Landpension Monika
Schöner Garten mit Tischtennis, Sandkiste, Schaukel und Rutsche. Der Abenteuerspielplatz Leutascher Ache liegt nur einen Steinwurf entfernt. Frühstücksbuffet aus Bio-Lebensmitteln mit vegetarischen und veganen Spezialitäten.
Pro Person im stilvollen Doppelzimmer ab € 40, im Studio € 55.
www.monika-leutasch.com

Gasthof Risserhof
In Scharnitz liegt der traditionelle Gasthof Risserhof mit Pension und einem Restaurant mit Biergarten und Sonnenterrasse. Es gibt Kinderbetten, Kinderstühle und einen Spielplatz.
Doppel- und Dreibettzimmer pro Person ab etwa € 50, Kinderermäßigung 25 – 100 % je nach Alter.
www.risserhof.com

Panoramahotel Inntalerhof
Das Vier-Sterne-Hotel in Mösern bei Seefeld bietet Familienapartments (mit Kochnische) sowie schicke Familienzimmer und Suiten mit Panoramablick.
Familienzimmer ab € 85 pro Person und Studio ab € 75 pro Person, Kinder erhalten Ermäßigung.
www.inntalerhof.at

Region Achensee

Familienresort Buchau

Das Vier-Sterne-Superior-Hotel am Achensee bietet einen eigenen Badestrand, dazu eine Wassersportschule, Naturteich, Go-Kart-Bahn, Pools mit Riesenröhrenrutsche sowie Spielplätze in- und outdoor. Hier macht man Familienurlaub mit Kinderbetreuung und Wellnessprogramm für die Eltern.
Familienzimmer ab €125 pro Person, 30–100% Nachlass für Kinder je nach Alter.
www.buchau.com

Hotel Leithner

Familien-Aparthotel mit Kinderspielplatz und Spielzimmer sowie umfangreichem Kinder- und Jugendprogramm in der Hauptsaison.
Apartment für vier ab €110.
www.haus-leithner.at

Lechnerhof

Gemütliche Pension in Seenähe mit großem Spielzimmer und Garten mit vielen Spielgeräten.
Apartment für vier €89–99, Zimmer €29–32 pro Person, Kinder 4–14 Jahre erhalten Ermäßigung.
www.lechnerhof-tirol.at

Familien- & Kinderhotel Sporthotel Achensee

Kinderparadies mit Pferdestall und Reitplatz, Außenpool und Wasserrutschen, Trampolinen, Spielplätzen in- und outdoor sowie Kinderhotel-Spielkameraden-Garantie und Vier-Sterne-Superior-Standard.
Familienzimmer ab €122 pro Person, Kinder 0–14 Jahre €48–69.
www.sporthotel-achensee.com

Region Schwaz / Karwendel

Gasthof Steixner

Traditioneller Gasthof mit Pension, Spielplatz und ab und zu Live-Musik, zu der sich Einheimische und Gäste gerne auf der lauschigen Terrasse einfinden.
Übernachtung mit Frühstück ab €25. Ermäßigungen für Kinder je nach Alter 30–100%.
www.gasthof-steixner.at

Feriendorf Schweiger

Am Gasthof Hofer Stubn, in der Pension Unterhof und am zugehörigen Bauernhof gibt es Zimmer und Ferienwohnungen. Auf dem Bauernhof sind Schafe, Pferde, Hasen, Katzen und Schweine zu Hause. Für Kinder ist dort viel Platz zum Spielen. Wer Lust hat, kann mithelfen und eine Runde auf dem Traktor mitfahren. Außerdem stehen ein großer Spielplatz und ein Spielzimmer zur Verfügung. Im Feriendorf gibt es ein Hallenbad und in der Nähe mehrere Badeseen.
Doppelzimmer ab €43 pro Person, Kinder bis 13 Jahre €23–37, Ferienwohnung ab €120 für vier Personen.
www.hoferstubn.at

Tunelhof

Freundlich und mit viel Holz eingerichtete Ferienwohnungen bietet der Familien-Bauernhof in Weerberg an. Kinder sind hier gerngesehene Gäste. Sie dürfen im Stall bei den Tieren helfen: Kälbchen, Ziegen und Kaninchen streicheln und versorgen, die Hühner füttern oder das Pony Flocke striegeln und eine kleine Runde reiten. Im Innenhof gibt es ein Kinder-Spielparadies und abends trifft man sich zum Stockbrotbacken am Lagerfeuer.
Ferienwohnung ab €115 für vier Personen.
www.vitalhof-tunelhof.at

Urlaubsbauernhof Plattnerhof

Der Bauernhof liegt auf rund 840 Metern Höhe in Alleinlage bei Terfens. Neben den Apartments stehen den Gästen ein großer Garten mit Spielplatz, eine Grillstelle, ein kleines Schwimmbecken und eine Sauna zur Verfügung. Es gibt Hoftiere, Ponyreiten und die Möglichkeit, im Heu zu übernachten.
Wohnungen ab €54.
www.plattnerhof.biz

Region Brenner

Almi's Berghotel

Familiengeführtes Drei-Sterne-Hotel in Obernberg mit besonderem Fokus auf Nachhaltigkeit. Die Zimmer sind mit Naturmaterialien eingerichtet und viele Lebensmittel stammen von der eigenen Alm. Hauseigene Sauna und Aktivprogramm.
Doppelzimmer ab € 75. www.almis-berghotel.at

Alpengasthof Waldesruh

Der kleine Gasthof vermietet Zimmer am Wanderparkplatz, an dem wir zum Obernberger See starten. Tolle Lage in schöner Landschaft mit Spielmöglichkeiten am Obernberger Seebach.
Doppelzimmer ab € 38. www.gasthof-waldesruh.at

Family Resort Schneeberg

Das Vier-Sterne-Familienhotel in Maiern bei Sterzing hat einen eigenen Aqua-Park, einen Streichelzoo und einen großen Abenteuerspielplatz mit Trampolinbereich, Minigolf, Sportplätzen und einem See mit Paddelbooten für die Kids. Für die Eltern sind Sauna und Wellness im Angebot, während die Kinder betreut werden.
Ab € 95 pro Person im Doppelzimmer, Kinderermäßigungen je nach Alter 20–100 %. www.schneeberg.it

Hotel Almina

Das Vier-Sterne-Familienhotel in Ratschings bei Sterzing bietet Kinderbetreuung, eine große Wasserwelt sowie Sauna und Wellness.
Ab € 73 pro Person im Doppelzimmer, Kinderermäßigungen je nach Alter 20–100 %, ein Kind bis 10 Jahre bei zwei Vollzahlern gratis ab vier Nächten. www.almina.it

Joselehof

Auf dem Biohof in Ratschings erleben Kinder das typische Hofleben mit Tieren und Landwirtschaft.
Ferienwohnungen für vier Personen ab € 110. Kinder unter 3 Jahren frei, Kinder unter 12 zahlen 70 %. www.joselehof.com

Region Stubaital

Pension Jedlerhof

Auf dem Jedlerhof im Stubaital gibt es fünf Ferienwohnungen und eine kleine Landwirtschaft mit Hochlandrindern und Honigbienen.
Ferienwohnung ab € 28 pro Person, von 53–180 m² für 2–12 Personen, Spielplatz, Tischtennis, Streicheltiere, Hofleben. www.jedlerhof.at

Hotel Eschenhof & Apartments

Der gemütliche Familienbetrieb liegt von Wiesen umgeben in ruhiger Lage in Fulpmes. Garten mit Liegewiese, Streichelzoo und Ponys. Drei Gehminuten ins Zentrum von Fulpmes.
Ferienwohnung bis 6 Personen ab € 30 pro Person. www.eschenhof.com

Familienhotel Auenhof

Das Vier-Sterne-Hotel in Fulpmes/Medraz bietet Familienzimmer mit Verbindungstür sowie geräumige Familienapartments mit Kochmöglichkeit. Spielzimmer und Spielplatz im Garten, Skaterpark und Tennis hinter dem Haus, Kinderprogramm.
Familienzimmer ab € 65 pro Person. www.auenhof.at

Alpenbauernhof Gröbenhof

Wer möchte, kann zusammen mit der Gastgeberin Maria abends die Kühe von der Weide zum Melken in den Stall holen. Freizeitraum mit Tischtennis, Darts, Tischfußball, Spielplatz, Streichelzoo, Grillplatz, nahe gelegener Badesee.
Ferienwohnung ab € 28 pro Person. www.alpenbauernhof-groebenhof.com

Hotel Bergkranz

Das Drei-Sterne-Familienhotel Bergkranz ist eines der Partnerhotels des »BIG Family Stubai Sommer- und Winter-Clubs« und Kinder nehmen kostenlos am Programm im Stubaital teil. Wiese mit Garten und Spielplatz. Fünf Gehminuten nach Mieders,
Apartments ab € 67 pro Person. www.bergkranz.at

Eine Ferienwohnung buchen

Speziell an Familien richten sich die als »Familiennester« zertifizierten Unterkünfte aller Kategorien: www.tiroler-Familiennester.at

Unterkünfte für den Urlaub auf dem Bauernhof finden Sie unter: www.urlaubambauernhof.at

Wer nach einem Ferienhaus oder einer Ferienwohnung Ausschau hält, findet ein großes Angebot auf Portalen wie

www.ferienhaus-Tirol.de

www.fewo-direkt.de

www.tirol.at

Mit Kindern auf Hütten und Almen

Eine besonders aufregende Art, in den Bergen zu übernachten, sind Hütten und Almen inmitten der Natur, fernab der Zivilisation. In der Einfachheit und Abgeschiedenheit der Berghütten können Eltern und Kinder eintauchen in eine Welt jenseits von Hektik. Hier finden Sie Zeit für sich und die Familie. Ohne WLAN ist die Entschleunigung perfekt.

Viele der Berghütten und bewirtschafteten Almen in höheren Lagen sind aber gar nicht so einfach zu erreichen. Für manche müssen weite Fußmärsche unternommen werden – und das mit Schlafsack und Übernachtungsgepäck im Rucksack. Dafür belohnt am nächsten Morgen ein herrlicher Sonnenaufgang in den Bergen. Und mit dem Startpunkt an der Hütte rücken auch Wanderziele in erreichbare Nähe, die sonst mit kurzen Kinderbeinen einfach zu weit wären.

Die meisten Alpenvereins-Schutzhäuser und Hütten sind einfach ausgestattet und bieten vorrangig Mehrbettzimmer und Matratzenlager an. Duschen und Toiletten befinden sich normalerweise auf dem Gang. In manchen Berghütten kann man auch Bettwäsche bekommen, teilweise ist aber ein eigener Hüttenschlafsack notwendig. In der Region um Innsbruck gibt es auch private Hütten mit einem Gasthof auf Feinschmecker-Niveau und komfortabler Ausstattung für den Familienurlaub auf dem Berg. Manche Almen bieten sogar einen eigenen Shuttle an, um die Gäste vom Tal hinauf und hinab zu befördern. Ausstattung und die Möglichkeiten zur Anreise müssen bei Berghütten also immer im Vorfeld geklärt werden.

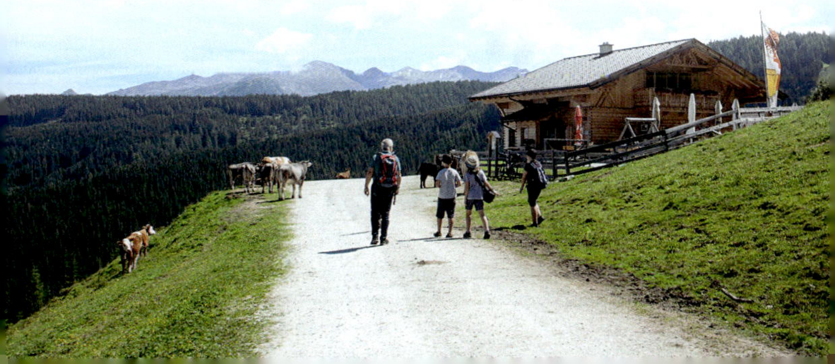

Region Innsbrucker Land

Patscherkofel Schutzhaus

Die Schutzhütte des Alpenvereins liegt genau neben der Bergstation am Patscherkofel, verfügt über ein Restaurant, eine Sonnenterrasse sowie Mehrbettzimmer und ein Matratzenlager. [› Tour 12 und 13]
Preise auf Anfrage, geöffnet von Juni bis Mitte Oktober. schutzhaus-patscherkofel.at

Adolf-Pichler-Hütte

Die Adolf-Pichler-Hütte liegt auf einem Hochplateau am Fuße der Kalkkögel. Bis zur Kemater Alm geht es von Grinzens aus mit dem Auto und dann in einer guten Stunde zu Fuß weiter zur Hütte. [› Tour 19]
Zimmer €48, Lager €43 pro Person inklusive 3-gängiges Abendmenü und Frühstück, Ermäßigungen für Kinder. adolf-pichler-huette.at

Kemater Alm

Die Alm ist von Grinzens mit dem Auto erreichbar. Almgasthof mit Spielplatz. Guter Ausgangspunkt für Wanderungen an den Kalkkögeln. [› Tour 19]
Lager €29 und Zimmer pro Person mit Frühstück €33, Kinder 4–10 Jahre €20–25 Kinder bis 3 Jahre frei. kemater-alm.at

Region Hall

Voldertalhütte

Mehrbettzimmer oder Matratzenlager, kleiner Kinderspielplatz. [› Tour 42]
Geöffnet Mai bis Oktober, Lager €22, DZ mit Etagendusche €25 pro Person, Kinder unter 13 Jahre 50%, 14–16 Jahre 25%. Frühstück oder Halbpension möglich, Ermäßigung für Alpenvereinsmitglieder. www.voldertalhuette.at

Tulfeinalm

Gemütliche Alm auf 2.000 Metern an der Bergstation der Glungezerbahn und direkt am Zirbenweg gelegen. Große Sonnenterrasse, gute Tiroler Küche. [› Tour 13]
Geöffnet Dezember bis Ostern, Juni bis Ende Oktober, Mehrbettzimmer €23 pro Person, Tel. 0043(0)5223 78468.

Arzbach-Aste

Komplett mietbare Hütte in Alleinlage mit Platz für bis zu acht Personen mit Küche, Bad, WC und Terrasse.
Ab €100. Familie Leimböck. c.leimboeck@gmail.com

Region Karwendel

Pfeishütte

Die urige Alm bietet Hüttenurlaub mit Bauernhoftieren für Familien. [› Tour 3]
Geöffnet Mitte Juni bis Mitte Oktober, Abendmenüs, 50% Ermäßigung für Alpenvereinsmitglieder. Mehrbettzimmer oder Matratzenlager, Frühstück und Halbpension mit Abendessen mit Aufpreis, Lager ab €20,60 (DZ €35) pro Person, Kinder 7–18 Jahre €10,30, bis 6 Jahre frei. www.pfeishuette.at

Halleranger-Alm

Die Alm liegt am Ursprung der Isar inmitten des Karwendels. Rindfleisch aus eigener Aufzucht, heimische Wildspezialitäten, geöffnet Juni bis Mitte Oktober, Lager mit Frühstück €23, Zimmer €34 pro Person.
Anfahrt mit Mountainbike oder Taxi von Scharnitz oder Absam möglich. Alternativ per Bus-Transfer bis zur Kastenalm, dann etwa zwei Stunden und 500 Höhenmeter zu Fuß.
www.halleranger-alm.at

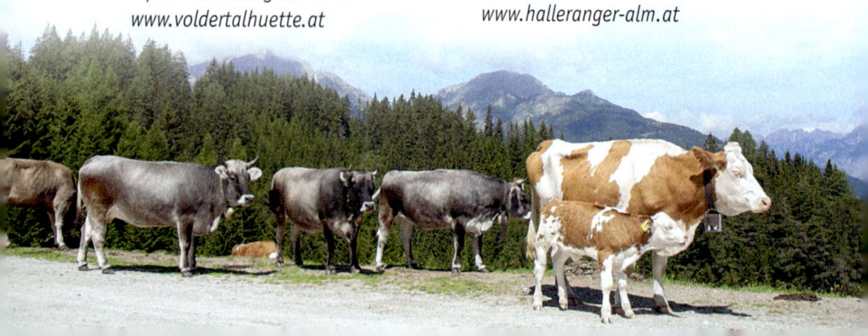

Region Brenner

Jugend- und Seminarhaus Obernberg

Gemütliche Herberge mit Spielplatz, Grill- und Feuerplatz. **[› Tour 24]**

Mehrbettzimmer oder Matratzenlager, Frühstück und Halbpension mit Aufpreis, Selbstversorgerküche auf Anfrage, Erwachsene ab €15, Kinder 2–6 Jahre €9, Kinder 6–14 Jahre €12,50 ganzjährig geöffnet. 50% Ermäßigung für Alpenvereinsmitglieder.

www.jugendhaus-obernberg.at

Sattelbergalm

Auf der urigen Sattelbergalm bei Gries am Brenner werden Zimmer und zwei kleine Holzhäuser vermietet. Spielplatz und Almsauna vor Ort und Bach in der Nähe. Anfahrt oder Gepäcktransport mit Almtaxi (€5 pro Person), geöffnet fast ganzjährig.

Zimmer/Lager mit Frühstück €38 pro Person, Kinder 4–9 Jahre €14 und 10–16 Jahre €19.

www.sattelbergalm.at

Bergeralm

Ferienwohnungen auf der Bergeralm bei Steinbach am Brenner im Wipptal liegen unmittelbar an der Kinder-Erlebniswelt Bärenbichl mit Abenteuer- und Wasserspielplatz.

Berg- und Talfahrt €12,20, Kinder 9–16 Jahre €7,20, Jugend 16–19 Jahre €9,60.

Wohnung €55 plus je Person €53, Kinder unter 4 Jahren gratis, unter 8 Jahren €35. www.bergeralm.net

Region Stubaital

Familiengasthof Schlickeralm

Bewirtschaftete Alm mit Kids-Club im Wander- und Skigebiet Schlick 2000. Alpakatouren, Streichelzoo, Abenteuerspielplatz, Brunnen, hauseigener Shuttledienst für die An- und Abreise. **[› Tour 21]**

Familienzimmer ab €55 pro Person, Ermäßigungen je nach Alter.

www.schlickeralm.com

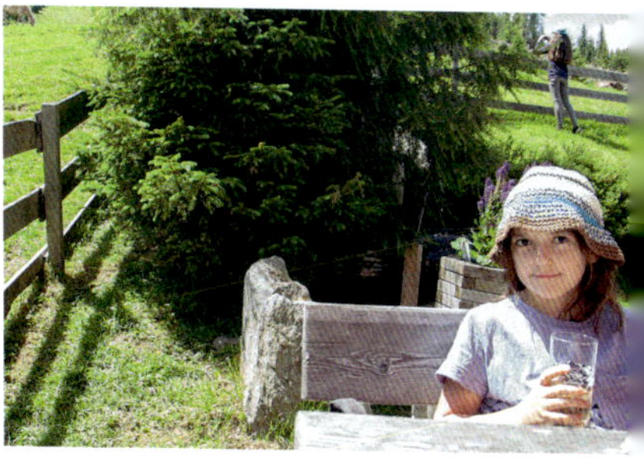

Mit Kindern auf Hütten

107 Alpenvereinshütten im bayerischen, österreichischen und italienischen Alpenraum stehen bereit für ein außergewöhnliches Familienabenteuer in wilder und reizvoller Bergwelt. Die Broschüre »Mit Kindern auf Hütten« erleichtert die Wahl des passenden Familienstützpunktes.

In den familienfreundlichen Hütten sind Kinder nicht nur ausdrücklich willkommen, es gibt auch kleine Extras, die Familien das Leben leichter machen – zum Beispiel preisgünstige Kindergerichte. Man kann dort Spiele ausleihen und es steht ein separater Aufenthaltsraum zur Verfügung. Oft sind auch Familienzimmer buchbar. Auch dass die Hütte in einer ungefährlichen Umgebung liegt, ist ein wichtiges Kriterium, um vom Alpenverein als »kindgerecht« ausgezeichnet zu werden. Die Hütten eignen sich für verschiedene Altersstufen und sind in der Broschüre mit einem ausführlichen Steckbrief vorgestellt. Ergänzt werden die Infos mit Tipps für kindgerechte Wandertouren und die Anreise mit öffentlichen Verkehrsmitteln.

www.alpenverein.de/bergsport/familie

Sulzenauhütte

Die Alpenvereins-Hütte thront majestätisch über dem Kar der Sulzenaualm (2.191 Meter) am WildeWasserWeg inmitten von Latschenfeldern, Bergwiesen und Bergseen. Sie verfügt über Doppel-, Mehrbettzimmer und Matratzenlager. **[› Tour 23]**

Zimmer und Matratzenlager ohne Frühstück ab €22 pro Person, Kinder ab 6 Jahre €16. 50% Ermäßigung für Alpenvereinsmitglieder, Frühstück oder Halbpension extra buchbar.

www.sulzenauhuette.at

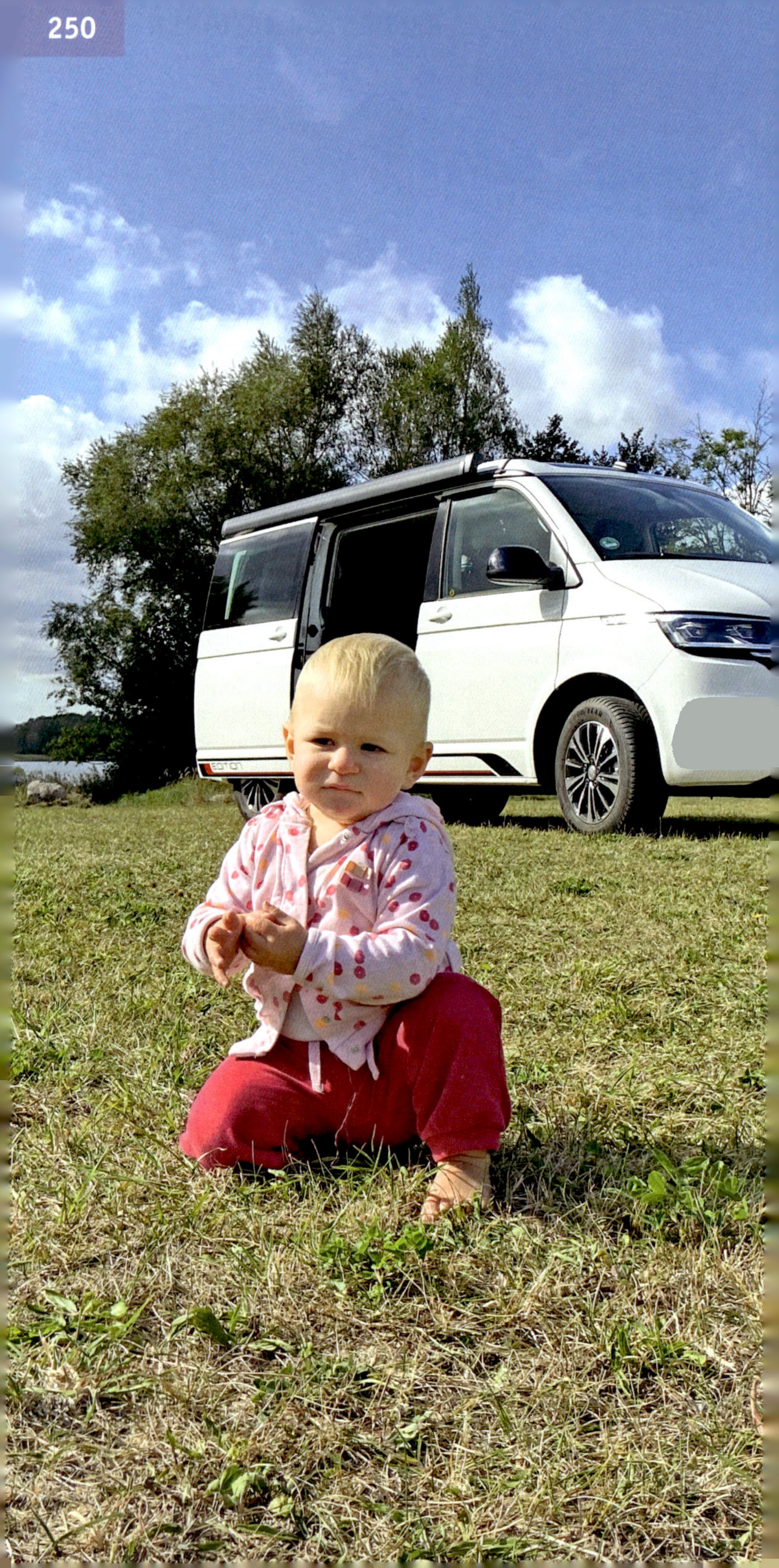

Campingplätze rund um Innsbruck

Während es auf dem eigentlichen Stadtgebiet nur einen Campingplatz im Ortsteil Kranebitten gibt, liegen die beiden Völser Plätze sowie der Platz von Unterperfuss und der von Rinn ebenfalls in Stadtnähe. Alle sind öffentlich gut von Innsbruck erreichbar. Ab zwei Nächten bekommt man wie auch in den Hotels und Pensionen die Innsbrucker oder die Haller Gästekarte. Weitere Plätze gibt es im Stubaital, in der Region Seefeld und am Achensee. Richtung Brenner und in den Höhenlagen werden die Campingplätze aufgrund der kurzen Sommersaison sehr rar.

Die meisten Campingplätze der Region sind gepflegte, familiengeführte und eher kleine Plätze, dazu kommen einige wenige mit luxuriöser Ausgestattung. Campingplätze in Skigebieten sind meist ganzjährig geöffnet und bieten Winter-Camping für Wohnmobile. Auf diesen Plätzen gibt es häufig komfortable Extras wie Wellness, Sauna, Fußbodenheizung oder ein privates Bad gegen Aufpreis.

Innsbruck Stadt

1 Camping Kranebitterhof

Der einzige Campingplatz im Innsbrucker Stadtgebiet liegt etwa fünf Kilometer vom Zentrum entfernt und ist öffentlich gut angebunden. Der Platz mit 70 Stellplätzen und modernen Sanitäranlagen ist vor allem für Wohnmobile und -wagen interessant. Er verfügt über eine Pizzeria mit Café und schöner Sonnenterrasse sowie einen Minigolfplatz. Direkt am Campingplatz liegt ein großer Spielplatz mit Fußballfeld. Hunde erlaubt, barierrefrei. Nebenan liegt das gleichnamige Hotel.

Geöffnet ganzjährig.
Pauschalpreise inkl. Stellplatz, Wasser und Strom € 25 – 36,
weitere Person € 4,50 – 6,
Kinder 3 bis 14 Jahre € 3–4.
www.kranebitterhof.at

2 Campingplatz Stigger

Der Campingplatz liegt in der Marktgemeinde Völs am Ortsrand, ebenfalls fünf Kilometer vom Zentrum Innsbrucks entfernt. Der familiengeführte Platz hat saubere Sanitäranlagen, Wiesenplätze unter Bäumen für Zelte und Wohnmobile. Bezahlung nur mit Bargeld! Freibad »Völser Badl«, Metzger, Supermarkt, Konditorei und Einkaufszentrum in Laufnähe, Hunde erlaubt. Öffentliche Verkehrsmittel und Fahrradweg nach Innsbruck.

Geöffnet Mitte April bis Oktober.
Platz inkl. 2 Pers. € 17,90,
weitere Person € 7 – 8,
Kinder 4 bis 14 Jahre € 3,70.
www.camping-stigger.at

3 Camping LIGA Völs

Die Liga Völs ist ein FKK-Verein mit rund 300 Mitgliedern. Sie betreibt ein eigenes Gelände mit Sportanlagen, Vereinslokal und einigen Stellplätzen für Camper etwa zehn Kilometer westlich von Innsbruck. Das etwa 6.500 m² große, umzäunte und gepflegte Gelände liegt am Südwestrand von Völs vor herrlicher Gebirgskulisse. Schwimmbad, Spielplatz, Tennis, Tischtennis, Boccia. Wegen des eingeschränkten Platzangebotes Voranmeldung unbedingt erforderlich! Nur Barzahlung.

Geöffnet ganzjährig.
Platz inkl. 2 Pers. € 23,50,
weitere Person € 6,50,
Kinder 4 bis 14 Jahre € 3.
www.liga-voels.com

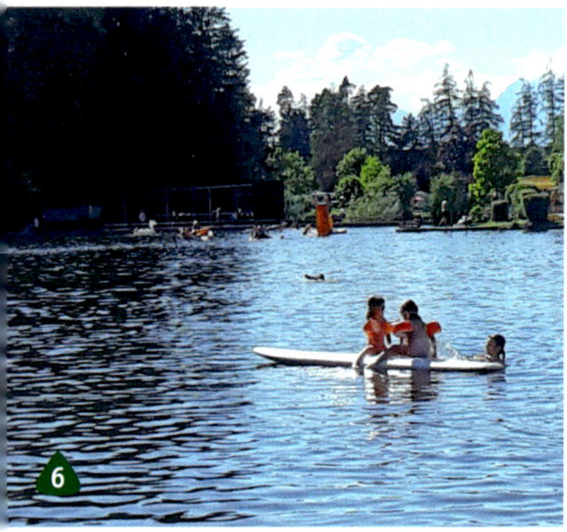

Innsbruck Land

4 Camping Judenstein

Einfacher, gepflegter Campingplatz mit 35 Stellplätzen oberhalb der Stadt Hall. Überdachter Koch- und Essbereich, Kiosk und Shop. Tennisplätze, Golfplatz, Mountainbikestrecken und ein Spielplatz befinden sich in unmittelbarer Nähe. Hunde erlaubt, Bushaltestelle in unmittelbarer Nähe.
Geöffnet Mai bis September.
Platz inkl. 2 Pers. €17,90,
weitere Person €5,20,
Kinder 4 bis 14 Jahre €3,70.
www.camping-judenstein.at

5 Farm-Camping Branger Alm

Für Tiroler Verhältnisse großer, familiengeführter Campingplatz etwa zehn Minuten von Innsbruck entfernt in Unterperfuss. Die Stellplätze verfügen über Strom- und Quellwasserversorgung, teilweise auch über TV- und Kanalanschluss. Beheizte Sanitäranlagen mit Familienwaschkabinen. Das zum Platz gehörende Restaurant »Branger Alm« mit urigem Ambiente und eigener Wirtshausbrauerei bietet gutbürgerliche Küche (kein Ruhetag). Jeden Freitag und Samstag von 21 bis 2 Uhr wird die Branger Alm zum Tanzparkett. Spielplatz, barierrefrei.
Geöffnet April bis Oktober.
Platz inkl. 2 Pers. €27,10–40,50,
weitere Person €7,30–11,50,
Kinder bis 13 Jahre €5,80–8,20.
www.brangeralm.at

6 Ferienparadies Natterer See

Sehr idyllisch in der Natur gelegener Fünf-Sterne-Platz im Süden Innsbrucks mit direktem Seezugang, Strandbad, Röhrenrutsche, Spielplätzen, Pizzeria und Bar. Wer nicht mit Zelt oder Wohnmobil anreist, kann hier auch im Bungalow, in verschiedenen Baumhäusern oder Lodge-Zelten im Nature Resort übernachten. WLAN, Hunde erlaubt.
Geöffnet ganzjährig.
Platz inkl. 2 Pers. €27,10–40,50,
weitere Person €7,30–11,50,
Kinder bis 13 Jahre €5,80–8,20.
www.natterersee.com

Region Hall

7 Schwimmbad-Camping Hall

Die 80 Stellplätze auf großzügiger Grasfläche unter altem Baumbestand bieten den direkten Zugang zum Freischwimmbad Hall mit Kinder- und Babybecken, geheiztem Sportbecken, Erlebnis-Rutsche, Sprungturm, Spielplatz und Beachvolleyball. Das Schwimmbad ist von Mitte Mai bis Ende September geöffnet.
Geöffnet Mai bis September,
Wohnmobil-Park ganzjährig,
Platz inkl. 2 Pers. €20–24,
weitere Person €7–8,
Kinder 3–14 Jahre €4–5.
www.camping-hall.at

8 Schloss-Camping Aschach

Wiesenplatz mit 160 Stellplätzen in ruhiger Lage unter alten Bäumen am Ortsrand von Volders und unterhalb des Schlosses gelegen. Beheiztes Schwimmbad, Planschbecken, Kinderspielplatz, Minigolf und Restaurant mit Terrasse. Kinderbetreuung gibt es im Juli und August. Supermarkt und Pizzeria sind zu Fuß schnell erreicht. Grillen, Beistellzelt und Haustiere sind erlaubt. Spielzimmer, barierrefrei.
Geöffnet von Mai bis September.
Platz inkl. 2 Pers. €18–27,50,
weitere Person €6,50–9,
Kinder 3–12 Jahre €5.
www.schlosscamping.com

Region Telfs

9 Camping Eichenwald

Der terrassenförmig angelegte, sonnige Platz liegt oberhalb von Stams. Neben den Stellplätzen für Campingfahrzeuge und Zelte gibt es auch ein Gästehaus und Bungalows für vier bzw. sechs Personen. Gaststätte mit Selbstbedienungsbuffet, Kamin, Weinstube und Gastgarten mit Blick über das Inntal. Sportangebot mit Billard, Boccia, Tischtennis, Tischfußball, Spielplatz sowie einem geheizten Schwimmbad im Sommer. Unternehmungen und Freizeitangebote für die Gäste, Haustiere erlaubt.
Geöffnet ganzjährig.
Platz inkl. 2 Pers. €29,50–32,
weitere Person €8,50–10,
Kinder 4–14 Jahre €4–5,30.
www.camping-eichenwald.at

10 Camping Tiefental »Roppnerhof«

An der Nordseite des Inntales liet der einfache und familienfreundliche Campingplatz fünf Autominuten von Telfs entfernt. Der sonnige Platz mit etwa 20 Stellplätzen befindet sich auf einer baumbestandenen Wiese. Der weite, freie Blick über Wiesen und Felder auf hohe Berge fasziniert jeden Besucher. Wunderbare Sonnenaufgänge und beeindruckende Lichtspiele am Abend auf den schroffen Felsen der Hohen Munde, dem Hausberg von Telfs. Der beschilderte Radwanderweg beginnt nahe am Platz. WLAN, Hunde erlaubt (Leinenpflicht), Volksmusikabende, Laden in fünf Gehminuten, frischer Fisch in zwei Autominuten.
Geöffnet Mai bis September.
Platz inkl. 2 Pers. €23, weitere Person €8, Kinder 6 bis 15 Jahre €3.
www.camping-tiefental.at

Region Karwendel

11 Karwendel Camp Scharnitz

Kleiner, familiärer Platz mit 30 Stellplätzen am Ortsrand von Scharnitz. Snack- und Getränkeautomat. Moderne Sanitäranlagen, im Winter mit Fußbodenheizung. Hunde willkommen. Ein öffentlicher Bikeverleih befindet sich direkt am Campingplatz und bietet E-Bikes, Mountainbikes, Kinderfahrräder und diverses Zubehör zum Verleih an.
Infos oder Reservierungen nur telefonisch 0043 (0)664 1431014.
Geöffnet ganzjährig.
Platz inkl. 2 Pers. €21–27,
weitere Person €14–16,
Kinder 4 bis 14 Jahre €8.
www.karwendelcamp.com

12 Tirol Camp Leutasch

Der idyllisch gelegene Fünf-Sterne-Campingplatz in der Olympiaregion Seefeld bietet Stellplätze für Zelte, Wohnwagen und Wohnmobile sowie First-Class-Sanitäranlagen. Privatbad gegen Aufpreis. Wellness-Angebot mit Hallenbad, Saunabereich, Massagen und Freizeit- und Fitnessraum. Kleiner Streichelzoo und Spielplatz für Kleinkinder, rundum grüne Wiesen zum Loslaufen. Gästezimmer mit WC und Dusche sowie Blockhäuser.
Geöffnet Anfang Mai bis Ende Oktober.
Winter-Camping Mitte Dezember bis Ende März/Anfang April je nach Schneelage.
Platz inkl. 2 Pers. €27–30,
weitere Person €9–10,
Kinder 4 bis 14 Jahre €3.
www.tirol.camp

13 Naturcampingpark Isarhorn Mittenwald

Der Naturcampingplatz am Fuße des Karwendelgebirges liegt direkt an der Isar drei Kilometer vor Mittenwald in Oberbayern. Er ist modern ausgestattet mit beheizten und gepflegten, barierrefreien Sanitäranlagen. Auf dem Gelände des Campingparks befinden sich ein elf Meter hoher Kletterturm und ein Naturseilgarten, V/E-Station für Wohnmobile, Kiosk, Spielplatz und Campingstüberl mit Biergarten. Hütten-, Schlaffass- und Tipivermietung.
Geöffnet ganzjährig.

Platz inkl. 2 Pers. €21–30,50, weitere Person €6,50–8,50, Kinder 0 bis 2 Jahre €0,90, Kinder 3 bis 15 Jahre €3,70–4,10. camping-isarhorn.de

14 Alpencamping Mark Weer
Der 20 Hektar große Platz liegt auf einem von Hecken umrahmten und baumbestandenen Wiesengrundstück am Ortrand von Weer im Inntal. Er ist genau das richtige Quartier für Pferdefans. Im Rahmen des Kinderprogrammes im Juli und August finden kostenlose Kutschfahrten und Ponyreiten statt. Geübte Reiter*innen können nach Anmeldung an den abendlichen Ausritten teilnehmen. Die sieben Haflinger leben am Hof auf einer großen Wiese. Außerdem gibt es auf dem Platz auch noch ein Schwimmbad mit Liegewiese, Tischtennisplatten und ein Trampolin, In- und Outdoor-Spielplätze, ein Fußballfeld, die Bastelstube und ein Restaurant.
Geöffnet April bis Mitte Oktober. Platz inkl. 2 Pers. €25–35, weitere Person €18–25, Kinder 2 bis 14 Jahre €4–6. alpencampingmark.com

15 Wohnmobilstellplatz Schwaz
Der gebührenpflichtige Stellplatz für bis zu zehn Wohnmobile befindet sich auf einem Parkplatz direkt in Schwaz. Eine Ver- und Entsorgungsanlage ist vorhanden. Die maximale Stehdauer beträgt drei Tage.
Gebühr €6, Wasser €1. Königsfeldweg, Schwaz

16 Camping Inntal Wiesing
Der parzellierte Platz befindet sich im flachen Inntal außerhalb der Ortschaft Wiesing. Er verfügt über Freibad und Sauna mit Wellnessbereich. Direkt in Platznähe gibt es einen Supermarkt. Restaurant, Brötchenservice, Tischtennis, Kinderraum und Abenteuerspielplatz. E-Bike-Verleih und Reitmöglichkeit. Vermietung von Mobile-Homes und Campingfässern. Hunde erlaubt.
Geöffnet ganzjährig. Platz inkl. 2 Pers. €25–31, weitere Person €6–7,50, Kinder 3 bis 14 Jahre €3,50–5. www.camping-inntal.at

Region Achensee

17 Karwendelcamping Maurach
Auf einer großen Wiese am Ortsrand direkt am Fuße der bewaldeten Hänge des Karwendels und am Einstieg des Bärenkopf-Klettergartens, rund 600 Meter vom Ufer des Achensees entfernt. Kleines Restaurant mit morgendlichem Brötchenservice, Spielplatz, WLAN, beliebt bei Kletterern, Ferienwohnungen, Hüttendorf mit Blockhäusern, Hunde erlaubt.
Geöffnet ganzjährig. Platz inkl. 2 Pers. €22–28, weitere Person €7–8,50, Kinder 3 bis 14 Jahre €4. www.karwendel-camping.at

18 Seecamping Wimmer Maurach
Der einfache Platz mit knapp 100 Stellplätzen befindet sich nur wenige Meter vom Seeufer entfernt an der Hauptstraße, keine 100 Meter vom Seebadestrand und einem Bootsverleih. Die nächste Schiffsanlegestelle ist 250 Meter entfernt, am Weg liegen ein Spielplatz und eine Tennisanlage. Am Platz kann man Angelscheine erwerben. Hunde erlaubt
Geöffnet April bis Mitte Oktober. Platz inkl. 2 Pers. €23–29, weitere Person €5–8, Kinder 2 bis 14 Jahre €4. www.achensee-camping.at

19 Achensee Camping Schwarzenau
Der terrassenförmig angelegte Platz auf einem Wald- und Wiesengrundstück bietet von jedem Platz aus Seeblick. Er befindet sich in Alleinlage südlich von Achenkirch unterhalb der Bundesstraße direkt am Seeufer mit Badestegen, Liegewiesen, Surfschule und Spielplatz. Restaurant und Bistro mit Brötchenservice. Wellnesskräuterhütte mit Sauna, Hunde erlaubt.

Geöffnet ganzjährig.
Platz inkl. 2 Pers. €19–26,
weitere Person €7–8,50,
Kinder 5 bis 14 Jahre €3,50–5.
www.campingplatz-achensee.at

20 Alpen Caravanpark Achensee
Der große und flache Platz liegt an der Nordspitze des Sees und ist an ein öffentlich zugängliches Badegelände mit Aquapark, Abenteuerspielplatz und Beachvolleyball angeschlossen. Am See gibt es eine große, abgetrennte Nichtschwimmerzone. Die Stellflächen sind für Wohnmobile parzelliert und daneben gibt es eine Zeltwiese. Indoor-Kinderclub mit Bastelecke, Spielen und Bällebad, Minimarkt mit Bauernladen, Seestüberl, Hunde erlaubt.
Geöffnet ganzjährig.
Platz inkl. 2 Pers. €26–42,
weitere Person €8,50–14,
Kinder 2 bis 13 Jahre €6–8,
Wohnmobilhafen ab €14.
www.camping-achensee.com

Region Wipptal/Brenner

21 Humlerhof Wohnmobilstellplatz
Großer Parkplatz für Trailergespanne und Bootsanhänger beim Hotel und Restaurant Humlerhof in Gries am Brenner. Außerdem gibt es hier drei Wohnmobil-Stellplätze.
€10 pro Mobil. www.humlerhof.com

22 Camping Gilfenklamm in Gasteig, Südtirol
Unter hohen Fichten und Lärchen am Eingang von Ratschings liegt der Campingplatz Gilfenklamm, nur zwei Kilometer von der Autobahnausfahrt Sterzing entfernt. Bar, Pizzeria, Restaurant, Spielzimmer und Spielplatz, Grill-Zone, Hunde erlaubt.
Geöffnet ganzjährig.
Platz inkl. 2 Pers. €20–27,
weitere Person €5–7,
Kinder 3 bis 13 Jahre €3–4.
camping-gilfenklamm.com

Region Stubaital

23 Comfort Camping Stubai
Direkt an den Elferbahnen und in Dorfnähe zu Neustift gelegener Platz, der neben gepflegten Stellplätzen für Wohnmobile und Zelte auch Ferienwohnungen und Wellness anbietet. Gästen stehen Sanitäranlagen mit Einzelwaschkabinen und Duschen sowie Privatbadezimmer (gegen Aufpreis), Babywickelraum, Supermarkt und Restaurant, Kinderspielzimmer und Spielplatz zur Verfügung.
Geöffnet ganzjährig.
Platz inkl. 2 Pers. €17,90–23,20,
weitere Person €5,60–7,50,
Kinder 3 bis 13 Jahre €4,50–5,50.
www.campingstubai.at

24 Sonnencamping Stubai
Kleiner, gemütlicher Campingplatz mit 26 Stellplätzen direkt am Freizeitzentrum und Spaßbad »Stubay« auf einer Sonnenterrasse etwa 400 Meter vom Dorfzentrum Telfes entfernt. Bus- und Straßenbahnhaltestelle nach Innsbruck befinden sich in unmittelbarer Nähe. Morgens gibt es frisches Brot vom Dorfbäcker sowie Lebensmittel von den umliegenden Bauernhöfen.
Geöffnet Dezember bis Oktober.
Platz inkl. 2 Pers. €20,50,
weitere Person €6,50–7,50,
Kinder 3–14 Jahre €3,90–6,40.
www.sonnencamping-stubai.at

25 Camping Edelweiß
Ruhiger, familiengeführter Campingplatz mit langer Tradition, etwa sechs Kilometer hinter Neustift im Ortsteil Volderau, die vorletzte Ortschaft vor dem Stubaier Gletscher (etwa 7 km). Der Bus fährt viertelstündlich zwischen Gletscher und Neustift. Restaurant und neue Sanitäranlagen.
Geöffnet ganzjährig.
Platz inkl. 2 Pers. €21,
weitere Person €6,50,
Kinder 3 bis 14 Jahre €4.
camping-edelweiss.at

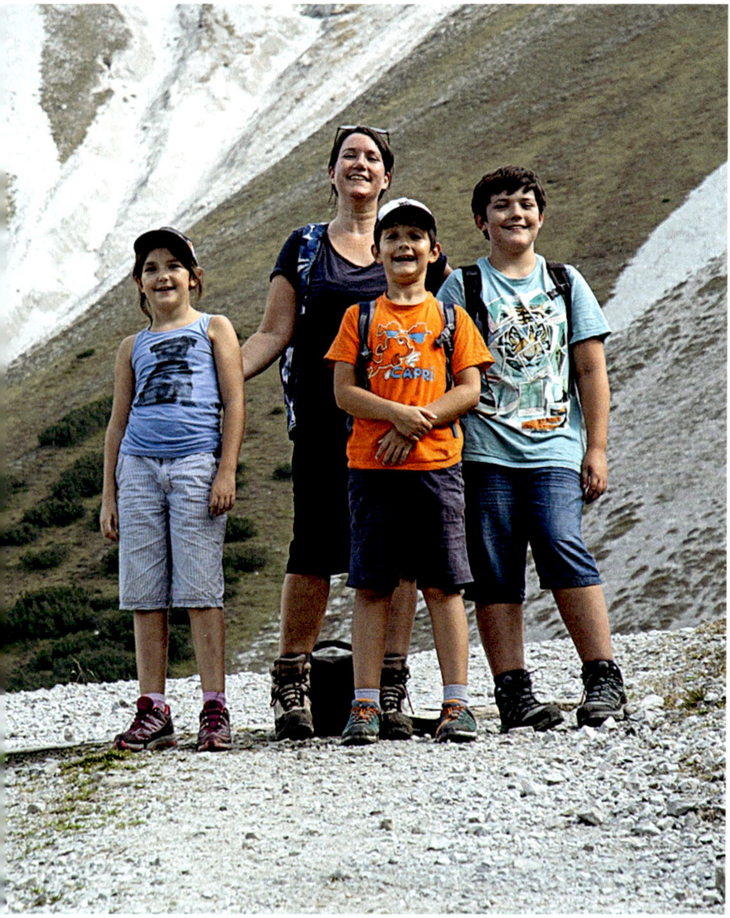

Verena Wagner ist Reisejournalistin und dreifache Mutter. Zusammen mit ihren Kindern Sonja, Felix und Valentin hat sie für dieses Buch Berge bestiegen, die Wälder rund um Innsbruck erforscht und Wasserfälle und Schluchten entdeckt. Die vier haben Bergspielplätze, Freizeitparks und Museen gestestet und sich aufs Fahrrad geschwungen, um die Quellen der Isar zu suchen.

Die Familie lebt seit einiger Zeit in Innsbruck und seit über zehn Jahren an unterschiedlichen Orten in Tirol.

Mehr Inspiration für ein nachhaltiges und naturverbundenes Familienleben findet sich auf dem Naturblog der Autorin:

www.mamirocks.com

1. Auflage, Mai 2021

Naturzeit Reiseverlag e.K.

82288 Kottgeisering

www.naturzeit-verlag.de

info@naturzeit-verlag.de

Vertrieb: Geo Center, 70794 Filderstadt

Satz und Gestaltung: Stefanie Holtkamp, Naturzeit Reiseverlag

Lektorat: Stefanie Holtkamp, Lena Marie Hahn

Druck: Druckerei Louis Hofmann, 96242 Sonnefeld, www.lh-druckerei.de

Kartographie: Jonathan Holtkamp

Kartenbasis: Geoinformationen © OpenStreetMap (ODbL) – Mitwirkende (www.openstreetmap.org/copyright) und Geofabrik GmbH

Geländemodell: ©geoland.at, CC BY 4.0 (creativecommons.org), Istituto Nazionale di Geofisica e Vulcanologia (INGV) sowie Copernicus Daten der European Environment Agency (EEA)

GPS-Daten: GPX521IN299

Bildnachweis:

Bildagentur iStock: Seite 6 ©Anselm Baumgart, Seite 9 ©FooTToo, Seite 14 ©Nata Zhekova, Seite 15 ©Alex Brylov, Seite 40 ©2199_de, Seite 75 oben ©daniel vfung, Seite 75 unten ©skymoon13, Seite 76 oben ©scisettialfio, Seite 76 unten ©Antonel, Seite 79 (gelber Enzian) ©Michel Viard, Seite 110 ©Anna-Ok, Seite 111 ©hsvrs, Seite 174 ©faber1893, Seite 204 ©FamVeld, Seite 206 ©NatureNow.

Bildagentur Adobe Stock: Seite 12 ©Petr Bonek, Seite 20 ©Boris V., Seite 21 ©vigorin, Seite 192 ©MaFiFo, Seite 193 ©Lex.

Österreichischer Alpenverein aus dem Projekt »Vielfalt bewegt! Alpenverein von Jung bis Alt«: Seite 78 und 79 Liliana Dagostin (Edelweiß), Birgit Kantner (Zwergprimel), Sybille Kalas (Arnika), Leo Gaiblinger (Silberwurz), W. Neumair (Tüpfelenzian).

Pressefotos: Seite 55 unten ©Innsbruck Tourismus, Tommy Bause; Seite 98 ©TVB Wipptal, Seite 96, 114 ©Innsbruck Tourismus, Christian Vorhofer; Seite 100 ©Greifvogelpark Telfes, Sabrina Kostner; Seite 177 ©Minidampf Tirol; Seite 191 ©TVB Seefeld, ORS Heinz Holzknecht; Seite 232, 233, 234 ©Hall Tourismus.

Seite 47 ©Stefanie Holtkamp, Seite 250 ©Lisa Edelhäußer,
Seite 16 und 18 ©Maia Pykina.

Alle weiteren Fotos: Verena Wagner

ISBN 978-3-944378-29-9

Mehr Natur, mehr Abenteuer, mehr Erholung ...

Ziele für erlebnisreiche Familienferien zwischen Wasser, Wald, Bergen und Meer gibt es in diesen Bänden der Buchreihe *Naturzeit mit Kindern*.

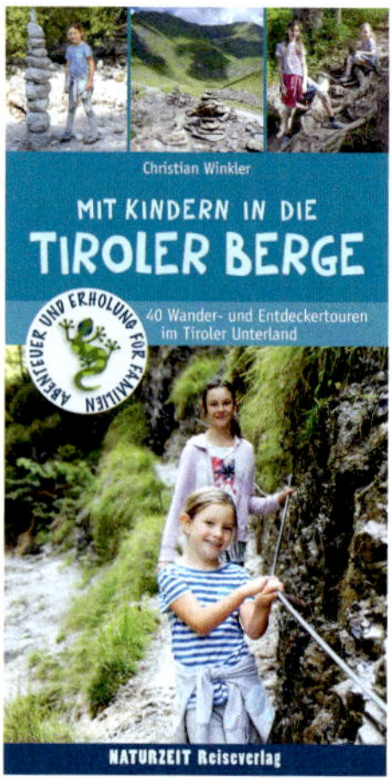

Christian Winkler

Mit Kindern in die Tiroler Berge

Das Tiroler Unterland mit dem Zillertal im Westen und Kitzbühel im Osten ist der ideale Abenteuerspielplatz für große und kleine Entdecker! Berggipfel mit weiter Aussicht, wilde Klammen und Schluchten sowie besonders fantasievoll angelegte Erlebniswelten und Bergspielplätze locken hinaus in die Natur. Alpengarten und Wildtierpark, Badesee und Freibad, mehrere Schlösser und viele interessante Museen ermöglichen Familien einen Urlaub mit abwechslungsreichem Programm.

1. Auflage 2020, 228 Seiten, **€ 15,90**
ISBN 978-3-944378-14-5

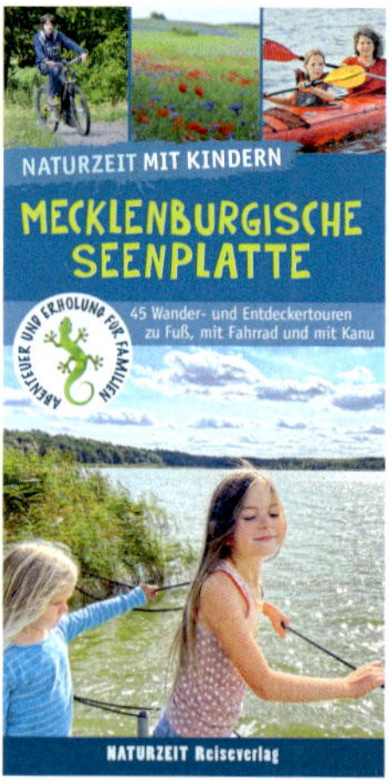

Stefanie Holtkamp

Naturzeit mit Kindern: Mecklenburgische Seenplatte

Im »Land der tausend Seen« sind Biber und Fischotter zu Hause, Seeadler ziehen am Himmel ihre Kreise und im Herbst und Frühjahr ist der Kranich ein gern gesehener Gast. Eine spannende Exkursion mit dem Kanu, eine Fahrradtour ins Reich der Fischadler oder der perfekte Zeltplatz direkt an einem der gut versteckten Seen – in Mecklenburg finden Familien einen Hauch Wildnis und viel Raum für kleine und große Abenteuer in der Natur.

3. Auflage 2021, 264 Seiten, **€ 18,00**
ISBN 978-3944378-31-2

Weitere Informationen und eine Leseprobe zu jedem Buch unter
www.naturzeit-verlag.de

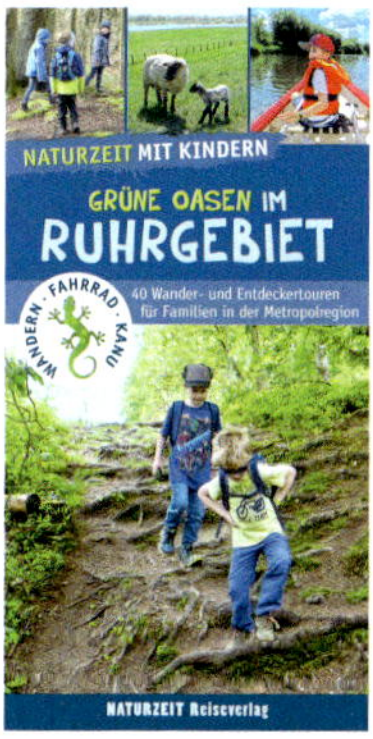

ISBN 978-3-944378-28-2
1. Auflage 2021, **€ 18,00**

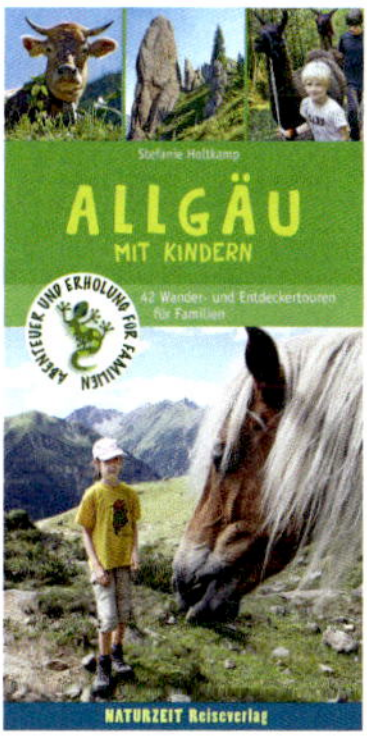

ISBN 978-3-944378-13-8
1. Auflage 2017, **€ 15,90**

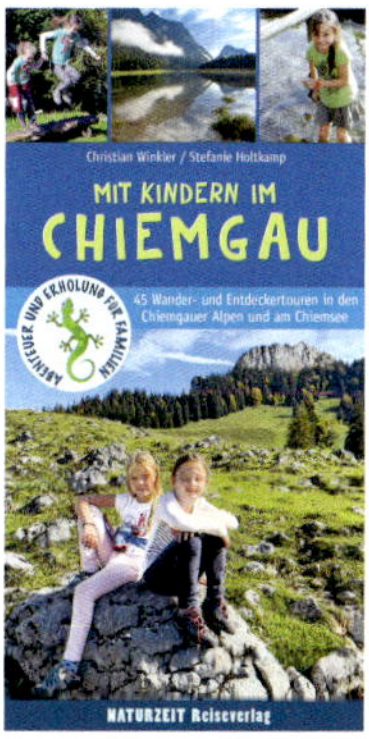

ISBN 978-3-944378-23-7
2. Auflage 2019, **€ 15,90**

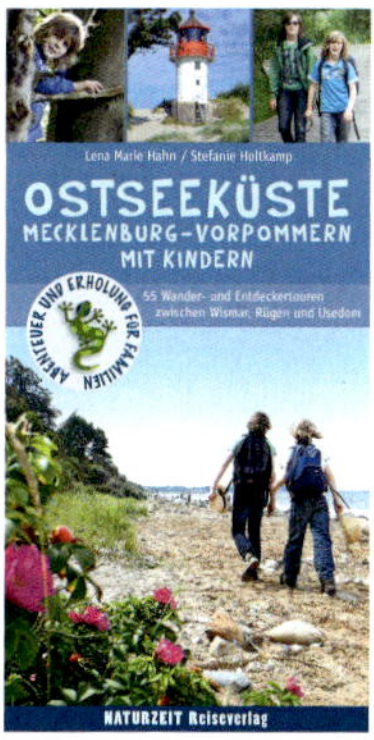

ISBN 978-3-944378-09-1
1. Auflage 2017, **€ 17,90**

- abenteuertaugliche Routen durch die Natur für Familien mit Kindern – zu Fuß oder auch mit dem Fahrrad oder dem Kanu
- die schönsten Badeplätze
- interessante Ausflugsziele in der Nähe der Wanderrouten
- Kinderinfos zu Natur und Geschichte
- Campingführer und Übernachtungstipps

Hochwertig produziert:

- jede Tour mit topographischer Karte, übersichtlichem Tourensteckbrief, GPS-Tracks zum Download und stimmungsvollen Fotos
- große Übersichtskarte in der hinteren Umschlagklappe

Regina Stockmann, Stefanie Holtkamp, Johanna Kraus

Trekkingträume für Familien

Vom Mikroabenteuer zur Trekkingtour

Gemeinsam raus in die Natur. Weit weg vom Lärm der Zivilisation, der Alltagshektik und vom Überfluss. Sich nur noch um elementare Dinge kümmern und ein bisschen langsamer leben. Draußen sein, kleine Abenteuer erleben, Neues entdecken, in die Sterne gucken, näher zusammenrücken und als Familie ganz viel Zeit miteinander verbringen.

Für Outdoor-Anfänger und erfahrene Outdoor-Fans, die vor der Herausforderung stehen, ihr liebstes Hobby mit ihren Kindern zu teilen.

1. Auflage 2020, 384 Seiten, **€ 19,90**
ISBN 978-3944378-25-1

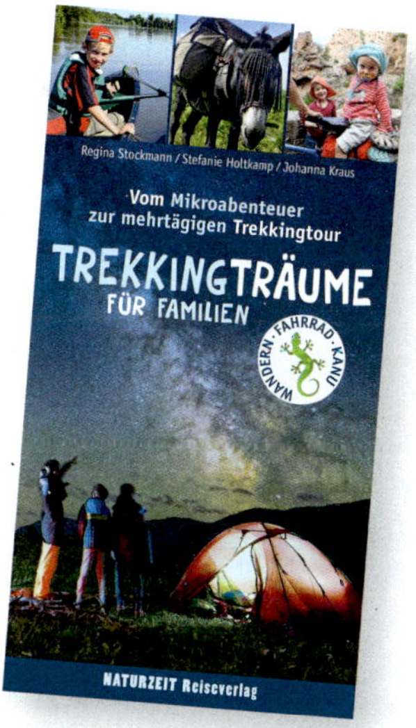

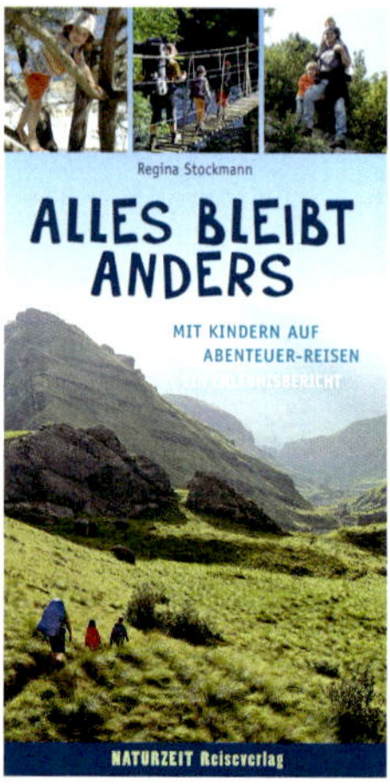

Regina Stockmann

Alles bleibt anders

»Alles bleibt anders« erzählt von Familienreisen im Campingbus, mehrtägigen Trekkingtouren in Norwegen und im Val Grande, einer Kanufahrt auf der Loire und ersten Fernreisen nach Marokko und Südafrika.

Ein Buch, das outdoorbegeisterten Eltern Spaß und Mut macht, Ideen liefert, Erfahrungen teilt und mit vielen Fotos zum Reise-Träumen und Reise-Planen anregt.

264 Seiten, **€ 15,90**
ISBN 978-3-944378-12-1

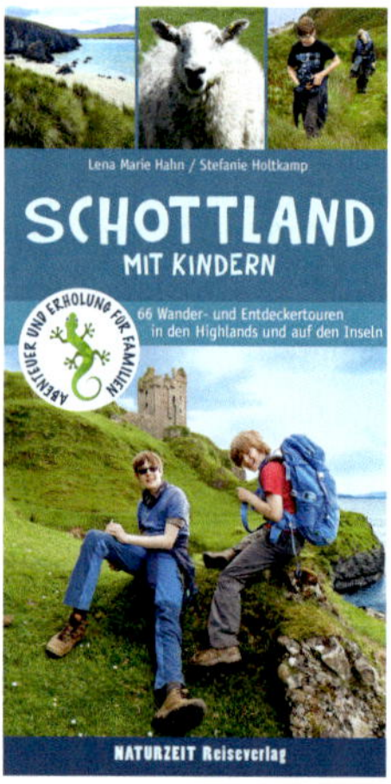

Stefanie Holtkamp, Lena Marie Hahn

Schottland mit Kindern

Blendend weißer Sand vor türkisblauem Meer und sattgrünen Wiesen, karge Hügel mit moorig-dunklen Seen und sich windenden Wasserläufen, vom Wind zerzauste Schafe, kreischende Möwen, eine halb zerfallene Burg vor dramatisch blauschwarzem Himmel – Schottlands wilder Westen bietet unvergessliche Szenarien. Unsere Touren führen Sie von Glasgow die Küste hinauf über Loch Lomond und Loch Ness bis Durness und in die wilde Natur der Inseln Arran, Islay, Jura, Mull, Skye und Lewis and Harris.

1. Auflage 2019, 360 Seiten, **€ 19,90**
ISBN 978-3-944378-20-6

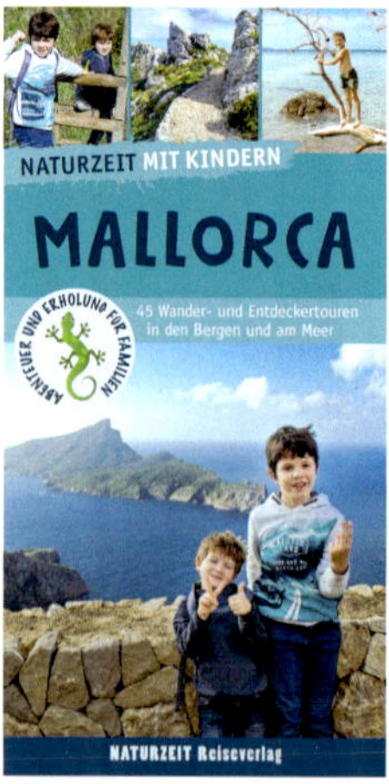

Damaris Weiss

Naturzeit mit Kindern: Mallorca

Harsche Klippen, duftende Pinienwälder, malerische Dörfer und weite Strände – Mallorca hat tolle Plätze für jeden Geschmack. Familien können hier Sonne und Sand am Mittelmeer genießen, aber auch mit unseren Wanderabenteuern die stilleren Winkel der Insel erkunden. Unsere Streifzüge führen am Meer entlang, vorbei an Piratenwachtürmen und mittelalterlichen Burgen, zu magischen Quellen und skurril geformten Felsen, hinab in Höhlen und in die Berge.

1. Auflage 2021, 240 Seiten, **€ 18,00**
ISBN 978-3944378-30-5

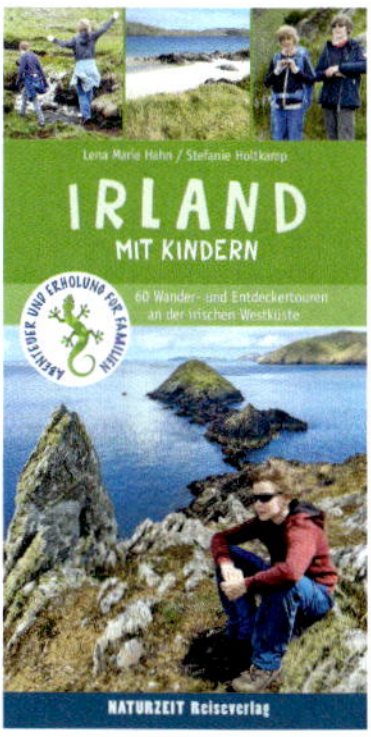

ISBN 978-3-944378-21-3
1. Auflage 2019, **€ 18,90**

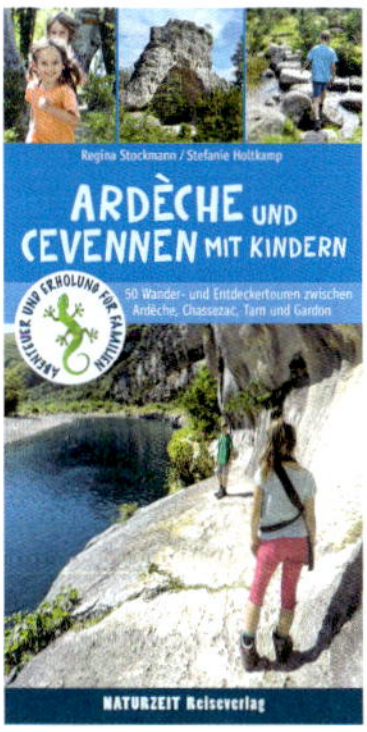

ISBN 978-3-944378-19-0
1. Auflage 2019, **€ 17,90**

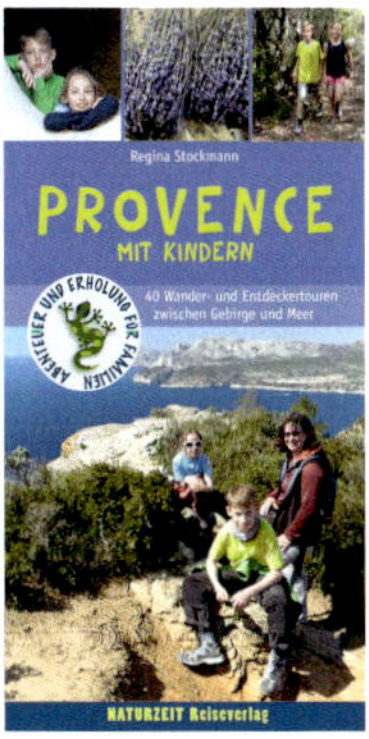

ISBN 978-3-944378-11-4
1. Auflage 2017, **€ 16,90**

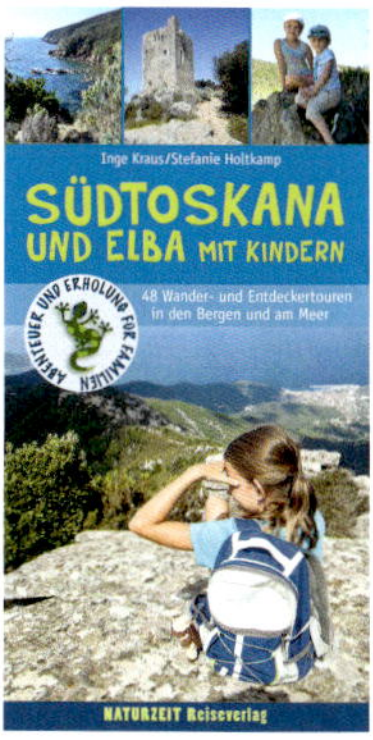

ISBN 978-3-944378-15-2
1. Auflage 2018, **€ 17,90**

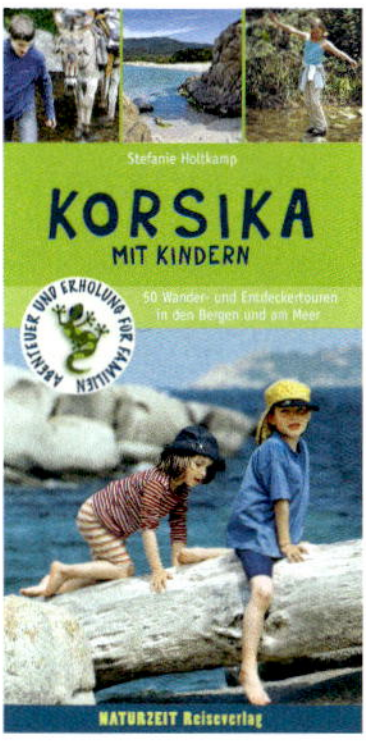

ISBN 978-3-944378-17-6
6. Auflage 2018, **€ 17,90**

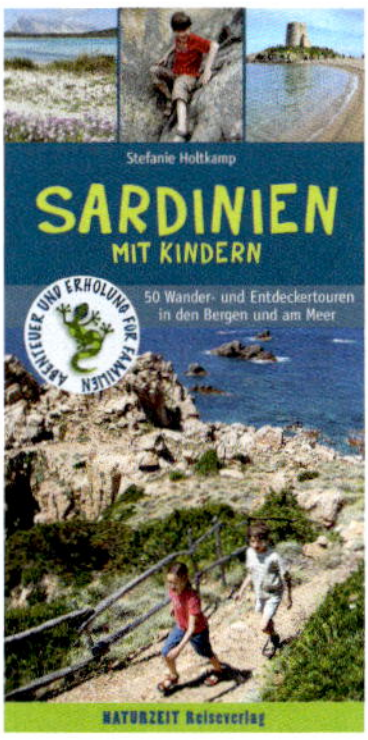

ISBN 978-3-944378-18-3
4. Auflage 2018, **€ 19,90**

www.wandern-mit-kindern.info

ist die Website zur Buchreihe »Naturzeit mit Kindern«. Hier gibt es viele Infos und Tipps für alle, die gerne mit Kindern in der Natur unterwegs sind, und aktuelle Ergänzungen zu unseren Büchern, bevor diese Berücksichtigung in der nächsten Auflage finden.

Campingplatz geschlossen? Wegbeschreibung nicht mehr aktuell? Etwas Neues entdeckt? Wir freuen uns sehr, wenn Sie uns über positive und negative Erfahrungen berichten und stellen diese gerne allen Lesern zur Verfügung. Bitte schreiben Sie uns unter **info@naturzeit-verlag.de**

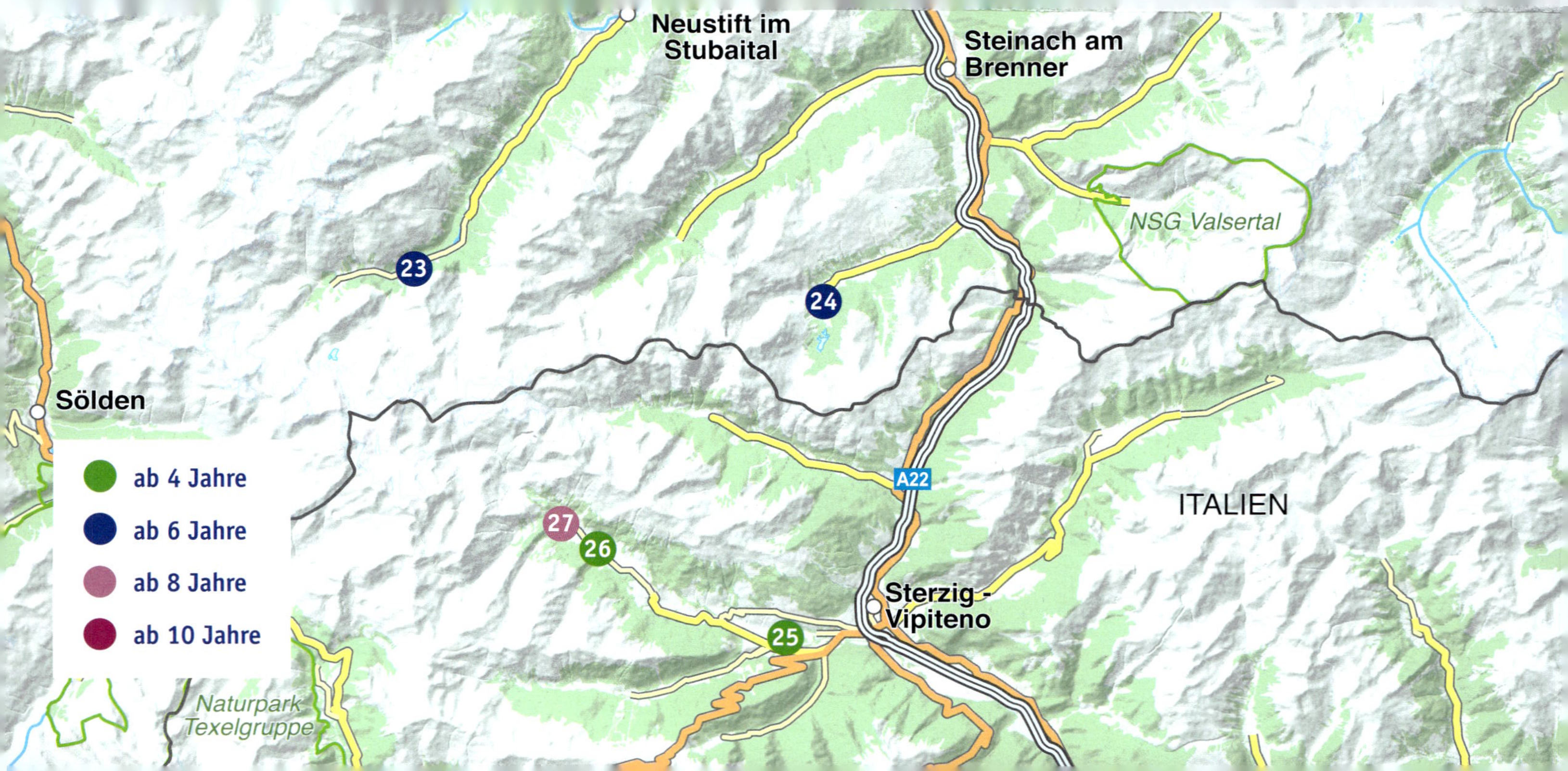
Neustift im Stubaital
Steinach am Brenner
NSG Valsertal
23
24
Sölden
A22
ITALIEN
27
26
25
Sterzig - Vipiteno
Naturpark Texelgruppe
ab 4 Jahre
ab 6 Jahre
ab 8 Jahre
ab 10 Jahre